完全ドキュメント
北九州監禁
連続殺人事件

小野一光
Ono Ikko

文藝春秋

完全ドキュメント
北九州監禁連続殺人事件

目次

まえがき　北九州監禁連続殺人事件とは

最も凶悪な、との例えを使うことに躊躇の生じない事件というのがある。

起訴された案件だけで七人が死亡している「北九州監禁連続殺人事件」は、私にとってまさにそれに該当する事件だ。

稀代の大量殺人は、二〇〇二年三月七日、福岡県北九州市で二人の中年男女が逮捕されたことにより発覚する。最初の逮捕容疑は十七歳の少女に対する監禁・傷害というもの。奇しくも〇〇年一月に新潟県で発覚した、少女が九年二カ月にわたって監禁されていた事件の判決（懲役十四年）が、この二カ月前の〇二年一月に出たばかりだった。今回も少女が六年以上（後に七年以上と判明）にわたって監禁されていたとの情報が流れ、同事件の再来を想起させた。

だがやがて、この事件は想像以上の展開を迎える。まず少女の父親が殺害されていたことが明らかになり、さらには逮捕された女の親族六人も、子供二人を含む全員が殺されていたことがわかっていく。しかもその方法は、男の命じるままに肉親同士で一人ずつ手を下していくという、極めて残酷なものだった。

主犯の松永太（逮捕時四十歳）と内縁の妻である緒方純子（逮捕時四十歳）には、福岡地裁小倉支部でともに死刑判決が言い渡され、続く福岡高裁で開かれた控訴審で、緒方は無期懲役に減刑された。

そして最高裁での上告審で松永の死刑、緒方の無期懲役が確定。松永は死刑囚として拘置所に、緒方は懲役囚として刑務所に、それぞれ収監されている（二三年一月一日現在）。

私は二人が逮捕されて二日後に現場に入り、以来、事あるごとに取材を続けてきた。そのなかには裁判の傍聴や、上告審の期間中に松永との面会や手紙のやり取りを繰り返したことも含まれる。同時に、この事件の取材に携わっていた福岡県警担当記者や司法担当記者たちからも、多くの〝表に出ない〟情報を収集してきた。

同事件の最大の特徴は、主犯である松永のもとで、共犯の緒方を含めて被害者たちがみな、それぞれ逃走の機会があったにもかかわらず、ごく一部の例外を除き、逃げ出せずにみずから犯行に加わってしまった点にある。

こうしたことは、私がその後取材した「尼崎連続変死事件」でも同様に起きていた。そこでもやはり、角田美代子（逮捕後に自殺）という主犯の女のもとで、屈強な男たちが彼女に逆らえず、犯行に加担していたのだった。

なぜそうした、マインドコントロールともいえる状況下に、周囲の者たちは置かれてしまったのか。

この「北九州監禁連続殺人事件」を主導した松永の生い立ちや、被害者との関係、そこでめぐらせた策略といった、犯行に関わる詳細を知ることこそが、新たに起こり得る同じ形態の犯行の抑止に繋がるのではないかとの思いがある。

そのため、当時の現場で得た証言や裁判の記録にとどまらず、時を経て初めて明かされた新事実なども含めて、同事件について知り得る限りのことを、本書で詳《つまび》らかにしていきたい。もちろん、なかには目を背けたくなるような現実も含まれている。だが、起きてしまった事件の記録を未来の礎《いしずえ》とすることこそが、無辜《むこ》の犠牲者に対する追悼となることを信じてやまない。

主要人物相関図

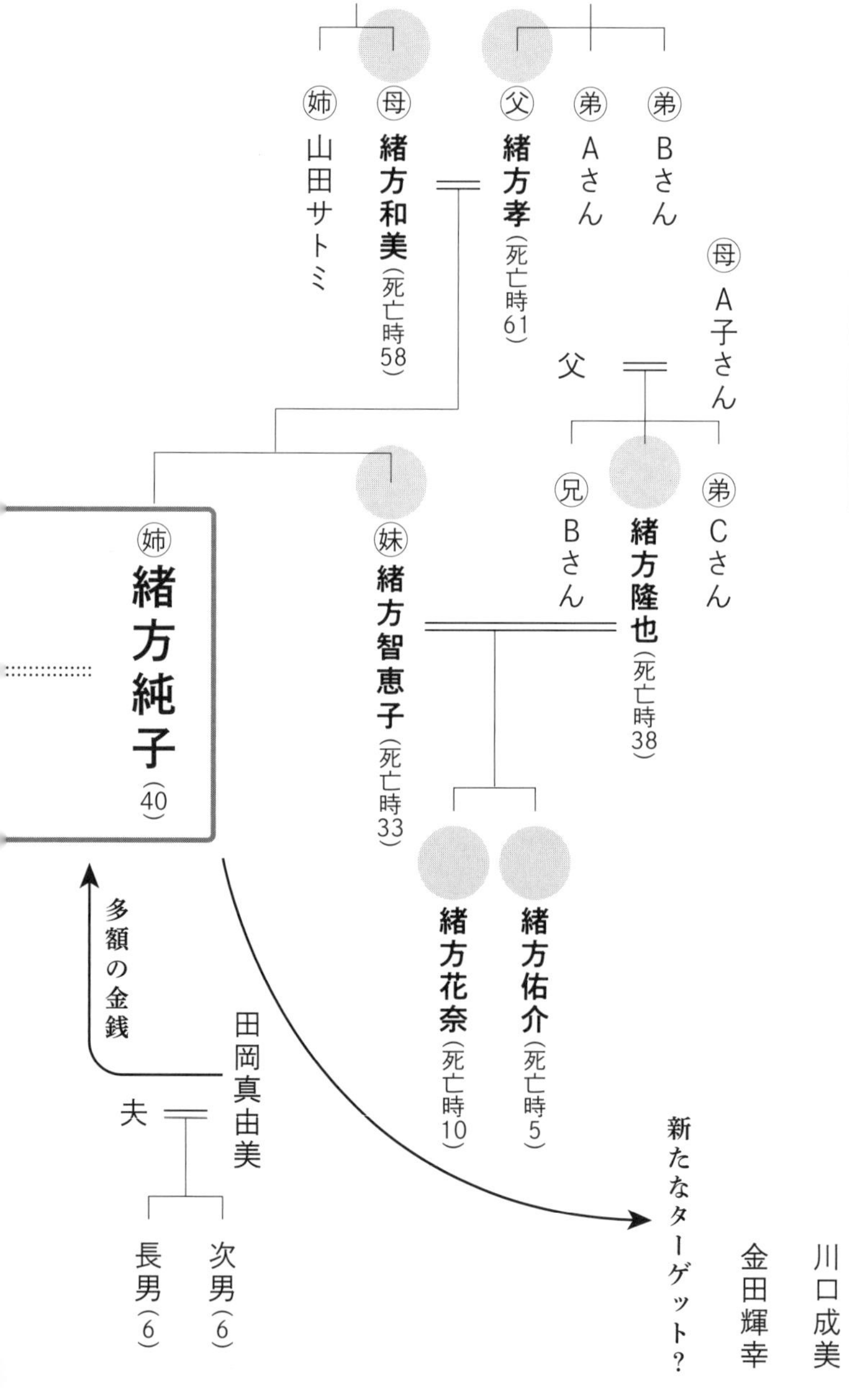

弟 Bさん
弟 Aさん
父 緒方孝（死亡時61）
母 緒方和美（死亡時58）
姉 山田サトミ
母 A子さん
父
弟 Cさん
緒方隆也（死亡時38）
兄 Bさん
妹 緒方智恵子（死亡時33）
姉 緒方純子（40）
緒方佑介（死亡時5）
緒方花奈（死亡時10）
多額の金銭
田岡真由美
夫
次男（6）
長男（6）
新たなターゲット？
川口成美
金田輝幸

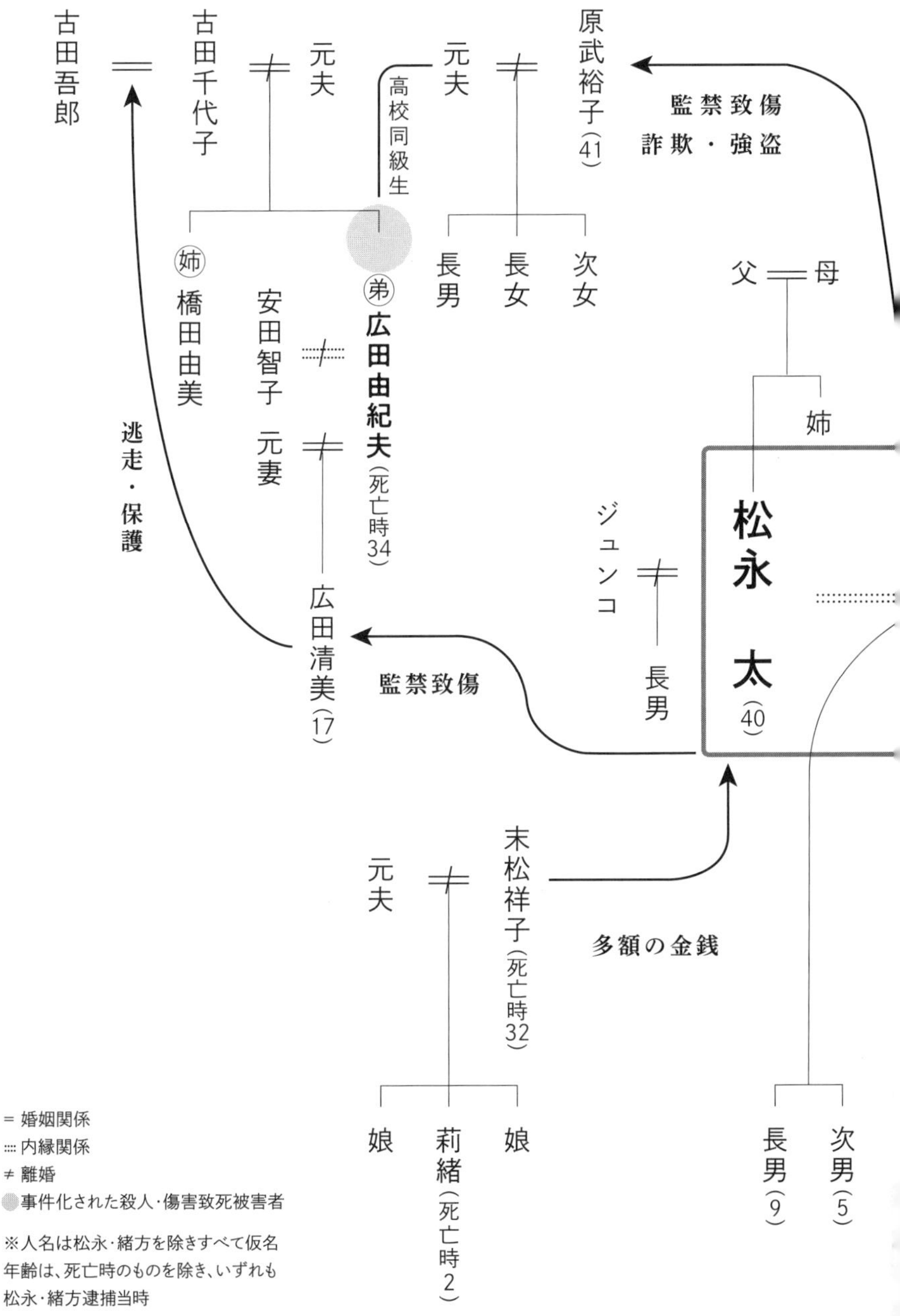
古田吾郎
古田千代子
元夫
元夫
高校同級生
原武裕子（41）
監禁致傷
詐欺・強盗
長男
長女
次女
父
母
姉
㊛姉
橋田由美
安田智子　元妻
㊛弟
広田由紀夫（死亡時34）
逃走・保護
ジュンコ
長男
松永　太（40）
広田清美（17）
監禁致傷
元夫
末松祥子（死亡時32）
多額の金銭
娘
莉緒（死亡時2）
娘
長男（9）
次男（5）
＝ 婚姻関係
⋮⋮ 内縁関係
≠ 離婚
● 事件化された殺人・傷害致死被害者
※人名は松永・緒方を除きすべて仮名
年齢は、死亡時のものを除き、いずれも
松永・緒方逮捕当時

本文中の松永太（および松永の会社名）と緒方純子以外の固有名詞（建物名を含む）は、有識者、法曹関係者、報道関係者を除き、すべて仮名です。

第一章

事件の幕は開いた

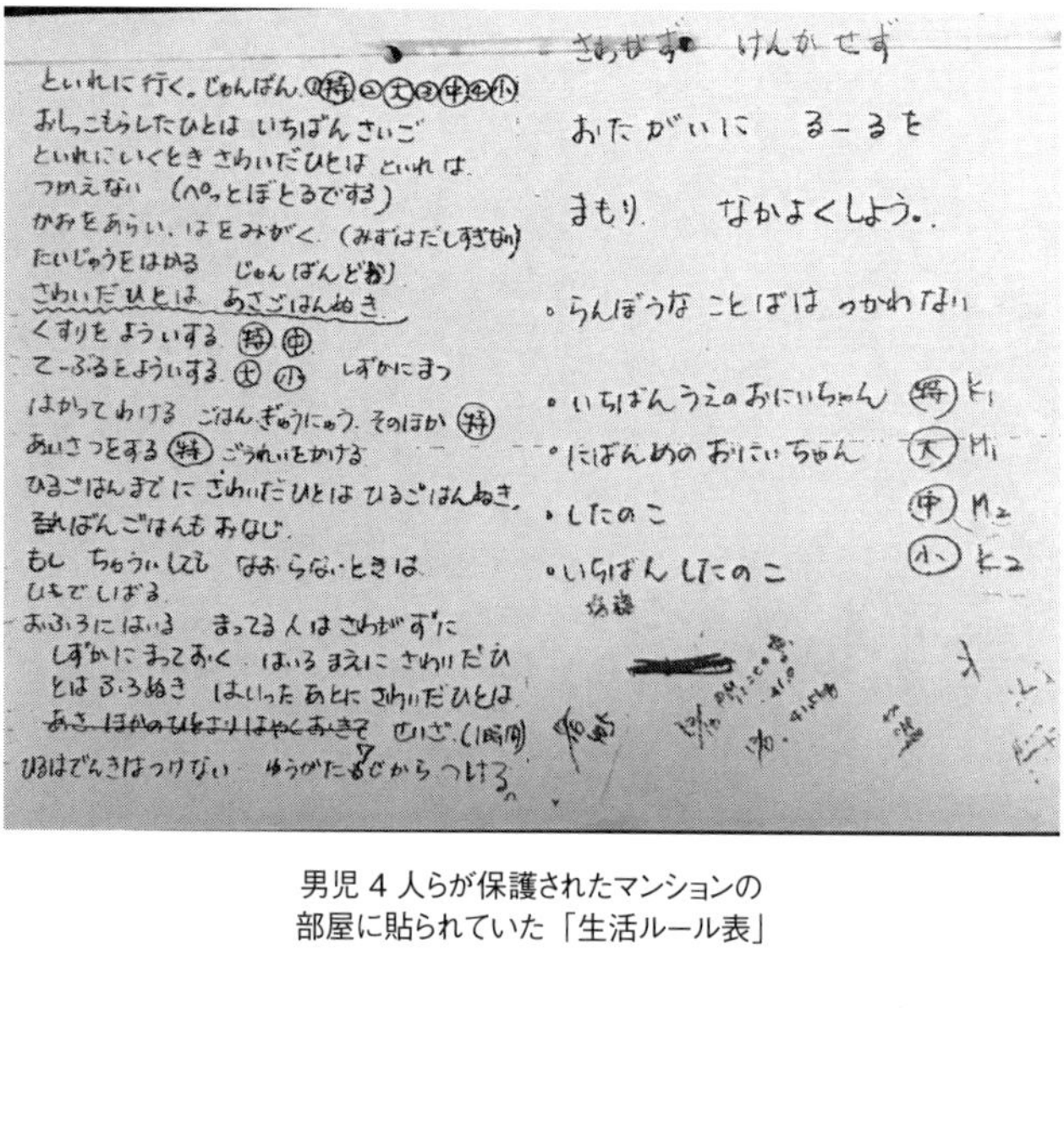

といれに行く。じゅんばん。①(特)②(大)③(中)④(小)
おしっこもらしたひとは いちばんさいご
といれにいくとき さわいだひとは といれは
つかえない (ぺっとぼとるでする)
かみをあらい。はをみがく。(みずはだしすぎない)
たいじゅうをはかる じゅんばんどおり
さわいだひとは あさごはんぬき
くすりをよういする (特)(中)
てーぶるをよういする (大)(小) しずかにまつ
はかってわける ごはん、ぎゅうにゅう。そのほか (特)
あいさつをする (特) ごうれいをかける
ひるごはんまでに さわいだひとは ひるごはんぬき。
ばんごはんも おなじ。
もし ちゅういしても なおらないときは
ひもでしばる。
おふろにはいる まってる人はさわがずに
しずかにまっておく。はいるまえに さわいだひとは ふろぬき はいったあとに さわいだひとは
~~あさ ほかのひとよりはやくおきて~~ せいざ。(1時間)
ひるはでんきはつけない ゆうがたをすぎてから つける。

さわがず・けんかせず
おたがいに るーるを
まもり なかよくしよう。

・らんぼうな ことばは つかわない

・いちばんうえのおにいちゃん (特) K1
・にばんめのおにいちゃん (大) M1
・したのこ (中) M2
・いちばんしたのこ (小) K2

男児４人らが保護されたマンションの
部屋に貼られていた「生活ルール表」

少女脱出

〈少女を監禁し、暴行した容疑で男女を逮捕〉との見出しの載った新聞記事を、出張先の熊本県熊本市で私が目にしたのは、〇二年三月八日のこと。その内容は、北九州市で十七歳の少女をマンションに監禁し、殴ったり首を絞めるなどの暴行を加えていた中年の男女が、三月七日に逮捕されたというものだった。なお、男女は氏名を語っておらず、不詳とある。

私が現地に入った三月九日までの間には、当時は知る由もなかったが、次のようなことが起きていた。まずはそれらについて説明しておきたい。

逃走した少女・広田清美さんは、彼女が小学四年生だった九四年十月から、「ミヤザキ」を名乗る松永太と、「モリ」を名乗る緒方純子、さらに翌九五年二月からは父親の広田由紀夫さんも含め、北九州市小倉北区片野にある「片野マンション」で同居を始めていた。

清美さんはそれから七年三カ月後の〇二年一月三十日に、北九州市門司区にある祖父母宅に逃走を試みるも、二月十四日に祖父母宅にやってきた松永に連れ戻され、二月十五日から三月六日にかけて、松永らが片野マンションと同時に借りていた、北九州市小倉北区東篠崎にある「東篠崎マンション」

の一室に監禁されてしまう。

当時この事件を取材していた福岡県警担当記者は振り返る。

「松永は由紀夫さんの姉で、清美さんの伯母にあたる橋田由美さんに連絡を入れ、事情を知らない彼女に『清美は泥棒して警察に保護されたことを由紀夫に知られ、由紀夫から殴られて逃走した。清美は不良グループに入って覚せい剤の運び屋グループの可能性もある。清美は祖父母の家にいるので、一緒に来てくれ』と虚言を弄して、祖父母の家に二人で押しかけていました。

そこでミヤザキを名乗る松永は、すでにこの世にいない由紀夫さんのことを〝所長〟と呼び、彼がヤクザとして羽振りのいい生活を送っていることを匂わせたうえで、『私は所長から娘が十八歳になるまで世話を頼むと言われ、その責任があります。お願いですから清美さんを戻してください。約束を守らないと所長に半殺しにされます』と説得。清美さんを連れ戻しました」

押し込まれた東篠崎マンションの部屋で、清美さんは松永から、九六年二月に父親の由紀夫さんが片野マンションで死亡したことについて、「あんたがお父さんを叩いて殺したんやろ」と脅された。

そのうえで〈事実関係証明書〉として、〈私は平成8年2月26日に北九州市小倉北区片野×－×－×　30×号室において実父由紀夫を殺意をもって殺害したことを証明します〉と白紙に書かされ、署名・押印させられていた。その際に松永は、「今度、門司の祖母の息子を殺した。それでも祖父母のところに逃げ込んだら、この書面を祖父母に渡す。あんたは、門司の祖父母のところに行けるのか」と清美さんに全責任を押しつけて脅迫し、緒方に書面の保管を命じている。

さらには、「祖父母のところに住んで仕事をしたいのであれば、大金を支払ってもらう」と告げたうえで、白紙に〈生活養育費として借用した2000万円につき、毎月30万円以上を支払う。仮に逃走した場合には元金は4000万円に増加する〉といった旨を彼女に書かせ、こちらにも署名・

押印させた。

二月十五日の午前五時頃に始まったこれらの脅迫は、正午過ぎまで延々と続いた。そこでは「今度逃げたら、お父さんのところに連れて行く。簡単なことなんぞ。あんたが死んだら、お父さんのところに行ったと言えばいい」や、「自分が頼めば、伯母はなんでも言うことを聞く。逃げても探偵を使って探し出す。ヤクザに頼んで風俗店も全部調べた。今度逃げても、そいつらに頼んで探し出し、見付けたら打ち殺す」などといった脅し文句が並ぶ。

じつは清美さんは、祖父母宅から松永に連れ戻される際、隙を見て祖母に〈（松永が）言ってることはみんなウソ。あとで必ず迎えに来て〉と、広告の裏に走り書きしたメモを手渡していた。その日の夜、清美さんの伯母を通じてそのことを聞いた松永は激昂する。そして午後十一時頃に「電気を通しながら聞く」と、緒方に電気コードの先に金属製クリップをつけた器具を、彼女の右上腕部にガムテープで固定させ、百ボルトの電流を流す〝通電〟による虐待を始めたのだった。

その際、清美さんは「ちゃんと話します。話を聞いてください」などと懇願したが、松永は「電気をつけてから聞く」と、まったく応じようとはしなかった。そうした通電による暴行は翌十六日の日中まで続き、その後も連日のように繰り返されることになる。

また、二月十八日の午後十時頃には、通電に加えて腕を足蹴にするなどして、松永が「逃げた理由を五秒以内に答えろ」などと詰問。翌十九日未明になると「血判状を書いてもらわないといけん。カッターで指を切って、血で〈もう逃げません〉と書け。書かんのやったら電気を通す」と脅し、清美さんにみずからカッターナイフを使って右手人差し指を切らせ、その血で〈もう二度と逃げたりしません〉と書かせて署名させると、緒方に命じてこの血判状を、部屋の押し入れの引き戸に貼りつけさせた。

加虐心に火がついたかのように、松永は続いて清美さんに向かって、「写真を撮っておく。笑ったときに八重歯が出るから、すぐに特徴が摑める。逃げたらこの写真であんたを捜してもらう」と、無理やり笑顔を作らせて写真を撮影。その際、緒方に命じて彼女の両眉毛を剃り落としている。

やがて松永は、緒方にラジオペンチを用意させ、清美さんに手渡しながら言う。

「五分以内に爪を剝げ。ここの親指」

松永が指差したのは彼女の右足親指だった。

清美さんは左手に持ったラジオペンチで爪の先端を挟み、ゆっくり引き上げて剝がそうとするも、激痛に耐えかねてできない。

「できません」と口にした彼女に対し､松永は「剝げんのやったら剝いでやる。あと一分しかないぞ」と、冷酷に言い放つ。その言葉に覚悟を決めた彼女は、痛みを一瞬にするため、勢いをつけて一気に爪を剝がした。

激痛が走ると同時に、親指から腰にかけてぞっとするような寒気が走り、剝がした部分からの出血で付近は血だらけになった。その痛みと恐怖心に耐えられず、清美さんは大声を上げて泣き出したという。

だが松永は、「そのままでいい」と放置し、緒方に命じて、さらに清美さんの首を洗濯紐で絞めるなどの暴行を加えたのだった。

氏名不詳の男と女

〇二年一月末に逃走を試みるも、二月中旬に松永と緒方によって、東篠崎マンションに連れ戻された広田清美さんは、彼らから連日のように通電などの暴行を受け、後の裁判での検察側冒頭陳述によれば〈同日以降の加療に約1カ月間を要する右側上腕部打撲傷皮下出血、頸部《けいぶ》圧迫創及び右側第一趾爪甲部《そうこう》剝離創〉の傷を負っていた。

このままでは一生悲惨な状態が続く——。

その思いが十七歳の清美さんに再度の逃走を決意させた。

三月六日の未明、清美さんは門司区の祖父母宅に電話を入れ、逃げるから助けてほしいと願い出た。この時間は松永が風呂に入っており、電話をかけられたのである。彼女は午前五時過ぎにまた電話するといって、一旦電話を切った。

「いま逃げ出した。迎えに来て、すぐに」

続いて祖父母宅に電話があったのは、松永が寝入ったあとの午前六時半頃だ。清美さんは東篠崎マンションから約五百メートル離れた仏具店の駐車場に隠れていた。

迎えに来た祖父母の乗る車に救出された清美さんに対し、祖父は警察に行くことを提案するが、彼女は渋る。そこで、ひとまず祖母だけを門司区の自宅マンションで降ろすと、同区内にある小学校の前に車を停めた。祖父が「なにがあったん？」と問いかけるも、清美さんは押し黙ったままだ。そこで祖父は「ばあちゃんと話しよるんやけど、お父さんはもう、あの世に行っとるんやないやろうか」と呟く。すると俯《うつむ》いていた彼女は涙を流し、「お父さんはこの世にはおらん」と泣き崩れた。

それから彼女は堰を切ったように、父の由紀夫さんが死に至った経緯を説明した。続いて祖父に伴われて門司警察署に出向いて被害を届け出たところ、管轄となる小倉北警察署に移動することになり、そこで被害申告をした。これにより警察は事件を知ることになり、小倉北署の捜査員約二十人が情報収集に動いたのである。また、清美さんの身柄は児童相談所で保護されることになった。

清美さんがいなくなったことを知った松永と緒方は、半ばパニック状態に陥った。当時の福岡県警担当記者は説明する。

「まず三月六日の午前中に『ミヤザキ』を名乗る松永が祖父母宅に何度も電話をかけ、清美さんが家にいるのではないかと押し問答を繰り返しました。続いて夕方になると『モリ』を名乗る緒方が、前回の逃走時に清美さんが祖父母宅に残していた衣服を返して欲しいと、門司区のマンションを訪ねています。その後も松永と緒方は何度も祖父母宅に電話をかけ、居場所を聞き出そうと食い下がっていました。それでも祖父母が『知らない』としらを切り続けると、今度は清美さんにいままでかかった、数百万円の生活費を支払えと凄んだそうです。また、七日の未明から午前中にかけて、松永は祖母の娘である、清美さんの伯母を伴って祖父母宅を訪れて居座り、居場所を教えろと粘っています」

祖父母は再婚しており、松永が連れて来た伯母の橋田由美さんと清美さんの父親である由紀夫さんは、母方（祖母）の姉と弟という間柄だった。

三月七日の夕方、小倉北署では清美さんの証言に信憑性があり、立件が可能であると判断。その段階で氏名不詳の松永と緒方の逮捕に向けたゴーサインが出された。そして、清美さんが家にいると聞かされ、祖父母宅にやってきたミヤザキ（松永）とモリ（緒方）は、午後九時八分に監禁・傷害容疑で身元不詳のまま緊急逮捕された。その際に二人が取り乱すことはなく、粛々と連行されたという。

その二時間後の午後十一時、捜査員は北九州市小倉北区泉台にある「泉台マンション」で、男児四人を保護している。内訳は逮捕された男女の子供と見られる九歳と五歳の男児、さらに二人が預かっていたという六歳の双子の男児二人だった。なお、九歳の男児は「イシマルカツキ」、五歳の男児は「イシマルマナブ」の偽名を名乗っていた。この詳細については改めて触れる。

捜査員は松永と緒方の逮捕を受けて、小倉北区の片野マンションと東篠崎マンション、さらに前述の泉台マンションに入ったが、片野マンションは荷物が梱包されて引っ越し直前だった。また、東篠崎マンションと泉台マンションからは目ぼしい家財道具は発見されていない。これら三カ所に門司区の祖父母宅を加えた四カ所では、三月八日に改めて家宅捜索が行われた。

なお、八日の午前十時から行われた小倉北署の副署長によるレク（チャー）では、氏名不詳の松永を「A」、緒方を「B」としたうえで、「Aはスーツ姿でネクタイ着用。一般的なピシッとしたサラリーマン風。Bも身なりは普通。署に来てからは顔が真っ青。いずれも暴力団のような感じではまったくない」との説明がなされている。

続く九日のレクでは集まった記者クラブの記者に対し、「男女は依然として完全黙秘。ちょっとした雑談には応じている。名前すら名乗らない被疑者はまれ。送検するときは顔写真を付けることになるだろう」ということと「マンションの部屋は、ある程度きれいに整理されている。雑然という感じではない。押収した衣類は下着も含めてあるが、所有者の特定はできていない」との話が出た。

この日の午後、松永と緒方は福岡地検小倉支部に送検されたが、松永はスーツの上に捜査員から白いジャンパーをかけてもらった際に「すいません」と口にし、顔を隠していた。一方で緒方は、テレビカメラの放列を前に、警察官から「顔を隠さなくてもいいのか？」と聞かれたが、「いいです」と答えて顔を隠すことはなかった。そのため、当日夜のテレビニュースでは緒方の顔が出たが、松永の顔、さらに二人の名前は明らかになっていない。

三月十日の夕刻、私は片野マンションの一階にあるスナックを前夜に続いて訪ねた。三十代後半に見えるマスターがカウンターのなかで言う。

「女の子（清美さん）を見たんは去年の夏が最後やねえ。夕方頃に近所をウロウロしよるんを見たことがあるっちゃ。背はかなり小さめで、身長は百五十（センチメートル）ないくらいかね。痩せとって、服とかも最近のギャルとかとは全然違う、地味な格好やったね。暗い感じやけ、一度も笑った顔を見たことないんよね。なんかいつも俯いとる感じやったんよ」

「捕まった男女はどんな様子でしたか？」

「どんなって、女の方は普通のおばさんっちゅう感じよ。身長は百五十ちょっとで中肉中背。地味な格好で、髪の毛とかは肩につかんくらいの長さで普通やし……。男の方は髪が短めで、身長は百七十より少し低いくらい。中肉中背でトレーナーとかの格好が多かったね。なんの商売をやっとるかわからん雰囲気があったけど、見た目はサラリーマン風。警察が確認のために持ってきた写真はスーツ姿で七三分けの髪型の写真やったよ」

マスターは話を続ける。

「うちの店のママが平成十一年（九九年）にこの地域の組長になった時、三〇×号室の世帯表を見たらしいんやけど、そこには橋田由美と橋田清美っち名前が書かれとったみたいよ。由美の方がおばさんで、昭和三十五年（六〇年）生まれ。清美の方が女の子で、たしか昭和五十九年（八四年）生まれやったと思う」

「その二人だけ？」

「そう。その頃に女の子が町内会費を持ってきたことがあったんよ。普通は一年分でいいのに、三年分をまとめてね。で、その子に誰と住んどるのか聞いたら、『おばさんと住んでます』っち。で、『二人で？』と聞いたら、『そうです』やら言いよったけね。ほんと、あんまり喋らん子なんよ。『なんか飲む？』って聞いても『いや、いいです』って言うしね」

「なにか他に容疑者や少女について憶えていることはないですか？」

「そうやねえ、おばさんの方はけっこういつもサングラスをかけとったよ。で、二階にある郵便受けを毎日チェックしよるんよ。そんなときに誰かが来ると背中を向けて、通り過ぎるまでは動かんのよね。やけ、あんまり顔を見た人は多くないと思うね」

マスターは何度か昼間に少女とタクシーで出かける女を見たことはあるが、女はいつも顔を隠すように俯きがちだったという。

「男の出入りは深夜しか見たことないね。あ、そういえば女の子がまだ小五か小六くらいやった頃、赤帽の軽トラックが夜の十時から一時くらいまでの間にやってきて、おばさんと二人でダンボール箱を自分の部屋に何往復もして運び込むのを見たことがあるよ。だいたい五年くらい前やね。半年くらいの間に何回もそういうことがあって、荷物を運び込むだけやなくて、時には運び出すこともあったよ。そんときに男がおることもあったねえ」

「どんな大きさのダンボール箱でした？」

「けっこう大きいのとかあったよ。テレビが入っとるような。で、家宅捜索をした警察の人が言っとったんやけど、逮捕されたときはこの部屋から出る寸前やったみたいで、荷物は少なくて、残っとるもんはまとめてあったんやって。それから、うちのママがちょうど三〇×号室の真下に住んどるんやけど、あの部屋で物音を聞いたのは一カ月半くらい前が最後やっち言いよったねえ」

時期を逆算すると一月の後半あたりだ。後に判明したことだが、これは清美さんが最初に逃走していた時期にあたる。

「まあ、もうちょっとしたらママが来るけ、話を聞いたらいいよ。夜中にノコギリの音やら聞いとるみたいやし、異臭事件の話とかもしてくれると思うけ」

「なんですか、それ？」

「せやけね、何年か前に一時期ずっと夜中にノコギリで物を切るような音が続きよったことがあるんよ。それで死体でも切り刻みよるんやないかって話が出とったんよね。それで、やっぱり同じくらいの時期やったんやけど、夏場になると三階から上がものすごい臭いになっとったんよ。あれはほんとにすごかった。なんか物が腐っとるような臭い。で、たまらんっち話になっとったんやけ」

清美さんは父親がすでに死んでいることを警察に話していたが、前述のレクの内容でもわかる通り、警察はそのことを一切明かしていなかった。そのため、少女への監禁・傷害事件と、このマンションで起きていた異音や異臭の正体がここで結びつくことはなかった。

ビールを飲みながら待っていると、やがて五十年配のママが店に現れた。前夜とは違い、カラオケの邪魔もない。いつ他の客が来るかわからないため、さっそく話を聞かせてもらうことにした。最初に尋ねたのは、男女と清美さんがいた部屋の間取りについてだ。

「あそこは六畳が二部屋と、あと十畳のキッチンがあるリビングやね。それに風呂とトイレが別々についとるんよ」

「上の部屋の物音というのはよく聞こえるんですか？」

「夜中は水の音とか人の声は丸聞こえなんよ。でも、私は夜は店に出とるから、家におらんかったんやけどね」

私がマスターからノコギリらしき音のことや異臭事件について聞いたことを伝えると、ママは当時の記憶が蘇ったのか、顔をしかめた。

「もう、ほんと臭かったんよ……。でね、たしか五、六年前やったんやけど、深夜に一週間くらい、ギーコ、ギーコっち感じでノコギリみたいなのを挽《ひ》く音が響きよったんよね。それで、なんの音かねえっち言いよったら、しばらくしてから、三階から上の階で肉が腐ったような臭いがするようになったの。もう、鼻が曲がるような臭い。その臭いが二、三年くらい続いたかねえ。とくに夏場になるとひどくなったんよね」

「二、三年？」

思わず驚きの声を上げた。

「それで誰も問題にしなかったんですか？」

「いや、同じ階の××さんが警察に言ったんよ。でも警察はとりあってくれんかったみたいやね」

「警察に届けたんですか？　だってその頃って少女はもう男女と一緒にいたわけでしょ。もしもそのときに警察が踏み込んでいたら、監禁がそこまで長期化しなかったかもしれないのに……」

「そうなんよねえ。けど、まわりはみんな知らんかったけねえ。あの子は本物のおばさんと暮らしとるっち思いよったもん。今考えるとかわいそうよね」

この片野マンションの三〇×号室は、清美さんの伯母である橋田由美さんの名前で借りられていた。松永と緒方の逮捕によって明らかになったことだが、橋田さんの名義だけを借り、そこで緒方が清美さんの〝おばさん〟として振る舞い、松永らと一緒に住んでいたのである。

「ああ、そういえば、ウンコ事件っちゅうのもあったねえ……」

ママが思い出したように言った。

「なんですか、それ？」

「あのね、異臭がしよった時期の後やったと思うけど、このマンションの階段にウンコが置かれるようになったんよ。それも犬とかやない、絶対に人間のってわかるようなやつ。でね、まわりにオシッコなんかもあったりするんよ。うちの階段はリノリウムやけ水は吸わんし、いつまでも残るの。それがまた臭いんよ。もう、たまらんやろ。そういうことがしばらく続いたの」

「それは、逮捕された男女と関係あるんですか？」
「そうなんよ。いつやったかね、たしか一、二年前やったと思うけど、やっぱり階段の二階のところがオシッコでビショビショになっとる時があってね、そこから大人の男の足跡が上の階に向かっとるのよ。それでね、その足跡が三〇×号室まで続いとったわけ」
「注意とかはしたんですか？」
「もちろん。私が部屋に行ってドアをドンドン叩いたんよ。そしたらね、ドアが開いて、捕まった女が顔を出したの。で、『階段にされたオシッコから足跡がこの部屋にまで続いてるんですけど、いったいどういうことですか？』と問い詰めたわけ。その時よ、あの捕まった男が顔を隠してササーッとトイレに逃げ込んだんよね。

で、女は部屋の奥におった五歳くらいの男の子を呼んで、『あんたがしたんやろう』っち、頭をバーンと叩いたんよね。でも足跡は明らかに大人のもんで、私もほんとは納得いかんやったんやけど、さすがにそれ以上は言われんやない。やけ、それでこっちも引っ込んだんよ」

ママはいかにも腑に落ちないという顔をしている。これまでの話からは、捕まった男女のうち、男が廊下に糞尿を残し、女はそれを知りながら庇っていた様子が窺える。しかし、なぜそんなことをする必要があったのか。その理由に想像が及ぶようになるには、さらに数カ月の時間が必要だった。

この取材をした日、じつは男女に初めて当番弁護士が接見していた。後にわかることだが、男女は弁護士に対しては、これまでに使っていた「ミヤザキ」（男）や「モリ」（女）という偽名ではなく、本名を名乗っていた。また、警察も清美さんから彼らの名前を聞いていたが、その確認作業を行っていたために、男女の本名が発表されなかったのである。

またＮＨＫが昼のニュースで、七日に北九州市小倉北区泉台にある泉台マンションにおいて、この事件に関連して男児四人が保護されていたことを報じ、他のメディアもその事実を知ることになった。

そこで取材を受けた捜査関係者は「子供たちだけで部屋におり、保護者がいなかったなどの理由から保護した。児童四人は元気。受け答えなどはっきりしている。虐待などはいまのところ見受けられない。四人のうち兄弟がいるようだ」と明かしており、男児が九歳と五歳の兄弟と、夫と別居した女性が逮捕された男女に預けた六歳の双子だったことを話している。

さらに翌十一日に小倉北署で副署長が発した雑感により、児童たちが保護された際の様子がよりはっきりした。その内容は以下の通りだ。

「課長と係長、それに補導員の女性二人がドアの鍵を開けて四人を保護した。四児童はパジャマ姿で、六畳の部屋で一緒にテレビを見ながら遊んでいた。入ってきた捜査員に脅えたり、驚いた様子はまったくなかった。

部屋は1DK。室内はある程度整理整頓されており、洗濯物がたくさん干してあった。こたつ、冷蔵庫、洗濯機があり、長期間生活していたものと見られる。九歳児童はしっかり者で年下三人の統制をとっていた。彼は『NHKの教育テレビも見るよ。いろいろ知っている。地球も丸いよ』などと口にしている」

この日、福岡県警小倉北署は捜査本部を設置した。それは『北九州市小倉北区内における少女特異監禁等事件』との名称で、九十八人体制によるもの。容疑者が逮捕され、殺人が発覚していない段階で捜査本部が設置されるのは、極めて異例のことだった。

捜査本部が設置された際、多くのメディアは、清美さんが警察に対して実の父親が男女二人に殺害されたと話していることを嗅ぎつけている。そのことに関連して、たとえばある社は、捜査幹部から次のような情報を得ていた。

「片野のマンションに入ったが、芳香剤が異常にたくさんあり、明らかにおかしかった。子供のおもちゃなどは一切なく、古ぼけたタンスなど、ガラクタがいたるところにあった。タンスなどの所有物には名前など書いてなく、身元が特定されるものは一切なかった」

そして清美さんの証言の概要として、次の言葉が続く。

「片野マンションの風呂場で、男女二人と少女が、少女の父親の遺体を解体。その後、少女はフェリーで遺体を捨てたところを見たと話している」

ちなみにこの情報については、翌十二日になると、清美さんの供述内容がさらに具体的になったものが捜査員の口から語られていた。

「『電気コードを押し付けろ、叩け』と、十七歳の少女は男からそう命じられ、風呂場でぐったりしていた父親に向かって、指示されたようにやった。その後、少女は男女から『お前が殺した』と言われた。しかし、『私がやる前から父親は死んでいたと思う。その後、父親の遺体を切断してフェリーの船上から海に捨てたと男女から聞いた。自分は船に乗っていないので本当かどうかわからない』と彼女は話している」

じつは清美さんは、死体の解体作業に加えられ、遺棄の際には船に同乗していたことが、しばらく経ってから明らかになる。しかし、みずからの事件への関与を認めたくないという、これまで男女に散々脅されてきた十七歳の少女なりの、自己防衛のための虚偽発言だったと推測される。

清美さんの父親が死亡していることは、ほぼ間違いない。だが、この時期は取材するメディアだけでなく、警察内部においても情報が錯綜していたのだ。

身元判明

三月七日の逮捕以来、黙秘を続けていた男女の身元がついに特定されたのは三月十三日のこと。彼らは松永太と緒方純子で、この段階においても、名前を含めて一切を黙秘していた。

この身元判明と同時に、松永の福岡県筑後市の実家と、緒方の同県久留米市の実家に対する家宅捜索も行われている。

彼らの身元が判明したのは、押収物のなかに緒方の健康保険証があったから。そこで身元の確認作業を進めた結果、本人と断定したのである。さらに周辺捜査によって、交際相手の松永の存在が浮上したのだった。また、すでに時効が成立しているが、彼らが過去に福岡県警柳川署において、詐欺容疑などで指名手配されていたことも明らかになった。

同時に、七日に泉台マンションで保護された男児四人のうち、九歳と五歳の男児が緒方の子供であることも、一部メディアが捜査関係者の話として報じている（※ＤＮＡ鑑定による確認はその後のこと）。緒方は久留米市に住民票を置き、男児二人はそこで住民登録をされており、五歳の男児が間もなく六歳となるため、同市教委が緒方宅に就学通知書を郵送したが、返送されていた。市教委は三年前にも九歳の男児に同通知書を送っていたが、それも同様に返送されてきていたという。

三月十四日は午後一時から小倉北区にある弁護士会館で、松永と緒方の弁護士による会見が開かれた。その場には私も出席しており、会見に先立って以下の用紙が配布されている。

〈本件の逮捕・勾留事実である監禁・傷害罪についての被疑者らの弁解は以下のとおり。

一　監禁罪について

以下の事実により、監禁罪の成立はあり得ない。

すなわち、「監禁」とは、人が一定の区域から出ることを不可能または著しく困難にすることをいうが、
1 家の鍵は常時室内に掛けており、少女にも渡していた。
2 常に現金も所持させていた（6千円～1万円）。
3 バスカード、テレホンカードも所持させていた。
4 1人で買い物にも行かせていた。
5 タクシーも1人で頻繁に利用させていた。
という事実があり、「監禁」にあたらない。
二 傷害罪について
傷害罪についても、以下の事実により成立しない。
1 足の爪を剝がしたことについては、被疑者らが命じたりしたことは絶対にない。
2 自傷癖があり、自分で自分の顔を殴ったり、眠気を抑えるためにペンチで自分の体をつねったりしていた。
3 手の爪を自分で噛んで剝がすという癖がある。
4 少女は、小学1年時（※ママ）頃から被疑者達が少女を預かった小学4年時頃まで同居していた女性から虐待されていた。
5 少女は極めて情緒不安定な状態にあり（精神安定剤を服用していた）、被疑者らも手に負える状態ではなかった。
6 少女は女性被疑者に敵意を抱いており、追い出したがっていた。

7　盗癖があり、そのことを少女に問いつめたら女性被疑者がしたことだと責任を転嫁した。
8　女性被疑者も少女から暴行を受けていた。〉
誤解を与えないため説明をしておくが、これらはあくまでも松永と緒方が当時、弁護士に対して話した主張に基づくものである。そのためとくに〈二　傷害罪について〉のほとんどは、後の裁判において否定されている事柄である。
一般常識と照らし合わせてみて、そうしたことはおよそ考え難い場合でも、被疑者が真実だと主張する限りにおいては、その主張に沿った弁護をすることが弁護士の職務であることから、このような内容になっている点をご理解いただきたい。
なお、その後の質疑応答の内容についても、同様の理由によるものであり、弁護士は松永と緒方の主張を代弁しているに過ぎないことを、念頭に置いておく必要がある。
三月十日から連日接見を続けている弁護士に対して、松永と緒方は「（少女の）父親の存在は知らない。少女の虚言癖に踊らされているだけだ」と話しているという。以下、記者とのやり取りの一部を抜粋する（※記者は「Q」、弁護士は「A」と記載）。
Q「二人が十七歳の少女を預かったのはいつか？」
A「お渡ししたメモにあるように、小学四年生頃のようだ」
Q「その頃まで同居していた別の女性というのは？」
A「詳しいことは聞いていない」
Q「少女を預かった理由は？」
A「詳しく聞いていない。ほかの男の子についても聞いていない。ただ、以前ほかにも子供を預かっていたようだ」

Q「保護される前の少女の生活は？」
A「外出は自由で、常に現金を持たせていた。一人で買い物にも行かせており、監禁罪は成立しない」
Q「少女の体に広範囲の痣《あざ》が見つかったが」
A「自傷癖があり、情緒不安定で、手に負える状態ではなかった」
Q「逮捕容疑には少女の首をロープで絞めたとあるが」
A「心当たりはないが、洗濯物を干すロープに自分で絡んだのではと言っている」
Q「ケガの治療は？」
A「病院には行かず、自分たちで治療していたようだ」
Q「少女は父親が殺されたと話しているが」
A「この事件は全体として少女の虚言癖に踊らされている。父親殺しについても二人は全面的に否認している。父親の所在はわからないという」
Q「なぜ虚言癖だと言えるのか？」
A「傷害を受けていないのに、受けたと言っている。監禁もそうだ」
Q「二人の仕事については？」
A「職業を尋ねたら、『カネのない人に仕事をあっせんする就職あっせんコンサルタント』と答えた。こちらから『夜逃げ屋か？』と問うと『そう』ということだった」
ここで複数の記者から、職業についてさらに詳しい内容を聞こうとする質問が相次ぐ。
A「あまり具体的には聞いていない。接見の時間がなくなった。具体的ではなく、感覚的に夜逃げ屋と受け取った。ただ、こちらはみなさんとは（職業についての）関心のありようが違うから」
Q「二人は悪いことをしたという意識がないという口ぶりか？」

A「うん、うん」
Q「複数のマンションの賃貸の経緯は?」
A「聞いていない」
Q「二人の関係は?」
A「内縁関係というところだろう」
Q「少女には自傷癖があるというが、保護されたあとの少女の手足はどうなっている?」
A「爪は自分で噛んでガタガタの状態ではないか。保護後も自傷行為があるのではないか。(一部報道にあった)『スタンガンで脅された』というのも荒唐無稽。そういう事実はない。警察の強制捜査は少女の供述を鵜呑みにした勇み足だ」
Q「二人の様子に変化は?」
A「とくに変化はない。元気そうだ」
Q「完黙(完全黙秘)は続けるつもりか?」
A「今後も完黙でいくようだ」
Q「理由は?」
A「彼らの方針でしょう」
Q「男女とも一貫して?」
A「そうですね」
Q「なぜ完黙なのか?」
A「いまどき珍しい。そんなにはないよね。しかし黙秘すると言われれば、弁護士としてそれをダメだというわけにはいかない」

Q「松永の様子は？」
A「ごくごく普通。新聞報道も読んでいるが、無表情だ」
Q「少女が自傷癖で作った傷の手当てを二人はしたのか？」
A「してあげていたとは聞いている。それと、少女の足は水虫です。それで足爪が剝がれたのでは？」
Q「精神安定剤は病院処方か？」
A「漢方薬など、市販の薬。『飲まないと眠れない』と少女が言うので与えたようだ」
Q「少女が警察に駆け込んだことについて、なにか言っているか？」
A「緒方は『理由がわからない』と言っている。二人の話しぶりからは、少女に敵意を持たれ、手を焼いていたような感じ。二人とも『あの子はおかしい』と言っていた」
Q「法律書を差し入れたと聞いたが」
A「松永本人の希望で、刑事訴訟法の本を差し入れた」
Q「最初の接見で弁護士が聞いた彼らの本名は、警察発表と同じだったか？」
A「そうです」
Q「二人の様子は？」
A「悪いことをしていないのに、なぜ逮捕されないといけないのか。完全黙秘を続け、公判段階になれば自分から話すと言っている」

このように、弁護士の会見からは松永と緒方が完全に犯行を否認している状況が窺える。実際、警察内部でも傷害はともかく、監禁での立件は難しいのではないかとの意見が出ていた。同日の夜、捜査幹部は取材した記者に対して次のように明かしている。

「（少女に）カネを渡していたし、バスカード、テレホンカードも渡していた。PTSD（心的外傷後ストレス障害）の影響で〝監禁〟になったという見立てだが、ちょっと厳しいのではないかという意見が出ている。検事がどういうふうに取るのか。もし起訴したとしても、微罪だけに執行猶予になる可能性が高いのではないか。ただ、爪を自分から剝ぐことは考えにくく、傷害だけで起訴になる可能性もある」

松永と緒方の逮捕から一週間を経ても、真相は氷山のほんの一角しか見えていなかったのである。

謎の子供たち

三月十五日、捜査本部は清美さんの父親である広田由紀夫さんに対する殺人容疑で、関係先の住居を家宅捜索した。

家宅捜索されたのは、いずれも北九州市小倉北区にあるマンションで、由紀夫さんが殺害されたとされる片野マンション三〇×号室と、清美さんが逃走直前まで監禁されていた東篠崎マンション九〇×号室、さらに男児四人が保護された泉台マンション一〇×号室の三カ所である。

またこの日、泉台マンションで保護された六歳双子男児の母・田岡真由美さん（当時三十七歳）が、居住していた山口県徳山市（現・周南市）で記者会見を開いている。

じつは真由美さんは三月十三日に、勤務先の飲食店グループの会長と社長に付き添われて北九州市児童相談所に出向き、子供たちと面会しようとしたが、「女性が本人と証明できない」として、面会を断られていた。そして翌十四日になり、前日に撮影した真由美さんの写真を見て、すでに双子と面会していた夫が本人だと認めたこと、子供たちも母親だと認めたことから、面会が許可されたのだった。

面会時の状況について、一部のメディアは真由美さんらへの取材を進めることによって、その場での様子を把握していた。それは以下の通りだ。

まず午後二時四十分頃に相談所にやってきた真由美さんは、所内の面接室で子供たちに会い、一人ずつ抱きしめて「重くなったね」と口にしていた。子供たちは母親にとくに執着することなく、室内に置かれたおもちゃ遊びに夢中だったという。真由美さんが「元気だったの？」、「いっぱい食べてるの？」と問いかけると、子供たちは相談所での生活について「楽しいよ」と答え、彼女が持参した絵本に関心を示していた。面会時間は約三十分で、別れ際に真由美さんが「また会いに来るね」と告げると、「今度はパパと一緒にね」と言われた、というのが一連の流れである。

私自身は真由美さんの会見には出席していないため、その内容については新聞記事でしか知ることができないが、その場で彼女は、松永や緒方とは十四年前（八八年）に人探しを依頼した探偵事務所の所員として知り合ったと説明している。そこで松永は「田代博幸」との偽名を名乗っており、緒方は「岡山ミチヨ（漢字不明）」と紹介されていた。この時期に真由美さんは佐賀県佐賀市に住んでおり、探偵事務所は佐賀市内の電話番号だったが、松永と緒方は佐賀市ではなく、福岡県柳川市に居住していた。

じつは、この会見での真由美さんの証言には、若干の記憶違いがあったことが後に判明する。松永が電話帳に探偵事務所の広告を出したのは八九年のこと。その広告には佐賀市、久留米市、福岡市の三つの電話番号が記載されていたが、事務所などの実体はなく、いずれの電話番号も松永が経営に関わり倒産させた、柳川市のインテリア会社に転送されるようになっていた。そのため真由美さんが電話をかけたのは八八年ではなく、八九年か九〇年だと推測される。

この架空の探偵事務所の広告は、結婚詐欺などの標的を探すために掲載されたと見られており、当然ながら探偵業者で作る団体には登録されていなかった。また、九三年一月に月額約八万円の広告料金が滞納されたことにより、広告契約は解除されている。

会見での話に戻るが、真由美さんによれば、その「田代」から約六年前（九六年）にふたたび連絡があり、夫婦仲が悪くなっていた彼女は、しばしば電話で「田代」に相談するようになったという。そこで彼から「子供を連れて一緒に逃げてくれ」と持ちかけられ、〇〇年八月に家を出たとの説明がなされている。なお、この会見時には知る由もなかったが、同時期の松永は、緒方とともに北九州市に居住しており、九六年二月に広田由紀夫さんが死亡している。

ちなみに、この会見での真由美さんによる松永、緒方との出会いについての説明は、それ以前に彼女が取材を受けた際、記者たちに話していたものとは大きく異なっていた。

当初、彼女は〇〇年の夏前から、夫との不仲で家を出たいと考えていたと説明。その際に子連れでもできる仕事といえば、「水商売、ホステスかな」と思い、「いきなり雇ってくれというより、お客さんとしてまず店に入って、そこから話の流れで働きたいと切り出せばいいのでは」と、小倉駅（北九州市）の近くにあるスナックに行ったと話していた。そしてカウンターでジュースを飲んでいた彼女に、背後から「こんばんは。こんなところで一人で飲んでるの？」と声をかけてきた女性が、「野上恵子」を名乗る緒方だったというものだ。

その発言を受けて、記者からスナックの具体的な場所を問われると、「私、方向音痴なんですよ」と、はぐらかしていた。

真由美さん曰く、聞き上手な「野上」は、彼女の相談に乗ってくれ、以来、頻繁に自宅に電話がかかってくるようになった。その後、自分から家を出る決意をして、「野上」に少しずつ荷物を預けるようになり、〇〇年の夏の終わりに双子を連れて佐賀市の家を出た。まずは小倉のラブホテルで二、三泊して、続いて小倉北区板櫃《いたびつ》の「板櫃マンション」に住むようになったと説明している。

この板櫃マンションの賃貸契約については、私自身もウラを取っていた。契約者名は「田岡真由美」であり、一〇×号室を〇〇年八月三十日から翌〇一年三月二十七日まで借りていたことは記録に残っており、間違いない。

逃亡生活で所持金が減った真由美さんは、求人誌を見て〇一年四月から山口県徳山市の飲食店従業員として働きながら、子連れで寮生活を送り始める。その際、引っ越しの手配などは「野上」に手伝ってもらったとのことで、彼女に頼った理由については、次のように話す。

「引っ越しは自分一人じゃできないし、誰も頼る人がいなくて相談相手がほかにいなかったからなんでしょうね。彼女はてきぱきしてましたよ」

やがて、子供を預けていた託児所に男の声で、「双子の男の子はいませんか」と電話での問い合わせが入り、真由美さんは電話の主が夫ではないかとの疑念を抱く。そのことを「野上」に相談すると、「それはきっとダンナよ。ここも危ないね」とアドバイスされた。そして「短期間なら預かるよ」と言われ、子供たちを預けることにしたのだった。

そこで使用された泉台マンション一〇×号室も「田岡真由美」の名で借りられており、賃貸の開始は〇一年八月七日である。

また、金銭的なことについては、子供たちの養育費として、「野上」に毎月十五万〜二十万円を渡していたというのが、記者会見よりも前の取材における説明だった。だが、記者会見での彼女は、家出するための費用や養育費として、〇〇年から〇二年にかけて、親の遺産二千万円に加え、複数の消費者金融でカネを借りて、「岡山ミチヨ」こと緒方に「二千五百万円を支払った」と明かしている。

このように、搾取された金額や緒方の偽名が違うことに加え、記者会見以前の説明には「田代博幸」

こと松永が一切登場していない。なぜ発言内容が変遷したのか。その理由について、旧知の元福岡県警担当記者は、当時の彼女が抱えていた事情を明かす。

「真由美さんは当初、人に聞かれた場合はこう話すようにと、かつて松永から言い含められていた通りの、虚偽の説明をしていました。それくらい、松永の作ったストーリーに従って動いていたということです」

真由美さんに「田代」を名乗る松永は、自分は東大理科三類にトップで入学した外科医であり、探偵もしていると自己紹介している。真由美さんと会った際には、白衣や聴診器を持っている姿を見せ、携帯電話に連絡があると、「××という薬を×グラム投与しろ」などと指示を出し、彼女には「今日手術した患者について、看護婦から連絡があった」と伝えるなどしていた。「田代」は勤務先の病院については明らかにしなかったそうだが、手術のために大阪市や福岡市に行ったと口にしている。

また松永と緒方は、支配下に置いていた広田清美さんを真由美さんに会わせていた。その際、清美さんについて「探偵事務所のボスの娘」と紹介。まだ中学生だが探偵の修業中だと説明している。さらに、彼女の父で「キタさん」と呼ばれるボスについては、末期の肝臓がんで「田代」の手術を受けており、「抗がん剤を打っておいたから、しばらくは大丈夫だろう」と話している。

二人から「ナッちゃん」と呼ばれていた清美さんの役割は、主に真由美さんの見張りや付き添いで、真由美さんが金策のために北九州市内の質店に行ったときには、一緒についてきた少女が熱心にメモを取る姿を店主が目撃している。

なぜ真由美さんが、消費者金融から借金をしたり、所持品を入質《にゅうしち》してまでカネを作り、松永と緒方に渡していたのか。その理由はひとえに、医師を装う「田代」こと松永の甘言に乗せられて家を出てしまい、頼れる者が彼らしかいなかったこと。そして、やがて彼と一緒になり、自分が医師の妻になれると信じていたからにほかならなかった。
だが彼女の場合、失ったものがカネだけで、命まで取られなかった分だけ、幸いだったといえるかもしれない。なにしろ、真由美さんが家を出た〇〇年八月の段階で、松永と緒方はすでに七人の命を奪っており、被害者の痕跡は、この世から影も形も消えてなくなっていたのである。

松永と緒方に監禁されていた清美さんの証言や、逮捕後の家宅捜索により、泉台マンション一〇×号室で発見された男児四人らを保護している、北九州市児童相談所の会見が三月十八日に開かれた。会見に先駆けて、北九州市保健福祉局による〈児童監禁虐待事件に係る児童の保護について（経過報告）〉との紙が読み上げられた。それは以下の通りだ。

〈〔17歳の少女の状況について〕
1．少女は、他の子どもたちと一緒に施設で日常生活を送っている。
2．少女には、臨床心理士がついて心理的ケアを行っており、情緒的には安定していて、生活をする上で特に問題となるような行動などは見られない。
〔双子の児童と母親の面会の状況について〕
1．平成14年3月14日（木）午後2時40分頃、母親が双子の児童に面会するため児童相談所に来所した。
2．母親と児童は穏やかな雰囲気の中でお互いの近況等を約30分間話していた。
3．母親は、お土産として本などを持参し、「またいつか会いに来るからね。」と言って別れた。
〔今後の対応〕
1．17歳の少女については、施設での日常生活の確保と心理的なケアを中心に行っていきたい。

2. 双子の児童は、父親又は母親の面会を継続する中で、子どもの養育などについて調整が整うまでは施設にて養育し、学校も施設の所在する校区の小学校に通学することとなる。〉

その後、南川喜代晴所長（当時）が記者たちと質疑応答を行った。以下、記者を「Q」、南川所長を「A」として一部を再現する。

Q「少女の生活の様子は？」
A「前も話したが、朝起きて勉強し、いろんなレクリエーションをして遊んで夕食。少し自由にして就寝です」
Q「少女は本を読んだり、テレビを見たりして過ごしているのですか？」
A「そうですね。テレビについてはこういう事件ですし、精神的ダメージを考慮して、ニュースのあるような時間は消していることもある。私たちの考えでやっている」
Q「被疑者の弁護士が少女に自傷癖があると言っていますが、保護してから自傷行為に及ぶことはあったのですか？」
A「少なくとも保護して以降、新たに体に傷が増えたとか、そういうことはありません」
Q「保護以前については？」
A「つねったような皮下出血とか、首に絞められたような痕はありました」
Q「それを弁護士は自傷癖だと言ってますが」
A「少女については、安心と安全の確保を最優先に考えています。過去のエピソードについてはこちらの方から一切触れない。ただ、少女の方から話すなかでは、自分が昔から体をみずから傷つけることはないようです」

Q「心理的ケアの内容は？」
A「積極的ケアというか、対象者の心理的な部分に入り込んでケアする方法は採っていません。信頼できる人がそばにいる、話したいときに話せる状況になっています。だから、積極的に臨床心理士が話しかけるのではなくて、少女の方から話しかけたら受け答えをする。過去に受けた傷が重いから、傷つけないことが大事です」
Q「過去の傷で心的な症状は見受けられますか？」
A「心の傷は、表面的には物音に敏感だとか、人の心を詮索せざるを得ないとかです。少女の方からめったに話しません」
Q「弁護士は虚言癖があると言ってますが」
A「保護して以降、虚言癖については少なくとも明らかに嘘をついているとか、辻褄が合わないことを言っていることはありません」
Q「精神安定剤を弁護士は服用していたと言っているが、眠れないとかは？」
A「基本的にはありません。ただ、全体的に敏感になっていて、ちょっとした物音で目が覚めるとかは聞いていません。睡眠自体には問題ありません」
Q「いまの状態について、少女はなにか言っていますか？」
A「はっきり聞いてはいませんが、安心できたというか、ほっとしたような印象を受けています。見る限りでは保護当初と比べてもリラックスしています」
Q「五歳と九歳、あと六歳の双子の就学は？」
A「四月から通常では就学となりますが、子供たちの安全やプライバシーが安心できない限りは、そのときの判断になります。六歳の双子は親が引き取る意向を示しています」

Q「少女は顔写真を出されてショックを受けているという話もありますが？」
A「全体的に見ればリラックスしています。もともと食欲、睡眠はあります。明らかに変わったことはありません」
Q「男の子たちはどうですか？」
A「男の子たちは保護されてけっこう楽しそうというか、良かったように見られます」
Q「そういうことを話してるんですか？」
A「たとえばご飯が三度食べられて嬉しいと話してます。（食事が）定期的ではなかったようです。話を聞いたのは九歳の子ですが、みんな嬉しいと……」
Q「少女への対応は？」
A「長期にわたる虐待を受けていて、ＰＴＳＤとして対応している。ＰＴＳＤの診断基準は単純に当てはまらないが、人の話を裏を考えないと受け取れないとか、そういったところから、ＰＴＳＤと想定してケアする必要がある。精神科の薬物治療を必要とするとか、そんな症状は出ていまのところ、そういった精神的治療はやっておりません」
Q「少女はまだ男女に脅えているのですか？」
A「言葉の端々に見られます。そういった状況は変わっていません。復讐されるのではないかと言っています。仕返しとか……」
Q「警察の事情聴取は？」
A「週に四日ぐらい。朝から夕方までが多いです。休憩時間を取って、配慮してもらっているようです。ゆったりした感じです」
Q「少女のフラッシュバックは？」

Ａ「ないようです」
Ｑ「少女が事情聴取を嫌がったり、途中でやめたりとかはないですか？」
Ａ「ないようです。協力的に話に応じてます」
Ｑ「先ほど話に出ましたが、少女が人の言葉を詮索するというのはどういうことです？」
Ａ「その言葉を素直に信じられないということです。たとえば『気分はどう？』と聞いたら、どう答えたらいいか考えています。自分の言ったことが漏れてしまって、不利益を被るのじゃないかとか……」
Ｑ「沈黙するということですか？」
Ａ「それもあります。考えながらやり取りをするということです」
その後、男児たちのうち、松永と緒方の子供だと推認される九歳と五歳の男児の身元確認問題と、就学問題についてのやり取りがなされ、会見は終了した。
会見の場では少女・広田清美さんについての質問が多かったが、時間の経過とともに、男児四人が保護された、泉台マンションでの生活の様子についての情報が入ってきた。同室内に入った関係者は語る。
「六畳くらいのフローリングの部屋が二つにバス、トイレ、ロフトという造りです。ロフトは物置として使用されていたようで、クリスマスツリーが置いてありました。壁にはなにかの付録のような身長計のようなものも。キッチンには栄養補助剤の容器と、カップ麺、食パン、カレールーなどがあり、冷蔵庫はなぜか二台置かれていました。全体的に汚れは少なく、整理整頓されている印象です」
やがて、ここでの男児たちの面倒はすべて、清美さんが見るように言いつけられていたことも判明した。

私はこの時期に、同室内に貼られていた〈ルール表〉を入手している。その表内では九歳の子が「特」、六歳の子が「大」と「中」、五歳の子が「小」と区分けされ、それぞれの役割と生活ルールが書かれていた。なお、以下に紹介する文中の「特」や「大」の表記はすべて○で囲まれている。

〈といれに行くじゅんばん（1）「特」（2）「大」（3）「中」（4）「小」

おしっこもらしたひとは　いちばんさいご

といれにいくときさわいだひとは　といれはつかえない（ぺっとぼとるでする）

かおをあらい、はをみがく（みずはだしすぎない）

たいじゅうをはかる　じゅんばんどおり

さわいだひとは　あさごはんぬき

くすりをよういする「特」「中」

てーぶるをよういする「大」「小」

しずかにまつ

はかってわける　ごはん、ぎゅうにゅう、そのほか「特」

あいさつをする「特」ごうれいをかける

ひるごはんまでにさわいだひとは　ひるごはんぬき

ばんごはんもおなじ

もし　ちゅういしても　なおらないときは　ひもでしばる

おふろにはいる　まってる人はさわがずに　しずかにまっておく　はいるまえにさわいだひとはふろぬき　はいったあとにさわいだひとはせいざ（1時間）

ひるはでんきはつけない　ゆうがた7じからつける。

さわがず　けんかせず
おたがいに　るーるを
まもり　なかよくしよう。
らんぼうなことばはつかわない〉
この部屋が借りられた〇一年八月七日から、子供たちが保護された〇二年三月七日まで、こうしたルールのもとでの、子供だけの共同生活が続いていたのである。

続く黙秘

「男女ともまだ黙秘。男は世間話には少し応じているが、肝心な部分はまったくダメ。女は完黙」

福岡県警の捜査一課幹部が、取材する県警担当記者にそう話したのは三月十四日のこと。松永と緒方が広田清美さんへの監禁・傷害容疑で逮捕されて一週間目にあたる。

その後も彼らの黙秘は続く。

私自身が複数の（県警担当やその他の）記者から得た情報によれば、捜査幹部や捜査員が口にした、松永と緒方の取り調べ状況（一部雑感も含む）は、順に並べると以下の通りだ。なお、日にちが重複するものに関しては、同日に別の捜査関係者から得た証言である。

「二容疑者の近況はまったく変わらない。松永は雑談にはよく喋っている。毎夕の見房（留置場内での房の見回り）では、グーグー眠っていたり、『ごくろうさまです』なんて言ったりも。余裕があるようには見える。ただ者ではない。緒方はまったく調べには応じない完黙」（三月十六日）

「松永、緒方の供述に変化はない。松永は詐欺師だから、世間話に応じながらのらりくらりと容疑を否認している。緒方は一貫して完黙。だが、先に落ちるなら緒方の方だろう。必死で黙秘しており、一度話し始めたら、一気にいけると思う」（三月十六日）

「松永は依然として変わりません。完黙。よく食事をしている。ここのメシはうまいから。もう背広ではなくトレーナー姿だった。弁護士から差し入れられた法律専門書を熟読している。そのうち弁護士はいらんと言ったりするかもね」（三月十七日）

「松永、緒方とも自供はなし。緒方はまだ雑談にも応じていない」（三月十七日）

「（名前が判明しているため）いまさらもう、『あなたの名前は松永ですか？』とはいちいち尋ねたりしない。いわば暗黙の了解みたいなもので、被疑事実について質問し、それに受け答えしている状況。巻ける（作成できる）調書は巻いている。とはいえ、容疑についてはまだ完黙の範囲。向こうも自分の名前で弁護人選任権を書いているわけだし、こっちはこっちでその名前を特定したうえで質問しているということ。

（現在の容疑以外に）五、六件の余罪は出ており固められる。第一の矢、第二の矢……と撃っていって、最後は当然、殺人に持っていく。まだまだ時間はかかるだろう。あんまり長いと裁判所が認めないだろうから、それに従えば（余罪は）最高五件まで。どんなに完黙を続けても、ここまでくるとたいてい落ちる。涙も流してうたう（自供する）んじゃないか」（三月十九日）

「松永、緒方は依然、完黙と聞いている。緒方は『雑談に応じるようになった』という話も聞くが、まったくダメ。緒方は鬼畜だ。最近になって『供述は見込めないんじゃないか』という話にもなっており、それに備えて、なんでもいいから物証を得るという心構えだ」（三月二十日）

「松永、緒方とも依然、落ちない。松永は雑談に応じているものの、のらりくらり。緒方も完全黙秘は変わっていないようだ。

捜査員の一人は『緒方は結局、自分のことしか考えてないんだろう。子どもに愛情がないんだよ。上の子供は普通なら小学三年。これから勉強で友だちのレベルまで追いつくのは相当な苦労が必要だよ。かわいそう』と話している」（三月二十日）

「両容疑者とも黙秘。取り調べは本部一課特捜がしており、彼らもプライドがある。絶対に落とす、と言っているものの、難しいようだ。長期戦になるのは必至。すぐに動くような話はまったく入ってこない」（三月二十一日）

「緒方の（取り）調べ官はいずれも一課。うち一人は四十代の女性警官で警部補。もう一人の調べ官も同じく四十代の男で警部補。調べの役割分担は女性警官が厳しく、男がへらへらと、というふうに分けている。いまのところ、〝激しく〟調べることまではしていないようだ。毎日夜十時半頃まで調べているが、緒方が落ちそうな気配はないとのこと」（三月二十二日）

「松永、緒方の供述に変化なし」（三月二十三日）

「松永、緒方の供述について『変わった』との報告はきていない」（三月二十四日）

「松永、緒方の供述に変化はない」（三月二十五日）

「緒方は調べ室では法律書を読みながら堂々としていると聞いている。（一部メディアが報じた）〈否認の供述を始めた〉というのは、（捜査）幹部のリークではないか。新聞を被疑者に見せて動揺させるやり方だろう。よくやる手だ」（三月二十五日）

こうしたなか、メディアの関心は〝満期〟と称される勾留期限の満了日までの、捜査機関の方針に向けられていた。松永と緒方の勾留が請求されたのは三月九日。勾留期限は最長で二十日間であるため、その時期が迫っていたのである。

彼らが起訴されることは確実視されていたが、その際の罪名については明らかになっていない。これまで一部で不安視されていた監禁罪（逮捕・監禁罪）での起訴があるか否かということに始まり、もし監禁罪があるならば、監禁罪と傷害罪なのか、それとも監禁致傷罪（逮捕・監禁致死傷罪）かという情報を得る必要があった。

さらにこの時点では、起訴前に別の容疑での再逮捕の可能性もある。もしそうなった場合はどの容疑かということについても当たりをつけるべく、記者たちは日夜捜査関係者のもとに押しかけていた。

ちなみに、被害者である清美さんの父・由紀夫さんについて、殺害されている可能性が高いことに言及する報道はすでに出ていたが、この時点では〝本件〟ともいえる殺人容疑での再逮捕の可能性は、「今回はない」と見られていた。それは松永と緒方が前述の通り黙秘を貫いているうえに、有力な物証が揃っていなかったからだ。

ある捜査員は県警担当記者に対して、次のように話している。

「（三月八日と十五日の関係先四カ所への家宅捜索による）押収品数千点は、××（地名＝北九州市小倉北区）の官舎の二部屋を借り切って仕分けしている。数メートルの長さで切断された電気コードが何本も出てきてはいるが、他はほとんどガラクタだ」

通常、有力な物証があれば科捜研（科学捜査研究所）に持ち込んで鑑定を行うのだが、別の捜査員は言う。

「めぼしいものは出てきていない。科捜研に上げている資料数は二桁もいってない。緒方は窓に目張りしているカーテンの画びょうをきっちり等間隔で打つなど、非常に几帳面な性格。片野の部屋はちり一つないような状態で、物証はあまり期待できない」

この「片野の部屋」とは、由紀夫さんが殺害されたとされる片野マンション三〇×号室のこと。同部屋からの押収物にはノコギリが含まれているが、前出の捜査員によれば「新品同様で、骨を切れば刃こぼれなどが起きるものだが、まったくその様相はない」とのことだった。ほかにも、一年以上北九州市内の賃貸駐車場に放置されていた緒方の父親の車を含む、計三台の車両が押収されていたが、車内からは血液の存在を示すルミノール反応は出ていない。

三月二十六日、関係先の一つである泉台マンションで保護された、六歳の双子の男児の母親である田岡真由美さんを被害者とする、詐欺容疑での再逮捕の可能性が一部の新聞で報じられた。しかしその件について、福岡地検の幹部は即座に「誰がこんなことを言っているのか。とにかく、あんまり先走らない方がいい。ほんと、誤報になるよ」と、確認にきた司法担当記者に向け否定している。それほどまでに情報は錯綜しており、メディアも浮足立っていた。

起訴前の再逮捕はないということが、福岡地検の幹部によって一部の司法記者に明かされたのは三月二十七日の夜のこと。しかし、〝満期〟の前日である二十八日になっても、福岡地検がどのような罪名で松永と緒方を起訴するのか、という情報は入らなかった。同日、福岡県警の捜査員が県警担当記者に対して口にした言葉が、福岡地検がいかに〝保秘〟を徹底していたかを象徴している。

「地検は明日、確実に起訴するということだけど、捜査本部がまだ怖がっているのが、地検が土壇場でひっくり返すということ」

ここでの「ひっくり返す」というのは、「監禁」は加えずに、「傷害」のみでの起訴にとどめるということを意味する。つまり検察の最終的な決定については、警察の捜査員であっても、実行されるまでは知る術《すべ》がないということだ。ただし、この捜査員は次の言葉を付け加えている。

「もし傷害のみで起訴の場合、弁護側は当然保釈を求めるだろう。だけどこちらに有利なのは、二人が黙秘していること。おかげでまず裁判所は保釈を認めない」

監禁罪の法定刑は「三月以上五年以下の懲役」（当時＝現在「三月以上七年以下の懲役」）であるが、

傷害罪は「十年以下の懲役又は三十万円以下の罰金若しくは科料」（当時＝現在「十五年以下の懲役又は五十万円以下の罰金」）であることから、傷害罪の方が上限の罪は重いが、下限の罪は軽く、単独である場合は執行猶予の付いた判決も考えられる。なお、傷害罪の法定刑と比較して重い刑で処断される監禁致傷罪の場合は「三月以上十年以下の懲役」（当時＝現在「三月以上十五年以下の懲役」）となっている。

捜査本部としては、最終的には殺人での立件も視野に入っているが、その前段階においても、できるだけ重い処罰を加えておきたいとの心情が窺える。

そうしたなか、三月二十九日、福岡地検小倉支部は福岡地裁小倉支部に、松永と緒方を被告人とする起訴状を提出した。

監禁致傷罪での起訴

〇二年三月二十九日十六時三十分頃、福岡地検小倉支部は松永と緒方を監禁致傷罪（逮捕・監禁致死傷罪）で起訴した。起訴状に書かれている公訴事実は以下の文面である。

〈被告人両名は、広田清美を監禁しようと企て、共謀の上、平成14年2月15日午前5時ころ、同女の手首をつかむなどして同女を北九州市小倉北区東篠崎所在の東篠崎マンション90×号室に押し込んだ上、引き続き同所において、同女に対し、「あんたがお父さんを殺したやろ。」「今度逃げたら、お父さんのところに連れて行く。簡単なことなんぞ。」「逃げても探偵を使って探し出す。見付けたら打ち殺す。」などと申し向け、同女に命じて「生活養育費として被告人緒方から借用した2000万円につき、毎月30万円以上を支払う。仮に逃走した場合には元金は4000万円に増加する。」旨を白紙に書かせて署名・押印させ、そのころから同月19日にかけて、同所において、電気コードの電線に装着した金属製クリップを同女の腕等にガムテープで固定するなどし、差込プラグをコンセントに差し込んで同女の身体に通電させ、さらに、同女の上腕部等を数回にわたり足蹴にし、「血判状を書いてもらわないといけん。書かんのやったら電気を通す。」などと申し向け、同女をして自らその右手示指《じし》をカッターナイフで切らせ、その血で「もう二度と逃げたりしません。」などと白紙に書かせて署名させた上、「5分以内に爪を剝げ。剝げんやったら剝いでやる。あと1分しかないぞ。」などと申し向け、同女をして自らその右足親指の爪をラジオペンチで剝離させ、同女の首を洗濯紐で絞め、その後も連日のように、同所において、上記同様の方法で同女の身体に通電させるなどし、よって、同年2月15日午前5時ころから同年3月6日午前6時ころまでの間、上記一連の暴行及び脅迫により、同女が同所から脱出することを著しく困難にして同女を不法に監禁し、その際、上記一連の暴行により、同女に対し、同日以降の加療に約1か月間を要する右側上腕部打撲傷皮下出血、頸部圧迫創及び右側第一趾爪甲部剝離創の傷害を負わせたものである。

罪名及び罰条

監禁致傷　刑法第221条、第220条、第60条〉

この起訴に続いて、同日十七時三十分から福岡地検小倉支部の会議室で、同地検小倉支部長による会見が開かれた。以下、そのやり取りを記者を「Q」、支部長を「A」として記しておく。なお、質疑応答は逮捕時には監禁・傷害容疑だったものが、監禁致傷罪での起訴となったことから、次の質問で始まっている。

Q「逮捕容疑から罪名が変わった理由は?」

A「約二十日間の捜査でこのような事実が認められた。逮捕罪名で監禁と傷害か、監禁致傷か判断した結果こうなった」
Q「監禁の結果として傷害が生じたのか、監禁の手段として暴行を加えたのか？」
A「監禁致傷というのはまず、監禁そのものによってケガが起こった場合に成立します。たとえば今回とは違うが、ぐるぐる巻きにして身動きできない状態にし、そのこと自体でケガが起こった場合。また新潟の監禁事件（〇〇年一月に新潟県で発覚した、少女が九年二カ月にわたって監禁されていた事件）では、長期間の監禁で『骨粗しょう症』になったことを傷害とみなしています。もう一つは、監禁の手段である暴行や脅迫によって、ケガが発生した場合も監禁致傷罪になる。こういう二種類のパターンがあります」
Q「今回は二番目の方に近い？」
A「そうです。起訴状からいえば、脅迫的にものを言っている。反省文を書かせている。暴行ということでいえば、足の爪を剝がさせている。首を絞めてもいる。監禁の手段による暴行によって傷害が発生したと認定できる。これが監禁致傷にあたるということです」
Q「監禁するために暴行したということですか？」
A「監禁状態を維持するために、監禁の目的として傷害をしたということです」
Q「勾留時からこの罪名だったのですか？」
A「勾留罪名がどうのこうのというより、結局約二十日間の捜査の結果、最終的な判断で、証拠上どういう状況が認定できたかということです」
Q「監禁致傷とするのと監禁と傷害では、監禁致傷の方が重いという判断ですか？」
A「監禁致傷の法定刑は三月以上十年以下（当時）だが、こちらの方が重いから選んだというわけではありません。あくまでも法律でいうと何罪になるかということですが、それとは別に刑期のことだけでいうと、監禁致傷は罰金がない。傷害も監禁致傷も懲役の上限は十年（当時）ですが、監禁罪が三月以上（五年以下＝当時）、罰金刑なし。法定刑の下限は、監禁罪の下限の三月ということになる。傷害と監禁致傷の上限は十年で同じですが、一般論でいえば監禁致傷の方が重い評価を受けるということです」

Q「結果として下限が上がるということですか？」

A「条文上はそうです」

Q「『今度逃げたら』とか『逃走した』らとか、そういう言葉があって危害を加えたからこそ、監禁の手段たる傷害といえるわけですか？」

A「証拠を総合評価して、監禁の手段としての暴行脅迫であるということです」

Q「起訴事実と逮捕容疑のスタート地点が違いますが……。逮捕容疑では二月十五日午後十一時頃から監禁したことになっていましたが、今回は十五日午前五時からになっています。十五日の夜に引き戻されて翌十六日の午前五時頃に監禁され始めたのならわかりますが、逮捕容疑のときより前から監禁していたということになるのでしょうか？」

A「時間のことは私の頭のなかに入っていない。お答えできる材料がないのですが……」

Q「女の子（清美さん）がいた門司の家に連れ戻しに行った時間をスタート地点にしたということでしょうか？」

A「コメントできない。間違ったことを言ったらいけないので」

Q「『お父さんのところに連れて行く』というのは、父親が死んでいることを前提にした『殺すぞ』という意味合いなのですか？」

A「そうです」

Q「『簡単なことなんぞ』というのは具体的にどういうことですか？」
A「趣旨としては『殺すぞ』ということ」
Q「『打ち殺す』というのは殴り殺すという意味でしょうか？」
A「九州の方では殴り殺すことを『打ち殺す』と言うのではなかったですか？」
Q「『生活養育費として』というのは、いつからいつまでのものということですか？」
A「事実がどうかということは関係ないと思います。四千万円払わなきゃいけなくなるんだぞということで、逃げられにくくする手段としての脅迫文言と理解すべきだと思います。それに、なになにの『旨』だから、言ったことをそのまま書いてあるわけではありません。予断排除の原則による、通常の起訴状の書き方です」
Q「二人のどちらがやったとか、させたとかは？」
A「これは共同正犯です」
Q「脅し文句をどちらが言ったとかは？」
A「立証段階で明らかにします。二人は共謀共同正犯ではなく、実行共同正犯。本件での二人は一緒に犯行しており、どちらかが親分格として指示したのではないということです」
Q「監禁については縛り付けたりカギをかけるなど、有形的な方法は行使しなかったということですか？　弁護側は『いつでも逃げられる状態にあった』と言っていますが」
A「まったく身動きできなくなるというようなものではありません。書いてある通りです」
Q「少女が一人で外出したことはあった？」
A「いまはコメントは控えます」
Q「会見内容からして、弁護側はそのへんを突いてくるはずですが、対応としては？」

Ａ「ここに書いてある通り、『脱出することを著しく困難』にさせたです。『不可能にした』のではありません」
Ｑ「精神的、心理的に逃げ出すことを考えることができない状態だったと？」
Ａ「『不可能にした』ではないということです。詳しくは立証段階で立証すべきこと」
Ｑ「現段階でも二人は完黙なのでしょうか？」
Ａ「申し上げられません」
Ｑ「少女が重度のＰＴＳＤだということですが、今回、ＰＴＳＤは監禁致傷に含めなかったのですか？」
Ａ「ＰＴＳＤはまだ正式な鑑定結果が出ていなかったのではないでしょうか。非常に新しい概念ですが、将来そうだとはっきりすれば、訴因変更で付け加えることは十分あり得る。載せたくてもまだ載せられない状態」
Ｑ「もしＰＴＳＤだったとして、傷害罪として別罪を立てることはないですか？」
Ａ「ここ（起訴状）に付け加えることになるのではないかと。私にもなんとも言えない」
Ｑ「電気コードの先にクリップをつけたものは、いつ作ったものですか？」
Ａ「わからない」
Ｑ「少女を引き込んだときに既にあったものですか？　どんな形のものなのですか？」
Ａ「法廷には出てくるでしょうが、私自身は見ていません」
Ｑ「（車の）バッテリー上がりのときに使うようなものですか？」
Ａ「あんなにでかいものじゃないと思う」
最後に起訴をした時刻（十六時三十分頃）についての質問に答え、会見は終了した。

なお、起訴を受けて弁護側は同日中にマスコミ各社に宛てた以下の文章を出している。

〈本日起訴されました監禁・傷害事件につき、被告人両名は先日の記者会見の内容の通り監禁・傷害の事実を引き続き否認し、捜査当局の取調に対しても黙秘しています。弁護団といたしましては、起訴状記載の内容を精査の上、今後の方針を慎重に検討していきたいと考えています。

また、被疑者両名は、報道されておりますその他の事実につきましても、取調に対して黙秘しております。このようなことから、弁護団としては、現段階でのコメントは差し控えさせて頂きたいと考えております。

なお、被疑者両名が事実関係につき黙秘することは憲法上も保障されたものであることをご理解いただき、少女等関係者らの一方的な供述に基づいた報道につきましては、より慎重を期されんことを切に希望いたします〉

新たな被害者

「どうやら新たな被害者がいるらしい……」

松永と緒方が監禁致傷罪で起訴されたのと時を同じくして、そうした話が一部の記者の間で持ち上がった。

それは県警担当記者が、松永と緒方の再逮捕について捜査関係者に取材するなかで出てきた。内容は、二人と関係のある女性について、〇二年三月十五日に小倉北署が、北九州市八幡東区の病院に入院歴の照会を行ったというもの。その女性は九七年三月中旬に「ベランダから落ちた」として救急搬送されていた。

この情報が出る前は、次に考えられる松永と緒方の処遇について、保護された双子の男児の母親である田岡真由美さんへの、詐欺容疑での再逮捕が有力視されていた。しかし、彼女の供述に変遷が多いことを理由に、検察が立件に難色を示しており、以前よりもトーンダウンしていた。

やがて、この「新たな被害者」が、北九州市小倉南区のアパートから逃げ出した原武裕子さん（当時四十一歳）であることが判明する。とはいえ、彼女が肺挫傷などの重傷を負って、約四カ月間の入院をしていた事実まではごく一部のメディアが摑んでいたものの、具体的にどのような被害に遭ったのかという情報は、どこも得ることができなかった。

そんななか捜査に急展開が生じる。四月四日に福岡県警が、松永と緒方を原武裕子さんに対する監禁致傷容疑で再逮捕したのだ。

その内容は、〈両容疑者は共謀し、96年12月末ごろから97年3月中旬ごろまでの間、当時35歳の独身女性が借りていた（北九州）市内のアパート2階にこの女性を監禁。電気コードに金属製クリップを付けた道具で体に通電するなどの暴行を連日のように繰り返し、命の危険を感じた女性が夜、すきをみて高窓から飛び降りた際、腰の骨が折れるなど約4カ月の重傷を負わせた疑い〉（02年4月5日付『朝日新聞』朝刊）というものだった。

再逮捕から間もない四日の夕方に、捜査幹部によるレクが行われた。その概要を抜粋すると以下の通りだ。

・松永は弁録（弁解録取書）で「黙秘します。署名、押印は拒否します」と言い、緒方は「私はしていません。名前も言ってないので署名、押印は拒否します」と言っている。

・四十一歳の被害女性については、松永が結婚しようと接近。その際に松永は京都大学卒のエリートだと称していた。

・被害女性は、逮捕事実当時は三十五歳。
・犯行場所は現在別の人が入居しており、ガサ（家宅捜索）は打っていない。
・女性は脱出して腰の骨を折り、側溝を這いつくばるようにして逃げた。
・電気コードはすでに押収しているようだ。
・被害女性に松永は「ミヤザキ」、緒方は「モリ」を名乗っていた。
・（各メディアは）被害者の女性を割り出さないように。被害者は両容疑者の写真を見せたら震え上がり、まだ恐怖心を非常に持っている。

今回の再逮捕について、私が「急展開」との言葉を使ったのには訳がある。じつはこの再逮捕の決定は、捜査本部内でもごく一部の限られた者にしか知らされずに、急転直下でなされたものだったのだ。

再逮捕前日の四月三日、ある捜査員は福岡県警担当記者の取材に次のように語っている。

「捜査本部の雰囲気は変わりない。起訴したことで一段落ついた。焦って足元をすくわれるようなことは、したくないということだろう」

そして早期の再逮捕の可能性について問われ、次のように答えている。

「再逮捕については、特捜幹部の間で二転三転しているようだ。もうギリギリまで何（の容疑）でやるのか捜査員レベルではわからない。急転直下もあり得るし、じっくり一カ月、二カ月後にでも、ポンと再逮捕ということもある」

だがその発言の翌日に、いきなり再逮捕という展開になったのである。当日四日の夜になると、なぜ捜査本部が急きょ再逮捕に踏み切ったのか、その真相が漏れ伝わってきた。これもまた捜査員の言葉だ。

「今日、署に出ると雰囲気が違い、再逮捕をやるという。昨日までは再逮捕はまだ先となっていたのに、なんでいきなり今日なんだと驚いたら、どうやら今日、被害者の女性から『被害届を取り下げる』と言ってきたらしい。この女性の松永と緒方に対する恐怖心は半端じゃなくて、本当に震えている。そこで捜査本部は慌てて再逮捕することにしたんだ」

じつはこの数日前から、裕子さんの存在を嗅ぎつけた一部の記者が、彼女の自宅マンションを訪ねていた。その結果、脅えた裕子さんが捜査員に連絡を入れ、関わりを持ちたくないと訴え出たのだ。そこで焦った捜査本部が予定を早めて動いたというのが、急な再逮捕の背景にあったのである。

この再逮捕を報じる新聞記事では、一部の社が電気コードを使用した通電による暴行と、支配下に置いて監禁していた犯行内容を取り上げ、いまだに立件されていない〝事件〟との類似性について触れていた。それは、監禁致傷罪の被害者である少女・広田清美さんが供述しているという、彼女の父・広田由紀夫さんへの殺害、死体遺棄疑惑についてだ。

またほかにも、前述の田岡真由美さんと同じく、松永らが裕子さんから結婚準備を口実に、数百万円の現金を騙し取っていたとして、詐欺容疑を視野に捜査をしていると報じる記事もあった。これらはいずれも、捜査本部による再々逮捕を念頭に置いた〝布石〟ともいえるものである。

こうしてみるとわかる通り、メディアは「先に先に」と捜査の流れを摑もうとし、一方で捜査本部はメディアに情報が漏れることで、捜査が〝潰れ〟てしまうことを警戒していた。そのため、捜査幹部はメディアに情報を流した捜査本部内の〝犯人〟を探すため、あえて偽情報を流すなどの方法も採っていたようだ。

しばらく経って判明したことだが、再逮捕当日の捜査幹部によるレクのなかで、すでに記述してある通り、裕子さんに対して松永は「ミヤザキ」、緒方は「モリ」を名乗っていたとの話が出てくる。

その話を受けて、数社が翌五日の記事にはこの通りの名前を掲載した。だが、実際のところ松永は「村上博幸」を、彼の実姉と紹介された緒方は「森田」を名乗っていた。そのことを知っているのはごく一部の捜査員に限られるため、レクの場で疑問を呈したり、本来の名前がどこかの媒体で出てくれば、リーク元が絞られるということだったのである。捜査幹部が「ミヤザキ」、「モリ」との情報を流したことを後に聞いた捜査員は口にしている。

「それはわざとガセ（偽物）を流してるんだろう。情報漏れを探るためじゃないか」

当初は、そこまで捜査幹部が神経質になるほどに、事件の成立が危ぶまれる、〝薄氷を履《ふ》むが如し〟の捜査だったことがわかるエピソードだ。

こうした情報漏れに神経を尖らせる捜査本部との攻防を繰り返すのと並行して、各メディアは松永と緒方の過去、さらにはすでに殺害されている可能性が高い、広田由紀夫さんとの繋がりについての取材を進めていた。そこで浮かび上がってきた情報については、私自身の取材の結果も含め、改めて取り上げる。

逮捕から一カ月を経た四月七日になっても、松永と緒方の様子に変化はなかった。捜査本部はすでに長期戦となることを予期しており、再々逮捕の容疑としては、四日の再逮捕の被害者である裕子さんに対する詐欺容疑が有力とされた。ある捜査員は県警担当記者に対して語っている。

「詐欺容疑は問題なさそうだ。（監禁致傷とは）容疑がまったく異なるし、暴行や脅迫容疑だったらダメかもしれないが、詐欺だからね。被害額は最終的に二百万円くらいまで裏付けできそうだ。女性（裕子さん）が松永と出会って、離婚して、監禁虐待される前までにわたって、結婚準備金名目で騙し取られたということ」

ただし、勾留期限の〝満期〟が迫る四月二十日を過ぎた時点で、二人の再々逮捕については、四日の再逮捕容疑についての起訴よりも後という情報が流れた。さらに、その直後にはゴールデンウィークが控えているため、再々逮捕は早くともゴールデンウィークが明けてからになる見通しであるとされた。

松永と緒方が起訴されたのは四月二十五日のこと。起訴状に書かれていた公訴事実についての文面は以下の通りだ。

〈被告人両名は、原武裕子（当時36年）を監禁しようと企て、共謀の上、平成8年12月30日ころ、北九州市小倉南区××所在のアパート××号室において、同女をして同室内四畳半和室に入室させ、その出入口扉に南京錠で施錠した上、引き続き、同女に対し、同和室内での起居を強いるとともに、以後連日のように、同和室等において、電気コードの電線に装着した金属製クリップで同女の腕等を挟むなどし、差込プラグをコンセントに差し込んで同女の身体に通電させ、「逃げようとしたら捕まえて電気を通す。」などと申し向け、同8年12月30日ころから同9年3月16日午前3時ころまでの間、上記一連の暴行及び脅迫等により、同女が上記××号室から脱出することを著しく困難にして同女を不法に監禁し、その際、同日時ころ、同和室窓から室外に飛び降りて逃走しようとした同女をして、その腰部及び背部等を地面に強打させ、よって、同女に対し、入院加療約133日間を要する第1腰椎圧迫骨折及び左肺挫傷等の傷害を負わせたものである。

罪名及び罰条

監禁致傷　刑法第221条、第220条、第60条〉

形式的な文書である起訴状の文面だが、深夜三時に窓から飛び降り、腰を骨折するなどの重傷を負いながらも命からがら逃げ出した女性の、切迫した様子が浮かび上がる。

父親死亡？

五月六日、『読売新聞』（西部本社版）が〝独自〟の記事を掲載した。

〈少女監禁被告のマンション　父親死亡現場と断定…福岡県警〉との見出しが付けられたその記事は、捜査本部が片野マンションを、少女・広田清美さんの父・広田由紀夫さんが死亡した現場だと断定。現場保存を図るために借り上げていることが（五月）五日にわかったというものだ。

同記事では〈賃貸という異例の措置〉との前置きをしたうえで、次のように解説する。

〈〔1〕捜索差押許可状の有効期間（原則として7日）は、立入禁止措置で現場保存できるが、捜査には長期間を要する〔2〕許可状の有効期間経過後、賃貸に出された場合、新たな入居者によって現場が変更され、貴重な証拠資料が失われる恐れがある――などを考慮、事件の立件に向け、家賃を支払うことにした。家賃は月額6万５０００円で、「捜査活動費」の名目で支出されている〉

このことは、由紀夫さんの死亡について、捜査本部が積極的に捜査していることを示している。だが、私が注目したのは同記事内にあるこのような記述だった。

〈また、少女は、緒方被告の父親（65）、母親（63）、妹（37）、妹の夫（43）らもこの一室で暮らしていたことがあると話しており、「母親はある日、口から何かを吐いて倒れ、そのまま動かなくなった」とも証言している〉

じつは緒方の母の死については、三月のうちに『週刊文春』だけが報じていた。それは以下の内容である。

〈少女の事情聴取は現在、婦人警官が保護先の児童相談所で行っているが、落ちつきを取戻しつつあるA子さん（少女）は、実は「第二の殺人」についても証言を始めている。

「お父さんの他にも、もう一人殺されている」

供述によると、少女が小学生の頃、「モリ（緒方）のお母さん」と二人に紹介されたおばあさんとある時期、一緒に××号室で暮しており、「おばあさんも殺され、いなくなった」という〉（『週刊文春』02年3月28日号）

だが、その衝撃的な内容についての続報はなく、複数の福岡県警担当記者に話を聞いても、捜査員からの有力な情報はないとして、いつしか立ち消えになっていた。

そこにまた改めて緒方の母の死を窺わせる記事が出てきたのである。さらに同じ日の読売紙面には〈緒方被告親族6人　多額借金抱え不明〉との見出しがついた記事も掲載されており、緒方の親族六人が少なくとも三年間にわたって消息を絶っていることに触れている。それは先の記事での母の死が、氷山の一角に過ぎないことを意味していた。

この六人とは、前述の四人に加えて緒方の〈妹夫婦の長女（14）と長男（9）〉のこと。同記事には彼ら六人について、〈生死にかかわる何らかの事件に巻き込まれている可能性もあるとみて、福岡県警の捜査本部は所在確認を進めている〉とある。なお、同記事中の全員の年齢については、この時点で生存していた場合のものであることを付記しておく。

ここにきて、由紀夫さんに加えて緒方の親族六人という、計七人にも及ぶ大量死の疑いがあることを暗示する記事が出てきたことに、驚きを禁じ得なかった。

この記事が出た日の夜、捜査幹部は夜回りの記者に対して、次のように口にしている。

「緒方被告の親族六人不明の話は、みなさん昔から知っていた通り。読売がなぜあんなに大きく書いたのかは知りません。これに絡む事件化の話は、私の耳には入っていません」

素直に受け取ると否定しているように聞こえるかもしれないが、役人とのやり取りで相手が「私は聞いていない」や「私は承知していない」と言う場合、往々にして取り上げた出来事が存在することを意味する。ただし、現実がそうだとしても、言質《げんち》が取れたということにはならない。

メディアの事前の見立てでは、再々逮捕はゴールデンウィーク明けということだったが、五月六日を過ぎてもそうした兆候はなかった。一方で捜査本部は先の『読売新聞』の記事を裏付けるような捜査の動きを見せる。五月九日に片野マンションを改めて家宅捜索したのだ。しかもその際の令状は、緒方の妹の長女・緒方花奈ちゃん殺害容疑で取られたものだった。

今回の家宅捜索では捜査員の他に、住宅設備業者や北九州市水道局職員など総勢約五十名が現場マンションに入り、数日をかけて浴室のタイルや配管、沈殿槽などを切断して押収している。

捜査幹部によれば、「（この家宅捜索は）基本的には保護されている少女の話がベースにあり、義務教育時期の子供の生存確認ができない異常性を加味して捜索令状が取れた」とのことだった。また、失踪している緒方家の六人については「親族から捜索願が出されており、いずれも死亡確認はできていない」という説明にとどまった。

ちなみに別の捜査員は、保護されている清美さんの記憶力について「驚異的」と評したうえで、「少女（清美さん）が死を目撃しているのは父親と緒方の姪の花奈ちゃん。いずれも同じ手口で殺害され、遺体を捨てられたと供述している。緒方の甥については、電気コードでの虐待は目撃しているものの、その死は見届けていない。突然消えたそうだ」と語っている。

結果的に家宅捜索は五月十九日までの十日間にわたって続けられるのだが、その最中である五月十六日に、松永と緒方への再々逮捕が執行された。

逮捕容疑は原武裕子さんへの詐欺・強盗。逮捕事実については、詐欺容疑が松永と緒方が結婚話などを餌に、カネを騙し取ろうと共謀のうえ、九六年七月下旬から九月下旬にかけて、裕子さんから現金合計約三百五十万円を騙し取ったというもの。その際、裕子さんに対して松永が弟、緒方が姉を装い、「結婚するためにはカネが要る」（松永）、「自分たちは広島に土地を持っているので、心配しなくてもカネは返す」（緒方）と嘘を言って信用させ、現金を用意させていた。また松永は「将来、小説家になるために、まだカネが要る」とも話していた。

続く強盗容疑については、北九州市小倉南区のアパートで裕子さんに対し、電気コードを使用して身体に通電させ、激しいショック状態を起こさせる暴行を繰り返して反抗を抑圧したうえ、九六年十二月末頃から九七年三月中旬までの間、前後七回にわたって現金合計約二百万円を強取したというものである。

この再々逮捕時の弁解録取書については、松永、緒方はともに署名、押印をせず、松永は「黙秘します」、緒方は「なにも言いたくありません」との反応だったことが明らかになった。

なお、これは後にわかったことだが、「詐欺・強盗」容疑は当初からの予定ではなく、途中で変更されたものだった。福岡県警担当記者は言う。

「最初は詐欺と恐喝容疑の予定で捜査を進めていたそうですが、（捜査本部の）班長が『どうしても松永と緒方の二人を許せない』と言い出して、『恐喝ではなく（より罪の重い）強盗で立件しよう』となったんです。その話に対して福岡地検もまんざらではなかったようで、捜査内容を詰めに詰めて、強盗容疑での立件になりました。再々逮捕の時期が遅くなったのもこのことが理由で、地検との詰めの作業に時間がかかったからだと聞いています」

さらにこの再々逮捕に絡んで、松永が裕子さんに対して「いまは塾の講師をしていて月収が百万円ある。将来、小説家になるため家にこもるので、当面の生活費が要る」とカネを騙し取っていたことがわかった。

　再々逮捕が執行された時点で、すでに二件の監禁致傷罪で起訴されている松永と緒方の初公判が、福岡地裁小倉支部で六月三日に開かれることが決まっていた。二人の身柄は起訴後も松永が小倉北署、緒方が門司署にあったが、それにも限度があり、いずれは拘置所に移さなければならない。捜査本部は再々逮捕による勾留で署内の留置場に留め置くことができるうちに、彼らから殺人についての自供を引き出したいと考えていたようだ。県警担当記者の夜回りに、捜査員は次のように答えている。

「（勾留期限の）二十日間がいよいよヤマ場。取調官もかなり疲れているが、上から相当のプレッシャーを受けているようだ。もう、（取り調べは）最初から殺人でガンガンいくことになると思う。地検サイドから（殺人の立件については）『八月までは待つ』と期限が決められているし、今回の逮捕である程度までうたわせないと、次の逮捕は本当に殺人でいくしかないだろうから……。松永は雑談には応じているし、精神的にも安定している。そういう点で、（捜査）本部はやっぱり落ちるとしたら緒方の方だと見ている。緒方は本当に完黙で、雑談にもまったく応じていない。かなり緊張しているようだから、その糸でもぷっつり切れたら話し出すんじゃないか、と」

　五月二十一日、捜査本部は福岡県瀬高町《せたかまち》（現みやま市）にある、松永の両親が住む家を家宅捜索した。捜索の容疑は再々逮捕と同じ「詐欺・強盗」で、松永の両親は事件発覚後、約一カ月間家から離れていたが、四月下旬に戻ってきていた。

　約十名による捜索の結果、強盗容疑で使用されたと見られる電気コード、結婚詐欺のマニュアル本、松永の通帳やその他関係書類などが押収されている。

　初公判の期日が迫るなか、二人の取り調べに目立った進展は見られなかった。捜査員が語るのは、次のわずかな変化のみである。

「松永はかなりビクビクしているようだ。緒方がなにか喋っていないか、かなり気にしている。一方の緒方は依然として完黙。ただ、けっこう疲労の色が見え始めていると聞く」

初公判

逮捕から八十八日ぶりに、被告人の二人が顔を合わす日がやってきた。

松永と緒方の初公判が開かれる〇二年六月三日、福岡地裁小倉支部の前には、一般傍聴席三十八席に対して二百六十二人の傍聴希望者が並び、傍聴券の抽選が行われた。

この裁判で争われるのは、最初の逮捕の原因となった広田清美さんに対する監禁致傷罪と、松永らによる監禁生活から命からがら逃げ出した原武裕子さんへの監禁致傷罪という、二つの罪についてのみだ。通常ならばこれほど多くの傍聴希望者が集まる審理内容ではない。ひとえに、メディアによって少女の父の死、さらには緒方の親族六名の死亡の可能性が報じられたことによる、世間の興味の高まりがこの数字に表れていた。

幸いにして傍聴券を手にすることができた私は、第二〇四号法廷の傍聴席で二人の入廷を待つ。周囲を見回すと、作家の佐木隆三さんの姿があった。正面の裁判官席に向かって右側には松永と緒方の弁護団四人が、左側には検察官三人が座る。

最初に入廷してきたのは緒方だった。白地に花柄のブラウスとデニムのスカートという出で立ちの彼女は、廷内に入ると無表情のまま傍聴席に向かって一礼をした。真ん中で分けられた肩までのやや茶色がかった髪に、血色の悪さを感じさせる色白の肌。疲れが見える神妙な表情だ。唇の脇の左頰にある、長さ一センチメートルほどのえぐられたような傷痕が目に入る。

続いて黒い半袖Tシャツに紺色のジャージズボン姿の松永が、緊張した面持ちで一礼しながら入廷した。その際、彼は緒方に目を向けたが、彼女は前を向いたままで視線を返すことはなかった。直毛で密度の濃い黒髪は短く切り揃えられ、色白の肌でまつ毛が長いその顔は、歌舞伎役者のように整っている。

やがて三人の裁判官が姿を現して開廷すると、まずは「人定質問」が行われた。証言台での松永は、指先を伸ばした直立の姿勢で、大きなはっきりとした声で言う。

「松永太といいます。昭和三十六年（六一年）四月××日生まれです」

裁判長から住所を尋ねられると「不定です」、職業を尋ねられると「無職です」と答えた。

続く緒方は、松永とは対照的に小さくか細い声で名前と生年月日を口にする。住所について「不定です」と答えた彼女は、裁判長から「不定ですか？」と確認され、「はい」とだけ答えた。

その後、起訴状朗読となった際、検察官は被害者名について、十七歳の少女だけでなく四十一歳の女性についても「社会の影響を考えると、氏名朗読は控えさせていただきたい」と訴え、「氏名朗読自体が被害者の負担となる」と主張した。しかし裁判長は十七歳少女に関しては「とくに異論はない」としたものの、四十一歳女性については「被害者名等すべて朗読するように」と訴えを退けた。

起訴状を検察官が読み上げるなか、松永は鼻の下や額の汗を拭うなど落ち着きのない様子だったが、緒方は両手を膝の上で重ね、体を動かすことはほとんどなかった。

続いて罪状認否に入る直前に、弁護側から証拠開示がまったくなされていないとの指摘が上がる。それに対して検察側は、現在までは第一事件（十七歳少女の事件）に関してのみで、第二事件（四十一歳女性の事件）については、両被告を同女に対する詐欺・強盗容疑で再逮捕しており、捜査中のため証拠開示できなかったとし、「六月上旬から中旬までには開示します」と説明した。

その発言を受けて弁護側は言う。

「第一事件では起訴状で（少女の父親殺害を窺わせる）余計な記述がある。そのため罪状認否は留保したい。第二事件の被害者の調書は見ていない。それを見たうえで最終的な認否を行いたい」

第一事件の起訴状には、まだ事件化されていない清美さんの父・広田由紀夫さんが殺害されたことに触れた、〈あんたがお父さんを殺した〉や〈今度逃げたら、お父さんのところに連れていく〉との文言が含まれていた。そのことを理由に、弁護側はこの場での認否を留保したのである。

裁判長から認否の留保について問われ、松永は「はい」と声を上げ、緒方は黙って頷いた。

そこで裁判長は、次回の第二回公判は七月三十一日の午後三時から四時半までの予定で、今日と同じ第二〇四号法廷で行われることを確認すると、閉廷を告げた。時間にしてわずか二十四分の、短い公判だった。

退廷時、松永は弁護団に向かって表情を変えずに一礼して無言で出ていった。一方、緒方は歩み寄った二人の弁護士に笑顔で対応し、一言二言なにかを話して姿を消した。それは法廷で見せた彼女の唯一の笑顔だった。

初公判から四日後の六月七日、福岡地検小倉支部は松永と緒方を、原武裕子さんに対する詐欺・強盗罪で起訴した。公訴事実は以下の通りである。

〈被告人両名は
第1（※詐欺罪）事実上夫婦同然の関係にあったものであるが、原武裕子（当時35年）から婚姻名下に金員を詐取しようと企て、共謀の上、被告人松永が、平成7年（95年）8月ころから、福岡県北九州市内において、同女に対し、村上博幸と称する独身者で、京都大学を卒業し、今は××塾（予備校名）の講師として月収は100万円であるが、将来は学者や小説家も目指しているなどと、その氏名及び経歴等を詐称し、同8年（96年）1月ころには、同市内において、真実は婚姻する意思がないのにあるかのように装い、同女に対し、「結婚して下さい。一緒に住もう。子供さんの面倒はきちんと見ますから。」などと申し向けて婚姻を申し込み、同女をして同被告人との婚姻を決意させて交際を続け、同年7月20日ころには、同市内において、同女に対し、被告人緒方を同松永の実姉である「森田」と偽って同女に引き合わせた上

1　同月（7月）29日ころ、同市小倉南区××所在の飲食店××（店名）店内において、被告人松永が、同女に対し、複数の消費者金融会社の名前等を記載したメモを示しながら、「自分は、小説家としてやっていくつもりだ。一緒に住む家を探したり、当面、一緒に生活していくためのお金が必要だから用立ててほしいんだけど。こういうところがあるんだけど。借りて来てほしいんだけど。」などと、さらに、被告人緒方が、同女に対し、「全部、弟に任せとったらええんよ。」などとこもごも言葉巧みに嘘を言い、同女に婚姻生活に必要な資金名目で現金を提供するよう要請し、同女をして同資金は真実被告人松永との婚姻生活に必要な資金であると誤信させ、よって、同月30日ころ、同市小倉北区××所在の××室（公共施設名）において、被告人緒方が、同女から現金150万円の交付を受け

2　同年（平成8年）9月13日ころ、同市小倉北区内において、被告人松永が、同女をして同被告人との婚姻生活を営む新居として同市小倉南区××所在の××（アパート名）20×号室の賃借りを申し込ませた上、同月23日ころ、上記××（店名）店内において、被告人松永が、同女に対し、「小説家としてやっていくので当面の生活資金が足りない。まだお金がいるので借りてくれないか。」などと言葉巧みに嘘を言い、同女を更に誤信させ、よって、同月24日ころ、上記××（店名）店内において、被告人両名が、同女から現金110万円の交付を受け

もって、人を欺いて財物を交付させ

第2（※強盗罪）同年（平成8年）10月22日ころから、前記××（アパート名）20×号室において、原武裕子及びその二女（当時3歳）らと同居するようになったものであるが、共謀の上、上記女性から金員を強取しようと企て、電気コードの電線に装着した金属製クリップで同女の身体を挟み、差込プラグをコンセントに差し込んで通電させ、激しい電気ショックの状態を起こさせるなどの暴行を繰り返し、また、時には上記3歳の二女に対し前同様に通電させ、あるいは、通電する旨上記女性に告げるなどして恐怖感を増大させ、さらに、別表記載のとおり、同年12月29日ころから同9年3月10日ころまでの間、前後7回にわたり、同所において、同女に対し、前同様に同女の身体に通電させ、あるいは、身体に通電する旨予告するなどの暴行・脅迫を加え、その都度、被告人松永が、同表記載のように、「母親から70万円の金を引き出せ。パソコンを買うお金がいるから貸して欲しいと言え。」などと同女に命令し、その反抗を抑圧して金を要求し、よって、同8年12月30日ころから同9年3月10日ころまでの間、前後7回にわたり、同室ほか4か所において、同女が上記命令に従って調達した現金合計198万9000円を同女から強取したものである。

罪名及び罰条

第1　詐欺　刑法第246条第1項、第60条

第2　強盗　刑法第236条第1項、第60条〉

この起訴状の文面から、九五年八月に松永が裕子さんに対して、身分を京都大学出身の塾講師と偽って近づいたことがわかる。その後、緒方を姉と紹介して裕子さんの恋心を利用し、出会いから一年後の九六年七月末からカネを騙し取るようになっていた。同年十月には同棲を開始。その一週間後にはすでに通電を伴った暴力を振るっている。通電が彼女にとどまらず、三歳の娘にも及んでいたとの

記述が痛ましい。
こうした松永と緒方の暴力による支配が、裕子さんがアパートから逃げ出す九七年三月までの間、約四カ月半にわたって続いていたのである。

六月七日に、松永と緒方を原武裕子さんに対する詐欺・強盗罪で起訴した福岡地検小倉支部は、起訴状に記された強盗罪について、別表を用意していた。公訴事実を補完する意味で添えられたその別表には、七件の犯行についての暴行の日時やその態様、さらには強取の日時と場所、強取金額が並ぶ。それは以下の通りだ。なお、（）内は筆者による補足説明である。

〈1．暴行等日時　平成8年（96年）12月29日
暴行脅迫等の態様　通電させた上、「（裕子さんの、以下同）母親から70万円の金を引き出せ。パソコンを買うお金がいるから貸して欲しいと言え。」などと命令し、被害者をして母親へ命令通りの電話をさせた。
強取日時　平成8年12月30日
強取場所　（北九州市）小倉南区『曽根アパート』20×号室
強取現金　700000円
2．暴行等日時　平成9年（97年）1月20日
暴行脅迫等の態様　通電させ、あるいは、通電する旨告げた上、「母親に『秋葉原にパソコンの買い付けに来ている。20万円を通帳に振り込んで欲しい。』と言え。」などと命令し、被害者をして母親へ命令どおりの電話をさせた。
強取日時　平成9年1月20日

強取場所　小倉南区（金融機関前）路上
強取現金　199000円
3．暴行等日時　平成9年1月27日
暴行脅迫等の態様　通電させ、あるいは、通電する旨告げた上、「（裕子さんの、以下同）父親から金を借りろ。『大学に行かせてもらえなかったから、60万円を貸して欲しい。』と言え。」などと命令し、被害者をして父親に、命令どおりの電話をさせた。
強取日時　平成9年1月27日
強取場所　小倉北区（金融機関前）路上
強取現金　600000円
4．暴行等日時　平成9年2月21日
暴行脅迫等の態様　通電させた上、「親からいくらでもいいから金を引き出せ。車を買うと言え。」などと命令し、被害者をして母親に命令どおりの電話をさせた。
強取日時　平成9年2月23日
強取場所　小倉南区（金融機関前）駐車場
強取現金　50000円
5．暴行等日時　平成9年2月28日
暴行脅迫等の態様　通電させ、あるいは、通電する旨告げた上、「実家に電話をかけて幾らでもいいから借金しろ。」などと命令し、被害者をして母親に、命令どおりの電話をさせた。
強取日時　平成9年3月1日
強取場所　小倉北区（金融機関前）路上

強取現金　２０００００円
６．暴行等日時　平成9年3月3日
暴行脅迫等の態様　通電させ、あるいは、通電する旨予告した上、「実家に電話をかけて幾らでもいいから借金しろ。」などと命令し、被害者をして父親に、命令どおりの電話をさせた。
強取日時　平成9年3月4日
強取場所　小倉南区（金融機関前）駐車場
強取現金　４００００円
７．暴行等日時　平成9年3月10日
暴行脅迫等の態様　通電させ、あるいは通電する旨予告した上、「お前の親からは借りられないだろうから、友人に電話しろ。××（社名）の東京研修に来て帰りの旅費が足りないと言え。」などと命令し、被害者をして××（友人名）に、命令どおりの電話をさせた。
強取日時　平成9年3月10日
強取場所　小倉南区（金融機関前）路上
強取現金　２０００００円
合計　１９８９０００円〉

この最後の強取が行われてから六日後の九七年三月十六日午前三時頃に、裕子さんは二階の部屋の窓から飛び降り、約三百メートル離れた場所にある会社の事務所まで這うようにして逃げ込んで保護された。そして電話連絡によって駆けつけた前夫に付き添われて、病院に搬送されたのだった。

なお、裕子さんと松永が出会ったきっかけや、その後の松永と緒方が組んで彼女を陥れていく経緯の詳細に関しては、これらの事件の冒頭陳述がなされた、〇二年七月三十一日の第二回公判について触れる際に取り上げる。

ひとまず裕子さんの逃走後の状況について説明しておくと、彼女の逃走を知った松永と緒方は、翌十七日の午後九時半に、運送業者に依頼して、監禁場所の曽根アパートにあったすべての家財道具を、当時別に借りていた小倉北区片野の片野マンションに移している。その際、逃走する二人と一緒にいたのは、彼らの長男（四歳）と次男（〇歳）、さらにこの約一年前に父親を殺害されている当時十二歳だった少女・広田清美さんと、裕子さんの三歳の娘だった。

その後、扱いに困ったのか、松永と緒方は三月二十六日の早朝、裕子さんの娘を彼女の前夫宅前の路上に置き去りにし、発見された娘は前夫に保護された。娘は左足の膝頭の下と左足の前部に、通電の暴行によってできたと見られる化膿性の腫瘍があり、極度の空腹を訴えていたという。

福岡県警担当記者は語っている。

「捜査員によると、裕子さんは自身が長期間にわたって通電による暴行を受けたこと以上に、自分が逃げ出したときに、まだ幼い娘を残してきてしまったことに、ひどく自責の念を抱いていて、そのことがより重いＰＴＳＤを引き起こしているそうです」

とはいえ、裕子さんは二階から飛び降りた際に、彼女自身が腰と背中を地面に強打し、第一腰椎圧迫骨折及び左肺挫傷等の、入院加療約百三十三日間を要する重傷を負っている。それはまさに命からがらの逃走であり、より危険を冒して、我が子を道連れにして飛び降りることへの躊躇があったとしても、致し方ないことだと思われる。

さらに付け加えると、松永の通電による暴行は、彼女の肉体と精神を極限状態に追い込むほどに、苛烈なものだった。後に続いた裁判のなかで、〇五年四月二十七日に緒方の弁護団（当時＝最初の弁護団とは異なる）が福岡地裁小倉支部に提出した弁論要旨には、裕子さんの調書から引用した通電の状況が記されている。以下抜粋する。

〈平成8年10月、態度を豹変させた松永から受けた最初の電気ショックでは、松永がプラグとコンセントを両手に持って追求（※ママ）し、答えられないと繋いで通電した。ピリッという痛みに加えて、通されることへの恐怖感と、いつ通されるか予測できない不安が辛かった。延々明け方まで続き、気を失った。その間の松永の言葉を全く覚えていない。

以後、連夜の通電を受け、意思も気力もなくなり、命令どおりに動く〝操り人形〟となった。いわゆる（松永が主張する）ＳＭプレイではなく、単なる拷問であった。別れたいと口にした時には、松永は激怒して延々と通電した。「自分で電気を通して死んだ馬鹿な奴がいる」と言われ、背筋が凍った。自分の子どもへの虐待を強制され、通電されたくない一心で手伝ったが、「手を抜いた」という理由で通電された。上半身裸で、蹲踞《そんきょ》させられ、両乳首にクリップを装着され、心臓が止まるのではという不安と息苦しさを覚えた。胸にドンという電気の衝撃があり、仰向けに倒れることもあった。膝の後ろに通電されると足が跳ね上がって倒れた。ほとんど全身に通電されたが、乳首がいちばん辛かった。乳首は特にデリケートなので、ちぎれるような痛みがあり、心臓がバクッとして、死の恐怖に襲われ、通電を終わってもビリビリ感、脈打つ感覚が残った。眉毛への通電では、目の前に火花が散って真っ白になり、そのまま失明する恐怖を覚えた。松永を見ただけで通電されるという恐怖感で震え上がった。一日中、いつ通電されるかの恐怖が続いた〉

同弁論要旨には、通電について緒方の精神鑑定時における供述も併せて記載されており、それがいかに精神的に痛めつけられる行為であるかが伝わってくる。供述は以下の通りだ。

〈最初に通電された頃、松永は最初は遊びの感覚だった。最初はピリッとしただけで、どうということはなかったが、増すに従って恐怖心が増した。（緒方が逃走した際に）湯布院から帰った時、松永から徹底的に顔面への通電を繰り返された。衝撃は言葉ではなかなか表現できない。顔面の通電では、1秒であってもすごい衝撃で激痛が走り、意識が遠のいて目の前が真っ白になり、このままどうかなるという恐怖感に襲われた。指先の場合は、指がもげるんじゃないかという恐怖があった。いろいろな方向から質問され、答えても通電、答えなくても通電で、本当のことを言っても嘘を言うなと通電され、言う事がなく黙っていても通電された。「音を立てるな」と言われ、気をつけても音がしてしまって通電され、次には気をつけようとして萎縮してしまった。通電は毎日の日課のようで、ない日の方がまれだった。「皿を少し強く置いた」「お前がうるさいから目が覚めた」「怖い顔で掃除している」「（通電に時間がかかり）俺の団欒の時間が減った」といって通電された。痛みと恐怖感で頭の中が一杯になり、ほかのことを一切考えられなくなった。その後しばらくの記憶が今でもはっきりしない。怒鳴られたり問いただされたりしながら、延々と断続的に掛けられた。いつ終わるかは松永の気分次第だった。陰部の通電は性的な意味で自分という人間を否定されるような屈辱感があった。不思議なことに、苦痛は、慣れるのと逆に、回数を重ねるごとに強くなった。恐怖心が増幅された。松永から「電気は私の友達です」と言って笑えと命じられ、それに従った。通電を避けることが最大の関心で、常にいつ通電になるかという緊張の連続で、石にでもなってしまいたかった。思考力が衰え、考えられなくなり、それが回復する時はなかった。日を追うごとに何となく思考力が衰えてきたかなと思ったり、耳が聞こえにくくなったかなと思った。今の状態（公判時）はほぼ正常と思うが、こうなるまでは何年もかかるのではないかと思う〉

第二回公判

七月一日、それまで小倉北署に勾留されていた松永と、門司署に勾留されていた緒方の身柄が、それぞれ福岡拘置所小倉拘置支所に移された。

七月三十一日には第二回公判が開かれる予定で、これまでに彼らが起訴された三件の事件について、罪状認否と冒頭陳述が行われることになっている。

すでに殺人容疑での家宅捜索は実施されていたが、逮捕状を請求する段階には至っておらず、次回の裁判までの間には、新たな容疑での再逮捕はないと予想されていた。

そして第二回公判の当日。私は午後三時から初公判と同じ福岡地裁小倉支部の第二〇四号法廷で開かれた裁判を傍聴した。

ここではまず、前回の初公判後である六月七日に起訴された、原武裕子さんへの詐欺・強盗罪の起訴状が検察官によって読み上げられた。

その後、裁判長が黙秘権について説明し、「わかりましたか?」と尋ねると、Tシャツ姿の松永は「はい」と大声で答え、ワンピース姿の緒方は無言で頭を下げる。

そこで裁判長がまず松永に対し、三件の起訴状に対する認否を一件ずつ分けて問いかけると、彼は三件について毎回「黙秘します」と声を上げた。次の緒方も同じで、やや小さな声ですべての質問に「黙秘します」と言い、最後に「私は関西弁を使ったりしません。ほかに述べることはないです」と付け加えた。

これは検察官の朗読した起訴状のなかに、松永の姉になりすました緒方の発言として「全部、弟に任せとったらええんよ」との一節があり、言い回しが関西弁のアクセントだったことに反発したもの。その発言から、緒方の向こう意気の強さが窺える。

このあと弁護側の意見陳述になった。最初は十八歳になったばかりの少女・広田清美さんに対する監禁致傷罪について。

「(起訴状のなかの、以下同)〈監禁しようと企て〉の部分については、否認する。〈同女に対し、『あんたがお父さんを殺したやろ。』『今度逃げたら、お父さんのところに連れて行く。簡単なことなんぞ。』『逃げても探偵を使って探し出す。見付けたら打ち殺す。』などと申し向け〉の部分は否認する。

上記脅迫を除く公訴事実記載の暴行、脅迫の外形的事実については認める。〈よって、同年2月15日午前5時ころから同年3月6日午前6時ころまでの間、上記一連の暴行及び脅迫により、同女が同所から脱出することを著しく困難にして同女を不法に監禁し〉については、甲女(清美さん)は自己の意思で監禁場所とされるマンションに戻ったのであり、上記期間中も自己の意思で自由に行動できたのであるから、〈監禁〉にはあたらない。

甲女が、公訴事実記載の傷害を負った事実は認める。

以上から、被告人両名には監禁の故意もないこと、監禁の事実もないこと、公訴事実記載の暴行、脅迫は監禁の手段たる暴行・脅迫ではないこと等から、監禁致傷罪は成立せず、傷害罪が成立するのみである」

これに続けて、原武裕子さんに対する監禁致傷罪に関しては、弁護人は次のように言う。

「公訴事実記載の事実については、全て否認し、被告人両名は無罪である」

最後に、同じく裕子さんへの詐欺・強盗罪について。

「公訴事実記載の事実の内、乙女〈裕子さん〉からの現金交付の事実は認めるが、それ以外については全て否認し、被告人両名は無罪である」

つまり、弁護側は清美さんに対する傷害罪だけは認めるが、それ以外は否認したということになる。

次に検察官による、冒頭陳述が始まった。ここでは最初に〈被告人両名の身上、経歴等〉として、松永と緒方の出生から犯行時までの経歴が事細かに語られる。その内容については、改めてさらに詳細な取材結果と併せて後述する。

続けて〈被害者両名の身上、経歴等〉が読み上げられた。そこで〈被害者甲〉と称された清美さんについての身上、経歴等は次の通りだ。

〈昭和59年（84年）7月××日、北九州市門司区内において、父由紀夫の長女として出生した。

平成2年（90年）10月ころ、両親の離婚に伴って同区内に居住する祖父母方に引き取られ、同3年（91年）4月、同区内の小学校に通学した。

同4年（92年）3月ころ、由紀夫の交際相手で同区内に居住する女性に引き取られ、同年4月ころ、同区内のマンションにおいて、由紀夫及び同女らとの生活を開始したが、同6年（94年）9月（※実際は10月）ころ、同市小倉北区内のマンションに転居し、由紀夫と二人暮らしをするようになった〉

これに続いて〈被害者乙〉と称される裕子さんについての身上、経歴等、さらには本件犯行に至るまでの経緯が読み上げられるのだが、ひとまずは清美さんが被害に遭った事件に至る流れのみを抜粋して取り上げる。なお、冒頭陳述の内容をそのまま引用する箇所については〈　〉で区切ることとする。

平成四年（九二年）十月上旬頃、福岡県柳川市から緒方、そして自身が経営する会社に唯一残っていた男性従業員を伴って逃亡した松永は、石川県を経由して、福岡県内に舞い戻った。そして同年十月十日に、北九州市小倉北区内の不動産会社従業員だった広田由紀夫さんの仲介で、同区内のアパートを借りて移り住む。帯同していた従業員は平成五年（九三年）一月に逃亡したが、その後も松永らと由紀夫さんとの関係は続き、平成六年（九四年）八月時点で、松永らは由紀夫さんと頻繁に接触するようになっていた。

〈被告人両名（松永と緒方）は同年（平成6年）10月ころ、広田由紀夫（※実際の転居は平成7年2月）及び被害者甲（清美さん）が北九州市小倉北区内の片野マンション30×号室に転居したことに伴い、長男を連れて押し掛け、由紀夫及び被害者甲との同居を開始した。

被告人両名は、その後、片野マンションにおいて、由紀夫及び被害者甲に対し、電線を剝き出しにした電気コードや、同電線に金属製クリップを装着した電気コードを用いて、その身体に通電させて、同部位の筋肉を激しく痙攣《けいれん》させて激痛を与えてショック状態に陥れたり、これを延々と繰り返すことによる恐怖感を与え、さらに、施錠した同マンション浴室での起居や断食等を強いたり、同被害者（清美さん）に通電を予告して恐怖感を煽った上、由紀夫の身体に嚙み付かせるなどの日常的虐待を加え続け、由紀夫及び同被害者を支配下に置いて意のままに従わせていた〉

この言葉に続いて検察官がさらりと発した言葉に、思わず息を吞んだ。

〈さらに、被告人両名は、同8年（96年）2月26日ころに由紀夫が死亡した後も、引き続き、片野マンションにおいて、被害者甲に対し、上記同様の通電等の虐待を加え続けるとともに、「あんたがお父さんを殺した。時効になるまでは一緒に暮らさんといけん。」などと、同被害者にはその責任は全くないにもかかわらず、その全責任を同被害者に一方的に押し付けて同居を強い、同被害者を支配下に置いて意のままに従わせ続けた〉

そこでは、いまだに事件化されていない由紀夫さんの死亡について明言し、その日付を初めて明らかにしたのである。それは今後、由紀夫さんの死亡について事件化するという、検察側の予告のような文言だった。

父親の由紀夫さんが死亡したのは、清美さんが間もなく小学五年生を終えるという時期のこと。その後も引き続き、彼女は松永と緒方、そして彼らの子供と片野マンションで暮らすことになった。ちなみに、緒方が次男を出産したのは由紀夫さんが死亡した約一カ月後の九六年三月で、四月に清美さんが小学六年生になったときには、松永と緒方、そして三歳と〇歳の子供二人と同居していたことになる。

その半年後である十月下旬、松永は北九州市小倉南区にアパート（曽根アパート）を借りさせていた被害者乙の裕子さんと清美さんを同居させ、南京錠で施錠した四畳半和室に閉じ込めていた。しかし裕子さんが九七年三月十六日に逃走したことで、清美さんはふたたび片野マンションに連れ戻される。

〈被告人両名は、曽根アパートから逃走した後、被害者甲が中学校に進学する平成9年4月上旬ころまでの間、同被害者（清美さん）に対し、南京錠で施錠した片野マンション洗面所に居住することを強いた上、それ以降も、同被害者を片野マンションに居住させ、前記同様に通電を繰り返すなどして、引き続き、同被害者を支配下に置き続けた〉

冒頭陳述には出てこないが、地元の公立中学に入学した清美さんは、松永から学校が終わるとすぐに帰るよう念を押され、通学路にある小倉中央郵便局の角にある公衆電話から、必ず電話をかけるように命じられていた。片野マンションに帰り着いてからは、一人でラジオを聞いて部屋で過ごし、ほぼ毎日、午後六時から七時の間に、松永からの電話で、彼ら家族が寝起きしていた小倉北区東篠崎にある東篠崎マンションに呼びつけられている。そこで部屋の掃除をしたり、怒られて通電されたりしては、午後十一時に片野マンションに戻っていた。

私が取材で得ていたのは、中学時代の清美さんは、休みがちながらも学校に通い続け、友達の前では笑顔を見せていたということ。当時の彼女は、真新しいメモ帳に架空のスケジュールを書いていた。それは、カラオケに行ったり、コンサートに行ったりという、実際にはない予定だった。

「自分に何も楽しい予定がないのを同級生に知られると、学校で仲間に入れてもらえないと思って、嘘を書いていた……」

警察での事情聴取で彼女がそのように語っていたことがわかっている。

「事実関係証明書」

七月三十一日に福岡地裁小倉支部で開かれた、松永と緒方に対する第二回公判。法廷での検察官による広田清美さんに対する、監禁致傷罪の冒頭陳述が続く。

〈被告人両名は、平成12年（00年）3月に被害者甲（清美さん）が中学校を卒業した後も、被害者甲に対し、同被害者が合格していた私立高校への進学を認めず、伯母などの周囲の者に対しては、福岡市内で美容師見習いをして寮生活をしているように装うことを命じていた。

そして、被告人両名は、平成13年（01年）8月ころからは、同被害者を北九州市小倉北区内にある泉台マンション10×号室に移動させ、同室に居住させていた長男、二男及び被告人両名の保護下にあった2子（合計4子）の世話をするよう命じるとともに、同被害者に対し、「18歳になったら風俗嬢として働き、今まで育ててやった費用を返せ。」などと申し向けたり、連日のように、東篠崎マンションに呼び出し、通電暴行を加えるなどしていた〉

松永と緒方は、当時十七歳の清美さんを通電による暴行で脅し、自分の子供と、松永が騙してカネを引き出すために、田岡真由美さんから預かっていた子供たちの世話をさせていた。

そうした生活から清美さんが最初に逃走を図ったのは、泉台マンションに住み始めて五カ月が過ぎた、平成十四年（〇二年）一月のことだ。同月二十三日頃に、松永と緒方から東篠崎マンションに呼び出された彼女は、「電話の応対が悪い」と顔面を殴打され、同マンションに軟禁された。そして二十九日にふたたび泉台マンションに戻され、子供たちの世話をすることになったとき、〈このままでは被告人両名に殺されかねないと判断して意を決し〉三十日の午前四時頃に逃走したのである。

その足で彼女が向かったのは、北九州市門司区にある祖父母宅。そこには由紀夫さんの母とその再婚相手が住んでいた。

祖父母に保護された清美さんは、国民健康保険への加入の手続きをしてもらい、飲食店でのアルバイトの採用面接を受けた。同時に、松永らから「今まで育ててやった費用を返せ」と言われていたことから、返済の意思を示せば解放されるだろうと考え、伯母の橋田由美さんに頼んで、伯母名義の預金通帳を作成してもらう。そしてその通帳と印鑑、渡されていた鍵と現金数千円、さらに「通帳におカネを入れます。こんなことしてごめんなさい」と書いたメモを添え、二月四日に松永らが住む東篠崎マンションの郵便受けに入れたのだった。

通帳などが郵便受けに入っていることに気付いた松永は、すぐに由美さんに連絡を入れ、「清美に頼まれて通帳を作ったようだが、自分はなんでも知っている。清美は泥棒に入って警察に保護されたことを由紀夫さんに知られ、由紀夫さんから殴られてボコボコにされたあと逃げ出した。知り合いの福岡管区警察署の幹部から得た確かな情報によると、清美は不良グループに入っていて、覚せい剤の運び屋グループに入っている可能性もある。清美が祖父母の家にいるという確かな情報もあるので、一緒に来てくれないか」と、口から出まかせの嘘を言って、協力を取り付けた。

なお、補足しておくと、すでに記した通り、この時点で由紀夫さんは死亡している。しかし、松永は清美さんに、父親の死が発覚すると、関わった彼女も捕まると思い込ませていた。そのため、清美さんは父親の死を口外していない。同時に、由美さんも弟である由紀夫さんの死については知らなかった。

彼女は九四年に由紀夫さんから松永を「東大理工学部卒でIBMに勤める宮崎さん」と紹介されていたことから、松永を信頼しており、この時も松永の嘘を鵜呑みにしていた。

二月十四日の午後十一時頃、松永は由美さんに案内されて祖父母宅を訪ねた。そして応対した祖父母に向かっていきなり土下座をして、「由紀夫さんから清美が十八歳になるまで面倒を見るように頼まれています。彼女がケガをしているのは、由紀夫さんから殴られたからです。いま清美が震えているのは、由紀夫さんが怖いから。彼女は万引き、シンナー、覚せい剤をやって、由紀夫さんに叱られている。今日は遅いから、とにかく連れて帰ります」と言い、震えながらソファにしがみついて抵抗する清美さんに対し、「早く行こう」と右手首を摑んで外に連れ出した。

そして由美さんが運転する車で小倉南区内のファミリーレストランに行き、そこで緒方と合流。由美さんと別れると、松永が清美さんの左手首を摑んだままタクシーに乗せて、東篠崎マンションへと向かった。九階に上がると、緒方が部屋のドアを開け、松永が清美さんの手首を引っ張り室内へと押し込んだ。

室内での松永の脅迫は、部屋に戻った十五日午前五時から正午過ぎまで続く。

〈「一応書いて。あんたが掃除しているときにお父さんを叩いて殺したやろ。」などと申し向けながら白紙とペンを手渡し〉、清美さんが由紀夫さんを殺害したと自白する内容の「事実関係証明書」を書かせて署名・押印させ、もしまた逃げれば、これを祖父母に渡すと脅したのだった。そして「祖父母方に住んで仕事をしたいのなら大金を支払ってもらう」と、清美さんに、生活養育費として緒方から借用したという内容の二千万円の借用書を書かせ、署名・押印させた。そのうえで、「今度逃げたら、お父さんのところに連れて行く」や「いくら逃げても探し出し、見付けたら打ち殺す」などの脅し文句を続けたのだった。

こうした脅迫の合間に、松永は清美さんの目の前で伯母の由美さんに電話をかけ、「清美は福岡の寮に送った」と嘘の説明をしている。また緒方は、清美さんが面接を受けていたアルバイト先に採用を断る電話をかけていた。

松永による清美さんへの通電の暴力は、連れ戻された日の夜から始まった。その様子についても冒頭陳述では触れている。

〈(松永は)被告人緒方に命じて、電気コードの電線に装着した金属製クリップを同被害者(清美さん)の右上腕部にガムテープで固定させるなどした上、その差込プラグをコンセントに差し込んで、同被害者の身体に通電させ始めた。

被害者甲(清美さん)は、同(平成)6年(94年)10月ころ片野マンションに転居して以降、被告人両名から同様の通電暴行を加えられ続け、通電により筋肉が痙攣する際の激しい痛みを経験させられ、その苦痛から、通電を予告されるだけで脇腹に激痛を走らせるなどの拒否反応を呈していたばかりか、同痙攣により通電された腕等が大きく跳ね上がることがあり、その際には、これに立腹した被告人松永から、更に長時間にわたって通電させられるなどされていた。

そのため、被害者甲は、上記経緯で被告人緒方が電気コードを用意し始めた際、被告人松永に対し、「ちゃんと話します。話を聞いてください。」などと哀願しつつ、自己の左手を右上腕部に添えたりしながら必死に抵抗した。

しかし、被告人松永が「電気を付けてから聞く。」と言うのみで、全く応じなかったことから観念し、被害者甲は、筋肉の痙攣により右腕が跳ね上がらないようにするため、その左手で右脇の下から右腕を強く握って固定し、通電に耐えるほかなかった〉

このときの通電による暴行は、十五日の午後十一時頃から十六日の日中まで延々と続いたという。さらにそれ以降も、連日のように通電を主とした暴行は繰り返された。

その後の暴行について冒頭陳述で取り上げられた内容は、すでに記しているため、ここでは詳述を避けるが、通電や足蹴にするといった暴力のほか、カッターナイフで指先を切らせて血判状を作成させたり、眉毛を剃り落としたりということがあった。

なかでも、清美さんにラジオペンチを渡し、「五分以内に爪を剝げ。ここの親指」と命じて、みずから右足親指の爪を剝がさせた際のくだりは真に迫り、傍聴しながらその場面を想像して息を吞んだ。

その後も松永による、清美さんを周囲と隔絶させようとする工作は続く。

〈平成14年（02年）2月20日ころには、被告人松永が、同被害者に対し、前記国民健康保険の解約手続を電話で祖父に依頼するよう命じてこれに従わせるなどし、同月22日ころには、被告人松永が、同被害者に対し、前記アルバイト先に電話をかけて履歴書の破棄を依頼するよう命じて従わせるなどしていたというのである。

このような卑劣な行状を列記したうえで、検察側は松永と緒方の犯行について、次のように締めくくった。

〈同年2月15日午前5時ころから同年3月6日午前6時ころまでの間、上記一連の暴行及び脅迫等により、その逃走意欲を喪失させて、同被害者が東篠崎マンションから脱出することを著しく困難にして同被害者を不法に監禁し、その際、上記一連の暴行により、同被害者に対し、同日以降の加療に約1か月を要する右側上腕部打撲傷皮下出血、頸部圧迫創及び右側第一趾爪甲部剝離創の傷害を負わせ

た〉

清美さんが〈このままでは一生被告人両名から支配された過酷で悲惨な状況が続くとの危機感から意を決し〉松永らによる監禁生活から逃走して、迎えに来た祖父とともに警察に助けを求めたことにより、子供四人が発見、保護され、原武裕子さんが被害に遭っていたことが判明した。

松永らは、清美さんの逃走によってこれまでの犯行が発覚することを恐れ、片野マンションの家財道具を処分するなど、証拠隠滅工作を図る一方で、彼女を連れ戻そうと祖父母宅に押しかけたところで逮捕されている。その際、緒方が処分するつもりで所持していた、前述の「事実関係証明書」などが押収されたのだという。

「結婚してください」

福岡地裁小倉支部の第二〇四号法廷では、三つの事件で起訴された松永と緒方に対して、二番目と三番目の事件（監禁致傷及び、詐欺・強盗）についての冒頭陳述が続けられた。

なお、同事件の被害者である原武裕子さん（公判内では「被害者乙」と呼称）は、事件を思い出したことで重度のＰＴＳＤを発症し、この公判が開かれているときは入院中だった。

裕子さんが松永と知り合ったのは九五年八月頃。裕子さんの夫が、広田清美さんの父・広田由紀夫さんと高校時代の同級生だったことから、由紀夫さんが松永を夫婦に紹介したのである。松永はそこで「村上博幸」との偽名を名乗っており、由紀夫さんは松永について次のように説明していた。

「村上さんは京都大学を卒業し、今は××塾（予備校名）の講師として月収百万円を得ているが、将来は物理学者になる逸材だ」

〈そして、被告人松永は、その後も、由紀夫や被害者甲（清美さん）を伴うなどして被害者乙方を訪問し、その際、同被害者に対し、手土産を持参したり、その服装や容姿を褒めちぎるなどして、如才無い好人物を演じ続けた。

その上で、被告人松永は、同年（95年）11月上旬ころ、被害者乙から夫の酒癖の悪さにつき愚痴をこぼされたことを巧みに利用し、同被害者に対し、「我慢する必要はない。離婚すればいい。」などと申し向けて離婚を促した〉

松永は裕子さんに対して好意を抱いているように装い、十二月二十日頃からは彼女をデートに誘うようになる。

〈デートの際には、同被害者に対し、「寺を借りて塾生を一定期間預かり集中講義をすると高収入が手に入る。」「同僚講師は、生徒の親から現金を賄賂のような形で受け取っているが、自分はそんなことはしない。」旨、さらに、電話では、同被害者に対し、「今、福井の寺で塾生の特訓中だ。休憩時間なので電話をかけている。」旨、その虚言癖による口から出任せの嘘を言い続け、上記詐称した経歴が真実であるかの如く装い、同被害者との交際を続けた〉

また、初デートから間もない十二月二十五日のクリスマスには、松永は裕子さんにペアウォッチを購入することを提案。互いに相手にプレゼントしていた。そして翌九六年になると、松永はさらに積極的に、裕子さんへのアプローチを仕掛けていく。

一月十九日頃にドライブ中の車内で、松永は「結婚してください。一緒に住もう。子供さんの面倒は私がきちんと見ますから」と、裕子さんに求婚した。この時点で三人の子供がいた裕子さんは、夫と別れて松永を選ぶ決断を下す。そして彼女は二月に子供たちを伴って家を出ると、北九州市内の実家に身を寄せたのである。

〈被告人松永は、その後も引き続き、被害者乙に対し、「将来は小説家として成功したい。実家は広島の村上水軍の当主であるが、兄に継いでもらうつもりだし、実家の援助は受けたくない。」旨の虚言を申し向け、その将来性を期待した同女に、「いざとなったら自分が水商売のアルバイトをするから、お金のことは気にしなくて良い。」とまで言わせた上、同年（96年）4月26日、夫との離婚届を提出させた〉

松永は離婚した裕子さんに対し、「女性は離婚したら半年（当時＝現在百日）過ぎないと結婚できないから、その期間が過ぎたら入籍しよう」と口にして、彼女の結婚への期待を煽っていた。

そうしたなか、五月になると裕子さんが松永の子を妊娠していることが判明する。そのことを彼女に告げられた松永は、「いま産むと私生児になる。今回だけは堕ろしてほしい」と言って堕胎させている。そして、「お互いの両親に紹介するまでは、付き合っていることは内緒にしていこう。きちんと籍を入れるまでは人に言わない方が良い。あなたのためにもその方が良い」と二人の交際について口外しないよう命じ、後の犯行が発覚することを妨げるための予防線を張った。

続いて、結婚後の新居として裕子さんに北九州市内のマンションを借りさせるなどしていた松永は、彼女により大きな結婚への期待を抱かせるため、「姉を紹介する」と言い、七月二十日頃に、同市小倉南区にあるうどん店で、緒方を実姉として引き合わせた。緒方は「村上博幸」を名乗る松永の姉の「森田」と名乗り、「広島の加計《かけ》（加計町《ちょう》＝現・安芸太田町）に家を持っているが、いまは小倉南区で熊大（熊本大学）同級生の『みどり』という女性と同居している」と嘘の自己紹介をし、「弟のことをよろしくお願いします」と挨拶をした。

その日の夜に緒方は裕子さんに電話をかけ、「弟に電話番号を教えてもらった。今度子供を紹介する」と話している。ちなみに緒方は、その四カ月前である三月に松永の次男を出産しており、一児を抱える身だった。

〝姉〟の登場で舞い上がる裕子さんに対し、松永と緒方が行動に出たのはその九日後のことだ。七月二十九日頃、二人で先のうどん店に裕子さんを呼び出すと、松永は切り出した。

「自分は小説家としてやっていくつもりだ。一緒に住む家を探したり、当面、一緒に生活していくためのおカネが必要だから用立てて欲しいんだけど」

そして松永は消費者金融数社のリストを書いた紙を見せながら言う。

「こういうところがあるんだけど。借りてこいとは言わないけど、できれば借りてきて欲しい」

そこに緒方が畳みかける。

〈同被害者に対し、「こういうことは全部、弟に任せとったらええんよ。心配はいらんから。」などと、言葉巧みに嘘を言い、同被害者に婚姻生活に必要な資金名目で現金を提供するよう要請し、同被害者をして同資金は真実被告人松永との婚姻生活に必要な資金であると誤信させてこれを承諾させ、被告人緒方が、同被害者をして消費者金融会社から借り入れさせた〉

裕子さんが消費者金融で借りた現金のうち、七月三十日と八月一日の二日間で計二百五十万円が、緒方に手渡されていたという。

さらに松永は、裕子さんに対して「姉と仲良くなってもらいたいから、一緒にマンションを探して欲しい。広島の実家に近い新幹線沿いの新下関、小郡《おごおり》、徳山（いずれも山口県）付近で新居を探して欲しい。鉄筋造りの二階以上で、2DKの大きさの角部屋が良い」と頼んだ。そのため裕子さんは緒方とともに物件を探し歩くのだが、見つけた物件に対して松永はことごとく難癖を付け、なかなか決定しようとしない。

九月十三日になり、ようやく松永が了承したのは、最初に求めた山口県内の新幹線沿いにあるものではなく、北九州市小倉南区の物件だった。とはいえ、裕子さんはそこでの松永との新婚生活を期待して、曽根アパート二〇×号室の賃貸の申し込みをした。

それから十日後の二十三日には、松永はまたしても裕子さんに金策を願い出る。

「小説家としてやっていくので、当面の生活資金が足りない。まだおカネがいるので借りてくれないか」

すでに二百五十万円を松永らに提供していた裕子さんは、そこでさらに借金を重ね、翌二十四日に百十万円を渡した。

ここまでが、三番目の事件となる詐欺罪の犯行状況として検察側が挙げた内容だ。そこからは二番目の事件である、監禁致傷罪についての犯行状況が明かされていく。

〈被告人松永は、その後、被害者乙に対し、「長女は、前夫が可愛がっていたから前夫に渡そう。」「長男は、佐賀の全寮制の中学校に入れるから、受験勉強のために塾を続けさせた方が良い。」などと申し向け、その長女は前夫に引き渡し、その長男は実家に預けたままにすることを納得させた。

その上で、被告人松永は、平成8年（96年）9月25日、被害者乙に対し、四畳半和室及び六畳和室並びに台所等からなる2DKの間取りの曽根アパートの賃貸契約を締結させ、同年10月21日ころ、同被害者を二女（当時3歳）とともに曽根アパートに転居させ、同被害者との同居を開始した〉

裕子さんと初めて同居した日の夜、松永は彼女に言う。

「早く籍を入れよう。当分は家にこもって小説を書くけど、迷惑かけるね」

ついに将来の結婚相手との同居生活が始まる。裕子さんが喜んだのも束の間。彼女が予想もしていなかった出来事が起こる。翌二十二日に、松永の姉になりすます緒方が、三歳の長男と〇歳の次男を連れて曽根アパートに押しかけてきたのだ。そのとき松永は次の説明をしていた。

「実家の母が死に、姉は母堂様になったので、六畳和室で子供たちと一緒に寝る」

その結果、裕子さんと三歳の娘は四畳半の部屋に追いやられ、松永は〝姉〟の緒方や子供たちと同じ部屋に寝ることになった。また、同時期に松永は裕子さんに「姉に管理してもらうので、通帳や印鑑は姉に渡しなさい」と告げ、当時北九州市内のホテルに勤めていた裕子さんの銀行口座に振り込まれる給料を、みずからの管理下に置くよう仕向けている。

裕子さんは数多の出来事に戸惑いを感じてはいたが、これらは一過性のもので、やがて姉らは出ていくだろうと考えていた。そのため現状を受け入れ、普段通りに仕事に出かけるという日々を送った。

それから一週間余り経った十月下旬。裕子さんの離婚から半年が経ち、ようやく入籍できる時期になった。だが、松永は彼女と結婚する素振りを一向に見せない。裕子さんが不満を募らせていたある日、松永はいきなり豹変する。それは彼女が、これまでに一度も見たことのない鬼の形相だった。

拷問的苦行

将来の結婚をちらつかせて夫と離婚させた末に同居し、カネを騙し取っていた原武裕子さんに対して、松永の態度が豹変したのは、九六年十月下旬のことだ。

松永と緒方の第二回公判での冒頭陳述において、検察官は以下の言葉で当時の状況を再現した。

〈夕方ころ、曽根アパートにおいて、同被害者（裕子さん＝「被害者乙」）に対し、いきなりその顔面を平手打ちにし、その髪の毛をわしづかみにして振り回し、その着衣を引きちぎるなどの暴行を加え始め、態度を豹変させて本性を剝き出しにした。

そして、被告人緒方も、その間、上記共謀の下、被害者乙に対し、「抵抗しない方が良いよ。」と言って突き放すなどして、同被害者の抵抗意欲を阻害し、これに加勢した。

引き続き、被告人松永は、そのころから翌日早朝ころまでの間、曽根アパートにおいて、被告人緒方に命じて、電線に金属製クリップを装着させた電気コードを用意させ、同クリップで被害者乙の指、腕、脇の下及び耳等を順次挟ませた上、同被害者に対し、延々と、その身体に通電させる暴行を加え続けるなどした。

これに対し、被害者乙は、被告人松永の豹変ぶりに驚愕・混乱させられ、また、通電の際の強烈な痛みに激しいショック状態となり、加えて、いつ終わるとも知れない通電への恐怖感からパニック状態となり、以後、抵抗不能状態に置かれた〉

裕子さんと同じく監禁致傷の被害者である少女・広田清美さんやその父・広田由紀夫さんに対して、かつて行われていたのと同じ〝通電〟による虐待がここでも登場する。裕子さんへの暴行を始めて、すぐに器具が出てきたということは、松永と緒方がその日に使用することを想定して、事前に用意していたということだ。

冒頭陳述によれば、松永は裕子さんに暴力を振るうようになってから、それまで片野マンションで生活させていた清美さんを、裕子さんがいる曽根アパートに連れて来たという。そして清美さんを裕子さんと一緒に四畳半和室に閉じ込め、外側から南京錠で施錠し、寝起きをともにさせていた。このようにして清美さんに、裕子さんの行動を見張らせていたのである。同時に裕子さんと三歳の娘を引き離し、娘を緒方の手元に置くことで人質にした。

娘を人質に取っていたこともあり、松永はホテルで働く裕子さんに、通勤を続けさせている。ただし、十分な所持金は与えずに五百円程度の小銭しか持たせず、携帯電話でこまめに連絡を入れるように命じていた。そして裕子さんが曽根アパートに帰宅すると、連日のように午前四時頃まで通電の虐待を繰り返したのである。

平時であれば、警察に駆け込むなり、外部に助けを求めるといった解決方法があるのではと考えられるが、松永への恐怖はその思考が停止するほどのものだったということが窺える。冒頭陳述では、通電の被害が裕子さんにとどまらなかったことにも触れている。

〈時には上記3歳の二女に対し、前同様に通電させ、あるいは、通電する旨同被害者に告げるなどして恐怖感を増大させて、同被害者を意のままに従わせた〉

その結果、松永と緒方は裕子さんにクレジットカードで、合計約五十万円相当の貴金属の購入を命じて質屋で換金させたり、カードローンで五十万円を借り入れさせた。また、裕子さんの私物であるカシミヤコートや、松永からもらった女性用ペアウォッチなども入質して現金化させられている。

このように裕子さんを暴力と脅しで支配下に置いていた松永と緒方は、犯行が露呈しないように、新たな偽装工作も行っていた。

〈平成8年（96年）11月中旬ころから同年12月中旬ころにかけて、2回にわたり、同被害者に対し、「前夫や義母と会って幸せにやっていると伝えてこい。この時計を前夫に渡して来い。」などと命じ、携帯電話機を持たせてこまめに連絡を取らせるなどして監視下に置いた状態で、同被害者を前夫らと面会させた上、上記同様の思い出の品である男性用ペアウォッチを単品で購入したものと装わせて前夫にプレゼントさせるなどして、同被害者が経済的にも満ち足りた幸福な生活をしているように偽装させせ〉ていたのである。

こうしたなか、十二月中旬に虐待の苦痛に耐えかねた裕子さんが、「曽根アパートを出たい」と本音を漏らしたことから、彼女の逃走を阻止する必要があると感じた松永は、十二月二十九日の未明に通電を行いながら、勤務先への辞表を書くように命じて従わせた。そして、その日の午前中のうちに職場に提出させたのである。

外部との接触を断ち切られた裕子さんは、南京錠をつけた四畳半の和室に閉じ込められた。さらには翌三十日夕方から三十一日未明まで延々と通電され続け、「逃げようとしたら捕まえて電気を通す」と脅された。その日以降は、日中も松永の気分次第で通電が行われ、室内で立たされ続けるなどの苦行も強いられた。そして、通勤用の制服を勤務先に送り返させられた彼女は、自由な着替えを許されず、スウェットの上下のみの着用を強制されていた。そのうえで生活にも制限が設けられている。

〈入浴は、約2週間に1回程度、被告人松永の気が向いた時にしか許さず、排便にも、逐一被告人松永の許可を必要とし、小便は、同和室内に用意したペットボトルに排出させることもあった。

さらに、被告人両名は、その間、被害者乙に対し、満足な食事は一切与えず、被告人緒方が用意したラードを塗った食パン約8枚と水のみを与え、被告人松永が、「20分以内に食べろ。」などと命じ、同パンを口の中に詰め込ませて水で流し込ませるという拷問的な苦行を強いた上、これが出来ない場合には、上記同様の通電暴行により制裁を加えるなどしていた。

加えて、被告人両名は、被害者乙に対し、二女を同被害者から引き離して被告人緒方の監視下に置き、両名の自由な会話さえ許さず、時には、同被害者の面前で二女の身体に通電させ、あるいは、通電する旨被害者に告げるなどして、その恐怖感を増大させた〉

法廷では、検察官が淡々とその状況を読み上げるなか、三歳の幼児を巻き込む残酷な犯行内容に、傍聴人は一様に息を吞む。被告人席で微動だにしない緒方とは対照的に、松永は体を小刻みに動かし、ときにそれは違うと言いたげに首を横に振ったりしている。

松永と緒方は、前述の虐待を繰り返しながら、起訴状の別表について取り上げた内容で、九六年十二月二十九日から九七年三月十日までの間に七回にわたって、裕子さんから現金計百九十八万九千円を強取したのだった。

なお、冒頭陳述で裕子さんは、九七年一月頃に松永と緒方から「あんたにサラ金から借りてもらったカネは使ってしまい、もう残っていない。あんたの生活費に使ったのだから、自分たちには責任がない。あんたは内縁でもなんでもなく、赤の他人なんだから」などと冷たく言い放たれたことで、当初から二人が自分をカネづるにするつもりで近づいてきたこと、松永には結婚の意思など毛頭なかったことを悟ったとある。

〈しかし、被害者乙は、既に精神的にも肉体的にもボロボロで、涙も枯れ果てており、被告人松永から裏切られていたことをなじる言葉すら発することができなかった〉

そのような状態が二カ月近く続いた九七年三月中旬。裕子さんに通電しながら松永が、「電気を通して死んだ馬鹿な奴がいる」や「自分を脅迫した相手が踏切事故で死んだ」と恐怖感をさらに煽る言葉を口にしたことから、彼女は生命の危険を感じるようになった。そして曽根アパートの二階窓から飛び降りて逃走。入院加療約百三十三日間を要する重傷を負ったというものだ。

これらに被告人の二人を逮捕した経緯などを加え、一時間余りかけた検察側の冒頭陳述は終了した。すると、緒方が手を挙げて発言を求める。

「どうして私の子の実名が出なければならないんでしょうか。被害者の方は名前が伏せられています」

冒頭陳述で〈被告人両名の身上、経歴等〉について触れた際に、彼らの長男、次男の実名が出たことに抗議の声を上げたのである。その緒方の言葉を受け、すぐに松永が「子供のことについて、純子が言うように問題があるんじゃないですか」と大声で追従した。

二人の弁護団が、被害者が匿名となるのと同様、子供についても配慮すべきだと抗議するなどした結果、裁判長は「これからは長男、次男とします」と新たな方針を表明した。

その後、検察側が申請した証拠書類について、弁護側が被害者甲（清美さん）による供述調書などは「同意」とし、被害者乙（裕子さん）による調書類についてては、その多くが「不同意」であるということを示した。

最後に、次回の第三回公判は十月七日の予定であると日時を指定してから、午後五時二十五分に裁判長が閉廷を告げた。

同公判が終了したとき、刑務官に手錠をかけられた緒方は、先に立ち上がって出口に進む途中で、まだ座っていた松永の目の前に顔を近づけ、「大丈夫？」とでもいうような笑顔を見せた。それから弁護団の前を通る際にも、なにかを語りかけると、ふたたび笑顔を見せた。第一回公判の終了時と同じく、いくぶんこわばった表情の松永と、笑顔を見せた緒方の姿は対照的だった。

この段階で二人は、捜査員による殺人容疑の追及について、依然として〝黙秘〟を貫いていた。

第二章

発覚する連続殺人

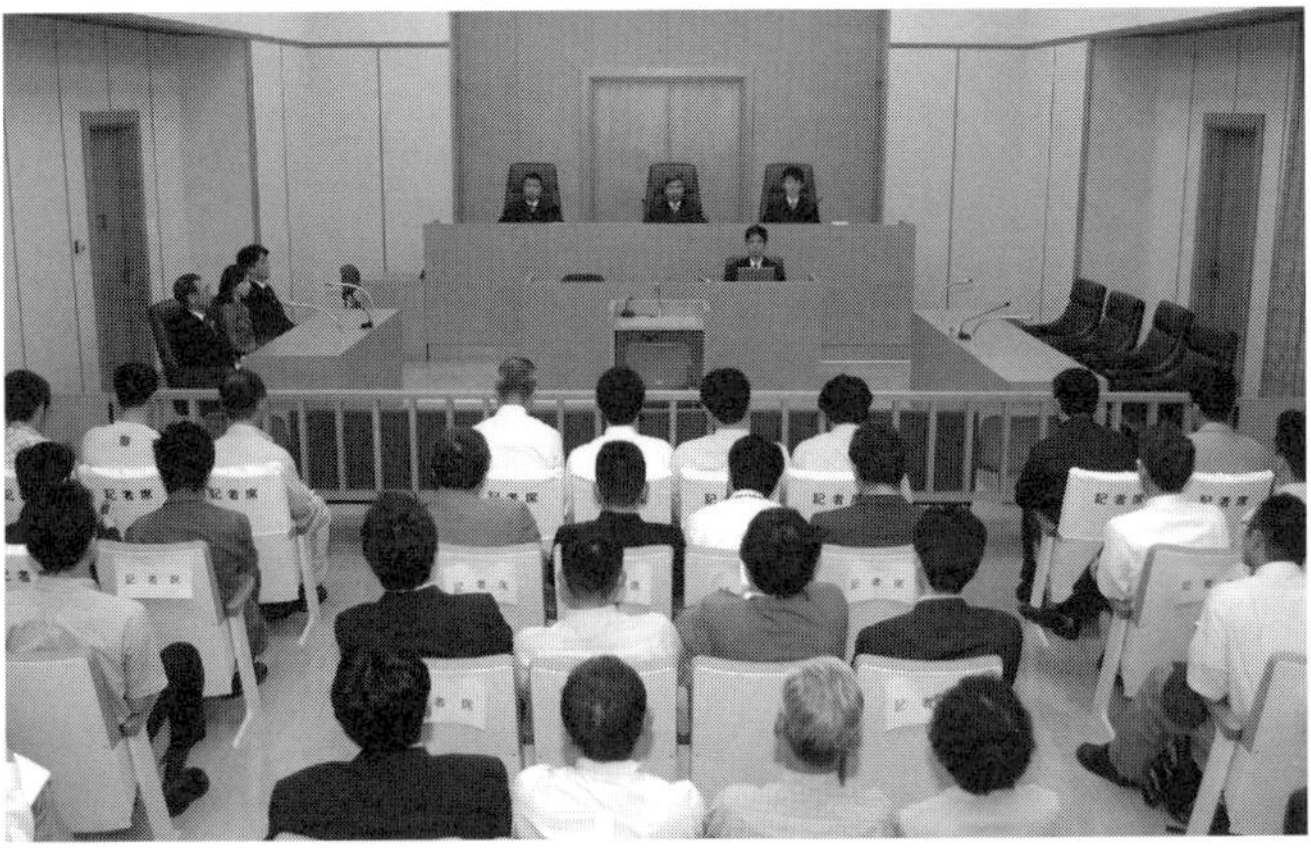

本事件の法廷では、衝撃の事実が次々と明らかになった
（写真は、02 年 6 月、少女監禁事件初公判時の福岡地裁）

殺人容疑での初逮捕

七月三十一日に第二回公判が終わったことで、この事件を取材する記者たちの関心は、捜査本部がこれから誰に対する殺人容疑での逮捕を行うかということに向けられた。

そこで有力視されていたのが、広田清美さんの父である広田由紀夫さんと、緒方のめい（妹の長女）の緒方花奈ちゃんだった。

福岡県警はすでに〇二年三月十五日に由紀夫さんに対する殺人容疑で、また同五月九日から十九日まで花奈ちゃんへの殺人容疑で、片野マンションを家宅捜索している。そうしたことから、両者のうちどちらかへの殺人容疑で、逮捕状が請求されるのではないかと見られていた。

メディアによる水面下での攻防が続くなか、状況が大きく動いたのは九月二日から三日にかけてのことだ。まず二日に共同通信が、〈松永と緒方がめい殺害で立件へ〉という第一報を配信した。そして翌三日の朝刊で、西日本新聞と毎日新聞（西部本社版）が次のような見出しの記事を出したのである。

〈小倉の少女監禁　殺人容疑　2被告逮捕へ　海底で骨片発見　県警　父か被告のめい？〉（西日本

新聞9月3日朝刊〉

これは、捜査本部が由紀夫さん（当時三十四歳）と花奈ちゃん（当時十歳）が殺害されたとの疑惑に関して、松永と緒方を同月中旬にも殺人容疑で再逮捕する方針を固めたとの記事で、〈少女（清美さん）の供述に基づき大分県国東《くにさき》半島沖の海底を捜索、人骨とみられる骨片などを押収しており、こうした間接証拠の積み重ねによって殺人容疑を立証する方針で、「遺体なき殺人事件」は三月七日の監禁事件発覚から半年で大きく動き出す〉（同記事より）とある。この記事では、清美さんの供述を裏付けるため、〈七月下旬から八月上旬にかけて少女が緒方被告とともに乗船したという大分県国東半島にあるフェリーふ頭近くの海底を捜索。捜索は少なくとも三回行われ、海底から人骨とみられる骨片など多数を発見、押収した〉（同）と書かれていた。

〈松永・緒方被告、めい殺害を立件　容疑で再逮捕へ　通電重ね衰弱死〉（毎日新聞〔西部本社版〕9月3日朝刊〉

こちらの記事では、〈18歳少女（清美さん）が2被告に強要されて書いた「平成10年（98年）6月7日にめいを殺害した」との内容の念書や、同マンションに女児が監禁されていた様子を写した写真を多数押収しており、少女の証言は具体的で信用できると判断した〉（同記事より）とあり、西日本新聞が〈父か被告のめい?〉としたのに対し、立件される事件は〈めい〉へのものだと特定している。

なお同紙の同日付夕刊では、西日本新聞朝刊に出た海底捜索について追いかけている。

〈北九州・小倉北区の監禁事件　大分沖海底で骨片?　採取　DNA鑑定実施――捜査本部〉（毎日新聞〔西部本社版〕9月3日夕刊〉

同記事では、捜査本部が大分県国東半島沖の海底を捜索し、骨片らしきものなど、百点以上を採取していたことがわかったと、情報が詳細になっていた。

また、朝日新聞と読売新聞も同日の夕刊で以下の見出しの記事を出している。
〈小倉監禁事件　めい殺害容疑　再逮捕へ福岡県警　海底回収物を分析〉（朝日新聞〔西部本社版〕9月3日夕刊）

この記事では、清美さんの証言として、殺害された花奈ちゃんの遺体を緒方と切断して、〈容器に入れた上で大分県国見町と山口県徳山市を結ぶフェリーから海上に投棄したと話しているという〉（同記事より）と書いており、〈このフェリーに少女を乗船させた上で実況見分し、遺体投棄海域をほぼ特定。7月下旬～8月上旬に地元の底引き網漁船などを使って海底を捜索した〉（同）と、かなり踏み込んだ内容である。
〈北九州の少女監禁事件　国東沖海底から骨片　証言と一致、不明の姪？　鑑定へ〉（読売新聞〔西部本社版〕9月3日夕刊）

同記事では〈七月上旬から八月にかけ、竹田津《たけたづ》港から山口県・徳山港に向かう「周防灘フェリー」の航路を中心に、数回にわたって海底を捜索した〉と、フェリー会社名を記し、捜査本部が同社から花奈ちゃんが死亡したとされる時期の、乗船切符の任意提出を受けたことに触れられていた。

なお、これはしばらく後に明らかになることだが、押収された骨片のなかに、広田由紀夫さんや、花奈ちゃんを含む緒方家親族のものと見られるものはなかった。また、フェリー会社から乗船名簿は任意提出をされていたが、緒方と清美さんが乗った時期よりも後に、台風によってフェリー乗り場もろとも水浸しの被害に遭っており、名簿はボロボロのうえに文字も滲んでいて、判読は難しい状態だったという。

前述の〝フライング〟ともいえる記事が一斉に出たことに、捜査当局は怒り心頭だったようだ。とくに九月四日になって、とある全国紙が西部本社版の朝刊で〈北九州市の監禁事件「不明親族6人は殺害」少女証言、緒方被告ら98年に〉との記事を掲載し、緒方家の親族六人の顔写真を掲載したことに対しては、強く反応した。

福岡地検の幹部は司法担当記者による取材に、不機嫌な表情で次のように答えている。

「なんなのあれは？　知らないよ。どうするの？　誰が責任取るの？　すべて事件になるの？　公判になったらどうするのかね？　骨があったとしても、なんの骨かわからないじゃないか。県警さんもいまごろ大変なんじゃないかな、（情報リークの）犯人探しで」

こうした紆余曲折を経て、捜査本部が実際に逮捕に動いたのは、立件についての報道が出てから二週間近くを経た九月十八日のことだった。

逮捕罪名は殺人で、被害者は緒方花奈ちゃん（当時小学五年生相当）。松永は当日の午後四時十七分、緒方は午後五時二分に通常逮捕されている。

当時、福岡県警が広報した逮捕事実は次の通りだ。

〈被疑者両名は、被害者を殺害することを共謀し、平成10年（98年）6月7日ごろ、北九州市小倉北区片野×丁目のマンションの一室で、被害者の体に電気コードの電線に金属製クリップを取り付けた道具を取り付けて通電させ、そのころ同所において、感電死させて殺害したものである〉

この逮捕を受けて、捜査本部が置かれた小倉北署では、午後六時から記者会見が開かれた。そこでは冒頭、逮捕時の弁解録取書の内容について説明され、松永は「否認します」、緒方は「読んでもらったのは嘘です。黙秘します」と答えていたことが明らかになった。

現時点で動機は不明だが、最初の逮捕から半年を経ての逮捕の決め手は、清美さんの供述で、彼女は非常に記憶力が良く、話している内容の信憑性が高いと説明。物証はかなり押収しており、証拠品については、被疑者が黙秘しているため、具体的には言えないとのことだった。

また、花奈ちゃんの遺体が遺棄されたのは事実で、大分県内の海上に投棄されていた。殺人について少女は実行に加担せず、花奈ちゃんが死亡する前後の状況から、少女が確実に目撃していると判断するに至ったという。

以下、質疑応答の内容については、Q（記者）＆A（捜査幹部）のかたちで記す（一部抜粋）。

Q「殺害は（平成十年）六月七日の何時頃ですか？」
A「夕方頃と思われます」
Q「死亡の確認はどのように？」
A「いままでの捜査で、生存の可能性がないという裏付けを取った。それこそ全国の学籍名簿などを調べたり、膨大な捜査を積み重ねた結果です」
Q「殺意の認定はどういうことで？」
A「実行行為の前後にそうした言動がありますが、具体的な文言は公判で」
Q「他の親族での再逮捕の可能性は？」
A「まず、今回の被害者が少女の証言としていちばん具体的だった。他の親族については不明確ですが、全容解明を目指します」
Q「他の親族の生存の可能性は？」
A「捜査を継続中なため、断定的には言えません。不確定なことは言えません」
Q「通電の目的は？」
A「殺害するかなり前から通電行為はあり、少女は目撃していますが、原因や理由はわかりません」
Q「犯行現場マンションではいつ誰が同居していましたか？」
A「一時的な同居は概ね平成九年四月から平成十年六月頃まで親族六人でいたようです。そこには花奈ちゃんの両親もいました」
Q「六月七日以降、親族はいなかった？」
A「被疑者と一緒に居たのは認められません」
Q「六人が一緒に居たのはいつまで？」
A「確定できていません」
Q「平成九年四月頃に六人が片野マンションで同居していたというのは、どのようにしてわかったのですか？」
A「ほとんどが少女の供述です。その他、目撃者もいます」
Q「少女はいつから証言するようになりましたか？」
A「今年六月頃から話し始めています」
Q「遺体の損壊はどこで行われていますか？」
A「損壊の現場については今回の逮捕容疑とは関係ないので言えません」
Q「共謀とした理由は？」
A「どちらも黙秘、否認なので、現段階では言えません。ただ、二人とも共同実行しています」
Q「通電以外の暴行は？」
A「不明です」
Q「通電の器具を作ったのは？」
A「作ったのは松永です」
Q「同種のコードが多数押収されていると聞きましたが」
A「特定はまだです」

これらの質疑応答を経て、同日の会見は終了した。とまれ、これを機にいよいよ捜査本部は、松永と緒方の殺人を追及する段階に入ったのである。

「俺はまだなにも決めてない」

九月十八日、緒方花奈ちゃんへの殺人容疑で松永と緒方が逮捕されたことにより、小倉北署に設置されていた捜査本部の看板は、これまでの「北九州市小倉北区内における少女特異監禁等事件捜査本部」から、「小倉北区のマンション内における監禁・殺人等事件捜査本部」へと変更された。

この日、二人はそれぞれの留置されている警察署で二時間ほどかけてポリグラフ検査を受けている。ただしそれに対しては、ともに黙秘の姿勢で通したという。

その翌十九日、福岡地検小倉支部より、幹事社を通じて「地検より緊急のお願いがあり、集まってもらいたい」との通達があり、記者クラブに所属する記者が午前十時に集められた。そこでは地検の幹部による異例の要請が行われている（一部抜粋）。

地検「今朝、少女の父親の実名が出ました。それで、少女が非常に動揺している。これまでの報道では、清美さんが未成年ということで、かなり配慮してくれていたのだが、今朝出勤して一番に、動揺していることを聞いた。清美さんの素性がわかるような報道は控えてほしい」

ここで注釈を加えると、花奈ちゃんへの殺人容疑での、松永と緒方の逮捕を伝える十九日付朝刊で、新聞一紙が清美さんの父親である広田由紀夫さんの実名を掲載したのである。

記者「動揺とは、具体的には？」

地検「具体的には勘弁していただきたいが、事件発生から六カ月余り、検察と警察は少女と信頼関係があったが、一気に崩れる可能性もある。プライバシーについては引き続き配慮してほしい」
記者「こういうふうに地検がマスコミに要請するのは聞いたことがありません。経緯について具体的に聞きたいのですが。それでなければ判断できません」
地検「今朝、来てすぐに報告を受けただけで、どこからどうということは知らない」
記者「具体的にどう動揺しているのか聞きたいのですが。べつに記事にするつもりはないのですが、きちんと把握できなければ判断できないので」
地検「……『生きていけない』と。今回の捜査に多大な影響が考えられ、もっと大きく言えば、プライバシーに配慮していただきたいのです」
記者「仮に、父親の件で事件となった場合はどうですか？　そこらへんはうちの社内でも議論のあるところで……。殺人事件の被害者を匿名にしたままというのは、あまり聞かないですから」
地検「少なくとも、今回に始まった事件ではなく、（めい殺害容疑では）直接の被害者にはなっていない。のちのち（由紀夫さんの事件で）裁判になった場合、（公判で）秘匿できるかどうかはわからないですが、一連の事件の起訴状の被害者はすべてあえて別表にしています。もちろん、裁判所には了解してもらっているし、弁護士にはきちんと示してありますが……」
記者「少女との信頼関係とありますが、いずれ父親の名前は公判で出るよといったことを、きちんと説明したうえでの信頼関係なのではないのですか？　四十一歳女性（原武裕子さん）のときは、捜査員は『マスコミが必ず来るし、公判もあります』とかなり説得を行ったうえで、事件化していると聞いていますが」
地検「捜査員レベルの話はそこまで具体的に聞いていません。どうも、少女はその日その日で対応が違うことがあると聞いています。捜査側はあくまで少女に話をしてもらうというのを積み重ねてきたのが、一気に崩れることもあるわけで……」
記者「これまで週刊誌やテレビでは（父親の）名前はともかく、顔写真は出ていますが」
地検「こう言ってはなんですが、テレビは一過性で……、新聞は永久に残るので……。現段階では、父親の立件のときはどうなるかは、僕もなんとも言い難いですが、もし許せるなら、これまで通り〝父親〟としてほしい気がします。いま、私の頭のなかには、花奈ちゃんの事件をどうするかでいっぱいで、父親の事件のことまでは考えていないので」
記者「四十一歳女性のとき、県警が（実名報道を控えてほしいとの）広報文を配信しました。警察からなんらかの連絡はなかったのですか？」
地検「まあ、推測ですが、そう言われると報告があったのかもしれませんが」
記者「地検本庁から連絡は？」
地検「いや、それはない。神に誓って」
記者「ではあくまで地検小倉支部の独自判断だと？」
地検「そうですね。朝刊で流れたので、夕刊で各社ザーッと流れるといっそう困るので、本日午前のうちにとなったんです」
記者「少女は出廷を拒否したりはしませんか？　十八歳になっているから、もうどこへ行こうも自由ですよね。証人尋問を拒否したりとか？」
地検「まあ、行くというのを無理やり止めることはできないのですが、ゆくゆく拒否されると良くはない。私個人の思いとしても、今度の事件はどうにかきちんと最後まで立件したいという思いがあります。あくまでお願いですから……」

以上で散会となったのだが、この段階での捜査が、いかに少女の証言頼みであるかが窺えるエピソードである。

その四日後の九月二十三日、捜査本部は福岡県瀬高町（現・みやま市）にある松永の姉の家を、花奈ちゃん殺人容疑で家宅捜索した。この捜索について、捜査員は福岡県警担当記者の取材に次のように話している。

「とくに意味のあるガサ（家宅捜索）ではないが、一応、全部やれるだけのことはしようというガサだった。以前、松永の父親に打ったガサと同じ。ただ、そのときはカネの動きが掴めてないので、そこらへんが中心。とはいえ、とくになにかいいものを押収したとは聞いていない」

九月二十六日には、松永と緒方が花奈ちゃん殺人容疑で逮捕されたことを受け、福岡地裁小倉支部が、十月七日に予定していた第三回公判を延期することを決定した。

これまでとは違い、初めて殺人容疑で逮捕された松永と緒方だったが、十月一日の段階で、取り調べへの対応に変化は生じていない。捜査員は言う。

「松永は雑談には応じる。緒方はなにも話さない。事件の供述はいまだに得られていない」

このような状況が続くことから、捜査員のなかには松永に対して「腹ん底から崩れとる人間や」と吐き捨てる者もいたようだ。

そうしたなか、十月四日の読売新聞（西部本社版）朝刊に〈北九州監禁殺人　緒方、松永被告　おい殺害で再逮捕へ　「感電死」容疑強まる〉との〝独自〟記事が掲載された。

これは捜査本部が緒方のおい（緒方の妹の長男）の佑介くん（死亡時五歳）を、松永と緒方が感電死させた疑いが強まったとして、二人を殺人容疑で再逮捕する方針を固めたというもの。

記事中には少女（清美さん）が捜査員にしたという証言にも触れており、〈「花奈ちゃんと同じように、佑介くんも、心臓などに電気ショックを繰り返し加えられ、死亡した」〉（同紙より）との具体的な文言が入っていた。

次の殺人での逮捕が誰へのものになるのか、記者たちの関心が高まりつつあるなかで、ここまで踏み込んだ記事が出たことは驚きだった。だが、〝フライング〟ともいえるこの記事は、当然ながら捜査幹部の強い反発を招いた。ある捜査員は語っている。

「幹部は激怒して、『俺はまだなにも決めてない。決裁もしてないぞ。意地でも〝おい〟でやらないからな』と言っている。だから次はおいではなく、緒方の父である孝でやる可能性が大きい。少女はおいと同じく、孝への虐待の一部を目撃しているから」

当時、殺意の認定が困難で、〝殺人〟ではなく〝傷害致死〟でしか立件できない可能性のある広田由紀夫さんの事件については、逮捕を急がず、捜査にさらに時間をかけることになっていた。そこで、次の再逮捕の候補として、少女が虐待を目撃しており、〝殺人〟での立件が可能な、佑介くんと孝さんの名前が浮上していたのである。実際、その後はこの捜査員の言葉通りの展開となるのだが、それについては後述する。

十月八日、福岡地検小倉支部は、花奈ちゃん事件で松永と緒方を起訴した。起訴状に書かれた公訴事実は以下の通りだ。

〈被告人両名は、共謀の上、平成10年6月7日ころ、北九州市小倉北区片野×丁目片野マンション30×号室において、緒方花奈（当時10年）に対し、殺意をもって、同児を仰向けにしてその両手両足をすの子に帯状のひもで縛り付けた上、電気コードの電線に装着した金属製クリップで同児の身体を挟み、同電気コードの差込プラグと、電圧100ボルト、電流30アンペアの家庭用交流電源に差し込んだ延長コードの差込口とを接続して同児の身体に通電させ、よって、そのころ同所において、同児を電撃死させて殺害したものである。
罪名及び罰条
殺人　刑法第199条、第60条〉
なお、後の裁判において、花奈ちゃんの死因について、この起訴状の内容とは若干異なる判断が下されていることを付記しておく。とはいえ、十歳の女児に対してまで、松永と緒方が残酷な虐待を行っていたことは、世間に大きな衝撃を与えた。だがそれはまだ、彼らの悪辣な犯行が明らかになる〝とば口〟に過ぎなかったのである。

緒方が始めた全面自供

十月八日、福岡地検小倉支部が松永と緒方を、緒方花奈ちゃんに対する殺人罪で起訴した直後、その背景について、いくつかのことが明らかになった。

捜査本部の捜査員は花奈ちゃん事件の起訴について、福岡県警担当記者に次のように語っている。

「地検は起訴したけど、はっきりいって負ける覚悟もあると思う。これだけ報道が先行しておいて、起訴しないとなるとね……。二人が殺しているのは明らかなんだから。七人も殺しておいて、完全犯罪が成立してしまって、それでいいのかという問題だと思う。できる限りの捜査をして、やるだけのことはやるということだよ」

ここでの七人とは、広田由紀夫さんと緒方の親族六人についてだ。つまり、七人の死亡は間違いないが、あとはそれを殺人として事件化し、公判を維持できる証拠を、捜査機関がどれだけ集められるかにかかっているということである。

じつはこの捜査員からは、遺体の解体に使用したとされる包丁が、川で発見されていたことも明かされていた。

「見つかったのは、めい（花奈ちゃん）殺しで五月に大がかりなガサ（家宅捜索）を打った頃だよ。少女が松永に命じられて、緒方と一緒に川に捨てに行ったっていうから、捜索の前に画用紙に描かせたんだ。少女は大きさ、形、色などのほかに、包丁に刻印されたメーカー名の文字まできっちり描き出した。それにはかなり驚いたね。それで捜索したら、ピッタリの包丁が出たんだよ。そのことで、さらにみんな驚いた」

同捜査員によれば、現段階では少女の〝証言〟と、さらに松永が彼女に書かせた〝念書〟、そしてこの〝包丁〟の存在が、有力な証拠なのだという。

また、少女の証言によれば、自分の父親と緒方の親族六人全員の殺害と死体遺棄については、すべて松永の指示だったとのこと。

はたして、次は誰に対する殺人容疑で、松永と緒方が逮捕となるのか。メディアが関心を抱くなか、逮捕の時期は風雲急を告げる。それは花奈ちゃん事件での起訴のわずか四日後のことだった。

十月十二日、捜査本部は松永と緒方を、緒方孝さんへの殺人容疑で逮捕した。ちなみに逮捕時刻は松永が同日午後一時十六分、緒方が同日午前十一時二十五分である。

逮捕事実については〈被疑者両名は、被害者を殺害することを共謀し、平成9年（97年）12月下旬ごろ、北九州市小倉北区片野×丁目のマンションの一室で、被害者の体に電気コードの電線に金属製クリップを取り付けた道具を取り付けて通電させ、そのころ同所において、感電死させて殺害したものである〉というものだ。

なお、弁解録取書で松永は「孝を殺してはいません。それ以外は黙秘します」として、署名、押印を拒否。緒方は「被疑事実については、合っているか合っていないか言いません」として、こちらも署名、押印を拒否している。

この逮捕を受けて同日午後二時三十分に開かれた、県警本部捜査一課長と小倉北署長の会見では、以下のような話が出ている。

・犯行日の特定については、期間を裏付ける証拠があり、日時は特定しているが、確定的に断定まではしていない。
・犯行手口はあくまでも通電による感電死。めいのときのような、〝すのこ〟の使用はない。
・通電は数秒間で、少女は殺害行為を一部始終見ている。
・殺意の断定は現場の状況から総合的に判断した。具体的な文言などの有無については言えない。
・孝さんに対する通電行為は、かなり前からやっていた。殺害の数カ月前から。殺害時に孝さんは抵抗しなかった。恐怖感からかどうかは断定できない。悲鳴はない。口を塞がれたこともない。通電時は座った状態。
・孝さんの遺体は間違いなく遺棄されている。遺棄の場所はめいと同様に大分県沖。
・松永、緒方の役割分担はあるが、あくまでも共謀共同正犯。
・何度も言うようだが、自信があるから逮捕しており、今後も徹底的に全容解明を目指す。

取材する記者たちの間で、次は緒方のおいの佑介くん殺害容疑での逮捕となるのではと見られていたなか、先の逮捕から十日が過ぎた時点で、重大なニュースが飛び込んできた。

緒方がこれまでの黙秘をやめ、自供する態度に転じたようだ、との内部情報が出てきたのである。

緒方が〝揺れ〟始めたのは十月二十日頃で、それが二十二日まで続いていたという。そして、その内部情報が決定的となったのは二十三日のこと。松永・緒方の弁護団が記者クラブに対してコメントを出したのである。その内容は以下の通りだ。
〈緒方純子容疑者については、現在まで捜査当局の取調に対しては黙秘しておりましたが、本日までに同容疑者より、自分の意思で「私の家族のこと、松永のことを考えて、事実をありのままにお話しする気持ちになりました。」との申し出がありました。
弁護団としては、接見を重ねて、彼女の真意を確認したところ、上記申出は本心からのものと確認できました。なお、あくまでも、起訴事実及び被疑事実、さらには報道されている事実等を全てそのまま認める趣旨ではなく、彼女の体験した事実をありのままに正確に供述したいというものです〉
二十三日午後七時過ぎ、報道各社が取り囲むなかで、弁護団の弁護士は記者たちの質問に語っている。記者はQ、弁護士をAとして、そのやり取りを抜粋する。なお、記者同様に答える弁護士も一人ではなく、複数名のものをまとめたものであることをお断りしておく。
Q「緒方は、供述したいということをいつ頃、弁護士に話しましたか？」
A「二日ほど前です」
Q「弁護団が出したコメント内に、緒方が『家族』との言葉を使っていますが、それは誰のことですか？」
A「いなくなった家族のことです。ただし、話すということであっても、殺害疑惑を認めているというわけではありません」
Q「供述はどういう内容ですか？」
A「聞いていても話せません」
Q「供述はいつから？」
A「明日から。今日の接見の段階では喋っていないが、ひょっとしたらいま喋っているかもしれません。それ以上はわからない」
Q「喋ろうとした動機は？」
A「聞いているが言えません」
Q「緒方は動揺していますか？」
A「いたって冷静です」
Q「ほっとしているとかは？」
A「いつもと変わりません」
Q「喋るということをマスコミに話すということは、本人の意向ですか？　それとも弁護団からの提案ですか？」
A「公開することは緒方さんの許諾を取っています」
Q「それについては松永にも知らせたのですか？」
A「今日知らせました」
Q「松永の反応は？」
A「ノーコメントです」
Q「今後、弁護士が解任になることもあるのでは？」
A「今後のことは一人では決められません。裁判所などと協議して決めることです」
Q「起訴状の内容や取り調べ、マスコミが報道することと、緒方の知っていることが違うということが、彼女が話す気になった主な動機ではないんですか？」
A「家族や松永さんのためというペーパー（コメント）の内容通りです」
緒方が自供を始めるということは、警察や検察といった捜査機関にとって、これまでの少女の供述頼みだった捜査の信頼性が増し、大きく進展することになる。

一方で犯行について供述する緒方と、犯行を否認する松永の主張が対立する可能性は極めて高い。そうなると、〝利益相反〟が生じるため、松永と緒方を同じ弁護団が弁護することはできなくなるのだった。

この出来事から十二年後の一四年、当時の法曹関係者に緒方が方針転換した際の話を聞いたところ、関係者は私に次のように明かした。

「それまでの緒方は、松永のことを気にしている様子で、弁護団に対して、事件についてあまり積極的に話そうとはしませんでした。そのため、弁護団も事件の詳細がわからずにいたんです。そんななかで、彼女から急に本当のことを話すと言い出した」

そして彼女を担当する弁護士を勾留先の警察署に呼んだという。

「そこで緒方は、『警察に本当のことを話すことにしたんです』と口にしています。もちろん方針転換をすることへの謝罪もありました。もともと物的証拠のない事件でしたから、彼らが貫いていた黙秘をやめるということは、弁護方針が大きく変わる。実際、緒方が本当のことを言い出して、事件の全容がようやくわかったんです。もし緒方が本当のことを言わなかったら、証拠がないので、有罪の立証は難しかったと思います」

緒方は捜査員に対して、すべてを自供していたようだ。

「包み隠さずに話していましたね。覚悟を決めて、自分は死刑になってもいいという感じでした。松永よりも刑が軽いことを望んでいないといった様子です。そして、全部話してからは明るい雰囲気になりました。腹を括ったような……ガラッと変わったような……」

緒方はなぜ全面自供に転じたのだろうか。

「さっき話した通り、自分は死刑でいいと腹を括ったことが理由の一つでしょうけど、なぜだかはわからない。その時点で彼女は口にしていませんから」

とまれ、この緒方の方針転換によって、捜査は大きく前進することになった。

広がる捜査対象

十月二十四日から、緒方は弁護団に伝えたように、取り調べに応じるようになり、これまでの事件についての調書を作成するようになった。

「緒方の署名・押印調書は今日出来た。検面調書。ほとんど検事調べに取られているので、調書の中身はわからないが、人定あたりから始まっていると個人的には思う」

同日にこう語るのは、捜査本部の捜査員である。検面調書とは、検察官による調書のこと。この捜査員は次のような話もしている。

「特捜一課はかなり鼻息が荒い。巻けた調書を片っ端から裏付けてみせると息巻いている。緒方の供述次第で、和美（緒方の母）、智恵子（緒方の妹）、隆也（智恵子の夫）の立件の可能性はもちろんある。特捜内では『完全に正月がなくなった』という声もすでに出ている。年内決着はほぼ無理だろう」

現時点で松永は黙秘を貫いているが、それが破綻することを同捜査員は予想する。

「（松永について）あのバカはもうどうでもいいという雰囲気になっている。緒方がある程度、具体的に供述すれば、松永ももう黙っていられなくなるのは確実。そうなると、黙秘が不利であることくらいは、松永もわかっているはずだ。男女の殺しの典型的な泥仕合になった。まさしく特捜の思うツボだ」

それから五日後、松永は依然として黙秘を貫いていたが、わずかな変化があったようだ。前出の捜査員が明かす。

「松永は依然として調書作成には応じていない。ただ、雑談のなかで『全部、緒方がやったことだ』と反論している。これがもう少し具体的なものになれば、当然緒方にも当てていくことになり、裏付け捜査も進むと思う」

こうしたなか、これまで詳しく語られてこなかった、〇二年三月の片野マンションへの家宅捜索に至る流れやその際の様子が明らかになった。ある捜査員が、福岡県警担当記者の取材に答えている。

「少女（広田清美さん）は保護されたあと、まず父親について『殺された』と証言した。なかなか信用することはできなかったが、片野マンションの話をし始め、捜査員に『とにかく部屋を見てほしい』と激しく訴えた。それで令状を取って、ガサ（家宅捜索）を打った。この時点ではまだ（県警）本部長指揮事件ではなく、小倉北署（捜査）一課と本部（捜査）一課特捜班が参加したものだ」

松永らが住んでいたのは、片野マンションの三階で、階段を上がって白壁の廊下の右側奥にある、クリーム色のドアの部屋だった。

「部屋に入った途端、その光景に捜査員みんなが愕然とした。俺は生まれて初めて霊感のようなものを感じたよ。背筋がゾクッとするといった表現では足りない恐ろしさだった。そこでまず感じたのは、明らかに人間の血の臭い。部屋は真っ暗で、トイレから風呂場から部屋にあるドアというドアすべてに七、八個の南京錠がかけてあって、まさに異様な光景だった。窓はすべて内側からつっかえ棒が釘打ちされており、松永、緒方でさえ開けることはできないような状況なんだ。部屋の片隅には商売ができるほどの量の消臭剤が積まれており、明らかに血の臭いを消すためだと、誰もが直感した」

この家宅捜索の前に、清美さんはあることを証言していたという。

「切断した遺体をミキサーにかけたり、鍋にかけて煮たりという少女の証言は、ガサを打った当時、すでに出ていた。遺体を煮ると、骨と筋肉がほぐれて処理しやすくなるうえ、遺体特有の異臭が消える。しかし、そんなことまで知ってるとは思えなかった。だが、室内があの状況だったので、ガサの終了後に刑事管理官が班長を説得。班長が本部（捜査）一課長に訴えて、本部長指揮事件となった。それにより、本部特捜が（捜査に）入ったというわけだ」

また清美さんは、父親が殺害されたと証言した約一週間後に、緒方家の親族が殺害されたことにも言及していた。

「あるとき『じつは、別にも殺されている』と話し始めたんだ。こちらが『全部でどのくらい？』と尋ねると、『六人』と口にした」

こうした詳細が初めて語られたことで、一連の事件捜査において、緒方が自供に転じたことの重要性を改めて認識させられる。

十月二十八日、松永・緒方の国選弁護団が、「二容疑者同時弁護困難」として、福岡県弁護士会北九州部会に打開策を要請し、全員が辞任する方向に舵が切られた（後任弁護団の選任は十一月五日）。

後任弁護団が選任される前の十一月二日、福岡地検小倉支部は、松永と緒方を緒方孝さんに対する殺人罪で起訴した。公訴事実は以下の通りである。

〈被告人両名は、共謀の上、平成9年12月21日ころ、北九州市小倉北区片野×丁目片野マンション30×号室において、被告人緒方の実父である孝（当時61）に対し、殺意をもって、同人を正座させ、電気コードの電線に装着した金属製クリップで同人の上下唇を挟み、折り畳んだ紙を口に噛ませた上、同電気コードの差込プラグと、電圧100ボルト、電流30アンペアの家庭用交流電源に差し込んだ延長コードの差込口とを接続して同人の身体に通電させ、よって、そのころ同所において、同人を電撃死させて殺害したものである。
罪名及び罰条
殺人　刑法第199条、第60条〉
その三日後、後任の弁護団が松永と緒方にそれぞれつけられた。被疑者と最初に接見したのは緒方の弁護団で、十一月六日に約一時間半をかけての接見後、一部のメディアに囲まれた。しかし緒方が、「捜査当局に正直に答えるつもり。接見の内容については喋らないでほしい。法廷でちゃんと対応します」とのことで、詳しい内容の説明はなかった。
一方の松永弁護団は、十一月七日に約一時間半の面会を行い、その内容について翌八日の昼に会見を開いた。担当弁護士は言う。
「面会内容については主に、起訴されためいの花奈ちゃんと父親の孝さん殺害について話を聞きました。新聞などで報道されているように、松永は供述をしていますが、彼からは『今後も話した方がいいかどうか』との相談がありました。（弁護団の）結論としては、『話したいことは話していい』と本人に伝えています。彼は『自分の言い分は調書にしてもらえない』と言っていました。署名・押印についても、すべきかどうか相談がありましたが、自分の意に沿った調書ではないというので、『署名・押印は慎重に』と告げています。自分の言い分を調書にしてもらえないことに、彼は不満を抱いていました」
花奈ちゃん、孝さん両事件の起訴事実の認否については、そのどちらとも松永は否認しているという。また、初接見での松永の印象について記者から質問され、「よく喋るほうだな、というものでした」と答えた。弁護士は続ける。

「（松永が）黙秘から供述を始めるようになったのは、いつ頃からかはわかりません。前任弁護士のときからではないでしょうか。供述を始めるきっかけについては聞いていません。彼は取り調べのなかで刑事から、『（緒方）純子を悲劇のヒロインに仕立てていくつもりだ』と言われたそうです。かなり不服の様子でしたから、そんなことまで弁護士に話したんだろうと思います。彼は弁護士に対しては、（『悲劇のヒロイン』について）『それは違う』とはっきり言っています」

また、花奈ちゃんや孝さん以外の親族の死については「〝七人死んだ〟や〝緒方がやった〟といったことは、いまの段階では申し上げられない」としつつ、次のように話す。

「（松永は）花奈ちゃん、孝さん殺害について、少なくとも『関与していない』と言っていました。これは実行行為も指示もしていないという意味なのでしょう。内容は言えませんが、彼は弁護士に対して、花奈ちゃん、孝さんの生死については話しています。そこに〝死んだ〟という言葉があるかどうかは、まだ調書もない段階なので……、正確に確認していないことなのでわかりません」

なお、初接見の場では、被害者の遺体損壊や処理についての話はしなかったそうだ。

「今後の見通しとしては、（起訴された二件の殺人については）〝無罪主張〟となりそうです。そのため、殺人については争うことになると思われます。弁護団としては、（殺人罪について）物証もないので、慎重な捜査を要求していくつもりです。また、（捜査に）おかしな点があれば追及したいと思っています。なお、いまのところ身上・経歴も含めて（松永の）調書は一つもありません」

今後は基本的に週一回、金曜日の昼に記者へのレクを行うということになり、会見は終了した。

松永弁護団の会見

緒方純子が供述を開始したことに伴う弁護団の辞任により、新たに選任された松永太の後任弁護団は、〇二年十一月八日に初めて開いた会見で約束したように、その後も基本的に週一回、金曜日の昼に記者への会見を実施した。

以下、十一月十五日十三時に北九州弁護士会館で行われた、二名の弁護士と記者たちとのやり取りについて、弁護士をA、記者をQとして記す。なお、二名の弁護士が同じ質問について、それぞれ連続して発言したものについては、ひと続きの発言としてまとめた（一部を抜粋）。

A「取材についてはいろいろ問題があり、個別取材はお断りします。まず、先入観で報道されると困ります。前打ち的に報道されると、それが捜査側に対するプレッシャーになる。証拠が薄くても迎合的になって、いろいろな弊害が出てきます。きちんとしたスタンスと良識を持って報道をしていただきたい……」

過熱気味な取材攻勢への苦言から始まった弁護士の会見は、その後もしばらくメディアに向けた、冷静な報道への要請が続き、やがてもう一方の弁護士が現状報告を始めた。

A「調書についてですが、一昨日（十一月十三日）までの段階で、九日に四通、十日に四通、十一日に三通、十二日に三通、十三日に四通。松永さんの記憶が正しければ、合計十九通（※合計すると十八通だが報告ママ）の検面調書（検察官の調書）に署名・押印しました。内容については、すでに起訴された孝さんの殺人事件、及び花奈ちゃんの殺人事件についての事実関係の調書がほとんどです。なかにはそれ以外の調書も数通あります。調書の分量ですが、いわゆる物語調で、ある事実について時系列的に、概括的に述べてあるような調書ではないようです。分量的にもそれほど膨大ではありません。せいぜい推測するに三、四ページです」
Q「調書の中身はどのようなものですか？」
A「なにぶん調書の量が多いので、ここではそれは……。ある一つのテーマについて、こうだ、という内容の調書です」
Q「事件への関与については？」
A「関与とは、指示とかその場にいたかとかのことですよね。まあ、それは、していません。〝指示・命令はしていない〟という内容の調書もあります」
Q「身上・経歴の調書は？」
A「一通あるみたいですね」
Q「事件以外について、孝さんら以外についても調書があると？」
A「まあ、多くはないが、ありますね」
Q「不明親族関連ですか？」
A「詳しい内容については言えません。捜査中の事件なので……」
Q「孝さん、花奈ちゃん殺人容疑についての調書のなかで、まったく関与がないということでいいのですか？　たとえば、一方だけはまったく現場にいなかったとか、そういう否認の仕方はなかったのですか？」
　ここで両弁護士は小声で相談を行う。
A「孝さんについてはですね、要するに、殺意を持ってなにか指示したとか、孝さんを殺すためになにか、これこれをやれ、というような指示をしたことはない、実行行為もしたことはない、と。ただ、

（起訴状の）起訴事実ではなく、それ以前の電気コードによる通電については、『そういう行為はしたことはある。それが死因に結びついたら、場合によっては自分にも責任はあるかもわからん』、と。ただ、そのときの行為については、『自分は指示はしていない』ということですよ」
Q「松永は、孝さんの死亡を見ていないと？」
A「……まあ、同じマンションにはいました」
Q「死亡のときですか？」
A「死亡かどうかははっきりしませんが」
Q「起訴状の犯行日時に同じマンションにいたと？」
A「どの時点で同じマンションにいたかどうかはまだ、はっきりしません。そこは確認しておく必要があります。死亡したときなのか、通電したときなのか、ちょっと……。その辺のところは、我々に対しても、松永さんは詳しく言っていません。調書があってそれを見て確認しているわけではないので……」
Q「（孝さんの）死亡は松永は確認しているんですか？」
A「死亡の瞬間を見たかどうかはわかりませんよ。ただその、最終的に亡くなられたのは知っている」
Q「それは、死亡したあとの処理についても具体的に話しているから、死亡を見ているということですか？」
A「その後の死体については、運び出したりしていますから。まあとにかく、死亡したということは本人もわかっています」
Q「最終的に亡くなったというのは、何人ですか？」
A「死亡は七人です。ただ、死んだということについて、まさに自分で見たのか、人から聞いた話なのか、というところは違いがあります」
この七人とは広田由紀夫さんと緒方家の親族六人を意味する。一部のメディアで報じられていた全員の死を、これまで黙秘を貫いていた松永が認めたというのは、大きな転換点だ。だがそれはあくまでも死亡の事実を認めただけであり、みずからの関与を否定する主張が、今後は繰り広げられることになる。
Q「孝さんについて、以前にも通電したのは、自分（松永）で通電ということですか？」
A「……そこはちょっと、確認できていません」
Q「花奈ちゃんについての通電行為は？」
ここでまたも両弁護士は小声で相談をする。
A「あのですね、花奈ちゃんについては、通電行為については松永さんはお話ししていない。花奈ちゃんが死に至ったその手段ですが、通電ではなかったというふうに聞いている、と」
Q「誰から聞いてるんですか？」
A「まあ、伝聞証拠になるので……。とにかく、通電ではなかった、と」
Q「花奈ちゃんが死んだのは、とにかく通電ではない、と？」
A「まあ、そういうことですね。でも、人から聞いたことですから」
Q「花奈ちゃんに対する通電行為は、以前にもあったのですか？」
A「おいやめいについては、まだなにも聞いていません。監禁とか、開示されている証拠についてやっているので、それについても、どうなんだという接見はしていないんです」
Q「孝さんについては起訴事実にある時間、場所で通電したんですか？」
ここでも弁護士同士での、小声での話し合いがなされる。

A「だから、こちらの方もまだ、具体的な点については聞いていても、よくわからない。そこまでは詳しく言ってませんから。ただ、松永さんの調書のなかには、『花奈、孝について、殺す動機はありません。（緒方に）殺害を命じたことはありません』とあります」
Q「孝さん殺害について、殺意の有無が一つのポイントになると思いますが、起訴状にはかなり詳しく通電の仕方が書いてあって、唇に紙を挟んで通電したとありますが、そういう通電があったこと自体は、松永は認めているのですか？」
A「唇に（電気を）当てたというのは、日常茶飯事にしてたんじゃないですか」
Q「要するに、それで死亡したわけではないんだ、と？」
A「そう」
Q「そういう通電は、清美さんとかにはやったんですか？」
A「清美さん事件とかは、まだ松永さんの調書はありません。黙秘していたわけですから」
Q「『殺す動機はありません』や『命じたこともありません』ということで命じたのは、殺害を命じたんですか、それとも通電を命じたんですか？」
A「だから、捜査側に認めたのは、全部虐待をしたことがあるかどうかなんで……。通電かどうかは、日常的に行われていたことだから、そういう意味では、わざわざ命じなくてもね。……まあ、まだわかりませんけどね」
Q「孝さんに対する非日常的通電の動機は？」
A「詳細は聞いていません」
Q「なぜ通電したのかとかは？　たとえば口うるさいとか……」
A「まだ聞いていません」

Q「先ほどの結果責任と殺意というのを考えると、松永自身は傷害致死を主張というイメージでしょうか?」

A「記録がまだありませんから。いまそんなことを言っても、なんの意味もないですよ。前打ち的にね、弁護団が〝傷害致死だ〟なんて報道で出てきては、証拠もなにも見てないのに、そういうふうに書かれるとね……」

Q「(少女と松永、緒方、さらに緒方家親族六人の)合計九名がマンションの一室にいたという特異な状況にあったわけですが、その理由は?」

A「逆にあなたがたに言いたいのは、それについて、あなたがたの方が取材が長いから(理由を)聞かせて欲しい。我々はまだ(接見を始めて)一週間しか経っていない。松永さんにはまだそこまで聞いていません。わかればそれで納得して弁護活動ができますが……」

Q「松永の説明としては、どう言ってるんですか?」

A「我々もそれは疑問です。ただ、それについては松永さんから聞けていません。ただ、そういう(九人が)一緒にいたというのが、場合によってはそういうなかで、病院に連れて行けないだとか、あるいは部屋のなかで死んで通報できなかったとか、いろいろ考えていって、それぞれの証拠が矛盾しなければ、ああ、そうなんだ、と。でも、そのへんはそう簡単にはいきません」

やがて弁護士が、「だいたいいいですね。今日はこれで終わりです」と告げ、約一時間の会見は終了した。

緒方が供述を始めたことによって、さすがの松永も、これまで貫いていた黙秘を解かざるを得なかったということが、今回の会見で明らかになった。それは今後の、被告人同士の〝泥仕合〟が、過熱するだろうことを十分に予想させるものだった。

検察主導の捜査へ

これまで松永と緒方の逮捕は、勾留期限の満期に合わせるなど、一定の間隔で行われてきた。そのうち殺人については、花奈ちゃんの次に孝さんについての起訴が、十一月二日に済んでいる。しかし、緒方に続いて松永も取り調べに応じるようになり、供述調書の作成が始まってからは、新たな事件の立件がぱたりと止んだのだった。ある捜査員は福岡県警担当記者に次のように話している。

「事件の筋を今後、どう描くかはわからないが、緒方も話してるようだし、（松永と緒方の）二人が完黙していたこれまでと違って、ピリピリムードはかなり緩和された感じだ」

じつはこの段階で、逮捕については検察の判断次第という状況になっていた。前出の記者は説明する。

「捜査幹部に話を聞いたところ、『あとは全部、検察待ち』と言っています。それも福岡地検小倉支部ではなく、福岡高検が判断を下しているようで、次の逮捕の時期だけでなく、緒方のおい（佑介くん）か母（和美さん）のどちらの事件でやるかも、現場ではわからない状態でした」

同記者はこの時期に、警察署内で取り調べに向かう松永の姿を何度か目撃していた。

「小倉北署で午前中に取調室へと向かう姿を見かけましたが、捜査員に連れられて廊下を歩くときは、いつもニヤニヤと笑みを浮かべていました。それはもう毎回のことでした」

同年十一月二十二日に開かれた松永の弁護団による定例会見では、松永の取り調べ状況について、「週一回、土曜日が休み。あとは連日、検事・警察調べが続き、それぞれ調書を作ったり、メモを取られたりしている」（弁護団コメント、カギカッコ内は以下同）ことが明かされた。

逮捕までの間隔が開き、捜査機関からの情報も乏しかったこの時期において、松永の弁護団による定例会見は、記者たちにとって、事件についての情報を得る貴重な場だった。

この日も、前回の会見時には、検察官による〝検面調書〟しか取られていなかったが、その後、警察官による〝員面調書〟も三通取られたことが明かされている。

「初めての員面調書はおそらく十九日か二十日。分量はわからない。取り調べは夜もあり、松永さん本人もどこまで憶えているかわからないし、内容も接見で詳しく聞いていないのでわからない」

さらに前回の会見で出た、緒方の親族が死亡した時点で、なぜ松永と緒方が警察に届け出なかったかということについて、「〝殺人の発覚を免れるため〟というふうには本人は言ってない。松永さんは柳川とかで（過去に）指名手配されており、〝自分たちの身元が判明するのを恐れた〟というようなことを言ってます」との新たな情報がもたらされた。

また、現時点では事件化されていない広田由紀夫さんの死に関しても、記者たちが予想もしていない表現で、松永の言葉が伝えられた。

「あとね、結局（遺体を）海に投棄というのもね……なんていうのかな、〝水葬〟の意味もある、とか……。要するに、この死体についてはもう放ったらかすというんじゃなくて、発覚して、しかも損壊だったら犯罪ですけども、自分たち（松永ら）の気持ちのなかではね、そういう死者に対する弔いの意味もあったということは言っています。これは由紀夫さんについてですね。最初に亡くなったということで出てきた話です。あと、由紀夫さんについては、殺害ではないと言っています。要するに事故死だ、と」

上記の内容を、松永は警察での取り調べで供述したのだという。さらに、これまで松永が実行してきた通電の虐待について、彼が過去に柳川市で経営していた布団訪問販売会社「ワールド」時代に、従業員に対して始めたことだということも語られている。やや文脈は乱れているが、弁護士の発言をそのまま記す。

「通電は昭和六十年代頃から。当時はけっこうケロイドが残るような通電だったが、その後の〝改良〟で、少女（清美さん）に対してはひどいケガではないので、〝改良〟したというのは、正しいのかな、と思う。改良とは通電の仕方だと思う。最初は、裸の電気コードを腕に巻いたりして通電。実際、証拠として出てまして、ケロイドとかひどい。それに比べれば少女は改良されて、外傷はあるが、ケロイドではない。まあ、クリップというのは、昔はやってなかったらしいから……」

要約すると、ワールドの元従業員には、通電によるケロイド痕が残っているが、剥き出しの電気コードを腕に巻かれていたワールドの元従業員には、通電によるケロイド痕が残っているが、電気コードの先にクリップをつけるという器具の〝改良〟の結果、少女にはその痕がなかったということである。続いて、通電の理由について、次の説明がなされた。

「なんでやったの、と聞くと、たとえばワールドの従業員の場合だと、『気に食わなかった』とか言っている。言うことをきかせるとか、何時までに出社しろとか。気に食わなかったらおしおきだ、と。由紀夫さんについては、事件になってないので詳しくは聞いていません。由紀夫さんについて話したのは、向こうが（受けた取り調べについて）話し始めたなかのことで、死体の処理としては最初なんで、そういう順序で話してるのでは……。緒方さんについても、（取調官が）そんなことを聞いているかどうかはわからないですが」

次に開かれた十一月二十九日の同弁護団の会見では、松永が取り調べで語った、孝さん死亡時の状況が明かされた。その場には、緒方と妹の智恵子さん、母の和美さん、智恵子さんの夫の隆也さんがいて、少女はいなかったという。さらに孝さんが死亡したときには、隆也さんが人工呼吸をしたとのことだった。

なお、後に開かれた一審の判決文によれば、「少女はいなかった」とする松永の証言は、虚偽のものであるとの判断が下されている。つまり、この段階で少女はいなかったとすることにより、少女の証言の信用性を否定する狙いがあったのではないかと推測される。以後の松永の発言についても、あくまでも松永はそう話していた、との観点で読み進めていただきたい。以下のカギカッコ内は松永が弁護士に話した内容である。

同日の会見に話題を戻すと、孝さんが死亡する直前に緒方は二回通電し、松永はその二回目を目撃。緒方はすぐに電気コードを離したが、通電の場所は「唇ではなく胸と記憶している」とのことだった。

その他、緒方家の親族の死についても言及しており、緒方のおいの佑介くんについては、「そもそも虐待はしていない。理由は緒方家の跡取りだから。実家に帰したら養育費が取れると思っていた。そんなわけで、(虐待をして)傷痕があれば困ってしまう。それに佑介は花奈に比べて反抗しなかった。だが、結果として(緒方)純子から死んだと聞いた」としている。

緒方の母の和美さんについては、「和美は痴呆のため、純子、隆也と相談したが、緒方家の問題だとして関与はしなかった。その後、隆也から『自分が首を絞めて死なせた』と聞いた。和美の遺体は純子と妹夫婦、花奈の四人で遺棄している」と語る。

なお、緒方の妹である智恵子さんについて、「智恵子とは交際関係にあった」と告白する傍ら、彼女の夫である隆也さんについては、「隆也は大分県中津市で飲食後、腹痛を起こし、翌日に死亡していた。純子と花奈が遺体を切断して海に遺棄した」と、ここでも一切の関与を否定した。

また、それにとどまらず、「(緒方家親族の)死体損壊・遺棄の時効が完成したら、お墓を造ろうと純子と話した。普段から線香やろうそく、お菓子で供養していた」などと嘯《うそぶ》いている。

さらに十二月六日の会見でも、松永の〝主張〟は続く。

佑介くんが死亡したときには、松永は殺害現場とは別の東篠崎マンションにおり、現場となった片野マンションには、緒方が隆也さんの遺体解体後の片付けに通っていたという。そこに花奈ちゃんと佑介くんがついて行ったとしたうえで、「純子から『佑介くんを殺した。殺す気はなかったんだ』と報告された。純子と花奈が首を絞め、清美が足を持っていたそうだ」と松永は説明。その際の状況について、弁護士は次のように補足する。

「(緒方と花奈ちゃんの)二人で首を絞めた方法だが、ひも状のものを首にかけて両側から引っ張るという方法。こういう虐待は松永さんが言うには、『こま回し』と呼んでやっていたと。両側から引っ張り、片側が強く引くともう片方が緩める。そうすれば死なないと。松永さんも佑介くん以外の人間に『こま回し』をやっていて、虐待だから相手を死なせないように、気をつけてやっていたそうです。

殺す気がないというのは、虐待でやっていたからですが、松永さんによると、死んだのは、ひもがアゴの根元に引っかかり、気道が締まったからではないかということです。佑介くんが通電で死んだとの報道が一部であり、関係者の供述にはそういう内容があるのかもしれないですが、少なくとも私たち(弁護団)が松永さんから聞いた限りでは違います」

松永は、佑介くんと同様に、花奈ちゃんが死亡したときにも、自分は東篠崎マンションにいたとしたうえで、「純子から『電気コードで首を絞めて殺した』と聞いた。清美からも『おばちゃん(緒方)と一緒に電気コードで殺した』と。ただ、二人とも殺すつもりはなかったようだ」と説明している。

さらに遺体の解体についても、「自分はずるいので、解体の指示はしたが、やっていない。そういうのは好きじゃない」と口にし、佑介くんの解体は緒方と花奈ちゃんと清美さんが、花奈ちゃんの解体は緒方と清美さんが実行したと明かした。弁護士は言う。

「隆也さんの遺体の後片付けは、佑介くんが死んだ頃までかかっていたようです。浴室を何十回と洗ったり、換気扇のすすを取ったり、臭いを消したりと……。解体について、言える範囲でいうと、一体の解体に一週間から十日かかったそうです。孝さんの遺体解体時に近所の住民から『異臭がする。死体解体でもしてるんじゃないか』と一一〇番通報されたことが実際にあったらしく、松永さんは以後、職質などされないように、『片野マンション』に近づくのを避けていたようです。松永さんは指名手配されていたこともあって、無線傍受をしており、一一〇番は近くの住民がコードレス電話でかけたものを傍受したそうです」

このように、弁護団の会見では、松永の発信による〝虚実ない交ぜ〟の情報が、次々と出てきた。それらは、これまで〝詐欺師〟として数多の嘘をつき続けてきた彼の、まさに本領発揮ともいえる詭弁だった。

続く再逮捕

十二月六日、松永と緒方は、緒方の母である緒方和美さんへの殺人容疑で再逮捕された。

松永が午後五時七分、緒方が午後五時十五分という遅めの時間の逮捕であり、逮捕事実は〈被疑者松永太、緒方純子等は被害者を殺害することを共謀し、平成10年（98年）1月20日ころ、北九州市小倉北区片野×丁目のマンションの一室で、緒方純子らをして被害者の頸部をひも様のもので絞め、同所において殺害したものである〉というものだ。その文面には〈緒方純子等〉や〈緒方純子ら〉との表現が用いられていることから、緒方家の親族の誰かが、殺害の実行行為に加わっていたであろうことが窺える。

弁解録取書について、松永は少し興奮気味に「そのようなことはしていない」と否認するも、署名、押印はした。また緒方は「まちがいありません」と認めて署名、押印をしたという。
その日、捜査一課幹部を囲んでの、この逮捕についてのレクは次のようなものだった。記者をQ、捜査幹部をAとして記す。
Q「殺害の動機は？」
A「今後の捜査で明らかにしていきます」
Q「容疑事実の『松永等』（※文面では『緒方純子等』）の『等』とは誰ですか？」
A「言えない」
Q「少女（広田清美さん）の関与はあるのですか？」
A「可能性は低いでしょう」
Q「残りは緒方の親族しかないですが……」
A「言われない。ただ、少なくとも当時、小倉のマンションで生活していた人間であることは間違いありません」
Q「あえて名前を入れている以上は、実行行為に緒方は関与し、松永は指示役だったと受け止められますが……」
A「松永は指示役だったと見られますが、首を誰が絞めたかは言えません」
Q「凶器の『ひも様のもの』とは？」
A「布製のもので、室内にあったもの。特別なものではありません」
Q「殺害の時間帯は？」
A「夕方です」

Q「遺体はどうしたんですか？」
A「本件とは関係ないが、最終的には捨てた」
Q「どうやって？　どこに？」
A「言えない」
Q「殺害方法として、初めてひもが出てきましたが、電気ショックはなかったのですか？」
A「殺害時にどうだったかはわからないが、日常的には電気を当てていたと見られます」
Q「それは少女や緒方の供述からですか？」
A「そうです」
Q「殺害時の状況を少女は見ていましたか？」
A「一緒に生活はしていましたが、見ていたかどうかはわからない。というより、私は知りません」
Q「和美さんは痴呆の気があったとの報道がありましたが、殺害の動機との繋がりはないんですか？」
A「わからない」
Q「緒方は任意調べの段階で殺害を認めたんですか？」
A「わからない」
Q「和美さんはいつ頃から松永らと同居していましたか？」
A「平成九年（九七年）四月頃です。同年十二月頃には筑後地方の親族の家に行って親族と会っており、その時点までの足（足跡）はあります」
レクはここで終了したが、福岡県警担当記者の夜回りで、別の捜査幹部は今回の立件に至る流れを語っている。
「現時点で少女の供述が基本ということに変わりはないが、今回については、少女と緒方の供述が初めて一致した。和美さんの事件について緒方は完オチだ。殺害も認めているからな」

さらに、「緒方純子等」の「等」は誰であるかを聞かれ、それが緒方の妹の夫である隆也さんであることを明かしたうえで、「松永から指示を受けて使われていたと見ている」と続けていた（※後の裁判では隆也さんが首を絞め、緒方の妹・智恵子さんが補助をしていたと認定）。

また、別の捜査幹部は次のように言う。

「和美さん殺害の犯行日時の特定は、緒方の供述によるもの。緒方が調べに対し『母の命日だから正確に憶えている』と話したんだ。憶えていたというより、忘れたことがなかったということだろう。緒方はかなり心境が変わってきている。最初の頃は松永をずいぶん庇っていたけど、いまはあまりそういう感じではない」

十二月十三日、和美さんの事件での逮捕後に初めてとなる、松永弁護団による会見が開かれた。接見時に松永が話した内容について、弁護士が明かす。

「（松永は）取り調べには毎日応じています。具体的には午前・午後に検察で調書を取られ、夜は警察調べです。和美さん殺害については、隆也さんから『自分が殺した』と聞いたと言っており、自分には殺す動機がなかった、むしろ生かしておいて入院させるなりして、入院給付金をもらう方がカネになった、と。（和美さんは）亡くなる間際に頭がおかしくなり、入院させることを考えたが、病院で孝さんの死について話すのではないかという意見が（当時同居していた親族から）出た。しかし、松永さんとしては、『頭がおかしい人の話を誰も信じないだろう』と、気にしていなかったということです。緒方家の問題ということで、松永さんは関与していない。また、『殺しても良いか』などと聞かれたこともないし、ましてや自分から指示するなどあり得ない。やってもいないということでした」

これらはあくまでも松永の主張であり、事実はやがて争われる裁判で、明らかにされていくことになる。事件への関与を否認する松永による〝言い逃れ〟はさらに続く。

「（和美さんは）意識がはっきりしているときと、そうでないときがあり、夜になると奇声を上げたりしたそうです。その症状は孝さんの死後、ひどくなった、と。ただ、松永さんは『キチガイに通電しても、言うことを聞かないから意味がない』と、和美さんが呆《ぼ》けてからは通電していないそうです」

また、和美さんの処遇について、緒方、智恵子さん、隆也さんらと相談になった際の自身の立場について、松永は「そういう話し合いのときには、自分は入院させることを考えていた」と嘯く。

このくだりには続きがあり、弁護士はさらに言葉を加えた。

「（松永）本人は道義的責任は感じているんですよ。隆也さんも酒を飲んで体が弱って判断能力も鈍っていたし、大雑把になっていた。智恵子さんも『私は入院させたくない。（隆也さんに対して）あんたやって』、（緒方）純子さんも『（隆也さんに）あんたやって』と責任逃れのような状況になっていたから、自分としては隆也さんなら隆也さんに『入院させなさい』と言って入院させていれば、こういうことにならなかった。『あんたがた（緒方家内部）でやりなさい』と言ったんで、こういうことになったんじゃないかと……」

年も押し迫った十二月二十七日、同月六日の和美さん殺人容疑での逮捕についての、検察による起訴・不起訴の判断が近づくなか、松永弁護団の会見が開かれた。弁護士は言う。

「松永さんの主張は一貫しています。決定的物証はないので、弁護団としては松永さんの主張を信頼して、弁護活動をしています。弁護団としては、隆也さんが被疑者だと考えています。純子さんも場合によっては関与しているのではないか。（松永については）補強証拠もなにもないので、不起訴にすべき事案ではないかと考えています」

つまり、松永が和美さんを殺害したとされる容疑については、〝決定的な物証〟も〝補強証拠〟もない以上、不起訴にするべきだというのが、弁護団の主張だった。

その会見が終了して間もなくして、福岡地検小倉支部は松永と緒方を、和美さんへの殺人罪で起訴した。公訴事実は以下の通りだ。

〈被告人両名は、他と共謀の上、平成10年1月20日ころ、北九州市小倉北区片野×丁目×番×号片野マンション30×号室において、被告人緒方の実母である緒方和美（当時58歳）に対し、殺意をもって、その頸部をコード若しくはひも様のもので絞めつけ、よって、そのころ、同所において、同人を窒息により死亡させて殺害したものである。

罪名及び罰条

殺人　刑法第199条、第60条〉

この起訴を受けて松永弁護団は「仮に十分な証拠がなく起訴しているのであれば遺憾。公判ではこれまでの二件の殺人罪を含め、当然争う」とのコメントを出している。また、緒方弁護団は「コメントは控える」とした。

三月七日の松永と緒方の緊急逮捕以降、彼らは〇二年内だけで、三件の殺人を含む六件の罪で起訴された。

判明している限りでいえば、少女の父である広田由紀夫さんと、緒方家の親族六人の計七人が死亡していることから、残り四人についての事件化は、〇三年に持ち越されたことになる。

だが、じつは翌年に持ち越されたのは、捜査に関してだけではなかった。

由紀夫さんと緒方家の親族六人。彼ら全員の葬儀についても、現時点では執り行われておらず、年をまたぐことを余儀なくされていた。なにしろ、誰一人として遺体はおろか、その一部すら発見されていないのである。

緒方弁護団の会見

〇三年一月十一日、捜査本部は松永と緒方を、緒方佑介くんの殺人容疑で逮捕した。彼らへの逮捕はこれで七度目となる。捜査本部が発表した逮捕事実は〈被疑者松永太、緒方純子は、被害者を殺害することを共謀し、平成10年（98年）5月17日ごろ、北九州市小倉北区片野×丁目のマンションの一室で、ひも様のもので被害者の首を絞めるなどして窒息させ、殺害したものである〉というものだ。

逮捕された時刻は松永が午後二時二分で、緒方が午後二時三十三分。弁解録取書に松永は「否認します」として署名・押印し、緒方は「間違いありません」と署名・押印した。

逮捕事実にある殺害日については、広田清美さんと緒方の記憶が、ほぼ一致していたことから特定されており、殺害場所とされる片野マンションへの家宅捜索時に、凶器として使用された〈ひも様のもの〉とされる、布製のひもは発見・押収されていた。

これで残った、未だに事件化されていない関係者は、広田由紀夫さん、緒方智恵子さん、緒方隆也さんの三人ということになる。

そんな折、これまで会見を開いてこなかった緒方の弁護団が、就任以来初めての記者会見を、一月十七日に行った。

前年十月に、それまで黙秘を貫いてきた緒方が自供を決意し、それ以降は対抗するように松永も〝独自〟の主張を繰り返すようになっていた。松永の言い分は彼の弁護団が定期的に開く会見で明かされ、集まったメディアに報じられている。当然ながら今後の裁判において、松永との利害の対立が予想される緒方側も、その主張を明確にしておく必要があった。

北九州弁護士会館に集まった記者を前に、弁護団の弁護士が説明する。

「昨日、緒方さんに面会しました。どの範囲で会見できるか承諾を求めましたが、被疑事実については話さないでと言われています。今日お話しするのは六件の起訴分についてだけです。緒方さんは、『自分は被疑事実についても正直に話している。そのことは伝えてくださって結構です』とのことです」

そこでまず、初期に起訴された広田清美さんに対する監禁致傷罪と、原武裕子さんへの監禁致傷罪と詐欺・強盗罪の三件について、緒方の認否が明らかにされた。

「当初は否認でしたが、公訴事実についてはほぼ認めます。法的評価については、緒方さんがどうこうというのではなく、弁護団のほうで検討します。その部分が監禁か、あるいは強盗か恐喝か、などについてです。現在は検討中で、証拠についても、いままで不同意にしていたものを、ほとんど同意することになります。一部、内容については不同意もあるかもしれないという程度です」

続いて、ペーパーを読み上げるかたちで、三件の殺人罪について、起訴順に緒方の供述が説明された。
●花奈ちゃん事件
「被告人両名（松永と緒方、以下同）が、共謀して同日、同場所で緒方花奈ちゃんを殺害したことは認めるが、殺害方法について、起訴状では通電による電撃死となっているが、電気コードによる絞殺である。実行行為も自分（緒方）が関与したが、自分以外についてはいまは言えない。公判で述べます」
●孝さん事件
「被告人両名が共謀のうえ、同日、同場所で緒方孝さんに対し、通電行為をなし、これがきっかけで孝さんが死亡したことは認めるが、殺意はなかった。起訴状では、金属クリップ（を装着した部位）は上下唇となっているが、両方の乳首に取り付けたものである」

●和美さん事件

「被告人両名が、他と共謀のうえ、同日、同場所で緒方和美さんに対し、殺意を持って、その頸部を電気コードで絞めつけ、窒息死させたことを認める。起訴状では、〈コード若しくはひも様のもの〉とあるが、電気コードだった。ただし、絞殺の実行行為は、緒方さんは関与していない。共謀でやったことは認めている。実行行為者については、公表しないでと話している。ただ、調書では当然供述しており、公判でも話すという」

続いて、弁護団と記者との質疑応答が行われた。長時間に及ぶものであるため、一部を抜粋し、記者をQ、弁護団をAとして紹介する。

Q「孝さんへの通電の実行行為に緒方は加わっているんですか？」

A「緒方さん本人のみが通電をやりました。まわりに人はいたかもしれませんが、やったのは緒方さんだけ。松永さんはやっていない。法定評価は松永さんとの共謀です」

Q「孝さんの件で、殺意がなかったとは？　具体的に教えてください」

A「通電行為は日常茶飯事であったということです。それで死ぬ人はいなかったから、それで死ぬとは思わなかったということです」

Q「緒方自身も松永から通電を受けていたんですか？」

A「そうですね。最終的にはそうなります。通電を受けなかったのは、松永さんと二人の息子。それ以外はすべて通電行為を受けたり、それぞれ暴力を受けた人もいます」

Q「この三件（の殺人事件）は松永の指示だったんですか？」

Ａ「そうですね。基本的には松永さんが言わない限り、こうはならなかったのではないでしょうか」
Ｑ「起訴された三人の遺体処理について、海に捨てたのは認めていますか？」
Ａ「その範囲では認めています」
Ｑ「（遺体を）切断したという部分も？」
Ａ「おおかたそうですね。ただ、役割分担については、『いまは言わないでほしい』ということでした」
Ｑ「緒方が松永に従ったのは、恋愛感情からなのですか、それとも恐怖心からですか？」
Ａ「推測にはなりますが、好きだったのは間違いないと思います。少なくとも憎んではいなかったということです」
Ｑ「緒方が供述を始めたきっかけは？」
Ａ「これは言いにくい。言わない方がいいでしょう。感情の問題が入ってくるでしょうから。彼女はおそらく、言わないでくれと言うと推測するので、言わないでおきます」
Ｑ「松永が『緒方が殺した』と言っているからということは？」
Ａ「関係ありません。いずれにしても、事実は違うんだということを、彼女自身が考えて言っています」
Ｑ「自分の二人の子供に対する思いというのは、（供述を始めた）きっかけに絡みますか？」
Ａ「その点はない。ただ、一つ言えるのは、彼女自身は、緒方一家について変な誤解があったら嫌だな、そのためには、真実を述べることが緒方家の名誉のためには一番いいと考えた、ということだと思います」
弁護士はこのように説明するが、めいの花奈ちゃんに続いて、父の孝さんへの殺人容疑で逮捕された際、緒方がそれまでの逮捕時とは明らかに異なる様子で動揺を見せたとの、捜査関係者の証言がある。やはり実父の死への関与を突き付けられたことは、彼女が黙秘で守り抜こうとした〝なにか〟を決壊させるほどに、自責の念に駆られる出来事だったのだろう。記者の質問は続く。
Q「松永と緒方の主従関係は？」
A「緒方さんは〝松永さんが悪くて、自分はまったく悪くない〟という発想はまったくないんですよ。そういう意味で、主と従ということを言うと、たぶん緒方さんは抵抗があると思うんです。緒方さんもある程度のことはやっているわけです。やったことはやったと認めて謝っているわけで、主従関係という形で捉えられることに、彼女は非常に強い抵抗を抱いています」
Q「松永は『自分はまったく関与してない』と言っていますが、緒方はそれをどう思っているのでしょうか？」
A「『ああ、そうですか』とだけ……。松永さんに対して憎しみとかそんな反応はありません。淡々としています。緒方さんは松永さんに〝本当のことを話してほしい〟という気持ちは持っている。あるんだけども、たとえば、〝自分に罪を押しつけてけしからん〟という発想はない。〝もう、ここまできたんだから、本当のことを話してほしい〟と。彼がどんな話をしようとも、とにかく自分は本当のことを話すと決めているから、話しています」
Q「死刑も予想されますが、本人はどのように？」
A「言葉としてははっきりと私たちの口からは言わないが、本人は冷静に受け止める、と」
Q「いかなる刑も受けると？」
A「そうですね。罪を軽くするために真実を話すという発想はありません」
Q「反省を意味する言葉としては？」
A「『取り返しのつかないことをしてしまった』とは言っています」

Q「担当して三カ月になりますが、緒方供述にブレはありますか？」
A「ない。勘違いしたときはすぐに訂正するのが彼女の性格。しっかりしている人だなあ、とは思いました」
Q「和美さん殺害の調べで、涙を流したという話も出ていますが、接見での様子は？」
A「本当に普通の感じ。感情的になる面はありません。あくまで冷静であって、だからといって冷酷というのではない。反省はしているが、自分のやったことはやったとして話しています。本当に淡々と話している」

約一時間十五分に及んだこの会見は、自供を決意した緒方が、真摯に事件と向き合っているとの印象を抱かせるものだった。それだけに、手を替え品を替えて事件への関与を否認する松永の〝悪あがき〟が、より鮮明に浮かび上がってくる。

松永弁護団の徹底抗戦

緒方の弁護団が、就任後に初めてとなる記者会見を開いた〇三年一月十七日、同会見と時間をずらして、松永の弁護団も、すでに定例となっている会見を開いた。

そこでは、改めて一連の緒方家親族に対する殺人容疑への関与を否定する傍ら、監禁致傷被害者の少女（広田清美さん）と、監禁致傷及び詐欺・強盗被害者の四十一歳女性（原武裕子さん）への犯行については、最終的に認める方向であることが明かされた。ただし、裕子さんの事件については、「強盗が恐喝では、との法的解釈について争う余地がある」との説明が付け加えられていた。

またこの翌週となる一月二十四日の松永弁護団の会見は、殺人への関与を否認するだけにとどまらず、「（松永が）調べ官から『緒方は突然泣いたり怒り出したり、笑ったり、バカな真似をしだした』と聞いた」というような、緒方の供述の信憑性に疑問を抱かせる意図の発言も飛び出した。この説明には続きがあり、「緒方は拘禁反応が出ているのではないか。そういう状況から、緒方は不本意ながら容疑を認める供述をしているのではないか」として、松永弁護団としては、緒方の供述に懐疑的な見方であることを表明している。

一月三十日には、松永の勾留理由開示公判が開かれることになっていた。これは、刑事訴訟法に基づき、なぜ被告人の身柄を勾留する必要があると認めたのか、裁判官が理由を説明する手続きのこと。なお、今回の開示請求の対象は、一月十一日に逮捕状が執行された、緒方佑介くん殺人容疑についてである。

この勾留理由開示請求について、記者の取材を受けた福岡地検幹部は、次のように一蹴していた。

「仮にあったとしても、別にどうってことないですよ。たぶん裁判長は一言、『刑事訴訟法第××条により（勾留を）認める』と言って終わり。何分もかからないんじゃないですか。はっきり言って、ただの捜査妨害です」

この公判に先立って、松永弁護団は一月二十九日に「意見書」を提出している。そこでは松永の佑介くん事件についての弁解が記されていた。それは以下の通りだ（意見書からの引用は〈 〉の部分。一部を抜粋）。

〈本件当時ころ、自分と緒方純子は、小倉北区東篠崎×丁目×番×号東篠崎マンション90×号室に居住しており、当日も東篠崎マンションにいた。本件当日も、自分が犯行現場である同区片野×丁目×番×号片野マンション30×号室に行った事実はない。

本件当時ころ、片野マンションには、広田清美（以下、既に起訴された被告事件審理における用例に従い、「甲女」という。）が1人で住んでいた。

本件当日、純子は、義弟である緒方隆也の死体解体の後片付けのため、緒方花奈と本件被害者である緒方佑介を連れて、午後6時半ころ、東篠崎マンションから片野マンションに出かけた。その夜遅く、自分は、片野マンションから帰ってきた純子から「首を絞めて佑介を死なせた。殺す気はなかった。自分と花奈が佑介の首を絞め、甲女が佑介の足を押さえて3人でやった。」と聞いた。花奈からも「純子が佑介を殺した。」と、純子のことを呼び捨てで言うのを聞いた。甲女からも、「おじちゃん、私は足を持っとっただけやけん。」と言うのを聞いた。

自分は、純子に佑介を殺すように指示・命令は一切していないし、佑介を殺そうという動機もなかった。佑介は利口な子で、緒方家の跡取りでもあり、通電などで虐待したことは一度もない。佑介は、いずれ隆也の実家（婿入り前の苗字）に戻す際に養育費の名目で金が取れるかもしれないし、そんな佑介を殺す気はなく、死んでくれればいいなどと思ったこともない〉

このように佑介くん殺害への関与を松永は否認する。さらには松永の嫌疑がないことの理由の一つとして、〝アリバイ〟が存在することを主張している。

〈被疑者（松永）が当時東篠崎マンションに住んでいたことは、本件当時片野マンションが死体解体作業の場所となっており、死体解体作業そのものには被疑者は関与していないこと、東篠崎マンションの光熱費、水道料金等が相当額に及んでいること、東篠崎マンションで撮った子供の誕生祝等の写真の存在などの裏付けにより、検察官も被疑者のこの点の弁解を排斥できないと考えているようである。

仮に、純子が殺害行為に及んだものであるとしても、その方法に顕著な計画性は窺われず、むしろ一時の感情や思い付きによる場当たり的な犯行であったとみる余地も多分にある。そのような場当たり的な犯行であれば、被疑者が本件現場に居たのか否かという点は、共謀の成否に決定的な影響を及ぼすと考えられるのであって、被疑者にアリバイがあることは、被疑者の嫌疑をかなりの程度否定する方向に働く事情であるといわなければならない〉

松永弁護団としては、検察側は松永のアリバイがないとは明確にはいえない、ということを主張し、〝証拠不十分〟であると訴えようとしていることが想像される。

続いて嫌疑がないことの二つ目の理由として、〝動機〟について挙げているのだが、ここでは松永が捜査官から聞いたとされる、緒方の供述が紹介されている。

〈被疑者は捜査官から、「純子は、『親（緒方隆也・智恵子夫妻）を殺された子供は仕返しするから佑介を殺した。松永に佑介を施設に預けるとか提案してもことごとく拒否され、佑介を殺すしか方法がないと考えるしかなかった』という趣旨の動機を述べている」と聞かされている〉

この緒方の供述に対して、「被疑者」である松永は真っ向から否定していた。

〈被疑者は、「自分は責任を背負い込むことが嫌いなので、純子に佑介を施設に預けるのはだめだとか言ったことはない。純子から佑介を施設に預けようかと聞かれたことはあったが、責任回避のため自分から何も返事をしなかった。」〉

さらに松永はこの一件について弁解する。

〈被疑者は、「そもそも隆也は病死であり、智恵子も隆也が殺したのであり、自分が佑介の親を殺したことはない。また、佑介には、小さい子供に本当のことを言うのは酷だと思ったことなどから、隆也と智恵子は生きていると芝居を打っていたので、佑介から親を殺したと自分が恨まれる理由もない。」〉

これらの松永の〝主張〟を受け、弁護団は、もし松永が佑介くん殺害を共謀したと認定するのならば、〈被疑者固有の動機ないし共通の動機が解明されるべきである〉として、〈現場にいた純子らよりも、現場にいなかった被疑者の方により強固な動機があったのでなければ、被疑者が純子に殺害を指示することはにわかに考え難い。しかしながら、被害者を殺す動機などないという被疑者の弁解を排斥するに足りる証拠は、なんら発見されていない〉と訴えている。

これも先の〝アリバイ〟と同様に、検察側は松永に〝動機〟があると証明する明確な証拠はない、ということであり、「動機がない」とする松永の主張が、虚偽のものであると覆す証拠がない以上は、〝嫌疑不十分〟であると訴えるものだ。

さらに松永弁護団は、嫌疑がないことの三つ目の理由として、〝指示・命令〟ということに触れている。

〈新聞報道及び被疑者が捜査官らから伝え聞いたところによれば、純子は、「被疑者から明確な指示命令は無かった。ただ、被疑者から自分も通電をされ、被疑者を恐ろしいと感じており、被疑者の意向には逆らえない雰囲気だった。したがって、被疑者から佑介を殺すように仕向けるようなことを言われたので、絞首行為に及んだ」旨述べているようである。

これに対し、被疑者は、「純子は自分の指示がなくても純子の考えで、孝、花奈らに通電していたのであり、自分の指示でいやいや通電していたわけではない。共同生活の金銭管理も、自分ではなく純子がしていたし、純子が買い物の際など自分の意見に従わないことも多々あったから、純子が自分に隷属していたようなことは一切ない。純子とは内縁の夫婦として口げんかもし、純子が反発してヒステリーを起こし、物を投げるようなこともあった。純子は、自分が指示をすれば自分の思い通りに動くような女ではないし、自分の意図を汲んで行動するようなこともしない。」と弁解している〉

この点においては水掛け論であり、あくまでも松永の主張はこうだ、との話である。弁護団としても松永の主張に依拠するほかないため、悩ましいところであることは想像に難くない。そのため前記の文章には、次の文言で始まる文章が続く。

〈純子に対する取調べ状況については、被疑者が捜査官から伝え聞くところから推測するほかないが、捜査官によれば、「純子は認めないでいいような事実まで認めよるぞ」「ポリグラフ検査も進んで受けている」などと告げられており、純子が「被疑者と共謀した」という部分については捜査官と迎合した上で供述をしている可能性も、十分窺える〉

接見時に松永が話す捜査官の言葉について、事実の検証はできない。そのため、弁護団は松永が説明した通りの言葉を使い、嫌疑がないことの最後の理由として、〝被疑者に対する取調べの不当性〟を取り上げ、〈自白の強要〉があったとしている。以下、松永が取り調べのなかで、捜査官に言われたとされる言葉を列記しておく。あくまでも当時は検証不可能な、松永が弁護団に話した内容である。

「悪あがきするな。黙って死刑になれ」

「99・87パーセントは有罪だ」

「警察は甲女供述を信用するから、純子が通電で佑介を殺したと言っていたという内容の調書を作らせてくれ。おまえが実行していないことは認めてやる」

「ここで佑介事件だけでも認めなさい。そうすれば隆也事件や智恵子事件については、あなたの言うことを信用してあげるから」

「とにかく純子に何と指示したか思い出せ。内心ラッキーと思ったことを純子にやってもらったということではないか」

一月三十日の公判では、大方の予想通りに勾留には相当理由があるとされた。翌三十一日に開かれた松永弁護団の定例会見で、今回、勾留理由開示を請求した目的が明かされている。

それは、松永は取り調べで調書を作成してもらえず、捜査段階での供述内容を記録するためだったということと、本人みずから言い分を表明することで、違法捜査の抑止を意図するためだったというものだ。そうした目的であることから、準抗告や勾留取り消し請求はしないとのことだった。

犯行内容はともかく、弁護活動として、やれることはすべてやる――。

松永弁護団の強固な意志が垣間見える。

先を見越した心理戦

〇三年二月一日、福岡地検小倉支部は松永と緒方を、緒方佑介くんへの殺人罪で起訴した。公訴事実は以下の通りである。

〈被告人両名は、共謀の上、平成10年5月17日ころ、北九州市小倉北区片野×丁目×番×号片野マンション30×号室において、殺意をもって、緒方佑介に対し、年少の児童を関与させるなどして、上記佑介の頸部をコード又は帯様のもので絞めつけ、よって、そのころ、同所において、同児を窒息により死亡させて殺害したものである。

罪名及び罰条

殺人　刑法第199条、第60条〉

この起訴を受けて、松永、緒方の弁護団はそれぞれコメントを発表している。松永弁護団は「公判では争うことになります」、緒方弁護団は「緒方さんとのこれまでの接見においても、この公訴事実を認めることになると思います。ただ、緒方さんは電気コードを使ったと言っています」というものだった。

それからわずか二日後の二月三日、捜査本部は松永と緒方を、広田由紀夫さんへの殺人容疑で逮捕した。二人の逮捕はこれで八回目となる。逮捕された時刻は松永が午後三時九分で、緒方が午後三時八分だった。

逮捕事実として発表されたのは〈被疑者両名は、平成8年（96年）1月ごろには肝ないしは腎機能障害等で医師の適切な治療を要する状態に陥っている被害者を共謀のうえ殺意をもって、同年2月26日ごろまでの間、小倉北区片野×丁目のマンション浴室に閉じこめ、十分な食事を与えず身体に電線に取り付けたクリップを挟んで通電したり、殴打・足蹴する等の虐待行為を繰り返して前記病状を悪化・衰弱させ、同日夕方ごろ、多臓器不全で死亡させて殺害したものである〉との内容である。

弁解録取書に松永は「風呂掃除の途中で頭を打って亡くなったと記憶している」として自身の関与は否認。一方の緒方は「考えるところがあり、いまの時点ではなにも言いたくありません」と認否を明らかにしなかった。

福岡県警担当記者は言う。

「緒方の弁解録取書について、彼女自身は否認とは口にしていませんが、捜査本部としては実質的な否認と受け止めているようです。由紀夫さんが死亡したとされる二月二十六日、少女（清美さん）は学校に行っていましたが、彼女が片野マンションに帰宅した時点で、由紀夫さんはまだ生きていたようで、少女はその後、父親の死亡を目撃しています」

この逮捕を受けて行われた捜査幹部のレクは以下の内容だった。その概要について記者をQ、捜査幹部をAとして紹介する。

Q「由紀夫さんに肝ないし腎機能障害等があったとした根拠はなんですか？」

A「由紀夫さんに通院歴はないが、彼が平成七年（九五年）初旬に辞めた会社の同僚や友人らは、在籍時は病気もなく元気だったと証言しています。ところが、一緒に生活していた少女の話などによると、父親は平成八年（九六年）に入る頃には急激に痩せ細り、末期は自分では立てないほど衰弱していたというのです。その様子から肝または腎機能障害と判断しました」

Q「逮捕事実に出てくる〈殺意をもって〉の根拠はなんですか？」

A「医師の治療が必要な状態にもかかわらず、病院にも行かせず、引き続き虐待行為を繰り返したことからです。一、二月は非常に寒いが、風呂場に閉じ込め、布団すら与えずに自由を束縛していました」

Q「食事は与えていたんですか？」

A「生存にかろうじて必要な食事はやっていたようです」

Q「暴行死または電撃死ではなく、死因を多臓器不全とした理由はなんですか？」

A「肝または腎臓がやられて放置すれば、ほかの臓器も侵されて多臓器不全となります。虐待による傷害、食事を与えないことによる栄養失調などを踏まえても、多臓器不全での死亡が自然です」

Q「浴室への監禁は平成八年一月頃からですか？」

A「由紀夫さんは少女より少し遅れて平成六年（九四年）の暮れ頃から松永らと同居していますが、なんらかの理由で虐待を受け始め、監禁は少なくとも平成八年一月の数カ月前からと見ています」

Q「遺体の遺棄は？」

A「大分沖でしょう」

Q「残りの妹夫婦について、今後の方針は？」

A「全容の解明に全力を尽くします」

これでまだ事件化されていないのは、緒方の妹である智恵子さんと、その夫の隆也さんの二人となった。この時点になると、取材する記者の間でも関心事は立件の有無ではなく、立件するとの前提のもと、殺人罪か傷害致死罪かということに移っていた。

二月七日になると、松永弁護団が定例会見を開いた。ここでは、四日前の逮捕について、松永の由紀夫さん殺害への関与を改めて否定するとともに、由紀夫さん死亡時の状況について、松永からもたらされた情報が明かされた。以下、松永が弁護団に対して行った発言である。

「由紀夫は風呂掃除中に倒れて頭を打った。一度起き上がり、台所へ移動し、いびきをかいて寝た。約三十分後に息が止まり、緒方らと人工呼吸や心臓マッサージをしたが生き返らなかった。直接見てないが、そんな音がして気配を感じた。そのことは由紀夫と一緒に風呂掃除をしていた少女から後で聞いた」

「由紀夫の遺体解体を見たが、脳の左半分に（脳内出血を窺わせる）どす黒い血がついていた。その状況を絵に描いて、検察調べの弁録に調書として添付してもらっている」

「由紀夫はたしかに体調不良だったが、肝臓の薬もやっていた」

「由紀夫が死亡後、純子と相談して近くの病院の看護婦に預けて逃亡を計画したが、少女から『自分一人にして逃げないで』と反対された」

「生前、由紀夫から『とにかく少女を養育してほしい』と頼まれた。由紀夫は借金でサラ金に追われていた。養育費二十万円で引き受けた」

「（少女に書かせた）『事実関係証明書』は、遺体解体の口止め目的。少女も由紀夫と一緒に風呂掃除をしていたので、『お前のせいだ』『お前、殺したのか』となって、少女を悪者にしたうえで、〝他言したらお前もこうなる〟という意味で引き留めるために、あえて〝殺人〟と書かせた」

すべてにおいて、松永にとっての〝我が身を庇う〟筋書きとなっていることは、言うまでもない。

なお、少女に書かせた「事実関係証明書」とは、由紀夫さんが死亡した際に、松永が少女に対して〈私は平成8年2月26日に北九州市小倉北区片野×－×－×　30×号室において実父由紀夫を殺意をもって殺害したことを証明します〉と書かせたものである。この「事実関係証明書」は押収されており、〇二年七月に開かれた、少女に対する監禁致傷罪での公判における冒頭陳述で、その存在が公にされていた。

続く二月十四日の松永弁護団による定例会見では、最近の取り調べの様子についての説明がなされた。以下は弁護士の発言である。

「最近は取り調べのなかで、いろいろな絵を描かされているようです。たとえば由紀夫さんの足、ふくらはぎに痒疹《ようしん》（吹き出物）が出来ていたらしいんですが、その絵を描かされています。あとは、由紀夫さんが段ボールの上に膝をついて這っていた際の絵だとか、由紀夫さんと少女が使っていた二段ベッドの絵だとか……」

さらに弁護士は、取り調べにおいて、松永を怖がらせることで、動揺させる方法が採られているのではないかとの疑義を呈す。

「昨日、いや、一昨日かな、調べのなかでおかしなことがありました。我々としては偽計による調べではと思うようなこと。それは、松永さんが検察官から『あなたの左に女性の顔が見える』とか、あるいは『白い人魂が動いていった』と言われているようなのです。そんな話をしたときに、いきなり調べ室の換気扇が誰もいじってないのに動き出したそうです。それで検察官が怖がって調べが進まなかったということでした。

これには伏線があって、それと同じ頃、警察の調べが午前中にあって、そこで松永さんは般若心経を渡されて、勉強しているんだそうです。そのためあまり取り調べはやっていない状況だとか。取調官が言うには、『お釈迦様の教えを実践してもらえれば、死刑だろうが無期だろうが……』とか、『お前は妖怪。真人間になれ。そのために般若心経をやれ』と言われたらしく、一応、松永さんは応じているそうです」

こうした心理的な揺さぶりが実行されているというのだ。弁護士は続ける。

「調べ官から『夜中にうなされたり、寝付けないことはないか？』と聞かれるそうで、『そんなことはまったくない』と言っているそうです。また同様に『死刑は怖くないか？』と聞かれ、『怖くない。やってないから』と。逆にいえば、捜査一課も松永さんを攻める材料がない。つまり証拠がない。そこでなんとか精神的に動揺させて、自白させようとしているのではないでしょうか。やってなくても、やったような気になる危険性もあります。そういう点で、必ずしも適切な調べが行われているかどうか疑問です」

今後、由紀夫さん事件での起訴、さらには残り二件の事件の逮捕、起訴で、前年三月に始まった捜査は終結すると見られている。そうしたなか、先々の公判を見越した心理戦は、すでに始まっていたのだった。

透けて見えた企み

あらゆる手段を使って戦う、との姿勢を崩さない松永弁護団の攻勢は続く――。

〇三年二月十八日、同弁護団は、松永が広田由紀夫さん殺人容疑で二月三日に逮捕された件で、その二日後の五日に発布された勾留状についての「釈明要求書」を、福岡地裁小倉支部に提出した。

これは、勾留状に記載された被疑事実について、いまだに〈不明確であると思慮される〉として、いくつかの事項を挙げ、同地裁に釈明を求めたものである。

松永弁護団の釈明要求に対して、二回目となる勾留理由開示公判が、二月二十日に福岡地裁小倉支部で開かれた。

その席で裁判長は、「犯行時、現場にいた関係者の供述などから相当な嫌疑が認められる。共犯関係や犯行態様からきわめて重大な事案であり、通謀などの証拠隠滅の恐れや、住所不定に加え、その家族関係などから逃亡の恐れがある」との勾留理由を述べた。

さらに同弁護団による「釈明要求書」については、「明確性は現時点で十分」として、釈明は認めなかった。

この公判では松永が意見陳述を行っている。その概要は次の通りだ（カギカッコ内は松永の陳述）。

「そもそも由紀夫が死亡したことは間違いない。遺体を（緒方）純子と清美（広田清美さん）が解体したことも間違いない。容疑のなかで動機が最大の問題。まず当時、由紀夫を殺さないといけない理由はない。恨みもいささかもない。由紀夫に死んでもらいたいという気持ちもない。当日は月曜日で清美は学校。普通の生活が営まれていた。少女（清美さん）の授業態度などから証明できる。（由紀夫さんに）食事を与えずとあるが、たしかに生活費はいただいていた。最低限度の食事、カロリーメイトのチーズ、フルーツ、チョコレート味を毎日食べさせていた。牛乳二百（ml）、砂糖大さじ一杯、バナナも毎日食べさせていた。それは無理やりではない。具合が悪いなら自分から進んで病院に行けばいい。無理やり病院に連れて行くことはできない」

「通電、殴る蹴るの暴行、いたずらをやったことは、私は認める。刑事は調べで、『そんなことはどうでもいい。黙秘しろ』と言った」

「逮捕容疑についてはほとんど認めている」

「たしかに（由紀夫さんには）風呂場で寝てもらっていた。電気ストーブはやけどをするので、毛布、布団を与えていた。衰弱というのは私には見えなかった」

「多臓器不全について、腎臓・肝臓が悪くなったとあるが、七年前のこと。盲腸や胃けいれんならわかる。肝臓は〝沈黙の臓器〟と呼ばれ、いつ発症してもおかしくない。腎臓も風邪をひいただけでも炎症を起こす。当時、医学知識もないのに、緒方とどうやって見抜けばよかったのか」

「殺意について、殺したいとは爪の先ほどぐらいもなかった」

「純子が供述しているが、内心のことはわかりません。妊娠中で由紀夫の世話は大変だったろうと思う」

「拘置するのならば、警察にとってマズイような内容でも調書にしてほしい。取り調べの規範にもそう書かれている。解体時の状態についてもきちんと調書を作成してほしい。殺そうとは思っていなかった。ありがとうございました」

続いて松永弁護団の意見陳述が行われた。その内容は勾留事実の不明確性を訴えるものだ。それらは割愛するが、弁護団の作成した「意見書」のなかに、松永の説明をもとに作成したと思われる、由紀夫さんの死亡前後の状況が記されていた。後の裁判では、事実ではないと否定される内容が多々含まれているが、当時の松永の主張を知るために引用する。

〈由紀夫は、死亡する前日の午後10時ころから、当日の午前3、4時までの間、被疑者（松永）及び純子と一緒に飲酒した。由紀夫は、ビール4、5本、日本酒2合、焼酎2合くらいを飲んでいた。

その後、由紀夫は、浴室で就寝し、午前7時ころ起床し、ラジオを聴いたり週刊誌を読んだりしていた。

夕方になり、由紀夫は、甲女（清美さん）と風呂掃除をしていた際、浴室で足を滑らせてころんで左頭部を壁に打って倒れ、いったん立ち上がったものの、またすぐに倒れ、いびきをかき出した。そこで、被疑者らは、台所に座布団を用意し、そこに由紀夫を寝かせた。被疑者らは、由紀夫は寝ているものと思っていたが、30分くらいでいびきが止まり、おかしいと思った被疑者が確認すると、由紀夫は呼吸していなかった。そこで、被疑者は、いわゆるマウスツーマウスの方法で人工呼吸をし、純子が心臓マッサージや手足をさするなどしたが、結局由紀夫が息を吹き返すことはなかった。被疑者は、人工呼吸を一生懸命にしたため、目の中に内出血ができた。

自分と純子は指名手配中であり、由紀夫の死体の処理に困り、当初、(北九州市小倉北区)三萩野《みはぎの》の病院に死体を運んでから、純子と逃走しようと話し合ったものの、甲女が一人残されるのを嫌がったことから断念し、死体は解体することとした。解体の前に、被疑者が由紀夫の瞳孔、呼吸、心音で死亡を確認した。純子は、由紀夫が死んだことが納得できずに、由紀夫の死体の手足や心臓に通電した。甲女は、父との別れを惜しむ意味で、由紀夫の死体解体を手伝った。解体の際、由紀夫の脳を見たところ、左側に出血の跡のように変色して黒ずんでいたのが見えた。水葬の意味を込めて、骨は海に散布した。純子とは、「時効になれば墓を竹田津(大分県国東市)に作ろう」と話していた。毎年盆には風呂場で供え物して由紀夫を供養した〉

松永作の、まさに自身の〝殺人〟への関与を巧妙に否定したストーリーである。なお、ここで説明された状況について、同意見書内には、〈検察官の取調べでは、「由紀夫は、朽ち果てて倒れたか、清美が叩いて倒れたか、滑って壁に頭をぶつけて倒れたかが問題だ。」などと言われている〉との、松永が検察官に言われたとされる文言も加えられている。それらからは、自作のストーリーを正当化しようと腐心する、松永の企みが透けて見える。

木製の囲いが〝領土〟

松永弁護団による、勾留理由開示公判が開かれた翌日となる〇三年二月二十一日には、同弁護団と緒方弁護団の会見がそれぞれ行われた。

松永弁護団は前日の公判について、裁判所が釈明に応じなかったことへの不満を表明した。そのうえで、起訴の判断を待つ状態にある、広田由紀夫さんに対する事件について、「起訴されるのだろうけど、当然、争うことになる」と述べている。

一方、これが二回目となる緒方弁護団の会見では、これまでに殺人罪で起訴された四事件のうち、花奈ちゃんと佑介くんの事件について言及。花奈ちゃんについては、「(起訴状にある)すのこに縛り付けての通電はしていない」ということを、佑介くんについては「全面的に容疑は認めるが、凶器は電気コード」だという緒方の主張を訴えた。また、佑介くん事件においては、「松永から指示はあったが、松永は実行行為はしていない」とのことだった。

さらに、起訴前の由紀夫さん事件についても触れ、「逮捕時の認否で『なにも言えない』としたのは、死因について違うところがあるということ。面を食らったのではない」とし、「風呂場で転倒したこと自体は否定しないが、頭を打って死んだ、というのとは違う。事故死という認識はない」と、松永の主張とは異なる見解を明らかにしている。

この会見の二日後となる二月二十三日、福岡地検小倉支部は、広田由紀夫さんに対する殺人罪で松永と緒方を起訴した。公訴事実の要旨は以下の通りだ。

〈被告人両名は、かねてより北九州市小倉北区片野所在の片野マンション30×号室において、知人の広田由起夫（当時34）をその自由を制約するなどして自己らの支配下に置いていたものであるが、平成8年1月上旬ころには、同人が肝機能障害ないしは腎機能障害等により身体がやせ細り、四肢には多数の痒疹が生ずるなど医師による適切な医療を要する状態に陥っていたところ、被告人両名は、共謀の上、殺意をもって、そのころから同年2月26日ころまでの間、同人を同室内の狭あいな浴室に閉じ込めるなどした上、その生存に必要にして十分な食事を与えず、長時間の起立あるいはそんきょの姿勢をとること、また、厳寒の時期にもかかわらず、身体の保温に必要にして十分な寝具及び暖房器具を与えることなく同浴室の洗い場で就寝することを強制し、さらに、同人を木製の囲いの中に入れるなどして、その腕部に電気コードの電線に装着した金属製クリップを取り付け、同電気コードの差込プラグと、電圧100ボルト、電流30アンペアの家庭用交流電源に差し込んだ延長コードの差込口とを接続して同人の身体に通電させたり、その身体を殴打、足蹴にするなどの暴行を加え、これらの虐待行為を継続的に繰り返すなどにより、上記肝機能障害ないしは腎機能障害等を悪化させるとともに同人を衰弱させ、よって、同日ころ、上記マンション30×号室において、同人を上記障害等による多臓器不全により死亡させて殺害したものである。

罪名及び罰条

殺人　刑法第199条、第60条〉

この起訴を受けて、松永弁護団は「公訴事実は不明確なので、有罪無罪の点はもちろん、起訴が適法かどうかについても争うことを検討したい」とコメント。一方、緒方弁護団は「虐待によって死亡したのは認める。虐待を続ければ死ぬかもしれないと思いながら続けたので、殺意については〝未必の故意〟の限度で認める」とコメントした。

じつはこの由紀夫さん事件については、松永弁護団は、殺人罪での起訴についてだけでなく、その勾留の理由についても、徹底抗戦の姿勢を崩していなかった。

同弁護団はまず三月七日に福岡地裁小倉支部に対して、由紀夫さん事件で二月五日に同地裁支部が決定を下した起訴前の勾留の裁判について、「現裁判を取り消し、検察官の勾留請求を却下するとの決定を求める」との準抗告を申し立てている。

さらに、この準抗告が同地裁支部で棄却されると、今度はその決定に判例違反があるのではないかとして、三月十二日に最高裁に特別抗告を申し立てたのだった（最高裁は同抗告を棄却）。

それにとどまらず、四月四日には福岡地裁小倉支部に、今度は同事件について、三月十三日に同地裁支部が決定を下した勾留の裁判について、再度の勾留請求却下を求める準抗告を申し立て、それが四月七日に棄却されると、四月十日には最高裁に対し、特別抗告を申し立てたのである（最高裁は同抗告を棄却）。

それはもはや、〝熱心〟を通り越し、〝執念〟ともいうべき戦いぶりだった。

また、四月十六日には、その時点で福岡県警小倉北署の留置場に勾留されていた松永の身柄について、防禦権保障の観点から小倉拘置支所に移すよう、「勾留場所に関する申し立て」を福岡地裁小倉支部に対して行い、四月三十日には勾留場所の変更が認められている。制約の多い〝代用監獄〟から、制約の少ない拘置所に身柄を移されたことにより、松永が手紙を書くことのできる時間が増え、弁護団との十分な接見の時間も確保されたのだった。

時系列での話に戻すと、二月二十三日の由紀夫さん事件での、八度目となる起訴に続いて、福岡県警は二月二十五日に松永と緒方を、緒方の妹である緒方智恵子さんへの殺人容疑で逮捕した。逮捕事実は〈被疑者両名は、他と共謀のうえ、平成10年（98年）2月10日ごろ、北九州市小倉北区片野×丁目のマンションの一室で、殺意をもって被害者の頸部を電気コードで絞め、そのころ、同所において窒息死させて殺害したものである〉というものだ。

彼らの逮捕はこれで九度目。弁解録取書で松永は「殺していないし共謀もしていない」、緒方は「その通り間違いありません」と答えている。

この逮捕から三日後の二月二十八日に開かれた松永弁護団の定例会見では、逮捕後に接見した際の松永の発言が伝えられた。弁護士は次のように言う（一部を抜粋）。

「松永さんとしては、（智恵子さんを）殺していない。指示もしていない。殺そうと話し合ったこともない。殺そうと思ったこともない」

「松永さんは、隆也さんから『自分が殺した』と聞いた。純子さんも殺害現場にいたが、後から『私は（隆也さんを）止めたんだけど』と聞いた、と」

「捜査当局、とくに検察は、松永さんが実行行為に関与していないことは認めており、むしろ共謀について追及されている。『嘘でもいいから認めろ』と……」

「警察情報で（智恵子さんを）監禁していたと流れるかもしれないが、松永さんは智恵子さん、隆也さんに対して監禁はしていない」

その他にも、智恵子さん殺害の前年である九七年秋頃に、隆也さんと智恵子さんが夫婦喧嘩をしており、隆也さんが智恵子さんの首を絞めたりしたことがあったという。彼らは九七年十二月から九八年一月頃には離婚を考えていたとも、松永は嘯いていたようだ。弁護士は質疑応答のなかで答える。

「隆也さんは『緒方家に騙された』、と。智恵子さんは遊びまわっており、緒方家から（跡取りとして）土地などの財産ももらえなかったことなど、緒方家にいい感情を持っていなかったという。あとは性格も合わなかった」

まさに〝死人に口なし〟といえる状況に乗じた、松永発の検証不可能な説明が続く。

この会見では、智恵子さん事件だけでなく、五日前に起訴された広田由紀夫さん事件についても、質疑応答で触れられた。

記者から由紀夫さん事件の起訴状にある、〈木製の囲い〉について問われた弁護士は、まず次のように説明する。

「起訴状にある〈木製の囲い〉は、単なるイジメ的要素だったのでは……。すのこを組み立てて作ったもの。それを松永さんは〝領土〟と呼んでいたそうです」

続いて、殺害の時期について「九六年（平成八年）一月（上旬）頃からとあるのは？」と記者から尋ねられた弁護士は、以下の答えを返している。

「その頃の写真があるからでは……。調べのなかで松永さんは、二枚の写真を見せられたそうです。一枚目は九五年二月頃撮影で、由紀夫さんが酒を飲んでいる写真。片野マンションで由紀夫さんを撮影したもので、顔も血色が良くて、酒を飲んで真っ赤で恰幅もいい。一方、二枚目の写真は九六年一月上旬頃の写真で、片野マンションでA君（松永と緒方の長男）を撮影したもの。誕生日祝い？ それはわからない。この写真はA君の前にカズノコが写っており、正月にでも撮影されたものじゃないでしょうか。A君の後方に由紀夫さんと少女（広田清美さん）が写っている。その由紀夫さんが〝領土〟に〝ゲタ（スリッパ代わりの段ボール）〟を履いて、しゃがんだ姿勢で写っていた。由紀夫さんの両腕に五、六カ所のなんらかの痕があり、それが起訴状の〈痒疹〉ということなのだろう。松永さんによれば、その痕はペンチでひねったり、あるいはクリップの痕で、主に五割は少女がやったものので、なかには松永さんがやったものもあるそうです。少女は、由紀夫さんの体を噛んでいたこともあるので……」

さらに弁護士は付け加える。

「松永さんは、勾留理由開示公判の日の調べのなかで、この写真を見せられ、『衰弱だと言え』と言われたそうです」

ただし、二枚目の写真に写る由紀夫さんの体が、起訴状にあるように痩せ細っていたことについては、弁護士も認めている。

「二枚目の写真の由紀夫さんはたしかに痩せています。また、顔の頬や眉毛に黒い痣もあり、松永さんによると、通電やクリップを挟んだ痕かもしれない、と……」

死体が残された殺人事件であれば、法医学的な検証もある程度は可能である。だが、「死体なき殺人事件」には、こうした言い逃れの余地が生じてしまう。そこにこの事件の捜査の難しさが表れていた。

逮捕から一年

〇三年三月五日、間もなく前年三月七日の松永、緒方の逮捕から一年を迎えることから、小倉司法記者クラブは、松永弁護団と緒方弁護団からコメントを得るべく、文書による質問を申し入れた。

〈報道へのご理解ありがとうございます。監禁事件の1年を迎えるにあたり、司法記者クラブ加盟社の質問がまとまりました。よろしくお願いします。

【監禁事件1年質問について】

（1）1年に亘る拘置、9回の逮捕を振り返りどう思うか（発覚1年を迎えた心境）

（2）亡くなった緒方被告の親族6人に対する現在の気持ち

（3）亡くなった広田由紀夫さんに対する現在の気持ち

（4）逮捕当初、黙秘を貫いた理由。供述を始めた理由、及びきっかけは何か
（5）緒方（松永）被告に対する現在の気持ち
（6）緒方（松永）被告との間にもうけた2人の子どもに対する思い。一連の事件を子どもにどのように説明するのか、また、影響を考えているか
（7）監禁事件の少女（広田清美さん）と同居を続けた理由。少女に対しての現在の気持ち
（8）一連の殺人事件の個別の動機、事件全体の大筋の動機
以上です。よろしくご検討お願いします。
2003／3／5〉
これらの質問に対して、松永弁護団は会見で、緒方弁護団は文書で回答した。まずは緒方弁護団の回答は以下の通りだ。
〈記者クラブからの質問に答えて
2003．3．7
緒方純子被告弁護団
1、発覚1年を迎えて
これまでも事実を供述してきたところですが、今後の捜査においても正直に話をし、真実を明らかにするとともに、自分の犯した罪についてはきちんと償っていかなければと考えています。
2及び3、被害者に対して
被害者の方々には大変申し訳ないという気持ちは、当然のことながら強く持っています。しかしながら、被害者の方々に対する気持ちはとても一言では言い表せるようなものではありません。今後裁判の中できちんとお話ししなければならないと思っています。

4、黙秘から自白への転換
供述態度については、いずれ時期を見てお話しさせて頂きたいと考えています。
5、松永被告に対する気持ち
松永被告にも真実をありのまま供述してもらいたいと考えています。

松永被告に対する気持ちも複雑ですが、松永被告だけを悪く言う気持ちはありません。
6、※少女に対する気持ち
少女に対する気持ちは、非常に複雑な思いが絡み合っており、自分自身いまだ揺れ動いている面があり、今は何とも申し上げようがありません。
7、動機
動機は単純なものではなく、事件によって微妙に異なるものです。

各事件の捜査手続きの中で、一生懸命記憶を喚起し、頭を整理しながら、動機についても供述しております。今後公判の中できちんとお話ししなければと思っています。

以上〉
※質問（6）の〈2人の子どもに対する思い〉についての回答は文章内になく原文ママ。

続いて三月七日に開かれた松永弁護団の会見では、弁護士により次の説明が行われた。
1（発覚一年の心境）
「何も変わらない。やってないことはやってない、やったことはやった、と」
2（死亡した緒方家親族への心境）
「哀悼の意を表したい。和美さんについては、『隆也さんを叱りつけてでも、入院させてあげたかった』

との気持ちはある。智恵子さんについても、『（犯行を）止められなかった。自分は寝ていたのでどうしようもなかった』と」

3（故・広田由紀夫さんへの心境）

「哀悼の意を表したい」

4（黙秘から自供に転じた理由）

「（松永）本人曰く、捜査当局に対して、権力だ、と。自分がいままで言ったようなことを仮に言ったとしても、なかなか捜査当局はそういう見方をしない。たとえば〝男と女がいて、やっぱり男がうしろで糸を引いている〟といったように、なかなか自分の言い分を受け入れてくれない。もう一つは、当時、いろいろな押収品など物証その他客観状況を進めていってもらい、そこから証拠事実を見ていってほしいという気持ちがあった。

話をしたきっかけは、弁護士が交代した時期ともだいたい一致するが、弁護士との接見の結果、〝きちんと話した方がいい〟ということに決めた。この時期、すでに孝さん、花奈ちゃんについては起訴済みだったが、少女の供述に基づいた起訴状を見て、真実と異なる部分があった。それから（緒方）純子さんも供述を始めたし、そういう状況のなか、今後どうしたらいいとなり、話した方がいい、嘘を言ってはいけないと思い、弁護士の助言を素直に受け入れた。

たぶん捜査当局は当初、松永さんが実行犯と思っていたんじゃないか。それがいままでは、とにかく自分が実行したのではないことはわかってくれた、と。当時、『やってないことはやってない』と主張したとしても、少なくとも警察は信用してくれない。いろいろ調べていったら、証拠と自分の意見が合うでしょう、と」

5（緒方に対する気持ち）

「『体に気をつけて』。もう一つは『やけにならずに、頑張ってもらいたい』」
6（二人の子どもに対する思い）
「子どものことは大切に思っていて、認知したいという気持ちは弁護士にも前から話していた。子どもに対してはですね、結局、本人の表現によると、『身が朽ち果てるまで、やってないことはやってないと積極的に伝えていきたい』と。それは親族に対してもそういう気持ちだそうです」
7（少女と同居の理由、気持ち）
「同居はしていない。直近は（少女は四人の子どもが保護された）泉台マンションで子守りをしていた、と。中学時代は東篠崎マンションにいた。（犯行現場の）片野マンションでは同居はしていない。少女に対しては、少女供述が必ずしも本当かどうかについては、警察と検察でも見方が違う。松永さんは、『少女の話は事実と異なるところがある』と。たとえば花奈ちゃん殺害についても、少女には『嘘をつかないで、裁判で本当のことを言ってほしい』と」
8（事件の動機）
「そもそも動機はない」
事前に送られた質問に対する回答は以上だ。続いて記者との質疑応答が行われた。記者をQ、弁護士をAとしてその一部を抜粋する。
Q「この一週間の調べの状況は？」
A「智恵子殺害について、あまり調べはされていない。新聞報道では〝邪魔だったから殺した〟とかで、〝松永が緒方に指示、緒方が隆也に指示、隆也が実行した〟というような構図らしいが、清美さんの証言によると、純子さんはとにかく片野マンションでは『（殺害の）話し合いはしていない』と言っているようだし、松永さんについても『犯行当時、寝ていた』とも言っているようです。また、純子さんは東篠崎マンションから片野マンションに行って、純子さんと隆也さんが話し合って殺した、という話もある。わかりませんけどね。取り調べでは、『お前（松永）は寝ていなかったろう。隣で聞いていただろう』という追及を受けています。また、松永さんは『言うことを聞かないとブチ殺すぞ、言うことを聞かないとしまえるぞ（お終いになるぞ）』という言葉は言ったことあるが、実際に殺すという意味ではない、と。そもそも二段階の指示、なんて信じられない。しかも実行犯の隆也さんは亡くなっているわけですからね。たとえば、無罪になったロス疑惑の三浦和義事件。共謀と関係していないとなって、具体的な状況もない、と。これと同じようなことが本件でもいえる。しかも、少女も現場にいなかったし、純子さんの供述だけです」

Q「智恵子さん事件で、拘置理由開示請求はしますか？」

A「やるかもしれないし、やらないかもしれない」

Q「松永被告の現在の健康状態は？」

A「とりたててなにも。痩せたとかはありません。よく眠れている。そんなに健康を損なっているとかはありません」

Q「取り調べ以外の時間はなにを？」

A「取り調べがない時間はないんじゃないでしょうか。取り調べの内容について、本人に書いてもらっています。調書の中身も書いてもらっています。調書は全部で八十数通くらいです」

Q「すでに認める意向を示した、最初の三件の監禁致傷事件の動機は？」

A「目的なんてないんじゃないですか。やってることがたまたま監禁になったのか、詳しくはわかりません。ただ、逃亡生活をしている最中なので、一つには、ある程度の生活の規律的なものでは……」

Q「これまでの起訴事実で、認める方針の監禁致傷罪を見ていると、詐欺でカネを受け取ったり、少女に対する傷害などで接見して、悪い印象を受けたりとかはありませんか？　先生方の話だと、松永被告はなにか真面目で素朴な人間像にしか聞こえないのですが」

A「べつに真面目、だとかは思いませんよ。かといって殺人の疑いがあるとも思えない。本人は、〝自分は詐欺だ〟と、プライドを持って言ってますよ。だからって、保険金殺人とか、人を殺してまでおカネをとるとか、そういうのはしない、と……」

こうした話を聞けば聞くほど、松永という人間がわからなくなっていく。物語を饒舌に語る彼には嘘をついているとの自覚はなく、本当にそのように記憶しているのではないか、という気にさせられてしまうのだ。

被害者遺族の思い

松永と緒方の逮捕から一年を迎えるにあたり、死亡した広田由紀夫さんの親族は、それより前に一部メディアの取材を受けていた。

その際に由紀夫さんの母である千代子さんの再婚相手である古田吾郎さんは、由紀夫さんの娘について、「清美はいま、元気にしています。施設を出て完全に一人暮らし。児童相談所の事務の手助けをしています。電話がたまにある程度ですが、正月は一緒に過ごしました。だいぶ立ち直った様子で、本人はヘアーメイクになりたいと言ってます」と答えている。

ただし、立ち直ったとはいえ、吾郎さんは清美さんとの会話のなかで、事件についてはほとんど触れていないという。以下、吾郎さんの発言である。

「だいたい最初から清美は話したがらなかったですね。前はこちらからも聞いたんですよ。児相に面会に行くでしょう。事件について聞いたらすぐに下を向いて、黙り込んでしまってね。辛いんかなあと思って、それからはずっと（事件について）聞いてないです」

また、今後の裁判で証人尋問での出廷が予想される清美さんについて、次のように話している。

「松永、緒方とは顔を合わせることはないということは、本人にも言ってあります。『落ち着いて、ありのままを話しなさい』と。清美は『ドキドキするね』って言ってました」

清美さんは、父親との思い出の品を持っているらしい。

「あの子は写真だけは持っています。お父さんと一緒に写っている写真です」

ただし、由紀夫さんに関して残っている物はそれだけで、ほかにはなに一つないことから、通常の被害者遺族とは違う状況が生まれているようだ。

「家でよく話すんですが、（由紀夫さんの）遺骨そのものがないでしょう。だからいま、事件で亡くなったとは聞いても、遺骨がそばにないから、実感がないんですよ、まだね……」

そのため、事件発覚から間もなく一年という時期にもかかわらず、由紀夫さんの仏壇などは揃っていない。吾郎さんはその無念の気持ちを松永への怒りとして向けていた。

「あれですよ、由紀夫がされたごとね、（松永）本人が目の前におったらね、電気で通電したい、と。どんなものなのか、自分でも味わってもらいたいですよ……」

こうした発言の端々から、遺族のやりきれない心情が伝わってくる。

一方で、三月十四日に開かれた松永弁護団による定例会見では、松永側は今後の裁判で争う姿勢を顕《あら》わにしていた。弁護士は言う。

「今後の予定としては、おそらく起訴されると思いますけど、起訴されれば当然、争う。まあ、そういうことになるんで。あと、残りの事件をどうするかという話が飛び交っていますが、これまでと同じように対応していくことになると思います。お子さんの話を、取り調べの際に聞かされているようなんですね。そのことも『拘置理由開示のときに言った方がいいよ』とアドバイスしました。言ってみれば、まあ、報道されているような見方で、社会の大半の人が〝極悪人〟と見ているでしょうから、必ずしもそうではないんだ、ということがわかるということで……」

これは、松永が警察での取り調べについて、「取調官から『（松永と緒方の）子どもは〝お父さんはやってない〟と言っている』と聞かされた」と弁護士に説明したことに端を発し、こんな話もあるということで、明かされたものである。

すでに広田由紀夫さんと、緒方家親族六人のうち五人に対しての殺人容疑が立件された。残るは緒方隆也さんに対する事件だけになったと見られているなか、三月十五日の『毎日新聞』（西部本社版）が朝刊で、「緒方被告　別の不審死にも関与」との記事を掲載した。

これは、緒方の知人女性（当時三十二歳）と子ども（当時一歳＝※記事ママ、後の公判で当時二歳と認定）が不審死をしているという内容で、九三年九月（※実際は十月）に子どもが北九州市内のマンションで頭に大けがを負って死亡すると、その半年後の九四年三月に、子どもの母親である知人女性も、大分県の別府湾で水死したというものである。

同記事では、子どもが頭にケガをして病院で死亡した際に、緒方が子どもの母親になりすまして付き添い、医師に「椅子から落ちた事故」だと説明していたとある。その結果、病院が警察に届け出ることはなく、家庭内の事故死として扱われていたという。また、母親は身元不明の水死体として発見され、司法解剖の結果、死亡診断書には「急死」と「溺死」が併記されており、大分県警によって事件性はないとの判断が下されたそうだ。

じつはこの女性と子どもについては、今回に先駆けて、同じ『毎日新聞』（西部本社版）が、松永と緒方が逮捕されて約一カ月後の、〇二年四月十四日に、〈二百万円貸し不審死　緒方容疑者の知人女性〉という独自の記事を掲載していた。そこには緒方に「夫が病気で手術代が必要」と頼まれた、福岡県筑後地方に住むこの知人女性が、二百万円を貸してから子どもを連れて家出し、夫と離婚したことと、家出から十一カ月後に死亡した際には、父親から借りるなどして計千二百万円ほどあったはずの所持金のほとんどがなくなっており、死後の預金残高は三千円だったということが記されていた。

そこに緒方の〝なりすまし〟の情報が加えられて、今回の記事の掲載に至っている。同記事によれば、〈母親を名乗った女性が書き残した申込書類を押収しており、印鑑の代わりに押した指印が緒方被告の指紋と一致した〉ことにより、緒方の関与が裏付けられたとのことだった。

結論からいうと、この知人女性と子どもの死亡について、その後、捜査本部が事件化することはなかった。だが、この件については後の裁判でも触れられており、緒方のみならず、松永が背後にいたことも明らかになっている。そのため、改めて詳述することを予告しておく。

三月十八日、福岡地検小倉支部は、松永と緒方を緒方智恵子さんに対する殺人罪で起訴した。起訴状の公訴事実は以下の通りだ。

〈被告人両名は、他と共謀の上、平成10年2月10日ころ、北九州市小倉北区片野×丁目×番×号片野マンション30×号室において、緒方智恵子（当時33）に対し、殺意をもって、その頸部を電気コードで絞めつけ、よって、そのころ、同所において、同人を窒息により死亡させて殺害したものである。

罪名及び罰条

殺人　刑法第199条、第60条〉

この起訴を受け、松永弁護団と緒方弁護団は同日にそれぞれコメントを出している。

松永弁護団は「松永被告については当然のことですが、緒方被告についても有罪とするのに十分な証拠があるかという点について、重大な関心を持っております」というもの。緒方弁護団は「殺意を含め、起訴事実を認める」というものだった。

その十日後の三月二十八日に、松永弁護団が二週間ぶりの会見を開いた。弁護士は言う。

「智恵子さん事件の起訴を受けて出したコメントについて、〝松永被告はもちろん、緒方被告についても十分な証拠があるのか〟と述べましたが、当然、力点がどこにあるかというと、〝緒方被告についても〟という点です。（中略）緒方被告について、なんで私がそんなことを言ったかというと、自白補強法則の問題があります。つまり、刑事訴訟法の三百十何条かでですね、有罪を認定する証拠が被告本人の自白のみである場合は、有罪にすることはできない、と。それに従うと、とくに智恵子さん事件、あるいは和美さん事件なんかもそれに近いのではないか、と見ていますが……。まあ、少女（清美さん）は基本的にノータッチですからね。となれば、純子さんの供述しかないということであれば、補強証拠はないのではないか、ということです。証拠がなければ、被告人が罪を認めていても、有罪にすることはできないはず。そのへんについて、我々も、はたして証拠があるのかという点については、重大な関心を払って今後の公判活動に臨みたい、と。そういう趣旨であいうコメントを出したわけです」

その後の質疑応答では、先に取り上げた母親と子どもの不審死についての質問も飛び出した。母親の名は末松祥子さん。記者をQ、弁護団をAとして、そのやり取りの一部を抜粋する。

Q「末松事件については、松永被告はなんと言ってますか？」

A「子どもについては、事故死だと。あと、母親は海に落ちて死んだ、と。まあ、事故か自殺だろうと。同居の経緯については、詳しく聞いていません。マンションかどうか、どこにあったのかも聞いていません」
Q「末松事件について、子どもは事故死とありましたが、その状況は？」
A「えーっとね、転倒して、頭か背中か、とにかく体を打ったと……。なんで打ったとかは詳しく聞いていないですから」
Q「松永被告はその現場にいたと？」
A「それはわかりませんよ。いなかったんじゃないですかね。（事故当時）警察官から話は聴かれたようなんですよ。ただ、松永さんはなにも聴かれていない。緒方さんは警察から事情を聴かれて、答えていたみたいですけど、もちろん、当時、偽名を使って。（死亡した）子どもに対して、通電はしていないと思うが」
Q「それは松永被告が調べで聴かれたんですか？」
A「いや、これは松永さんが緒方さんから聞いたんじゃないですか、当時」
Q「この事件に絡んで、現在、取り調べは受けていますか？」
A「事情は聴かれたりはしているようだが、調書とかはありません。智恵子さん事件での逮捕から起訴されるまでの間は、聴かれていないようです」
Q「その期間に、検事は〝立件は無理だろう〟みたいなことは言いましたか？」
A「そうです」
Q「末松事件について、母親（末松祥子さん）の別府湾水死については？」
A「話は聴かれている」
Q「亡くなった当時は？」

Ａ「当時は……記憶が正確じゃないんで」

新聞記事では、子どもが死亡した際に、病院は警察に届けずとあったが、この場では緒方は警察に事情を聴かれたとのことだった。こうしたことからわかる通り、逮捕から一年以上を経てもなお、情報は錯綜していたのである。

虐待写真を見た元内妻

〇三年四月の段階で、松永と緒方の第三回公判が、五月二十一日に福岡地裁小倉支部で開かれることが決まっていた。この公判は、監禁致傷や詐欺・強盗について開かれた第二回公判までとは違い、初めて殺人が取り上げられるものである。

その時点では、緒方の両親を含む親族五人と広田由紀夫さんの計六人に対する、殺人罪での起訴が行われていた。これまで死亡しているとされた関係者のなかで、逮捕、起訴に至っていなかったのは、緒方の妹の夫である緒方隆也さんに対するものだけだ。

そこで第三回公判の前に、隆也さん事件、さらに先に取り上げた緒方の知人女性である末松祥子さんと子どもの死について、捜査当局に動きがあるかどうかが注目されたが、概ね否定的な意見が優勢を占めていた。

四月十一日に松永弁護団の定例会見が開かれたが、そこでの話題も、今後の捜査の行方と、末松さん案件についてのことが中心となった。まず弁護士は、松永の現状について説明する。

「松永さんは小倉北署の留置場に入っておられるわけですが、四月に入り、新たな任意での調べはないということでした。ですから、ほかの事件について、いわゆる隆也さんや末松さん親子について、立件するかどうかいろいろ言われていますが、逮捕すれば取り調べはするかもしれませんが、いまのところ、そういうことに向けて動くということは、まったく感じられません」

話題に上った二件のその後について補足すると、隆也さんに関しては第三回公判後に立件され、末松さん親子については立件見送りとなった。その背景を、元福岡県警担当記者は次のように語っている。

「あの当時、福岡地検小倉支部は、両方とも事件として立件する気持ちを持っていました。ただ、起訴に持ち込み犯行を立証するための証拠集めが思うように進まず、なかなか福岡高検のゴーサインが出なかったんです。その結果、隆也さん事件については殺人容疑での逮捕までに時間がかかり、末松さん親子については、立件が見送られることになりました」

松永弁護団の会見に話を戻すと、続いて末松さん親子の案件が取り上げられたが、その際のやり取りについては、同案件の内容について改めて触れる予定であるため、この場では割愛する。ただし、末松さん親子の話題がきっかけで、これまで松永や緒方が生活拠点としていた東篠崎マンションが、じつは九〇×号室だけでなく、過去には七〇×号室と三〇×号室の三部屋にわたって、借りられていたことが明らかになった。

松永らが複数の部屋を借りていた理由について、会見内で弁護士は次のように説明している。

「基本的に逃亡場所を確保するということですが、松永さん曰く、同じマンションの別の部屋というのは、盲点になるそうです。警察など当局が追跡することを考えるとですね、同じマンションの違う部屋に住んでいるとは、まあ、通常は考えにくいだろう、と。そういう考えがあったそうです」

第三回公判の期日が近づいていることもあり、松永弁護団は、資料読みや冒頭陳述作成での多忙を理由に、今回をもって、定例での会見は取りやめることを宣言した。そのため以後は、もしなにかあれば、記者クラブの幹事社が質問を取りまとめて、同弁護団に送るということになった。

記者クラブに入っていない私の場合は、五月二日になって、松永弁護団の弁護士に直接取材を行った。そこではまず、三月十八日に起訴された緒方智恵子さん事件について、弁護士から次のような話を聞いている。

「松永さんは、（智恵子さんが）亡くなる前年の秋には、隆也さんと智恵子さんが喧嘩をしていたと話しています。隆也さんは緒方家にうまいことを言われ、同家の養子として智恵子さんと一緒になりましたが、いざそうなると、約束通りではなかった、と。また、隆也さんは智恵子さんが水商売の仕事をしていたときに客と関係を持ったことや、松永さんと関係があったことなどを知っていたそうです。というのも、松永さんがそれらの話を面白半分に隆也さんにしたそうで、そうしたことがきっかけで、夫婦仲は悪かったようです」

これはつまり、隆也さんには妻の智恵子さんを殺害する理由があるということを、松永は訴えている、ということだろう。弁護士は続ける。

「松永さん本人は、殺人について『やってない』と言っています。現場にいないし、指示もしていない、と。我々との接見の際にも、本人が言うことは一貫していますし、記憶もしっかりしています。『やっていないから、裁判でそう主張したい』とのことです。見たところ元気ですし、体調も優れているようですよ。本を読んでいるということと、よく眠れているということを話していました。四月になってからは取り調べもなくなっているので、最近は自分の食事のカロリー計算なんかもしているようです」

そうしたなか、五月十日付『朝日新聞』（西部本社版）夕刊で、〈小倉監禁　2被告、義弟も殺害容疑　福岡県警再逮捕方針　捜査は終結へ〉という見出しの記事が出た。

これは、松永と緒方が隆也さんを衰弱死させたとして、捜査本部が彼らを殺人容疑で再逮捕する方針を固めたというもの。同記事によれば、捜査本部はこれまで、隆也さんの死亡時の状況について、緒方から任意で事情を聴いてきたが、彼女は「病死だった」などと述べて、一貫して殺意を否認。〈しかし、県警は、（1）両被告に精神的にも支配され、逃亡は不可能だった（2）十分な食事を与えず内臓疾患を致命的に悪化させた（3）救護措置も取っていない——などから殺人容疑での立件が妥当と判断。隆也さんの死因について、さらに複数の医師の所見を得たうえで立件に踏み切る方針〉（同記事より）というものだ。

この報道の後で、私は福岡県警担当記者と会い、再逮捕の有無と第三回公判についての情報交換をしている。記者は言う。

「隆也さんに対する事件での再逮捕はやるようですが、どうやら第三回公判の後になりそうです。五月二十一日の公判では、六件の殺人についての起訴状朗読と罪状認否、あと検察側の冒頭陳述はやるでしょうけど、弁護側の冒頭陳述までは、今回やることは無理みたいです。松永側は全件を否認。緒方側は孝さんについては傷害致死を主張。由紀夫さんについては、殺人を認めますが〝未必の故意〟を主張し、他の被害者については殺人を認めるようです。あと、逮捕はされていませんが、隆也さんについては病死であるため、殺人容疑は否認するようです」

なお、遺体解体に用いたとされる道具類が発見、押収されているとのこと。

「小倉南区を流れる竹馬《ちくま》川で、少女の供述通りにナイフや包丁が複数出ているそうです。松永の指示で捨てに行ったらしくて、緒方の供述でも刃物が出ていると聞きました。県警は解体場所の片野マンションで、住人がノコギリ音を聞いたとの証言を裏付けるため、同室で豚の骨をノコギリで切って実験しているみたいですよ」

また、少女の父・由紀夫さんについては、当時の生活ぶりがわかる写真が押収されているという。

「どうやら〝領土〟と名付けられた木の檻のなかで生活させられていたようです。松永と緒方の長男であるA君が、カズノコを食べている写真が押収されているのですが、その背後に、檻のなかにいる由紀夫さんと少女の姿が写り込んでいたそうです」

この記者の話を聞いて間もなく、監禁されていた由紀夫さんの写真を見た女性に話を聞くことができた。安田智子さんというその女性は、かつて由紀夫さんと内縁関係にあり、少女とも面識があった。由紀夫さんとの結婚も視野に入れていたが、由紀夫さんを孤立させたい松永らが、脅すなどの手段で裏から手をまわし、由紀夫さんから別れを切り出されたという過去がある。

小倉北区内の喫茶店で私と対面した智子さんは言う。

「あの事件が発覚してから、警察に呼ばれて写真を何枚か見せられたんです。最後の一枚は見ない方がいいですよ、と言われました。あの人（由紀夫さん）はカツラだったんですけど、そのカツラがなく、顔にマジックで無数の落書きがされていました。落書きは目の上に長いまつげの線を引かれたり、おでこには波打った皺、鼻の下や頰にはカールしたヒゲといった具合です。写真を撮ったのはみんなで酒を飲んでいるときのようで、笑顔を無理やり作らされていて、彼の背後で緒方が大笑いしていました。何枚も写真を見ていくうちに、徐々に彼の顔色が悪くなり、頭に赤い大きな湿疹が現れるようになっていくのがわかりました」

この取材当時、智子さんは広田清美さんとも頻繁に会っており、その様子についても教えてくれた。

「清美は車の免許を取り、昼は児童福祉事務所で仕事をしています。一人暮らしをしていて、一時は金髪にしていましたけど、いまは黒髪に戻っています。血色もいいし、彼氏もできたみたいですよ。あの子に当時の話を聞くと、松永に命じられて、由紀夫さんとお互いに殴り合いをさせられていたみたいです。あと、通電もお互いにやらされたって話していました」

事前に福岡県警担当記者が予想していた通り、その後、松永と緒方の逮捕といった捜査機関の動きはなく、これまで起訴された六件の殺人について争われる、第三回公判の期日を迎えることとなった。

殺人容疑の審理が開始

殺人容疑の立件が続いたことから停止した前回の公判から約十カ月ぶりとなる〇三年五月二十一日、松永と緒方の第三回公判が福岡地裁小倉支部で開かれた。

話題の事件での初の殺人についての審理ということもあり、三十五席分の傍聴券を求めて、四百八十五人が抽選に集まった。

法廷にはまず、いくぶん緊張した面持ちの松永が現れた。黒いウインドブレーカーに灰色のスウェットパンツという姿。右のもみあげ部分に白髪が見てとれる。続いて緒方もやや伏し目がちに入廷。彼女は白シャツにジーンズという姿だ。松永は緒方が法廷に現れても、一切目をくれようとはしない。

やがて裁判が始まると、人定質問に続いて、殺人罪の罪状認否ではなく、第二回公判までにやってきた三事件（広田清美さんに対する監禁致傷、原武裕子さんに対する監禁致傷、詐欺・強盗）の罪状認否のやり直しが行われた。なお、ここでは清美さんについては甲女、裕子さんについては乙女との表現が使われている。

証言台に立った松永は、まず甲女に対する監禁致傷について口を開いた。

「暴行と傷害については認めます。しかし、監禁するためにしたわけじゃありません。(甲女が)子どもたちを面倒みよったわけで、そこからほったらかして(放り出して)逃げた。それで激怒したんです」

それを聞いた裁判長から、甲女がどこに行ったのか質問され、松永は甲高い声で返す。

「友達のところに行っとったとか、本当のことを言わなくて、それで激怒したということであります」

裁判長から甲女に暴行を加えたことは認めるのかと確認された松永は、「そうです」と簡潔に答え、そのうえで「現段階では留保させてもらいます」と付け加えた。

そこで留保の理由について、裁判長に改めて問われると、「監禁についてはしていません」とはっきりした声で返す。

続いて、乙女への監禁致傷について松永は認否を明らかにした。

「暴行については認めます。しかし、監禁目的ではない。監禁はしていません」

さらに松永は、乙女に傷害を負わせたことを認めたうえで、次のように言う。

「理由は、筋道の通らないことで頭にきたりで、暴行を加えました」

最後に乙女への詐欺・強盗について。松永はまず詐欺について話す。

「詐欺については認めます。自分がどうあれ、嘘を言い、この人からおカネを騙し取ったのは本当のことなので、それは認めます。期日とかはよくわからんのですが、捜査資料を見ればだいたい合ってます。ちょっと違うことはあるけど、だいたい合ってます」

強盗については、「どういう状態で乙女がビビりあがって、おカネを渡したのかは、見てないのでわかりません」と、みずからの直接的な金銭の授受を否定したうえで、「(強盗との)評価については、はたして強盗なのか、検察官、裁判官、弁護士の方々に決めてもらうしかありません。(乙女が)おカネを渡したことは認めますが、評価はお任せするということです」と嘯いた。

そこで検察官から、詐欺行為のなかで乙女に対してついた嘘について問われたところ、「一緒に住もうとは言いました。しかし、（同事件の冒頭陳述にあった）一月十八日に結婚しようと言ったことはありません。一緒に生活しようとかは、事あるごとに言ったのは認めますが、それはない」と答えた。

裁判長が「乙女に対しての暴行は？」と聞くと、「裁判長さん、それは違います」と遮るようにして、松永は声を上げる。

「ボコボコに殴られたり、電気を通された後に電話はできないはずでしょ。なのに、かけてる。暴行は認めます。おカネをもらうためです。乙女からおカネはもらった。でもそれだけです」

そう言い終えると、松永は証言台から被告人席へと戻ったが、途中で女性検察官と目が合った際に、苦笑を浮かべている姿が見てとれた。

次に緒方への同じ順番での罪状認否が行われた。まず甲女への監禁致傷について。

「公訴事実は認めますが、納得できない点があります」

緒方はこもった小さな声で話す。裁判長から理由を問われると、「今後、お話しするかもしれません」とだけ口にした。

乙女への監禁致傷について、「これは認めます」と答えた緒方だが、詐欺・強盗についてはやや違った。

「事実については認めますが、強盗については私にはわかりませんので、そのへんはお任せします」

緒方への認否はこれで終了し、やがて殺人事件についての審理に移り、松永と緒方を並べて証言台に立たせたうえで、六つの事件の起訴状朗読が始まる。その際には、松永は時折鼻の下を指先でなぞったり、上を向いたりと落ち着きがない。一方の緒方は腕を胸の前で組み、微動だにしない。

その後、松永弁護団による起訴状のなかの不明確な部分に対する求釈明の申し立てなどがなされ、いよいよ罪状認否となった。まずは着ていたウインドブレーカーの袖をまくった松永が証言台に立つ。最初は緒方花奈ちゃん事件についてだ。

「花奈ちゃん事件に関しては、殺したや死なせた、指図や共謀もしていない。だいたい自分はその場にいなかった。クリップを使った電撃死ということですが、自分はそのように聞いていません。自分は首を絞めて死んだと、緒方と甲女から聞きました。甲女も一緒に首を絞めた、と。自分は死体も見てないし、その頃、緒方も解体について、かなり上手になっていたので、指示がなくても勝手にやっていました。聞いているので、（花奈ちゃんの）死は間違いないだろうと認識しています。けど、電撃死は違う。それに、実行、指示、共謀もしていません」

次は緒方孝さん事件。松永は証言台に手をつき前かがみの姿勢で言う。

「亡くなっていることは間違いない。自分も死体を見ています。自分が促して、電気を当てたのは緒方ですから、共同共謀正犯が成り立つ。しかし、死ぬとは思っていなかったし、殺すつもりもなかった。傷害致死の範囲で認めます」

松永のこうした〝主張〟を、被告人席の緒方は、俯いた姿勢で聞いている。続いては緒方和美さん事件。

「現場にもいないし、死体も見ていない。指図も指示もしていない。私はやっていない。たぶん亡くなっている。隆也さんからそう聞いている。彼が殺したと自分に言った。隆也さんが首を絞めて殺したと言っている」

そして緒方佑介くん事件については……。

「佑介を殺してもいないし、指示も命令もしていない。死んだことは間違いない。緒方、花奈、清美から聞いている。首を絞めて殺したと聞いている」

それから松永弁護団が起訴状の内容について問題があると指摘していた、広田由紀夫さん事件のことになると、松永は雄弁に語り始める。

「これはもう、どういうふうに由紀夫くんを殺したのかわからんです。電気と殴ったのは認めます。なんで多臓器不全なのかよくわからない。殺意、指示もない、殺してもいない。死体を見ているのは間違いない。しかし、医者じゃないから、多臓器不全についてはわかりません。腎臓、肝臓が悪いはなかったと思う。食事は与えてました。暴行、通電はその当時、たしかにしてました。カロリーメイト五箱くらい。バナナ、牛乳もやってた。暖房器具とかも与えている。毛布なんかもやってます。なにを基準に〝十分〟かはわかりませんが、毛布、新聞紙、布団乾燥機はしていました。（寝起きしていたとされる）風呂場の壁に水滴がつくくらい、あったかくなってた。囲い（木製の檻）のカギを閉めるわけでもない。洗面器を上に置いて、動いたら水が流れる〝時限爆弾〟で由紀夫くんと遊んでいた。蹴ったり殴ったりはありましたが、お腹や背中は危ないとわかっているから、蹴ったりはしていません。もともと由紀夫くんは太ってた人で、検察官に見せられた写真は、顔は痩せてます。しかし腕の太さは同じ。その点をよく見てもらいたい。顔に痒疹ができていたというが、あれは清美、緒方、自分がやったもの。ペンチで挟んだ傷で、痒疹ではない。ペンチ痕です」

ここまでを一気に話すと、松永は由紀夫さんの自由を制約していた理由について続ける。

「甲女が学校に行って、由紀夫くんが寝る場合、頭が少しおかしくなってたのか、子ども（松永と緒方の長男）がいるから怖い、と。そこで風呂場に入ってもらったことはあります。でも、毎日入ってもらうことはありません。たしか『ナビゲート』という薬を飲んでました。甲女が由紀夫くんにボコボコにやられたこともありました。まあ、自分の支配下にあったということの、法的評価はそちらで判断してください。自分ではわからない」

ここで検察官から、由紀夫さんが新聞紙にくるまって寝ていたことを指摘され、松永は言い返す。

「毛布は××（ホームセンター名）で買って与えていました。新聞紙はたくさん与えた。保温にとっては、十分与えればいいと思う。下にも雑誌を厚く敷いて、それはもう、バリバリあったかくして寝せて、いや、寝てもらってました」

最後に、緒方智恵子さん事件について語る。

「智恵ちゃんに対しても、殺しても、死なせても、共謀もない。隆也さんから、純子から、聞いてますので、死んでると思う。隆也さんから、（智恵子さんの）首を絞めて窒息死については聞いています」

こうして、松永の罪状認否は終了。思いのほか時間がかかったことで、裁判長はここでいったん休廷を宣言した。

主要捜査がすべて終結

松永と緒方の第三回公判は、午前中に終了した松永の罪状認否に続き、午後には松永弁護団による意見書の提出があった。その際に松永は、これまで着ていた黒いウインドブレーカーを脱ぎ、黒いTシャツ一枚の姿になっていた。

まずは甲女への監禁致傷と乙女への監禁致傷、ならびに詐欺・強盗についての意見書が読み上げられたが、これは松永本人が午前中の罪状認否で主張していることもあり、割愛する。

続いてこれまでに起訴された六件の殺人事件について、各事件ごとの意見書が弁護人によって読み上げられた。なお、すべて殺人罪での起訴に対するものである。

●緒方花奈ちゃん事件
「死亡事実は争わず。しかし、加担はない。殺害の動機もない。無罪である」
●緒方孝さん事件
「緒方による通電行為で、制裁的な意味だった。死に至らしめることへの認識、認諾はしていない。傷害致死、もしくは重過失致死である」
●緒方和美さん事件
「動機も行為もなく無罪である」
●緒方佑介くん事件
「加担、指示、謀議はなく、無罪である」
●広田由紀夫さん事件
「(起訴内容が)あまりに抽象的で無罪である。認否は不可能」
●緒方智恵子さん事件
「死亡の事実については争わず。加担、謀議、動機、指示はない。無罪である」

松永弁護団によって以上の意見書が出されたところで、検察側が質問をする。

「孝さん事件について、重過失致死を使っていますが、通電行為は暴行にあたると考えないのですか?」

それに対し、松永弁護団は次のように回答した。

「(暴行にあたるとは)考えていません。通電と死亡の間に因果関係が認められない限りは、重過失致死にあたると考えています」

これらのやり取りに続き、緒方の罪状認否となった。白シャツにジーンズ姿の緒方が証言台に立つ。松永弁護団の意見書と同じく、起訴された順に緒方は認否を行っていく。

●緒方花奈ちゃん事件
「甲女と二人でしました。殺害の事実は認めます。電気コードによる絞殺で、（起訴内容にあった）すのこに縛るのはやっていません。通電による殺害ではありません。松永と共謀してやったことは間違いありません。実行行為は私と甲女の二人です」
●緒方孝さん事件
「父・孝の死亡の事実は認めます。ただし、殺意はありませんでした。（通電箇所は）唇ではなく両乳首でした。私が通電しました。共謀の意味はわかりませんが、通電の前に『交代してくれ』と言われ、交代しました。最初に松永が通電していました。その後、父が死亡しました。それを共謀というのかどうかはわかりません」
●緒方和美さん事件
「認めます。（起訴状の）記載の通りです。使ったのは電気コードです」
●緒方佑介くん事件
「間違いありません。（起訴内容には）コードまたは帯様のものとありますが、電気コードです」
●広田由紀夫さん事件
「間違いありません。殺意を持って、私に関しては未必の故意があったのは間違いありません。死ぬかもしれないと思いましたが、『構わない』は語弊があります。でも、見殺しにしています。松永がそう考えていたかどうかは、私にはわかりません。ただ、（起訴状の）記載の事実は、松永の命令がなければ行ってはいませんので、それが共謀になるのだとすればそうです。生活全般においては、松永に従ってましたので」
●緒方智恵子さん事件

「間違いありません」

これで緒方の認否は終了した。広田由紀夫さん事件について緒方が認否を証言している際、松永は下を向いて聞いていたが、「生活全般においては、松永に従って――」のくだりの部分で顔を上げ、緒方の背中を見つめていたのが印象的だった。

続いて検察側が冒頭陳述を読み上げる。そこでは六人の被害者それぞれの身上、経歴等に始まり、本件各犯行に至る経緯等として、松永が経営していた布団訪問販売会社「ワールド」の業務内容や、同社で暴力によって従業員を意のままに支配した経緯や状況なども説明された。

その後、松永と緒方が出会った経緯、さらには松永が緒方を支配下に置いた経緯と状況が詳らかにされ、やがてワールドが破綻したことで福岡県柳川市から逃亡。同県北九州市に移り住む流れが明かされる。

それからは六人の被害者のうち、まずは広田由紀夫さんについて、出会いから殺害、遺体の損壊、遺棄の状況に至るまで具体的に語られてゆく。

やがて緒方家のうち、これまでに起訴された五人についての、虐待から殺害に至るまでの経緯の説明がなされた。孝さん、和美さん、智恵子さん、佑介くん、花奈ちゃんという殺害順に、起訴状をはるかに上回る具体的な言葉で、予想していた以上に詳しく開示されたことから、法廷内にどよめきが生じる。

そうした検察官による冒頭陳述の様子を、松永はときには首を傾げ、それは違うというふうに首を横に振ったりしながら聞く。一方の緒方は、手元にあるメモ帳に時折なにかを書き込むくらいで、まったく動きがない。

長時間に及ぶ検察側の冒頭陳述が終わると、松永弁護団は、松永関係の乙号証（被告人の供述調書）

が提出されていないことを訴え、「冒頭陳述立証関係の乙号証が出て、最低でも二週間は経たないと、認否はできないし、冒頭陳述もできない」と主張した。

そこで裁判長は裁判官、検察官、弁護人の三者協議を行うために、休廷を宣言。やがて開廷してから、次回の公判は六月二十五日の午前十時三十分からで、そこでは監禁致傷、詐欺・強盗の証拠調べと、殺人の控訴事実に対する弁護人の申し立て、さらに検察側冒頭陳述への釈明要求をできるようにしたいと述べ、閉廷を告げたのだった。

その後、それぞれが手錠と腰縄をつけられての退廷時には、松永と緒方が互いに視線を交わすことはなかった。

五月三十日、捜査本部は松永と緒方を緒方隆也さんへの殺人容疑で逮捕した。容疑内容は、両名は九八年一月頃から北九州市小倉北区のマンションで、隆也さんを電気コードによる通電などの虐待で支配下に置き、満足な食事を与えずに飢餓状態にしたうえ、治療を受けなければ死亡すると知りながら放置し、同年四月十三日頃に、同マンション浴室内で、胃腸管障害による腹膜炎または急性心不全で死亡させたというもの。

弁解録取書では、松永は容疑を否認し、緒方は「すべて間違いありません」と犯行を認めている。

その後、六月二十日に福岡地検小倉支部は、松永と緒方を緒方隆也さんに対する殺人罪で起訴した。公訴事実は以下の通りだ。

〈被告人両名は、平成9年11月ころから同10年4月初めころまでの間、北九州市小倉北区片野×丁目×番×号片野マンション30×号室、あるいは同市小倉北区東篠崎×丁目×番×号東篠崎マンション90×号室において、緒方隆也（当時38年）の自由を制約するなどして自己らの支配下に置き、生存に必要な食事を十分に与えないまま、同人の心身に強いストレスを与える身体への通電等の虐待行為を繰り返すことにより、同人を栄養失調の状態に陥れ、同月8日ころには、同人が自ら立ち上がることもできず、飲食物を与えてもことごとく嘔吐《おうと》するなど、明らかに医師の適切な治療を要する衰弱状態に陥り、同人をこのまま放置すれば近く死亡するに至ることを十分に認識していたのであるから、直ちに同人の生存に必要な医師の適切な治療を受けさせて同人の生命身体を保護すべきであったにもかかわらず、共謀の上、殺意をもって、飲食物の摂取のできなくなった同人を、医師の適切な治療を受けさせることなく、そのころから、上記片野マンション30×号室の浴室内に放置して衰弱するに任せ、よって、同月13日ころ、同所において、同人を極度の飢餓状態に基づく胃腸管障害による腹膜炎により死亡させて殺害したものである。

罪名及び罰条

殺人　刑法第199条、第60条〉

この起訴により、前年三月の事件発覚以来、約一年三カ月に及んだ主要な捜査は、すべて終結した。結果として、二件の監禁致傷罪、一件の詐欺・強盗罪、七件の殺人罪での起訴が行われている。

なお、第三回公判では取り上げられなかった、緒方隆也さんに対する殺人罪での罪状認否は、八月六日に福岡地裁小倉支部で開かれた第五回公判で行われ、松永は起訴事実を否認。緒方は認めている。

その後の公判については、最終起訴から二年以内に第一審判決を目指す裁判迅速化法に基づいて、同年十月以降は週一回のペースでの集中審理が続き、〇五年一月の第七十二回公判まで審理が行われた。続いて、同年三月に両被告に死刑が求刑される論告求刑公判が開かれ、四月から五月にかけての三回の公判で、最終弁論が実施されて公判は結審。九月二十八日の判決公判で、両名に死刑が言い渡された。

この一審判決を不服とした松永は即日控訴。緒方も弁護団による説得を受け、十月十一日に控訴している。

第三章

松永太と緒方純子

小学校時代の松永（卒業アルバムより）

幼稚園勤務時代の緒方

松永太という少年

松永太は六一年四月、福岡県小倉市（現・北九州市小倉北区）で畳店を営んでいる両親のもと、長男として生まれた。

六八年十月頃には、祖父が「松永商店」という名で営んでいた布団販売業を父親が引き継ぐことになり、実家のある同県柳川市に家族で移り住んでいる。

こうした経歴は、公判のなかの検察側冒頭陳述によって明かされた。だが、〇三年九月三日の第六回公判では、松永弁護団による冒頭陳述によって、さらに詳しい松永の経歴が明かされた。

まずは〈出生から中学時代まで〉について触れられているが、あくまでも検察側の甲号証（犯罪事実に関する証拠で被告人の供述調書等を除いたもの）に準拠したものが多くを占めていることを、事前にお断りしておく。なお、その内容の真偽についての、私による検証結果は後述する。弁護人による陳述は以下の通りだ。

〈(1) 幼少時代

被告人松永は、昭和36年4月××日、北九州市小倉北区において、畳屋を営む父松永××（本文実名、以下同）と母松永××との間の長男として出生した。

被告人松永は、2歳違いの姉との仲も良く、姉が外で苛められて泣いて帰ってくることがあると、代わりに自分がやっつけてやると言って外に飛び出して行くこともあった。

被告人松永は、小学校に入学して間もない昭和43年10月ころ、父が祖父松永××の布団販売業を引き継いだことなどから、父の実家がある柳川市に、父母らと共に転居した。
（2）小学校時代
被告人松永は、生来頭はよく、家ではたいした勉強をしていなかったが、成績はほとんどオール5を通した。

被告人松永は、だれに対してもはっきりと自分の意見を言うタイプの性格であり、他の児童らからも一目置かれていた。そのため、被告人松永は、常にクラスのリーダー的存在となっており、学級委員長を何度も務め、生徒会の役員にも就いたことがあった。

また、被告人松永は、このころからすでに読書好きであり、夜は家で自叙伝の類のノンフィクション作品をたくさん読むなどしていた。
（3）中学校時代
ア　被告人松永は、中学校に入学したころ、祖父が当時としてはまだ珍しかった月賦販売の方法で布団販売を成功させるなど商才に長けていたことから、祖父の生き方に強い興味を抱き、祖父から「なぜ商売を成功させて金儲けすることができたか。」という話をしきりに聞いていた。被告人松永は、祖父を心から尊敬し、「俺が松永家を昔のようにしてやる。じいちゃんの再現をしたい。」と姉らに話すことがあった。
他方、被告人松永は、父××に対しては、仕事を地道にこなすものの、自分の手に負える範囲のことしかしないという同人の性格や、酒に酔って家で暴れる性癖などから、快く思わず軽蔑していた。しかし、被告人松永は、このころは父に面と向かって反抗することはなかった。

イ　中学校時代の被告人松永は、ワンマンで目立ちたがり屋ではあったが、明るく弁が立つ生徒であって、相変わらずクラスのリーダー的存在であった。被告人松永は、中学1年時、全生徒を対象とした弁論大会に出場し、全校生徒の前で大声ではっきりと自分の意見を述べ、3年生を差し置いて優勝を果たしたこともあった。また、被告人松永は、入学以来男子バレー部のキャプテンを最後まで続け、練習にも励んでいた。ある時、被告人松永は、女子バレー部顧問であった教諭に対し「男子バレー部も鍛えてほしい。」と頼んだところ、上記教諭から「やる気があるなら面倒を見る。」旨告げられたので、「明日までにメンバーを集めてくる。」と言い、すぐに運動神経や体格のいい生徒ばかりをずらりと集めてきたこともあり、上記教諭を驚かせたこともあった。さらに、美化コンクールの空き缶拾いがあった際、松永のグループは、被告人松永の指導力により平均一人20個拾うところを、一致団結して一人当たり40個も拾ったことにより優勝を果たしたこともあった。

ウ　被告人松永は、中学入学当初ころ、有名進学校に進学したいという思いもあったが、祖父の「勉強だけができても仕方がない。」という教えもあり、頭はいいものの勉強に対しては余り熱心ではなく、姉に対し、「今までずっとわかっていた教科がある日突然分からなくなった。突然自分よりも周りの子ができがいいと分かった。」と苦笑いして打ち明けたことがあった。被告人松永の両親も、被告人松永が大学に進学したり、大企業に勤めて出世してほしいといった期待はしていなかったこともあり、被告人松永は、地元の福岡県立M高等学校に進学した。〉

事件発覚後から現在に至るまで、私は複数の松永の同級生に接触した。松永と小中学校の同級生だったAさんは語る。

「彼は小学校の途中で転校してきたんですよ。小学校時代に学級委員とかはやってないです。ほとんど帰宅部みたいな感じでした。学校内でのイメージとしては、影は薄かったです。田舎の小学校だから、人見知りというのもあるし、彼はよそから来たというのもあるし。(松永の自宅がある地区は)学校の校区のなかでは端の方にあるんですね。そこから来てたのは男女合わせて三人しかいないんですよ。一方で学校の近くの子たちは、十人くらいがまとまって登校していましたから」

中学時代の活動についても尋ねたが、以下の回答だった。

「(弁論大会での優勝について)私の記憶にはないですね。あと、クラスのリーダー的存在ということはありません。それは嘘です。

部活については、私もバレー部だったので、一緒にやっていました。松永がキャプテンだったのは事実ですけど、結局、本人が強く望むからキャプテンにしたって感じなんです。弁が立つし、小学校のときに比べて、表向きの強さを徐々に発揮してきたということもあったんで、じゃあ、任せるわって感じで……。でも、彼はレギュラーじゃなかったんです。というのも、チームプレーができないから。運動神経が良さそうでいて、そうでもなかったんですよね。バレー部って、三年生が七人とか、人数はギリギリだったんです。それでもレギュラーの六人にはなれませんでした」

Aさんには中学時代の松永について、記憶に残っていることがあるという。

「僕の記憶だと、先生に対して一足す一がなんで二になるのかとか、概念的なことを言う子でしたね。そういう屁理屈を先生に持ちかけて授業をかきまわすから、まわりはついていけないという感じでした」

授業をかきまわすとはいえ、不良という感じではなかったそうだ。

「そこらへんは高校からじゃないですか。当時は上には上がいたからですね。下がいくらイキがっていても、上には上がいますから。彼は一匹狼じゃないですか。あだ名とかはなかったです。太とかそういう感じです」

同じく、松永と小中学校の同級生だったBさんは次のように思い出す。

「中学校時代、松永は背も高く運動神経も良かったのですが、女の子にはまるでモテませんでした。というのも、あいつは弱いものいじめばかりやっていたんです。自分より弱いやつを子分にして、無理やり牛乳を飲ませたり、パシリにしたりしていました。そういう卑劣な性格が女子にもバレていたようで、決して顔は悪くないのに嫌われてました」

どうやら松永は、強い相手には弱く、弱い相手には強いという顔を見せていたようだ。当時、松永よりも強い立場だったと周囲に聞いた、小中学校同級生のCさんは語る。

「（松永は）小学校とか中学校は普通の子やけん。中学時代はね、人よりか人に接する能力が長けとったくらいよ。やけん口が上手かったとかの話が出るんやと思う。そんなに暴力的な感じじゃなかったね。小中学校では不良ではないね。松永くんはまったくそういうレベルじゃないとよ。

高校で覚醒しとるんよ。それも、喧嘩とかで人の上に立つとかの高校には行っとらんけんね。存在感っつうのはなかったよ。中学校で目立った存在やなかったもん。全然。成績は良かったけど、ずば抜けてはおらんかったね。（松永が進学したM高校は）成績が中くらいのが行くと。ただ、口が達者というのは中学時代からあった。それは個性やった。先生やらに討論をしかけるとかね。いろいろ理屈をふっかけて、あーだこーだ言いよったよ」

Cさんは松永の家にも行ったことがあると明かす。

「そんなに頻繁やないけど、中学時代から行きよったね。あいつの部屋は一階の玄関から入ってすぐ左にあると。窓が道に面しとったけん、そっから入ったりとか。あそこの母親はね、なんかがあったら表に出てきて、ガンガン言う母親よ。そういう意味で、松永は母親似よ。父親はおとなしいもん。母ちゃんはガーガーガーってタイプやった。

商売は布団屋やったけど、正確に言うと、おじいさんがやりよったのは行商やったと。あの地域は五、六人はそういう行商がおって、『行商さん』と言われとったとよ。白か（白い）バンに布団とかゴザとかを載せて、家をまわって、いかがですかって。壱岐《いき》（長崎県）とかまで行きよった。やけん、とくに店舗とかはないと」

こうした周辺の声を集めると、弁護側の冒頭陳述で出てきた内容と事実に、乖離《かいり》があることを感じずにはいられない。

これから取り上げる高校時代以降の松永の経歴に関しても、あくまでも公判内で松永弁護団によってこのように述べられた、というものであることをあらかじめお断りしておく。以下はその陳述内容である。

〈2　高校時代

（1）M高等学校時代

ア　被告人松永は、高校入学後も、とにかく弁が立ちよくしゃべる生徒であったが、粗暴な面はほとんど見られなかった。指導要録によれば、1年時に指導性がAでその他はB評価であり、人望もあり、2年時には、生徒会の風紀委員長選挙に立候補して、当選を果たしている。

イ　被告人松永は、目立ちたがり屋なところがあり、ある日、授業中にいきなり席を立って教室の隅で胡坐《あぐら》をかき包装紙を広げて切り分ける作業を始めたところ、これに気づいた教師が「何してる

か。」と注意したのに対し、「ノートを忘れたからノートを作りよる。ノートがないと困るやろ。」と言い返したことがあった。〉

松永とM高校で同級生だったDさんは、当時行った取材で次のように語っている。

「いわゆる不良で、学校中から嫌われていました。途中で転校しましたが、在学中には刃物を下駄箱に隠し持ったりするなど問題が多くて、本当かどうかはわかりませんが、『人を刺したことがある』と悪ぶってました」

かつて松永の在学中にM高校で教えていた教諭もまた、いい印象は抱いていなかったと話す。

「松永のことはよく憶えています。大口を叩くタイプで、いきがるところがあり、あまりいい生徒ではありませんでした。『生徒会役員をすれば留年しないから』と、生徒会長選挙に立候補しましたが、票はまったく取れませんでした。その後、家出した女子中学生を自宅にかくまっていたと警察から連絡が入り、職員会議で退学処分が決まったんです」

そのことについて、当時の福岡県警担当記者は付け加える。

「松永が退学になったのは、家出した女子中学生とのことだけでなく、じつは前にも何度か不純異性交遊などでの停学処分を受けていて、それらが重なったことで、ついには厳しい処分が下されたというのが真相です」

以下、ふたたび松永弁護団による陳述内容だ。

〈C高校時代

ア　被告人松永は、不純異性交遊が発覚したことにより、3学年からC高校に転校となったが、転校後も学級委員（風紀）を担当し、成績評価は2ないし3と芳しくなかったものの（席次は18人中12番）、授業はまじめに受けており、教師や他の生徒と問題を起こすこともなく、持ち前の明るい性格で周囲への気配りもでき周りの生徒とも仲良くしていた。担任の先生から見ても、被告人松永は頭の回転が速く弁が立ち、文章を書かせたら他の生徒と比較にならないほどの出来栄えであり、指導要録には、協力性がAとされ、その他はB評価であったところ、所見欄に「最後は大変頑張った。根気強さに少々欠ける面あり。自分の能力（文章を書く力）を最大限に発揮すれば大成する可能性あり」と記載された。

イ　被告人松永は、高3のとき誕生日を迎えると同時に自動車免許を取得し、父に、「友達が持っているから、自分も日産ローレルの新車がほしい。」と突然言い出し、当初反対であった父も根負けして、被告人松永にローンで普通乗用自動車を買い与えている。

ウ　被告人松永は、昭和55年3月、C高校を卒業して福岡市内の菓子店に入社したが、「会社は同じことの繰り返しでつまらん。人に使われているようじゃ金儲けはできない。」と考え、勤め始めてから10日ほどで退職した。〉

中学卒業後、松永が最初に進学した福岡県立M高校には、後に共犯者となる緒方純子も通っていたが、軟派な松永と真面目な純子との間に接点は見られない。高校に入った松永は、持ち前の甘いルックスと不良っぽい言動が受けて、急激にモテるようになったという。

松永と小中学校の同級生だった前出のCさんが、中学時代から松永の家に遊びに行くようになったことはすでに記したが、それは別々の高校に通っていた高校時代も続いていた。Cさんは高校時代の松永について次のように語る。

「あいつは本当に口が達者やったと。女の子にはマメに連絡を取るし、家に連れて来るまでのアプローチが上手いったい。それで同級生やら年下の女の子を部屋に連れ込んでは、見境なくコマしようった」

両親があまり干渉しない松永の実家は、異性を連れ込んでも注意されないため、友人たちのたまり場になっていたという。そこでCさんは、以下のことを松永に話した記憶があると話す。

「あの当時、俺がよくいきがって『女を人と思っちゃいけん。女を〝金づる〟と思わな』って言いよったけんがくさ、その影響ばモロに受けて、松永は女に飯代ば払わせることにプライド賭けとったね。あと、あいつは極端にキレイな女の子には行かんったい。それよりはあんまりモテんで、自分に簡単になびくような子にばっか声をかけよったと」

先に出てきた通り、松永は高校二年のときに、不純異性交遊の咎《とが》で退学処分となり、三年から久留米市にある私立C高校に編入した。

C高校に入ってからの松永は、それまで以上に異性からモテるようになり、女出入りが激しくなった。また、自分が暴力団組員と繋がりがあるかのように装い、「俺に手を出すと酷い目に遭う」と口にして、同級生に信じさせていた。前出のCさんは語る。

「その前のM高校のときは、小中学校の同級生やら地元の人間がおったから、ハッタリばかませんやったと。だいたい子どもんときにどういう人間やったか知られとうけん、そこまでモテるいうこともなかった。やけどC高校は、あいつの過去を知っとお地元の人間がおらんし、あと見た目はあの通り良かったやろ。それでやんちゃなイメージを出して、急にモテるごとなったとくさ。それからが本当の〝デビュー〟いう感じやったわけよ。後になって、あいつはいろんな女を食いものにしてカネば得とろうが。そうするとが手っ取り早いて思うたとは、その頃の経験があったからやろうね」

その昔、松永の自宅のある柳川市に隣接する町で暴走族のメンバーだったEさんも、C高校時代の松永を知る一人だ。Eさんは当時を振り返る。

「久留米の駅前とかを通りかかると、向こうから挨拶してくるんよ。やけん、こっちも悪い気はせんやろ。いつの間にか顔見知りになっとったね。まあ、俺らと仲良うしとることで、まわりに対して、強がりよったっちゃない？　あの当時、俺らは佐賀駅のそばにあるディスコにけっこう集まりよったとやけど、あいつはそこにもよう顔ば出しよったもん」

八〇年三月にC高校を卒業後、前出の福岡市内にある菓子店をすぐに退職した松永は、親戚の経営する布団販売店で働くなどしたが、そこも短期間で退職。父親が経営していた布団訪問販売業を手伝うようになる。

翌八一年五月頃、松永はみずからが実質的経営者となる布団訪問販売会社「ワールド」を設立。高校時代の同級生だった日渡恵一さんや坂田昇さんなどを従業員として、布団の訪問販売を始めた。

松永弁護団による冒頭陳述では、この時期のことについて、次のように説明している。

〈当初は、被告人松永の父が筑豊地方に多数の顧客を有していたことなどもあって、1組35万円の布団を月に30組ほど売り上げて毎月1000万円近くの利益を上げ、その6、7割を純利益としており、1、2年は順調に売上げを伸ばしていった。被告人松永は、信販会社の担当者を自宅に食事に招待するなど接待して、「クレジットでなければ売れないから今後ともよろしくお願いします。」と頼みつつ、そうした酒席で周囲の者に、「今は小さな布団屋だけど、そのうち必ず福岡一になってみせる。」などと吹聴していた。〉

一方で、検察側が冒頭陳述ならびにその後の補足説明によって明かした〈ワールドの経営の実態〉は異なっている。以下、福岡地裁小倉支部での公判の判決文に取り上げられた〈松永によるワールドの経営とその実態〉という箇所から抜粋する。

〈松永は、従業員らに指示し、親戚や知人に電話をして面会し、「会社が潰れそうなので助けてくれ。」などと頼み込んで泣き落としたり、これを断られると因縁を付けて脅したりして、高価な布団を強引に売り付けさせた。松永は、このような強引な方法で、従業員の親戚や知人等に対し、代金回収の見込みの有無に関わらず高額な寝具を購入させて販売実績を伸ばし、設立後1、2年間は毎月1000万円くらいを売り上げた。しかし、寝具を購入させる親戚や知人等が乏しくなり販売実績が上がらなくなったことや、顧客のローン又は立替金の支払いが滞り信販会社から加盟店契約を解除されたことなどから、昭和59年（84年）ころからワールドの経営は傾いた。〉

　同判決文では、松永が信販会社の担当者に対して行っていた所業についても触れられている。

〈また、松永は、ワールドと加盟店契約を締結していた信販会社の柳川営業センター所長であった××（実名）を、頻繁にワールドの事務所に呼び付けて接待し、昼間から飲酒させてその姿を写真やビデオに撮影して弱みを握り、××に対し、「写真を本社に送る。」などと脅した上、同信販会社がワールドの顧客の信用審査を甘くしたりワールド関係の信販契約の決裁を早くしたりするように働きかけた。〉

　この松永弁護団と検察の説明を受け、福岡地裁小倉支部は、判決文の〈量刑の理由〉のなかで、ワールドについて〈強引な商法で一時は売り上げが伸びたが、行き詰まり、昭和59年ころから資金繰りが苦しくなった〉との表現で総括している。

　兎《と》にも角にも、社会人となり独立した松永の傍若無人な性格は、このワールドの設立によって、より顕在化することになる。

緒方純子の転落のきっかけ

　八一年五月に柳川市で、布団訪問販売会社「ワールド」を設立した松永だが、それから間もなく、私生活でも大きな出来事があった。

翌八二年一月二十五日に、二歳年上の女性と結婚したのだ。彼女の名前も緒方純子と同じ〝ジュンコ（本名は漢字）〟といい、M高校の先輩だった。婚姻時、松永は二十歳で、ジュンコさんは二十二歳。二人はその三年前から交際しており、出会ったときに松永は高校生で、ジュンコさんは社会人だった。松永から彼女に積極的なアプローチをしたことで交際するようになり、結婚に至ったという。なお、福岡地裁小倉支部で開かれた公判の松永弁護団による冒頭陳述では、その経緯について、以下の説明がなされている。

〈被告人松永の人柄を全体的にはやさしいと感じたことや、被告人松永の熱意にほだされ、被告人松永の求婚を承諾したことから、被告人松永は、間もなく同女と婚姻した〉

ジュンコさんは結婚から約一年後の八三年二月に松永との長男を出産するのだが、じつは松永は、妻のジュンコさんが妊娠中だった八二年十月頃に、緒方と初めて肉体関係を持ち、その後も関係が続いていく。

松永と緒方が親密になったいきさつを説明する前に、まずは緒方のそれまでの人生を振り返っておきたい。

緒方純子は六二年二月、久留米市で農業を営む父・孝さんと母・和美さんの長女として生まれた。やがて同市内の中学校を卒業後、松永と同じM高校に入学している。

兼業農家だった緒方家の田畑は約二ヘクタールあり、大型コンバインも所有していた。緒方と小学校から高校まで同級生だったF子さんは説明する。

「純子の両親はしっかりしていて、地元ではちょっとした土地持ちとして知られていました。お父さんは鋼鉄の線材を造るメーカーに勤めてましたけど、田んぼだけでも食べていけるほどの広さです。純子本人は田舎の素朴な子という感じ。ちょっと気の強いところはありましたけど、素直ないい子でした」

　また、緒方と高校の同級生だったGさんは次のように振り返る。

「どちらかというと地味で、おとなしめの子でした。ただ、成績は良かった印象があり、高校時代は進学クラスに入っていました」

　緒方は八〇年四月から福岡市にある女子短期大学へと進学。その年の夏、自宅にいた彼女は一本の電話を受けた。

「在学中に君から借りていた五十円を返したいんです」

　M高校の同級生だったと語る松永からの電話だった。緒方にはカネを貸した覚えはなかったし、事実でもない。また在学中に二人が会話を交わしたこともほとんどなかった。それなのに、なぜこんな内容の電話を松永はかけたのか。後の公判などでも明らかにはされていないが、当時、福岡県警担当記者は語っている。

「捜査員によれば、松永は、後に結婚するジュンコさんと同じ名前の緒方に対して、軽い遊びのつもりで電話をかけたようです。結局、二人は会いますが、さすがに緒方も用心していたようで、なにも起きませんでした。次に松永が電話をかけたのはそれから一年後の八一年。その段階で、松永はワールドを経営していましたから、社会人風を吹かせて、会社のことなどで大風呂敷を広げたようです。これで緒方は、最初に会ったときの警戒心が薄れ、好印象を抱いていています」

　翌八二年四月になると、緒方は久留米市にある幼稚園で先生として働くようになった。それから半年後の十月、松永と緒方の関係は大きく動く。ふたたび松永からの誘いがあり、肉体関係を持ったのだ。後の公判で緒方は、松永が初めてのキスの相手であり、初体験はそのときだったと証言している。

　すでに記している通り、当時の松永は妻帯者であり、妻・ジュンコさんは翌年に出産を控えていた。

また、緒方も松永が妻帯者であることを知っていた。真面目であるとの印象が強い彼女に、なにが起きたのかと感じさせる行動だが、そこにはいくつかの伏線があった。

当時、緒方は実家で祖父母、両親、妹との六人暮らしだった。父の孝さんは厳格なことで知られ、緒方の友人が緒方家に来ているときに、勉強をしないのなら帰れと怒られたというエピソードもある。

緒方家に生まれたのは二人の娘だけで、男の跡取りはいなかった。そのため、いずれは長女の緒方が婿養子を取り、緒方家を継ぐのが当然であるということになっていた。それを含めた旧家の窮屈さに、彼女は反発心を抱いていた節があるのだ。該当する時期は若干遡るが、前述の松永弁護団による冒頭陳述のなかに、そうした記述がある。

〈被告人緒方は、短大在籍当時、被告人松永に対し「休みの日に家におると家の手伝いをせんといかんから外に出るためにアルバイトをしている。」などと言っており、旧来の農家であった両親ら実家について、いやがって反発している面も見せていた。〉

こうした状況から緒方が、いずれ親が決めた相手と結婚しなければならないのだから、その前に自分が選んだ相手と恋愛がしたい、と考えたとしても不思議はない。

本性を隠して接していた当時の松永は、緒方に対する気遣いを欠かさなかったようだ。公判における、緒方弁護団の最終弁論には以下のような箇所がある。

〈松永は緒方にバッグ、財布、宝石など高価なプレゼントを贈り、同年（82年）2月（※原文ママ、実際は1月）に結婚したばかりの妻とはうまく行っておらず離婚するつもりだと出任せを言い、緒方をして松永と結婚できるかも知れないという期待を抱かせるような態度を取った。

そして、2人が付き合っていることを極力秘密にさせた〉

この時期の松永の狙いは、緒方家の財産であったことが後に明らかになっている。検察側の論告書はこう断言する。

〈松永は、昭和57年ころに緒方と交際を開始した当初から、緒方家の財産を狙っていたことが認められる〉

さらに、同論告書には次のようなくだりもあった。

〈松永は、緒方との交際開始後間もない時期から、比較的広い農地を所有し、地元でも資産家として知られていた緒方家の資産状況を緒方から巧みに聞き出すなどしていた〉

最初に電話をかけた段階でそうだったのか否かは不明だが、ある時期から松永は、明確な目的を持って緒方に接近し、籠絡《ろうらく》することを考えていたのである。

そして恋愛経験に乏しい緒方は、松永の甘言に搦《から》めとられてしまった。それからも体を重ねていくに従って、ますます松永にのめり込んでいってしまう。

松永と緒方が関係を持って二カ月後となる八二年のクリスマスイブ。松永は久留米市にあるホールを借り切って、コンサートを開いた。「ワールド音楽事業部主催『すいみつとう』フォークコンサート」という名で開かれたそのコンサートの主役は松永。えんじ色のラメ入りスーツを着た彼がボーカルを務め、ワールドの従業員がバックの楽器を演奏した。従業員はみな、松永の思いつきで楽器の練習をやらされていた。

約千百人が収容できるこのホールにやってきた客は五十人ほど。そこには松永の子どもを身ごもっている妻・ジュンコさんや、緒方もいた。また、二人とは別に、松永が狙っていた女性もそこにいたといわれている。音楽が好きなその女性の気を引くために、松永はバンドをやっていると口から出まかせを言い、わざわざコンサートを開催したというのだ。

松永が歌った曲はフォークソングだったが、絶叫するような歌い方。曲を歌い終えるたびに満足気な表情で観客席へ手を振り、喜びを声にしていたという。数百万円かかった音響機器や楽器、ホールの使用料はすべて松永の持ち出し。ワールドの売り上げが良かった時期だからこその大盤振る舞いだったといえる。

この会場で初めて松永の妻を目にした緒方は、妊娠中の彼女の姿に罪悪感を覚えるが、それでも松永との不倫関係を解消することはできなかった。そして松永に言い含められていた通り、二人の関係を周囲には秘密にしていた。公判での判決文には、検察側による〈事実認定の補足説明〉のなかで記されていることがある。

〈緒方は、松永が既に結婚していた上、自分は農業を営む緒方家の長女であり、養子をとって家を継がなければならない身だと考え、両親等もそのように期待していたため、当初松永との結婚は考えていなかったが、松永は、緒方に対し、「妻とは仲が悪い。好きで結婚した訳じゃない。別れる準備をしている。妻は自分（松永）の財産を目当てに離婚に応じない。事業を起こすときに妻の父に多額の支援をしてもらったので、別れたいけど別れられない。」、「（緒方を）愛している。（緒方が）家の犠牲にされるのはおかしい。家を出られないなら、自分が仕事を辞めて養子に行く。」などと話したため、緒方の松永に対する恋愛感情は次第に真剣なものとなり、松永との結婚も考えるようになった〉

人目を憚るという理由で、松永が緒方と会っていたのは、いつもラブホテルだった。彼らの〝密会〟の頻度は時間が経つにつれて増えていき、緒方はそれが愛の証だと信じていたようだ。

だが、松永が緒方に愛を囁く日々は、二人が関係を持って二年も経たないうちに終わりを迎える。とあることをきっかけとして、松永が豹変。緒方を罵倒するようになり、ときには肉体的な暴力を日常的に振るうようになっていくのである。

胸と脚に刻まれた「太」

松永と緒方が関係を持って間もなく二年を迎えるという八四年八月頃、松永との関係に進展がないことを悩んだ緒方は、自宅の隣に住む叔母に「妻子ある男性と交際している」と打ち明け、今後のことについて相談した。

叔母がそのことを緒方の父・孝さんと母・和美さんに話したことで、緒方は不倫交際を知った両親からの強い反対を受ける。また彼女の親族が、松永が緒方家の財産目当てで近づいていることを見破り、それを両親に伝えたことも、火に油を注ぐ結果となった。

緒方が叔母に相談した際の松永の反応について、福岡地裁小倉支部で開かれた公判での検察側の論告書には、次の記載がある。

〈松永は、緒方の相談を受けた上記叔母が松永の真意に疑念を抱くと、すかさず、それをうち消すべく画策していた。例えば、緒方に対し、叔母が、子供までいては簡単に離婚などできないから妻子ある松永とは別れた方がよいなどと助言したのに対し、松永は、実は自分の子供ではないと弁明した。さらに、それを伝え聞いた叔母が、緒方に対し、自分の子でないならすぐ離婚できるはずだと指摘したところ、今度は、松永は、離婚するには1億円の慰謝料が必要なので今は金を工面しているところであるなどと説明した〉

論告書はこうした松永の発言がすべて口から出まかせであったと看破している。以下はその続きだ。

〈しかし、関係証拠から争い無く認められるように、松永の前妻との間の子供は松永の実子であるし、当時、松永が前妻から慰謝料を請求されることもなく、ましてや松永が離婚準備を進めていた形跡も皆無なのであって、松永の緒方に対する上記説明が、いずれも虚偽であったことは明らかである〉

両親からの反対を受けた緒方が、松永にそのことを告げたところ、松永が両親と会うということになった。彼はまず緒方の母である和美さんに電話を入れ、佐賀県佐賀市にある料亭で、緒方を加えた三人で初めて顔を合わせた。スーツを着た松永は紳士的に対応し、二、三時間の会合だったが、和美さんは好印象を抱いたという。

続いて松永は久留米市にある料亭に和美さんと孝さんを呼び、そこでも懐柔を図った。やがては妻と別れて緒方と一緒になるという松永に対し、孝さんは賛成することはなかったが、松永と懇意になっていた和美さんは、交際を反対しなくなった。また、和美さんは緒方家の親戚に対しても、松永を評価する言葉を口にするようになっていた。

こうしたなか、松永の発案で緒方の両親に対して、松永と緒方が婚約し、できるだけ早く結婚することなどを確認する旨の「婚約確認書」を、八四年八月二十九日付と同年十月二十九日付の二回にわたって作成している。それには松永と緒方がともに署名をしており、松永の離婚後には一緒になる意思があることをアピールするものだった。

ここでの、松永と会ってからの和美さんの変化について、松永は逮捕後の取り調べで、和美さんとも肉体関係があったからだと主張している。それは日頃の和美さんを知る者からすれば、とても考えられないことであり、和美さんが亡くなり、事実を聞けない状況において、まさに〝死人に口なし〟ともいえる内容である。公判での松永弁護団による冒頭陳述では以下のように述べられていた。

〈被告人松永は、和美からも好意を寄せられるようになり、和美とも肉体関係を持つようになったところ、昭和59年（84年）8月ころ、和美から「お父さん（孝さん）が疑っているから、お父さんの前ではちゃんと被告人緒方と結婚すると言って。」と言われた。

そこで、被告人松永は、和美と相談の上、「婚約確認書」を作成した上、昭和59年8月29日ころ、被告人緒方に対し、上記「婚約確認書」を見せ、これに署名するか否かを確認した。

和美としては、被告人緒方の母として、できれば被告人緒方と被告人松永を別れさせて被告人緒方に普通の結婚をさせたいという気持ちと、女として被告人緒方を排除したいという気持ちを併せ持っており、もし被告人緒方が婚約確認書を作ることに躊躇して拒否すれば、被告人緒方は被告人松永と別れ、その場合、被告人松永が和美とだけ交際を続ける、という筋書きを考えていたのであった。

ところが、被告人緒方は、被告人松永に愛情を抱いていたので躊躇なく上記「婚約確認書」に署名した。その後、被告人松永が、和美と飲食する際、同書面を和美に見せてその顚末を報告したところ、和美は、被告人松永に対し、「純子はあんたにいかれてしまっとるね。私のことがばれたらどげんなるやろうか。」などと言った。これを聞いた被告人松永が「もう会わんほうがよかかもしれんね。」と言うと、和美は、「ばれた時はその時たい。」と言った〉

この松永の主張を盛り込んだ松永弁護団の冒頭陳述では、それから松永が孝さんにふたたび緒方との結婚を申し入れるが断られること、さらに孝さんに和美さんと松永との関係を知られてしまったことなどにも触れられている。そのうえで次のように続ける。

〈被告人松永は、昭和59年秋ころ、和美と週1回は会っていたところ、和美から、「被告人緒方はあんたに子供がおることを知っとるとね。」と聞かれ、「知っとるよ。婚約確認書にものっとったやんね。」と言った。これに対し和美は、「どうして被告人緒方はよりによって。あんたば選ばんでもよかろうもんね。」「あんた（松永）だまされよるかも知れんよ。被告人緒方は他に好きな人がおるよ。」と言った。被告人松永は、和美があまりにしつこく言ってくるので、被告人緒方の気持ちを再確認しようと考え、「婚約確認書の一部を変えていいか。不安なところがあるから。」と言って真意を説明せずに再度婚約確認書を作成して被告人緒方にサインを求めたところ、同年（84年）10月21日、被告人緒方はこれに応じた〉

二通の婚約確認書にどのような内容の変化があったかはわからないが、ここでの松永の主張からは、いかに彼が和美さんと親密な間柄にあったか、さらには緒方を加えた三角関係のなかで、和美さんが背後で主導権を握っていたかのように、印象付けようとしていることがわかる。

なお、検察側も松永と和美さんの関係についてはある程度認めており、公判での冒頭陳述において、〈（松永は）緒方の行く末を案じていた和美に対し、人目のないところで別れ話の相談をしようと持ち掛けてラブホテルに連れ込んで肉体関係を結ぶようになり、そのころから、和美は被告人両名の交際に反対しないようになった〉との表現で触れている。

この年、秋になると松永の緒方に対する態度は豹変する。公判での判決文のなかにある、検察側が〈事実認定の補足説明〉として提出した証拠資料には以下の文言が記されている。

〈松永は、昭和59年（84年）秋ころから、緒方が友人に松永との交際を話したことや、和美が興信所を使って松永の身上等を調査したことなどを理由として、緒方に対し、「お前のせいで妻に交際がばれた。お前のせいで結婚できなくなった。お前のせいで俺の人生は滅茶苦茶になった。」「どうして俺を疑うんだ。俺を愛していないのか。俺のことを信用していないのか。」などと責めるようになった。さらに、昭和59年11月ころから、緒方の過去の男性との交際や交友関係等を執拗に問い詰めながら、「（緒方が）自分を信用していない。」などとして、緒方に対し、身体を殴打したり足蹴りしたり、頭髪をつかんで振り回したりするなどの暴力を振るうようになった。緒方は、「何とかして松永に自分を信用してもらいたい。自分が松永に信用されないのは自分が悪いからだ。」などと考え、松永の暴力や松永から言われることを黙って受け入れ、また、松永から言われるままに、親戚や友人に執拗に嫌がらせの電話をかけるなどし、自ら親戚や友人との関係を絶っていった〉

緒方の右胸と右の太ももには、現在も松永の名前が刻まれているという。その経緯もこの補足説明には記されていた。

〈松永は、昭和59年終わりころ、緒方の男性関係を追及するなどし、「自分を信用して欲しい。」と言う緒方に対し、「本当に自分に対して愛情があるのなら、身体に印を付けてもいいだろう。」などと言い、これを受け入れる態度を示した緒方の右胸に煙草の火を近づけ、火傷の痕で「太」と刻した。また、松永は、そのころ、緒方の右大腿部に安全ピンと墨汁で「太」と入れ墨をした〉

なお、この件に関して、松永弁護団の冒頭陳述では、まるで緒方が刻印を望んだかのような、松永の主張が展開されている。

〈被告人松永は、被告人緒方から「自分だけのものにしてほしい。印がほしい。」と言われ、「別れたりするとき因縁をつけられるかもしれない。」と思いながらも、一方で、「俺も男だ。一生俺の側においてやろう。」と思い、被告人緒方に対し「胸に印をつけるのが一番だと思う。でも、そうなればおまえも永久に男を作れんごとなるかもしれんが俺も責任重大でおまえのことは一生めんどうを見るけん。」と言ってタバコの火を被告人緒方の胸ぎりぎりまで近づけ、「太」という字の焼印を入れた。被告人緒方は、そのころ同様の趣旨で太ももに「太」の字の刺青を入れた〉

こうした説明を平然とできる点だけを見ても、松永という男の本性が浮かび上がってくる。

苛烈さを増していく暴行

松永による緒方への暴行は、八四年の秋頃に始まり、徐々にその内容は苛烈を極めていった。当時の福岡県警担当記者は語る。

「豹変してからの松永は、なにかと難癖をつけて緒方に対して殴る蹴るが当たり前になり、頭を靴で殴ったりもしています。さらに緒方の存在により、自分の人生が狂わされたという内容の恨み言を繰り返し、彼女が自責の念に駆られるように仕向けていました。また、松永は緒方が友人や家族との関係を絶つように電話をかけさせ、横からメモを差し出しては彼女の意思に反した罵詈《ばり》雑言を言わせています。そうして相手を怒らせて緒方を孤立させ、精神的に追い込んでいったのです」

この時期の暴力について、公判での緒方弁護団による最終弁論では、以下の状況を訴えている。判決文内の検察側による〈事実認定の補足説明〉と多少重複する部分もあるが、こちらがより詳細であるため紹介しておく。

〈松永は「お前のせいで結婚がだめになった、人生がめちゃくちゃになった」「浮気をしているだろう」などと言っては、緒方に対し殴る蹴るの暴力を振るうのである。異常なことに緒方の3年分の日記をホテルに持ってこさせ、松永と交際を始める前に交際していた男性について根掘り葉掘り質問し、緒方が誠実に回答するもこれに納得せず、暴力を振るい続けた。緒方は髪の毛をつかんで引きずり回され、頭、腕、足や胸を殴られ、蹴られ、分厚い電話帳で後頭部を殴られ、あちこちにあざが出来た。散々暴行を受けた後にホテルを出るときは、緒方は抜けた髪の毛を拾い集めては、トイレに流すのが常であった。

毎晩のように、幼稚園勤務の後ホテルで尋問され、暴力を受けるため、緒方は殴られずに無事帰れるかと常に恐怖を覚え、そういう中でセックスもなされた。ホテルから解放されるのは早朝のことであり、緒方は眠る時間が全くなかったり、眠れても3時間程度という日が続いた。このような虐待を受けながらも、緒方は松永の暴力を愛情の現れだと信じていた〉

緒方を追い詰めた松永の目的については、検察側の論告書で示されている。

〈当時の松永が、緒方家の財産目当てで同家の長女である緒方に接近し、狡猾《こうかつ》な嘘や暴力を用いたり、周囲から孤立させることによって緒方を追い詰めて自己の意のままに従えた上、かかる緒方を利用してその実家である緒方家に因縁を付け、慰謝料等名下にその財産を奪い取ってしまおうと画策していたことは明白である〉

松永による連日の、ときには明け方にまで及ぶ、暴力を伴った〝追い込み〟が続いたことで、心労と睡眠不足が重なった緒方は、八五年二月上旬に勤務先の幼稚園で倒れてしまう。事件が発覚して間もない時期の取材のなかで、同園の関係者は明かす。

「緒方先生は二年十一カ月勤めましたが、ずっと四歳児クラスの担任をしていました。非常に子ども好きで、しっかり者でした。その年（八五年）の二月に授業参観があったのですが、保護者の前でふらっと貧血で倒れてしまったのです。それまで体が弱いとか、休みがちだったとの記憶はありません。しかし、緒方先生はそのまま休みを取り、『一週間休みを取らせてください』と連絡してきたのです。しばらくしてお見舞いに行ったら、彼女のおじいさんしか家にはおらず、入院したのかどうかさえ教えてはもらえませんでした。その月の月末付けで緒方先生は園を辞め、一カ月後に出た退職金は彼女の母親に渡しました」

じつは緒方は幼稚園で倒れた数日後、自宅で自殺を図ろうとしていた。

それは二月十三日午前八時頃のこと。祖父が服用している睡眠導入剤数錠をもらって飲み、自室で左手首を切ったのである。緒方は午前十時過ぎに祖父に発見され、久留米市内の病院に入院。一命をとりとめた。前出の福岡県警担当記者は語っている。

「搬送された病院での緒方の診断名は、左手首切傷、薬物中毒のほかに、心因性反応（抑鬱状態）というものでした。ただし、手首の傷そのものは軽く、二日後の十五日には退院しています」

この自殺未遂の動機について、緒方弁護団による最終弁論は次のように訴える。

〈連日のように松永から加えられる暴力に加え、緒方の浮気を執拗に疑う松永に対し、身の潔白を分かってもらえないことの無念さ、松永に次々と自分の弱点を指摘されることによる自信喪失、そして自分の存在が他の人に迷惑をかけるという自己嫌悪、更にはそのような悩みを誰にも相談できない状況に追い込まれていったことなどから進退が窮まったことにあった〉

和美さんから緒方の自殺未遂を聞いた松永は、すぐに病院に駆けつけている。そして、「純子さんをこのまま放っておけばまた自殺するかもしれませんよ。それに、放っておくともっと堕落する。私の言うことは聞くので、私に預けていただければ責任を持ちます」と、緒方の両親に対し、緒方が退院するときには自宅ではなく、松永のもとに連れ帰ることを切り出した。

両親は当然ながら反対したが、松永は緒方家が、緒方の救急搬送時にサイレン音を消してもらうなど、世間体を強く気にする家であるなどの事情を知悉《ちしつ》している。結果的に松永が押し切るかたちで、退院した緒方は、松永がワールドの従業員用に借りていた、福岡県三潴《みずま》郡大木町にあるアパートに連れ帰られた。

そこでなにが起きたか、判決文のなかで検察側が〈事実認定の補足説明〉として提出した資料には、以下の記述がある。

〈松永は、同所（大木町のアパート）で、緒方に対し、いきなり顔を殴りつけ、「自殺は狂言だろう。自殺すると関係者が疑われ警察に呼ばれる。」などと責めるとともに、「残された家族がどんな思いをすると思うか。」などと諭すように言った。緒方は、このときから、松永に対し、それまでの愛情に加えて、松永が人間的に自分より大きな存在であるとの敬意さえ覚え、自分の生き方は間違っていたなどと考えるようになった。緒方は、ますます松永に惹かれていき、両親と暮らす気はなくなり、松永と一緒に生きていこうと考えるようになった。緒方は、孝や和美の反対を押し切って、そのまま大木町のアパートに住むようになり、昭和60年（85年）2月28日ころには勤務先の幼稚園も退職した〉

この自殺未遂での入院から退院に至る状況について、緒方弁護団の最終弁論は、検察側の訴えとは異なっている。緒方による当時の状況は次の通りだ。

〈入院中、両親に松永の暴力について打ち明けようとも考えたが、母親（和美さん）は松永に取り込まれているとの印象だったために、相談しても、松永にいいように説得されるだろうとの思いから、結局両親に相談することができなかったのである。松永も緒方の口から、松永が緒方に加えた虐待の事実が明らかになるのを恐れ、緒方の入院先を訪れては、同人を監視した。

緒方は、退院後は自宅に帰るつもりであったが、自己の悪事の発覚を恐れた松永が、強引に緒方を引き取り、借りたアパートに住まわせた。

松永は、アパートに連れてくるなり、緒方の顔面をあざが残るほど殴打し、「お前、狂言だったんだろう」と緒方の自殺企図を疑った。そして、緒方に対し、自殺をすると松永が警察に呼ばれることになることや、残った家族を悲しませ、多大の迷惑をかけることなど、もっともらしく緒方に説教をした〉

その流れで緒方は幼稚園を退職。また、後述するが、自殺未遂の翌月には両親との縁を切る書面を書き、分籍までしている。そうした際の心情についても、検察側の主張とは若干の齟齬《そご》がある。緒方弁護団による最終弁論の続きはこうだ。

〈この頃の緒方の心情であるが、緒方は、松永が自分と別れる意思がないことを知り、そのような松永に抗って、実家に帰っても松永の執拗な性格から、家族に却って迷惑をかける、また、仕事を続けても松永から職場に嫌がらせがなされると思い、他方、松永が自分を放さないのは愛情があるからだ、松永が暴力を振るうのも自分に悪いところがあるからであって松永の愛情の証しだと考え、更には、自分のために、（※松永がかつて緒方に語っていた）ミュージシャンの夢を捨てた、家庭もめちゃくちゃになったと言う松永に申し訳ないと負い目を感じ、とにかく自分が松永の元にいたほうが人に迷惑をかけない道だ、との思いから松永と行動を共にすることを決めたのである〉

ここで検察側と緒方弁護団側の齟齬について「若干の」としたのは、結果的に緒方が松永の行動を愛情だと解釈し、自身の負い目から彼と行動することを選んでいるからだ。そしてまたそれは、DV被害を受け続けている人物に、少なからず生まれる感情でもある。

前出の検察側の〈事実認定の補足説明〉に記されている内容は以下の通りだ。

〈緒方は、実家を離れて松永との交際を続けるために、昭和60年（85年）3月、松永と共に実家を訪れ、和美と孝に対し、実家と絶縁したい旨を申し向けた。孝や和美は、当初、緒方の絶縁に反対したが、緒方は、「念書をもらえなければまた自殺する。ソープで働く。」などと申し向けて絶縁を求め、松永も、「自殺するような人をおいておくのは迷惑だけど、このまま放っておいたらまた自殺するかもしれないし、もっと堕落する。純子は私の言うことはよくきくので、私に預けていただければ責任は持ちます。」などと申し向け、強く絶縁を求めたので、孝と和美は、「緒方との縁を切り、今後一切、緒方とは関わりを持たない。」旨記載した書面を作成し、緒方は孝の戸籍から分籍した〉

これらの絵図が、すべて松永によって描かれたものであることは疑いようがない。まさに、緒方が同居する家族と明確に〝分断〟された、瞬間だった。

「ワールド」の実態

松永が緒方に意図的に近づき、ついには彼女を実家から出させて、父・孝さんの戸籍から分籍するという〝謀略〟を実行するのと時を同じくして、松永はワールドでの詐欺的な商法を続けていた。なにしろ大木町にある布団製造会社から購入した原価三万円ほどの布団を、シングル用で二十五万円、ダブル用は三十万円で売りつけていたのだ。その利幅は大きく、当初は月に一千万円近くの売り上げを手にしていたという。

だが、従業員が友人や知人に泣きついて、無理やりローンを組ませて布団を販売するという強引な手法には限界があった。その結果、八四年頃からワールドの経営が傾いていたことはすでに記した。

松永と緒方の福岡地裁小倉支部での公判でも、検察側によって以下の状況が明らかにされている。

〈松永は、販売実績が上がらなくなると、従業員らをして、その親戚や知人等に頼み込み、実際には布団を販売していないのに、その名義を借りて信販契約を締結させたり（以下、「名義貸契約」という。）、架空人名義で信販契約を締結させたり（以下、「架空人名義契約」という。）して売上を仮装した上、信販会社に対しては、従業員に自己又は親戚や知人名義で多額の借金をさせるなどして金を工面させ、ローン又は立替金の支払いをさせるようになった〉

そうした行為を継続させるためには、常に新しい従業員を補塡する必要があった。ワールドには当初、松永の高校時代の同級生だった日渡恵一さんと坂田昇さんという従業員がいたが、彼らの後輩や知人をあらゆる手段で引き込んだのである。その手法についても公判では触れられている。

〈松永は日渡の依頼により名義貸契約の保証人となった武田浩二、日渡の依頼により信販契約を締結した後にクーリングオフで解約した野間二郎、野間の依頼により名義貸契約を締結した山形康介らに対し、同人らの行為により会社が損害を被ったなどと因縁を付け、同人らをワールドの事務所などに寝泊まりさせて従業員として稼働させ、布団を親戚や知人に売り付けさせたり、名義貸契約や架空人名義契約を締結させるなどした〉

松永らによる事件が発覚した当時、福岡県警担当記者は私に語っている。

「ワールドの従業員たちは一部の幹部社員を除いて共同生活を強いられています。そこは松永の自宅母屋の裏にある小屋で、『生け捕り部屋』と呼ばれていました。その小屋は雨戸が閉められた十二畳一間で、新たに〝生け捕られた〟者は、そこで松永に命じられた先輩従業員から、木刀や電話帳で夜通し殴られるなどして反抗心を奪われた末、詐欺的な手法で布団の販売をさせられていました」

私はこの話を聞いた〇二年に、ワールドの元従業員である山形康介さんに取材をした。そこで彼は次のように話している。

「私がワールドに入ったのは八四年のことです。入ったといっても、騙されて入れられたといった方がいいでしょうか。いったいなにがあったのかというと、先にワールドにいた野間という男が、私に電話をかけてきたことから始まります。彼は私と同じ大学だと話し、『布団の販売をやっているが、契約がとれずに会社が潰れそうで困っている。別にあなたにお金の負担をかけない。私がその分の代金は払うから、名義だけを貸して信販会社のローンを組んでくれないか』と頼んできたのです。

彼があまりに気の毒そうだったので、お金がかからないならいいかと、ついその申し出を受けてしまったのが間違いの始まりでした。

後日、松永がやってきて、『あなたは架空の契約を結ぶために有印私文書偽造をしましたね。おかげで、うちはそんな不正はできないと、自分の方から信販会社との信販契約を解除しました。そのため莫大な損害を被ることになってしまった。どうしてくれるんですか？』と言うのです。損害金額はよく憶えていませんが、数百万円か数千万円だったと思います。

それで、突然のことに驚く私に、『もし払えないなら、うちで働いて返しますか？』と聞いてきました。不思議なことに、その時の会話で私は松永のことをすごい人だと思っていました。スケールのでかい人だし、この人の会社に入ってお金を返していくのも悪くないと思ってしまったのです。私は松永より三歳年上ですが、年下の松永のことを『太さん』と呼び、敬語を使っていました」

こうした経緯に続いて、山形さんは予想もしない言葉を口にした。

「こんなことを言っても誰も信じてくれないでしょうが、ワールドの社員は全員松永を尊敬していました。いわばヤクザの親分みたいな感じで、殴る蹴るや電気を流されるなどしても、それに対しては自分に対する〝喝〟を入れてくれているとの思いがありました。

当時社員は、私以外に坂田、武田、野間というのがいて、坂田を除いた三人が会社に住み込みで働いていました。坂田は松永と一緒に会社を興しているなど、社員でも別格の存在でした。

私たちが住んでいたのは後に建てられた本社ビル（松永の自宅兼ワールドの事務所）の裏にある、もともとは倉庫として使っていた場所で、そこで雑魚寝をしていました。食事は一日一回で、松永の家で食べたものの余りなどをもらっていました」

山形さんの説明に、創業メンバーの日渡さんは登場しないが、彼は八四年十月頃に松永の暴力などに耐えられずにワールドから逃走しており、接触の期間が短いことから記憶に残っていなかったと思われる。なお、ワールド内部で従業員に対して振るわれた暴力の内容は、公判で検察側が明らかにしている。

〈松永は、ワールドの事務所等で、坂田と共に、武田、野間及び山形ら従業員らに対し、販売実績が上がらないなどの理由で、手拳、電話帳、バット等で殴る、足蹴りするなどの暴行を加えたほか、正座させた状態で足を踏み付ける、喉に手刀を打ち付ける、「四の字固め」をかける、指を反らす、白米やインスタントラーメンだけの食事を強いる、大量の白米を無理に食べさせる、食事時間を制限する、3日間くらいの絶食を強いる、水風呂に入れるなどの暴行や虐待を、日常的に繰り返した〉

こうした状況がなぜ続いたのか。検察側は松永による「支配」との言葉を使い、社内でなにが起きていたのか説明する。

〈従業員らは、松永を怖れ、常に松永の機嫌を窺って行動するようになり、また、松永が従業員相互に暴力を振るわせたり、互いに監視させたりしたことから、従業員らは相互不信に陥り、互いに密告を怖れて共同して松永に反抗することができなかった。このように、ワールドの従業員らは松永に逆らうことができず、松永は従業員らを意のままに従わせて支配した〉

前出の福岡県警担当記者は、次のように明かす。

「松永は従業員らに常々、自分が暴力団と繋がりがあるように話していました。それで『知り合いにヤクザがおるから、逃げても無駄やぞ』と脅したり、なにかあれば実家に追い込みをかけることを示唆して、従業員を逃げられなくしていたのです」

ちなみにその後の話になるが、八五年八月頃に武田さんが、八六年四月頃には坂田さんが、八八年五月頃には野間さんが逃走しており、結果的に山形さんは最後までワールドに残っていた。その理由について、記者の話を裏付ける事情を山形さんは挙げている。

「なぜ私が逃げなかったのかと不思議に思われることでしょうが、それには訳があります。事実、武田などは『デンキ』（通電による虐待）が始まってすぐに逃げ出しました。続いて坂田、そして野間、最後に私で、野間との間は二年以上（※実際は四年八カ月）開いています。松永は誰かが逃げ出すと全員で探しに行かせ、最後は家族にまで追い込みをかけると公言していました。武田が逃げた時も、みんなで探しに行きました。

私としては家族に危害が及ぶことが怖かったのと、自分自身も逃げ出して、もし見つかったらと思うと怖かったのです。それとあと、わずかながら松永に対する尊敬の気持ちも残っていました。そうした事情が重なり、逃げ出せなかったのです」

ワールドの経営が苦しいにもかかわらず、松永は八五年四月頃に、もともと自宅があった土地に事務所兼自宅の三階建てのビルを新築した。その際には両親の反対を押し切り、父親名義で銀行から五千万円の借金をしている。当時、まわりにはこれよりも高い建造物はなく、かなり目を引く建物だった。なお、この二カ月前の二月に緒方が自殺未遂を起こし、翌三月に彼女は父の戸籍から分籍している。

松永と緒方が後年、逃亡先の北九州市で殺害した、広田由紀夫さんや緒方家の親族六人に対して行った〝通電〟による虐待は、この本社ビルが完成して一月後の八五年五月頃に始まった。その経緯についても、山形さんは取材のなかで語っていた。

「我々社員は事あるごとに殴られたり蹴られたりしていたのですが、途中でそれに電気ショックが加わりました。我々は『デンキ』と呼んでいたのですが、もともと武田がコンセントを使ってなにかをやっていた時に感電したのが原因なのです。それを見た野口がふざけて私に通電し、昏倒した私を見て松永が、『それ、いける』となったんです。

その際の手法がいつしか社員に使われるようになり、なにかヘマをした社員に対して松永が『デンキをしろ』と言うと、その他の社員が体を押さえつけてやっていたのですが、人体のあらゆる場所に様々な方法でやっていました。当時使っていたのは電気コードの先をむき出しにしたものですが、むき出しにする長さを変え、時には手首や足首に巻きつけたりもしました。ただ、そうすると体にひどい火傷の痕が残るので、できるだけ傷が残らないようにするにはどうしたらいいかなどの改良が続けられたのです」

山形さんが服を捲って見せてくれた腕や足には、十五年以上前の通電の火傷によってただれた痕が、そのまま残っていた。

「デンキの九十パーセントは私たちが寝泊りする部屋で行われましたが、私は手や足だけでなく、額や局部にもデンキをやられました。全部で百回以上はやられました。手や足は電流が流された途端に硬直するような感じで、やがて電熱線のように熱せられたコードが皮膚に食い込み、焼けただれます。額はいきなりガーンと殴られたようなショックがあります。局部はもう言葉に表せません。蹴られたとき以上の衝撃と痛みでした。松永だけでなく、それをやる他の社員もニヤニヤと嬉しそうにやっていました……」

元従業員は見ていた

八五年四月頃にワールドの事務所兼自宅ビル（本社ビル）を新築した松永だったが、この時期の会社の経営状況は火の車であるにもかかわらず、父親の戸籍から分籍させた緒方以外にも、同時に複数の女性と交際するなど、派手な生活を送っていた。

松永の傍にいた山形さんは、次のように記憶している。

「松永はいったいどこで出会ったのかは話してくれませんが、常に複数の女性と付き合っていました。私が知っているだけでも十人は下りません。スナックのママや看護婦、学校の先生など、みんなチャーミングな女性でした。私は松永がそうした愛人と会う際に、車でよく送り届けていました。とはいえ松永は直接彼女たちの住まいに行くわけではなく、コンビニとかスーパーの駐車場で待ち合わせ、そこに相手が車に乗ってやってきては、松永を乗せてどこかに行くというパターンで、帰りも同じような場所まで迎えに行きました。

ただ、こうした女性たちのなかでも緒方は別格で、彼女のために久留米市内にアパートを借りていました。イメージとしては、彼女は本妻で、ほかは愛人なのです。

しかも、松永はそれらの愛人たちに偽名で布団の契約をさせたり、サラ金で金を借りさせるなどして、カネを引っ張っていました。これは後になって警察の人に聞かされた話ですが、松永の愛人の一人で、柳川市と大川市の境の辺りに住んでいた女の人が自殺したそうです。時期は松永と緒方が柳川市から逃げ出した直後（九二年秋）らしいのですが、私もその女性には記憶がありました。二十代の今でいうフリーターのような女性です。ただ、出会いのきっかけだとか、自殺の理由についてはわかりません。

やがて緒方が本社ビルの三階に住み始めたこともあり、松永は会社に女を連れ込むなどはしなくなりました。当時、大木町に『大木町支店』としてアパートを借りていたのですが、そこが女との逢引き部屋になっていました。ただ、会社を『ワールド倶楽部』との名称にした頃、高校を卒業したばかりの上田留美さんという女の子を新卒で採用したんですね。ポチャッとした、地味な感じの子だったんですが、彼女を『モノにした』と語っていたことがあり、以来、会社の中でもセックスをしていたようです。三階に社長室があるのですが、そこでやっていたと思います」

松永は妻子とともに本社ビルの一階に住んでいたが、妻を事務所のある二階より上には上がらせなかった。また、妻に対しては複数の愛人がいることを公言しており、八六年になるとその〝頂点〟である緒方を、同ビルの三階に住まわせ、経理など事務の仕事をさせていた。私はかつて、八八年頃に松永と愛人関係にあった女性を取材している。彼女が語った当時の松永についてはあらためて記す。

八二年に結婚してから、妻に対して日常的に暴力を振るうようになっていた松永だが、それは緒方に対しても同じだった。その様子を目にしていた山形さんは、当時の状況を振り返る。

「ワールド時代には、松永は緒方に対しても暴力を振るっていました。たいていは緒方にやっておけと命じたことを彼女がやっていなかったために振るわれた暴力です。さすがにデンキはありませんでしたが、殴る蹴るということはあり、顔に青あざを作っていたことも何度かあります。

ただ、それでも松永についていっていたわけですから、緒方は松永に対して愛情があるのだろうな、と思っていました。逆に松永が緒方に対して愛情を持っていたかどうかはわかりません。ただ、彼女は我々にとってはまちがいなく〝組長の姐さん〟で、経理や金融機関への交渉などはすべて彼女がやっていました」

公判での緒方弁護団による最終弁論のなかで、緒方が松永から受けた暴力で生じた傷について触れている。

〈緒方は、のどへの空手チョップを受け続けたことで、のどがつぶれ、今でもしゃがれた声しか出せない。また、太ももに踵落《かかと》としを受けたときに、足がパンパンに腫れ上がり、その後、正座をさせられて上から押し付けられたため、筋肉が切れたのか今も太ももの肉がえぐれたようにへこんでいる。更に、バットで腕を殴られた痕も、今もあざとして残っている。バットで背中を思いっきり殴られたときか腹に膝蹴りをうけたことが原因で膵臓《すいぞう》の膵管が折れたこともあった。松永の妻や子供の前で殴る蹴る引きずりまわすという暴行を加えられ、その挙句には、マヨネーズを台所の床に搾り出し「掃除しなくていいくらいきれいになめろ」と命じられたりもした。食事制限、睡眠時間の制限など日常生活への制限も他の従業員と同じようになされたため、緒方の体重は30キロ台に落ち、やせ細っていたのである〉

同弁護団はこうした虐待を受けながらも、緒方が松永のもとを去らなかったのは、〈長い間、継続的になされた虐待や負い目を負わせて従わせる洗脳的手法の支配の影響が、緒方は他の従業員より強かったからと考えるべきである〉と主張する。そのうえで、前出の松永による虐待の原因と、緒方がそれを受け入れた背景について説明していた。

〈たとえば、前述のマヨネーズをなめさせられた事件の原因は、緒方が、松永と一緒に買い物にいった際に、持ち金が足りなかったことが原因であったが、緒方は、お金を持っていなかった自分が悪いと自分を責め松永の暴力を甘受している。また、前述の太ももの断裂がおきる暴行を受けた事件の原因は、貸金業の社長がワールドに来た時、松永の指示で緒方が対応したところ、その社長から「普通は経営者が表に立つのですが」と批判めいた口のきき方をされたのに対し、怒った松永が緒方に八つ当たりし、「なんで、そこまで言われてくってかからんのか」と言って暴行したものであったが、この様な松永の理不尽な言動に対しても緒方は、「私は自分が悪いからだと松永を責める気はありませんでした」と述べている〉

松永が地元でも資産家として知られていた緒方家の資産を狙って、緒方に接近したことはすでに記した。

そこで八五年二月の緒方の自殺未遂を機に、彼女を実家から連れ出し、当初は先の山形さんの証言に出てきた「大木町支店」として借りていたアパートに住まわせ、翌三月に孝さんの戸籍から分籍。

続いて四月には久留米市津福本町《つぶくほんまち》に、ワールド従業員の武田浩二さんを保証人にしてアパートを借り、そこに転居させた。この時期、勤務先の幼稚園を辞めていた緒方が職に就くことはなく、二日に一度は津福本町のアパートを訪ねる松永に養われていた。

だがそうした生活も長くは続かず、八六年になると緒方は本社ビルの三階和室で暮らすようになり、事務作業を行うことになった。同時に、みずから複数の金融機関に多額の借金をし、会社の運転資金としている。また、両親や親族らに対しても、カネを無心したり、寝具の購入や名義貸契約を締結させたりした。

こうしたなか、姉妹二人しかいない緒方家では、長女の緒方が家を出たため、三歳下の妹である次女の智恵子さんが婿を取り、緒方家を継ぐことになった。

具体的に縁談の話が持ち上がった期日は不明だが、両親が祖父の従兄弟を通じて持ちかけた見合いを経て、智恵子さんが結婚することになったのは八六年七月のことである。

見合い相手の西浦隆也さんは、五九年生まれで智恵子さんよりも五歳年上。地元の高校を卒業後、千葉県警の警察官を経て、そのときは久留米市の農協職員をやっていた。当時、歯科衛生士の仕事をしていた智恵子さんには交際相手がいたことから、見合いには抵抗があったようだが、孝さんの弟らに説得され、渋々と受け入れた末の結婚だった。

智恵子さんと小学校から高校まで同級生だったH子さんは、〇二年に行った私の取材に、次のように話している。

「智恵子は正義感が強くてしゃきしゃきしているタイプ。曲がったことの嫌いな子でした。緒方家は厳しい家で、智恵子が高校時代に外泊しただけで、親は誰かに監禁されたかもしれんって疑ったり、あと、お父さんがすごく厳しかったんで、朝から怒鳴り声が聞こえたりもしていました。

隆也さんとの見合いの話になったときも、智恵子は『純子が家を出たから、養子を取らなきゃいけなくなった』と愚痴っていて、結婚式の前の日には結婚するのが嫌だと泣いていました。もともとお姉ちゃん（緒方）はいい人で、昔はトランプ占いとかをしてくれてたんですけど、やっぱり家が厳しいから息が詰まったんでしょうね。

智恵子はお姉ちゃんが『チンピラみたいなのとくっついてる』と話していて、その男（松永）が、『お父さんに投資話を持ちかけてた』と嫌そうにしていました。それから、お姉ちゃんが智恵子に直接『（緒方の）家を滅茶苦茶にしてやるけん』と言っていたとも聞いてます」

智恵子さんが婿を取るかたちで隆也さんと結婚することを、緒方は事前に知らされておらず、結婚式にも出席していない。後にこのことを知った松永は、緒方を使って緒方家の財産を奪う計画に邪魔が入ったと感じたようで、妨害を画策していた。後の公判での検察側の論告書には以下のように記されている。

〈緒方家では、長女の緒方が家を出たことに伴い、昭和61年（86年）7月7日、二女である智恵子の婿養子として西浦隆也を迎え入れたが、これに対し、松永は、緒方に命じて、緒方家の財産目当ての縁談なのだろうと隆也らに因縁をつけさせたり、被告人両名がそれぞれ智恵子の以前の交際相手の男性に架電し、智恵子と駆け落ちするように唆すなどして、その縁談を妨害した〉

さらにこの論告書では、次の言葉をもって、小括としていた。

〈そして、緒方家の財産に対する松永の異様な執念はその後も衰えず、平成9年（97年）には、ついにその野望が達成され、それが緒方一家に対する連続殺人事件を引き起こす要因の一つとなって行くのである〉

営業項目が「三井物産」

八六年、松永は布団訪問販売会社のワールドを経営する傍ら、祖父と父の時代の商号「松永商店」で福岡県知事に貸金業登録を行った。また同年、緒方も松永が提供していた久留米市にあるアパートの住所で会社を興し、貸金業登録を行っている。

こうした信販契約を締結するためのダミー会社は、それ以降、いくつも作られている。また、松永は八七年一月に、ワールドを有限会社から株式会社に組織変更した。当初は松永の父親が代表取締役を務め、祖父が監査役になるなどしていたが、松永が代表取締役に就いたのである。

その「株式会社ワールド」は、資本金五百万円にもかかわらず、会社登記簿の営業項目については、あり得ない大風呂敷を広げたものだった。

柳川市の行政書士事務所を訪れた松永は、「営業項目をこれと同じにしてください」と、大企業である総合商社「三井物産」の登記簿を渡していたのである。そのため、ワールドの登記簿の営業項目には重厚長大な事業が次々と並ぶ。その一例を紹介すると以下の通りだ。

〈1．次の商品に関する貿易業、売買業、問屋業、代理店並びに仲立営業
イ．鉄、非鉄金属およびこれらの原料、製品並びに鉱産物
ロ．石油、石炭、天然ガスその他の燃料並びにこれらの副製品
ハ．各種機械器具（計量器、医療用具を含む）、製造設備、通信設備、公害防止設備等の設備、車輌、自動車、船舶、航空機並びにこれらの部品〉

このように取り扱う製品だけでも、石油、天然ガスから航空機、さらには各種化学製品やセメント、

工業用水など多岐にわたっている。

もちろん、これらがまったく実態を伴わないことは、百も承知のうえでのことだろう。それどころか、この時点でワールドは、本業であったはずの布団訪問販売業では、ほとんど収益を上げることができず、名義を借りて信販会社からカネを得る詐欺的な商法や、脅しや暴力などによって、従業員やその親族、さらには第三者に金策をさせるなどの手法で、なんとか会社を保っていた。

それについて検察側の論告書には、以下のように記されている。

〈松永は、自社ビル建築費用等の多額の債務の返済に迫られ、名義借り商法等の帰結であるクレジット会社への弁済の資金繰りにも窮し、信販契約打ち切りを回避するため、(1)自身は詐欺的商法に何ら関係していないかのような外形を保ちつつ、従業員らに命じて更なる悪徳商法に手を染めさせ、その支払に対応するべく詐欺的商法を重ねるという悪循環に陥ったこと、(2)ワールドの従業員らにはまともに給料も支払わず、ろくな食事も与えずに労働を強いていたこと、(3)このような搾取を受ける従業員からの反発を防ぎ、彼らをして意のままに使役するため、多種多様な虐待・生活制限を活用して従業員を監禁同然に支配し、その抵抗心を押さえ付けていたこと、(4)従業員らの反発を未然に抑止するため、自らの背後には暴力団組織等が存在するから、従業員が反抗ないし逃走すればこれらの組織力で押え付ける旨脅迫するなどしていたことが、いずれも明らかに認められるのである〉

なお、同論告書は、この時期の松永の手口が進化を遂げ、後の七人殺害という結果を生む支配の構図に繋がっていると結論付けている。

当初から北九州監禁連続殺人事件を取材していた福岡県警担当記者は言う。

「地元で暴力団と繋がりのあることで知られる『××物産』という会社があるのですが、松永はその会社の名前を頻繁に出し、自分が同社の背後にある暴力団と懇意であることを暗に示していました。また、『××物産』の関係者もワールドの事務所に顔を出しています。それから物故者ですが、松永の親戚に、地元で詐欺をやっていることで有名なZさんという男性がいたんです。彼はそれこそ後のオレオレ詐欺や結婚詐欺、さらにはM資金詐欺などのノウハウを持っている人物でした。Zさんは生前、松永の家にやってくることも多く、松永は詐欺のやり方について、このZさんに多大なる影響を受けています」

ここで名前の挙がったZさんについて、元ワールドの従業員だった山形康介さんは記憶しているという。一四年に行った取材で、彼は語っていた。

「(福岡県)三潴町(現・久留米市)に事務所があり、『××新聞』という、夕刊紙くらいの大きさで枚数の少ない業界紙みたいな新聞を出していて、それをワールドに持ってきたことがあります。その人が詐欺をやっていることは耳にしていました。手形を使った金融系の詐欺で、松永は『おじさん』や『Zさん(苗字ではなく名前)』と呼んでいた記憶があります。身長は百六十五センチメートルくらいで、少し痩せ型。整った顔立ちで、ジャーナリストっぽくて、小ぎれいにしている印象です。白髪交じりの七三分けで、眼鏡をかけていました。

Zさんは詐欺のやり方だけでなく、地元のヤクザや権力者の情報も持っていて、松永は情報源と考えていたようです。あとは、こういうカモがいるという話を持ってきていて、その料理法は松永次第という感じででした。行き先は忘れましたが、松永とZさんを車に乗せて、どこかまで連れて行ったこともあります。そのときも車内で親しそうに話をしていました」

松永はZさんやその他の知人などからの指南を受け、検察側の論告書にもある通り、〈自身は詐欺的商法に何ら関係していないかのような外形を保〉つため、新たな会社を設立したり、すでにある会社に取締役として入ったりということを繰り返した。
たとえば先の株式会社ワールドにしても、途中で商号を「株式会社ワールド倶楽部」と改称している。

ほかにも、松永の父がもともとやっていた「パイロングコーポレーション株式会社」という会社は、いったん「パイロングファイナンス株式会社」と商号が変えられ、その後またパイロングコーポレーション株式会社に戻されている。ちなみにこの社名は、松永の苗字である松＝パイ（ン）と永＝ロングを組み合わせたものだ。

さらに松永の元同級生で、ワールドの従業員だった坂田昇さんを代表取締役にして設立された「株式会社フリージア」という会社もあった。ここなどは、坂田さんが代表取締役を一カ月で辞任。続いて松永が代表取締役に就任するなど、偽装工作が行われていることは明らかだった。ちなみにこの会社の営業項目は以下の通りである。

〈1．家具、家具及び寝装インテリアの販売
2．信用調査業務
3．日常食料品の販売
4．化粧品の販売
5．食堂、喫茶店の経営
6．衣料品の販売
7．各種の興行業
8．前各号に付帯する一切の業務〉

このなかに、〈2．信用調査業務〉という営業項目が入っているが、じつは先のパイロングコーポ

レーション株式会社にも同じく〈1．信用調査及び集金代行業務〉という営業項目がある。

松永と緒方が〇二年に逮捕された直後、北九州市の泉台マンションの一室で四人の子どもが保護されているが、そのうち二人の子どもの母である田岡真由美さんとは、この〈信用調査業務〉の一環として、松永が八九年に電話帳に出していた探偵事務所の広告を通して出会っている。

この広告に掲載されていた佐賀市、久留米市、福岡市の電話番号は、すべて転送されるようになっており、転送先は柳川市にある株式会社フリージアとパイロングコーポレーション株式会社がともに営業項目としている〈インテリア販売〉を謳う電話番号だった。その詳細についてはすでに記しているが、同広告は松永が詐欺の標的を探すために掲載したものと見られている。なお、両社ともに登録されている住所は、ワールド本社に隣接する、かつて松永の実家があった場所である。

このように、あらゆる手段で〝金づる〟を探していた松永は、知人の紹介で知り合いとなった岩見国男さんという男性が経営していた「有限会社××企画」という会社に、緒方とともに取締役として入っていた。

この会社は〈絵画の販売及びレンタル〉や、〈音楽会の企画、イベント及びコンパクトディスク、レコードの販売〉などを営業項目にしていたが、松永と緒方が乗り込んできてからは、ダミー会社として利用され、借金まみれになった。しかも、他に同社の取締役として名を連ねている人物を取材してまわったところ、次のことも判明する。

「岩見さんが社長をやっている会社に六、七年いて、たしかそのときに頼まれたんですけど、十年くらい前に辞めたので、どうなっているかは知りませんでした」（取締役A氏）

「私は普段医師の仕事をしていますが、自分がその会社の取締役に名を連ねていることは知りませんでした」（取締役B氏）

なお、代表取締役の岩見さんについては、最初にこの会社について取材をした〇二年三月の段階では、「十年くらい前から行方不明で、妻とは別れ、子供も行方不明」ということだった。だが、とある情報を得たことで、姿を消した彼の、隠遁生活を送っている家を発見することになる。

破綻に追い込まれた人々

そこは山村にある街道沿いの、廃屋かと見まがう木造家屋だった――。

某所に岩見国男さんが住んでいるらしいとの情報を得たのは、〇二年六月のこと。彼は八九年に福岡県山門《やまと》郡に「有限会社××企画」を設立し、松永と緒方を取締役に据えた後に会社を破綻させた岩見さんは、十年近く行方不明とされていた。

その岩見さんについて、「××という集落にいるとの話を聞いた」との情報をもとに、現地で聞き込みを重ねたところ、この家屋に移り住んだ人物がそうではないか、との有力情報にたどり着いたのである。

引き戸をノックしたところ、返事をして姿を見せたのは、白髪のヒゲを長く伸ばした、仙人かと見まがうような初老の男性だった。

「ようこんなところまで来ましたね」

そう口にしながらも拒絶する様子はなく、家の中に入るよう促された。彼は訥々《とつとつ》と語り始める。

「会社の資金繰りに困ってると知り合いの女性に話したとき、松永を紹介されたんです。(柳川市)矢加部にあるビル(ワールド本社)に行って松永と会ったんですが、ソフトな口ぶりで、やり手の実業家という印象でした。事前に聞いていた話では、金貸しだということだったんですけど、カネは貸してもらえず、その場ではアドバイスを受けるだけで終わりました」

そこで松永から、会社を立て直すために、実務的なことは彼女の言う通りにしてくれと言われ、緒方を紹介されたのだという。

「緒方は松永のことを所長と呼んでいたのですが、彼女はなにかにつけ、『所長はあんたのことを考えて一生懸命動いてるんだ』と言って恩を着せたうえで、私にあれやこれやと言いつけてきました。あるときなど、ワールド本社の一番奥の机に電話帳を置かれ、『片っ端から電話して借りれるだけカネを借りな』と言われ、一日中消費者金融に電話をかけさせられたこともあります。それで私がカネを借りに行き、店の外で待っている緒方に現金を渡すのです。彼女はいつも高圧的で、そのときもカネを受け取るのは当たり前という態度で受け取っていました。緒方は言葉遣いも乱暴で、私が別の用で会社に行ったときなど、どこかの金融機関の人と電話で喧嘩をしていて、『てめぇー、ただじゃおかんぞ』と大声で叫んでいました」

すでにその時期、緒方は松永の影響下で変貌を遂げていたのである。松永への印象を尋ねたところ、岩見さんは次のように話す。

「途中から怖い存在だと思うようになりました。松永が話してたんですけど、彼が尊敬してるのは織田信長とキリストと二・二六事件の首謀者だそうです。『キリストは人を殺しているから偉い』と口にしていました」

岩見さんは松永と初めて会ってから半年後、交通事故に遭遇して入院してしまうのだが、そこで大きな失敗を犯してしまう。

「入院中、私の頭が朦朧《もうろう》としていたのが悪かったんですが、松永がやってきて、私の会社のやりくりのために、『街金から追いかけられているので、カネを渡さないといけない』と言われたんですね。

それで従業員に頼んで、うちの会社の手形帳と社印を渡してしまったんです」

松永が自己資金を確保するために、その手形を乱発したことは言うまでもない。当然ながら岩見さんの会社は破綻に追い込まれた。

「いよいよおカネが回らなくなり、家と会社を捨てると松永に言ったんです。そうしたら彼と緒方が私にアパートを用意してくれて、そこに匿《かくま》われました。そのときは二日に一回くらいの割合で、カップラーメンなどの差し入れを持ってきてくれました。やがて、その生活に耐えられなくなって、知り合いがいる石川県に逃げることにしたんですけど、そのときは松永が旅費を出してくれています。まあ、それまでいっぱいカネを引っ張っとるからやないですか……」

他人事のように話すが、そうした〝隙〟を持った人物を見つけ出しては、徹底的に付け込むのが松永の手段だった。

「結果的に私の名前で多額の借金をされていました。あと、私が知っている重要人物、つまり商売的に太い顧客ですね。そういう人を何人も紹介したんですけど、そこからもカネを騙し取ったようです。私が一度こっちに戻ったとたん、街金が取り立てに来ました。それでもう地元に居られなくなったんです」

かつて柳川市周辺で取材した際に得た情報では、岩見さんは二十代の頃は、電機メーカー勤務を経て福岡県大川市の郵便局に勤め、その後、佐賀県佐賀市で電器店をやり、続いて同市で喫茶店を経営するも潰している。それからは柳川市で焼き物の店を開いており、同時に大川市で画廊も開いていたことがわかっている。逃走する前には知り合いや画廊の顧客など、いたるところに借金を申し込んでおり、金策に走り回っていたようだ。

その取材の折に、岩見さんを昔から知るという知人から聞いていた人物評は、画廊を開いている時代は「あっちの女、こっちの女と渡り歩いて、離婚した妻や兄弟には散々迷惑をかけていた。そういう点で人柄はだらしないけど、お人よし」というものである。だが、私が隠遁先で目にした彼は、すっかり精気を失った、抜け殻のような状態だった。

ワールド時代の松永のターゲットにされ、生活を奪われたという人物は少なくない。行方を探せなかったため、直接本人に取材することは叶わなかったが、福岡地裁小倉支部で開かれた公判のなかで、そうした人物の存在が取り上げられている。検察側の論告書をもとに、その状況を振り返る。

九〇年の後半、実家が三潴郡城島町（現・久留米市城島町）で農家を営む中谷弘之さんの新しい職場として、ワールドを見つけてきたのは、妻の美咲さんだった。ワールドで働き始めた中谷さんは、すぐに同社で暴力の洗礼を受けることになる。論告書には次のようにある。

〈松永自身が暴力を振るうことはまれで、ほとんどは松永が他の従業員に命じて暴力を振るわせていた。

松永は、中谷に命じて、親戚や知人から、名義貸しの方法で金を借りさせた。中谷は、20～30人から、合計2000万～3000万円を借りたと思うし、自己名義でも1000万円ほどの借金をし、それをすべて松永に渡していた〉

やがて松永は、中谷さんの妻の美咲さんをもワールドに引き込んでいた。

〈松永は、美咲に対し、当時の夫であった中谷の借金は妻の借金でもあるなどと申し向けて、中谷の借金の連帯保証人としての念書を作成させ、以後、この念書を突き付けては、美咲にワールドのために働くように強要した。それればかりか松永は、美咲がワールドに住み込みで働くようになると、同人に対し、食費、生活費、滞在費として更に金が掛かっているなどと申し向けて次々と借用書を作成させ、これらをも用いて美咲にただ働きを継続するよう要求した。その結果、美咲の松永に対する借金

は増え続けるばかりであった〉

さらに松永は、美咲さんの妹や父親に対しても、家族の責任だとして念書を書かせ、暴行を加えている。そのうえで、美咲さんの父親が所有していた三カ所の農地を、実際には〈松永がでっち上げた〉借金との相殺にもかかわらず、九一年九月に松永が購入したとのかたちで、名義変更が行われていた。また、この時点で美咲さん、さらには彼女の妹および父親が巻き上げられた現金は、少なくとも合計一千四百七十六万円以上になる。

〈美咲は、松永からの借金返済要求に応えるため、親戚や知人から名義を借りて金融機関から借金した。松永から要求された時期に返済ができなければ、松永は他の従業員に命じて美咲に暴力を振るわせ、虐待した。その暴力の内容とは、正座させて太ももを踏み付ける、拳骨で後頭部を殴る、喉を空手チョップのようにして殴る、股間を蹴り上げる。4の字固めを掛けるなどだった〉

ちなみにこの〈4の字固め〉は、松永から命じられた夫の中谷さんがやっており、まともに歩けなくなった彼女は、約二カ月半にわたって入院している。そうした日常的な虐待は、生活面においても行われていた。

〈食事は1日1食だけで、しかも、その内容は、丼一杯のご飯と、チキンラーメンかマルタイの棒ラーメンだけで、まれに生卵が一つ付いた。食事時間の制限も、時々は行われた。他方、美咲の父は、3日間くらい断食させられたこともあった。美咲は、喉を殴られる暴行を受けたために食べ物が喉を通らなかった時期があり、やむなく1日1食だけの食事をも残したところ、松永から、制裁と称してその残り物をミキサーにかけて無理矢理飲まされたため、意識を失ったこともある。また、入浴は週2〜3回程度しか許されず、水風呂に入ることを強制されることもあった〉

まさに後に松永と緒方が起こした、数多の事件と同じ手口での虐待が、すでにここでも起きていたのである。また、彼らが逃げられなかった理由についても論告書は触れている。

〈美咲は、夫や他の従業員と打ち合わせて、一緒に逃げようかと考えたこともあったが、ワールドの従業員は、互いに疑心暗鬼になるように仕向けられており、実行は不可能だった。松永は、従業員に命じて、いつも相互に暴力を振るわせていたし、従業員相互に互いの落ち度等を密告させたりもしており、その結果、自分たちは、相互に監視しているような状態になっていたからである。それは、当時の夫であった中谷との間でさえも同じだった〉

美咲さんが松永のもとから逃げ出したのは、九二年六月のこと。同時に、財産を奪われた彼女の家族も地元から忽然《こつぜん》と姿を消し、親類との繋がりを絶っていた。

それから十年後の〇二年に松永と緒方が逮捕されたことで、捜査機関によって消息を突き止められ、当時の事情を聴かれた美咲さんについて、論告書は次のように報告する。

〈今でも、事件のことを思い出すと、吐き気を催したり、涙が止まらなくなり、ＰＴＳＤと診断されて通院を繰り返している。新聞報道で知った（※松永と緒方が起訴された事件についての）冒頭陳述の内容は、正に、自分たち家族が被害に遭った状況と同じだった〉

松永の元愛人は語る

八〇年代の後半から九〇年代の前半にかけて、松永は多くの女性を愛人にし、彼女たちの名義で金融機関に借金をさせるなどして、会社を維持する資金としていた。ワールドの元従業員だった山形康介さんによれば、なかには後に自殺した女性もいるということはすでに記した。

そんな、松永の愛人の一人だった女性がいるとの情報を得たのは、〇二年十月のこと。当時、私は福岡県の筑後地方に住むその女性・矢野絵里子さんのもとを訪ね、直接話を聞いている。

絵里子さんは取材時三十三歳。松永と出会ったときの年齢は十九歳とのことで、逆算すると時期は八八年ということになる。その頃、彼女は柳川市内にあったラウンジで働いており、客としてやってきた松永から席に呼ばれたことが、交際のきっかけだった。猫系のコケティッシュな顔立ちの彼女は、ややハスキーな声で言う。

「店のママから『いいお客さんだから』と言われ、会社の部下や仕事相手と一緒に来ていた松永の横につきました。スーツにネクタイという姿で、髪型は普通。悪い人には見えなかったというのが、正直な感想です。それに、一緒に来ていた仕事相手の人というのが、地元ではけっこう名士の方たちだったんです。銀行の支店長とか支店長代理とか。そういうこともあって、若いのにヤリ手やなあって思いました」

それからというもの、松永は店に顔を出すたびに、絵里子さんを席に呼ぶようになったという。

「四、五カ月経ってから、ちょうど私の二十歳の誕生日がもうすぐだという話になったんですね。そうしたら松永に『じゃあ、お祝いしなきゃね』って何回か言われて、デートをしました。二人で会うと、わりと語る人なんですよ。夢を持ってる人って印象です。向こうもまだ二十七歳くらいで、事業展開の話を熱く語っていました。それで私、けっこう感動してしまったんです」

松永は絵里子さんに、布団訪問販売会社の社長をやっていると説明。〝ヤリ手〟であることを演出するため、店ではかなり派手にカネを遣っていた。

「部下や取引先などを連れて十人くらいでやってきては、キープボトルを二本入れたり、来られるときは、二日連続で来店したりもしていました。私に『今度いつ（店に）入るの？』と聞いてきて、私が入る日に合わせて来てくれるようになり、私が店に出ていない日は、『（松永が）飲みに来ない』とママに言われたりして、悪い気はしませんでした」

そんな松永の酒の飲み方について、絵里子さんは次のように話す。

「けっこうお酒は飲みますね。銘柄はいつもヘネシーです。水割りで薄くして飲んでました。あと飴。龍角散の飴とかあるでしょ。あれを必ず舐めとかないとダメなんです。煙草はショートホープを吸っていました。あの人の趣味って音楽なんです。徳永英明とかが好きで、歌はうまかったですよ。歌うときの声は高め。ファルセットも使うし。徳永英明の『最後の言い訳』やイルカの『なごり雪』、ばんばひろふみの『「いちご白書」をもう一度』なんかを、自分から進んで歌ってました。松永は飲むと、けっこう人を観察していましたね。ちょっとボーッとしてたりする人がいると、『もう××さんは、帰りたいと思ってるんだよ』とかって指摘するんです」

交際が始まってから、松永は会社の接待にも、絵里子さんを同行させるようになった。

「それこそ一カ月以上連絡が取れなかったり、急に電話があって、『会いたい』って言われたりとか……。その時代だから携帯もありませんよね。だから自宅や職場に電話がかかってきて呼び出されるんです。それで食事に行ったり、車でドライブしたり……。私は車の免許を持ってなかったので、松永がシーマを運転して迎えに来てました。ただ、なかなか二人で会う時間というのはなくて、彼が仕事でどっかに行き、久しぶりに帰って来たと説明されたときに、『二人で会う時間がなかなか取れないんで、接待のときに同行してほしい』って。それからは私も彼の接待について行くようになりました」

松永は自分の部下や接待相手に対して、絵里子さんのことを、「僕の彼女」と説明していた。そんな〝部下〟のなかには、愛人として本社ビル三階に住まわせていた緒方純子もいた。

「緒方は、松永と最初に店で会ったときも部下として来ていたので、単なる従業員だと思っていました。疑ってもいなかったです。途中で彼女が（ワールド本社ビルに）住んでいることに気付きましたが、それを聞いたら松永は、『（緒方は）家を追い出されたから』と説明したので、真に受けていました」

絵里子さんが松永と連絡を取るため、ワールドに電話を入れたときも、緒方が対応していたという。

「事務所に電話をかけると、緒方が出るのが一番多かったですね。そうすると、いま（松永は）出張中でどこどこに行ってますとか、そんな対応でした。行き先についてはロシアだとか、海外の都市の名前も出ていました」

当時、松永に妻子がいることは、絵里子さんも承知していた。

「向こうは結婚しているし、結局不倫ですよね。私から『別れて』と言ったりとかはないです。なんかその宙ぶらりんなところが、自分的にも都合がよかったのかもしれません」

詳細については改めて記すが、松永と妻は九二年三月に離婚している。その妻が出ていった後に、絵里子さんは松永夫婦が住んでいた、本社ビルの一階に行ったことがあると語る。

「従業員の人とか銀行の人とか、みんなで飲んでいて、松永が『いまからうちに行こう』ってなって、朝五時くらいまでいました。部屋はきれいに片付いていた印象があります」

松永は愛人として、絵里子さんを常に持ち上げ、大事に扱っていたようだ。「一度も暴力的なことは受けてないですし、いつもちやほやされていました」と話す彼女は、当時の自分について、「なんかそういうふうにされているのが、気分良かったんやないですか」と振り返る。松永は絵里子さんとエレベーターで二人きりのときや、はしご酒での移動中に部下と接待相手を先に歩かせては、彼女を抱き寄せてキスをするなど、その気にさせる態度を崩さなかった。

それまで絵里子さんに対して、カネの話をすることのなかった松永が、彼女にみずからの〝窮状〟

を訴えたのは、彼の離婚成立の前後にあたる九二年春のことだ。

「『緒方が事故に遭った』という話をしてきて、『示談金がいるから』と……。たしかそのときは、二百万円くらい必要だと言われて、私が消費者金融を回って、百万から百二十万円くらい用立てたんです」

その際に松永は絵里子さんに対し、複数の消費者金融でカネを借りてもらえれば、毎月の返済はワールドがするという話をしていた。絵里子さんが名義だけを貸してくれれば、迷惑はかけないと誓ったのである。これは、松永がその他の愛人たちにも持ちかけていた、金策の常套手段だった。

恋人の窮地を救うために、絵里子さんは松永の願いを受け入れ、ワールドの従業員だった女性とともに消費者金融を回ったという。その女性とは、元従業員の山形康介さんの話に出てきた、高校を卒業して新卒でワールドに入社し、松永が「モノにした」と嘯いていた女性社員・上田留美さんである。

「上田さんがついて来たんですよ。ここ行って、ここ行って、ここ行ってという具合に。それで五社をまわり、カードを作りました。一番貸してくれるところが五十万円で、あとは五万円とか十万円とかでした」

それだけならば、百万円といくばくかで終わる話だが、そこから堰を切ったように、次々と絵里子さんに協力を求める依頼が入るようになった。

「そのときは松永本人からではなく、彼の意を受けた緒方から連絡が入るようになってました。それこそ昔お世話になった××さんが事故で会社が大変だからとか、高校の先生の××さんが困っているからとか、あとほかには、もう憶えてないですね……」

その総額は、半年ほどのうちに二千五百万円から二千六百万円にまで膨らんでいたというのだから、驚くほかない。

「なんか、全然考えてなかったんですよね。頼まれて断りきれなかったっていうのもあるし、（トラブルの内容が）手形とか小切手とか、ぐしゃぐしゃで、だんだん金銭感覚がなくなってきていて、そこに緒方から、『（お世話になった）××さんが大変だから、なんとかしなきゃいけない』とかって言われて……」

当時、絵里子さんは昼の仕事に就いていた。そこで安定した収入があるとはいえ、年若い女性に、金融機関が無担保で大金を貸すものなのか訝《いぶか》った私が尋ねると、彼女は答えた。

「……（高額な）ピアノを買うっていうことにしたので。保証人が松永の知り合いの銀行の支店長さんだったこともあって、決裁が下りたんです」

借り入れの金額が増えるに伴って、いつしか松永が絵里子さんの前に顔を出すことは減り、絵里子さんは緒方とばかり話をするようになっていた。

「かなり金額が膨らんできて、毎月の返済については緒方が担当していたんですけど、滞るようになったんです。そうすると名義は自分なんで、私のもとに返済を求める通知が届きますよね。個人名で勤め先に督促の電話がかかってくることもありました。名義を貸すだけで、向こうが払ってくれるという話だったから、私が緒方に電話を入れて抗議すると、最初のうちはすぐに払ってくれてたんです。それで私が、『そんなにちゃんとやってくれないんだったら、太（松永）に話す』って。そうしたら緒方が、『（松永には）内緒なんで、それは困る』みたいなことを言ってて……」

だが、日増しに絵里子さんに対する借金の督促は増えていった。そんなある日、彼女は驚きの光景を目にすることになる。

それは、絵里子さんが自分の名義での借金を始めてから約半年後。九二年十月のことだった。

「ワールド」の経営破綻

九二年十月上旬、ワールドの本社ビルはもぬけの殻となる——。

同年八月に二度目の手形の不渡りを出し、ワールドを破綻（負債総額九千万円）させた松永は、緒方純子と従業員として唯一逃亡せずにいた山形康介さんを連れ、柳川市から遁走《とんそう》したのだ。

松永の愛人だった当時二十三歳の絵里子さんは、そのことを知り愕然とした。月々の返済はワールドが行うからと、松永に借金の名義貸しを懇願された彼女は、半年の間に膨大な額の借金を背負っていたのである。彼女は往時のことを振り返る。

「（ワールドの）事務所には誰もいなくなっていました。そのときに初めて、騙されたって気付いたんです。もう、目の前が真っ暗でした。それまでの人生で、人を疑うってことが全然なかったから……。ただ、思い返すと、逃げる前の松永と最後に会ったときに、ふとした話の流れで向こうから、『あのね、人を簡単に信じちゃいけないよ』って説教を受けてたんですよね。お前に言われたくないよって話で、とにかく腹が立って……」

絵里子さんが最初の借金をしたとき、借り入れ先の金融機関回りを引率した、ワールドの女性社員・上田留美さんも、彼女と同じく、金融機関に多額の借金を背負わされていたという。絵里子さんは振り返る。

「上田さんも本人とお父さんの名義で、松永の依頼を受けて多額の借金をしていました。松永らが姿を消して騙されたと気付いた彼女は、私と一緒に同じ法律事務所に相談に行っています」

弁護士から自己破産を勧められた絵里子さんは、手続きを進めてもらうことになった。

「当然、親にも話しました。私自身も半狂乱で、外に出るのも嫌だし、完全に鬱になってしまって、なにも手につかない状態でした」

とはいえ、彼女には自己破産では清算できない〝借金〟が残されていた。

「私が働く職場の同僚四人にも、(ワールドで)布団のローンを組んでもらったり、信販会社に借りてもらったりしていて、総額が四百万円くらいあったんですね。それは自己破産をしてから、私が少しずつ返済しました。あと、自行での私名義の借金の保証人になってもらった銀行の支店長に対しても、残債を折半するという話になり、百五十万円くらいを分割で返しました」

つまり、自己破産をしたことによる信用情報の毀損等のペナルティに加え、約五百五十万円もの返済を余儀なくされたということだ。

「その後、カードを作ろうという気にはなりません。いまは(結婚して)苗字が変わったんですけど、夫にはそのことは一切話してないです。あの経験がすごいトラウマで、しばらくは男性恐怖症みたいになっていました」

借金を完済し、結婚を機に徐々に日常を取り戻していった絵里子さんだが、過去のトラウマをふたたび炙《あぶ》り出す出来事が起きた。それがこの取材をする七カ月前に発覚した、松永と緒方の逮捕である。

「じつはその時期、私は出産を控えていて、三月十一日の夜に陣痛が起きたから、病院に行ってたんですね。で、そのうち松永の名前がニュースで出たんです。それを耳にして、けっこう間隔が狭まってたのに、陣痛がなくなったんですよ。ほんとに止まっちゃって、それくらいショックを受けたんでしょうね。出産は数日後に無事終えましたけど、忘れていたトラウマが蘇る経験をしました」

最後に私が松永に対する現在の感情を尋ねたところ、絵里子さんは即答した。

「カネ返せって……。あの人に出会わなければ、あのときあんなに人生狂わなかったって思いますね」

たしかに二十代前半で多額の借金を負わされてしまったことは、途方に暮れる出来事だっただろう。とはいえ、絵里子さんは豹変した松永による、直接的な暴力の被害を受けずに済んでいた。それ以降、数多の命が奪われていることを考えると、不幸中の幸いだったといえる。というのも、彼女の交際時期と重なる九二年の前半、松永が当時の妻に対して苛烈な暴力を振るっていたことが、後に判明しているのだ。

松永が妻のジュンコさんと九二年三月に離婚したことはすでに記したが、これは夫婦での話し合いの結果ではなく、調停による離婚だった。じつはジュンコさんは同年一月に、松永による暴力に耐えかねて、長男を連れて家出。DV被害者を保護する「民間シェルター」に逃げ込んでいたのである。

事件発覚から十八年後となる二〇一〇年に行った筑後地方での取材で、ジュンコさんが松永と結婚していた当時に通っていた、美容院の女性店主に話を聞くことができた。同店主によれば、ジュンコさんが家出をする直前に、店を訪れていたのだという。

「もともと奥さん（ジュンコさん）は、知り合いの紹介でうちに来てたんですね。全然派手さのない、おとなしくて可愛らしい感じの女性です。それであるとき、『今日が最後だから』って言うんです。彼女は、『こんままいたら、私殺されるかもしれんから。子どもと一緒に逃げて匿ってもらうから。探さんで』って。それはもう、尋常じゃない様子でした。

さすがに、なにがあったのかまでは聞けなかったんですけど、そんな話なので、ああ、これは虐待が始まったんかなって……。たぶんそんときより前から、施設には相談しよったと思うんです。だけん、『（逃げられる）施設を見つけたから。それも教えられんから』って話をしたんだと思います。あと、『（松永が）実家に来るかもしれんから』とも言っていて、行き先は『誰にも教えられん』って口にしたのを憶えています。これまでにも何回か、松永が実家に押しかけて来とったみたいですね。その日以来、彼女が店に来たことはありません。ただ、後で事件について聞いたら、何人も殺されとるでしょ。あんとき逃げとってよかったなあって思いましたね」

ちなみに、ジュンコさんについては、○二年に彼女の実家を取材した際、母親から「いまは普通の生活に戻っています」との言葉を得ており、無事が確認されている。

九二年当時の話に戻すと、後の裁判での松永弁護団による冒頭陳述のなかで、〈被告人松永は、平成4年（92年）6月ころ、被告人緒方が長男を身ごもったことを知った〉との文言がある。松永は中絶を促したようだが、それに対しては、〈被告人緒方は、出産することを強く決心していたので、結局中絶することはなかった〉と述べられている。この時期の緒方は妊娠三カ月であったはずで、同年十月に柳川市から逃亡した際には、妊娠七カ月の身重の状態だった。

金策に焦る松永と緒方は、七月に入ると、次々と刑事事件を起こしている。七月一日には、以前に甘言を弄して近づき、借金の名義貸しを依頼していた小学校教諭の母親に対し、ワールドが同教諭にカネを貸していると偽って、その肩代わりという名目で現金三百五十二万円を騙し取る詐欺事件を起こす。

続いて七月三十一日には、松永が緒方を伴って柳川市にある信用金庫を訪問。そこで支店長に対して、約束手形の支払い期限の延長を求めたが、応じてもらえなかったことから、翌八月一日の午前四時半頃まで居座って暴言を吐き続け、長机を叩き壊すという暴力行為等処罰に関する法律違反事件を起こしていた。

○二年の逮捕時にはすでに時効が成立していたが、松永と緒方の二人は、小学校教諭の母親に対する事件については九五年七月に、信用金庫に対する事件では九三年六月に、それぞれ福岡県警柳川署による指名手配を受けている。

そして八月のワールドの経営破綻へと続く。これまで、十月の柳川市からの遁走は、前述の指名手配を受けた二事件が原因とされてきたが、実際は異なったようだ。柳川市在住で当時のワールドの内情を知る人物・P氏は、私の取材に語っている。

「松永の場合は、ワールドで最初はきれいな商売をしようとしよったけど、途中から詐欺会社になったやんね。その流れで、金融に手を伸ばしよったろうが。そこでは、カネを貸して払えんごとなった相手から土地ば奪って、宅地開発やらしよったと。

当然、そういう仕事内容やから反社（反社会的勢力）とも繋がりが生まれとったけども、本人はヤクザのフロント企業とかではなかったね。どっちかといえば、地元で昔からカネ貸しばしよる連中と一緒に組んで、対等に仕事ばやりよったという印象がある。ただ、口ほどにはうまくいかんで、カネに詰まったとよ。金策に追い込まれたあいつは、地元のヤクザの上部団体から数千万円を引っ張ったとやけど、そのカネを貸した相手が飛んでしまったと。それでにっちもさっちもいかんくなったというんが、柳川から逃げ出した本当の理由やね」

P氏は、〇二年に松永逮捕の一報を受けた際、「ああ、生きとったんや」との感想を抱いたという。その理由について、「ヤクザの上部団体のカネをつまんで追われとったから、いま頃はもう、どっかに沈められとるやろと思ってた」からだと説明する。

元愛人の絵里子さんも、松永の逮捕を聞いて、過去のトラウマが蘇るとともに、P氏と同じ驚きを禁じ得なかった。

「あ、生きてたんだって。ていうか、もう殺されてると思ってたんで……」

彼女がそう感じたのは、次の経験をしていたからだと聞いている。

「借金の返済でおカネが必要になり、昔働いていたラウンジに戻ったんですね。そのときにヤクザの組長が私に会いに来て、松永の居所を聞かれたんです。詳しい話はされなかったんですけど、『どこにおるか知っとるやろ?』みたいな感じで、自分みたいな一般人からしたら、もう怖くて、怖くて。それで松永がヤクザに追われていることを知りました。同じくらいの時期に、ワールドの前を通りかかったら、怖いおじさんがいっぱいいて、松永の白いベンツが引っ張られて行くのを見たりとかしていたので、これは見つかったら殺されるに違いないって……」

この逃亡の十一年前である八一年、地元・柳川市でワールドを設立した松永が思い描いた〝大いなる野望〟は、かように潰《つい》えたのだった。だが、彼は追っ手から逃げのび、そこからさらなる凶悪犯罪に手を染めることになる。

食い物にされた元従業員の母

九二年十月上旬、貸金業をするために暴力団の上部団体から引っ張った資金を返済できず、追われる身となった松永は、彼の子どもを身ごもる緒方を連れて、柳川市から逃亡した。

その際に、松永の経営するワールドから逃げ出さずに唯一残っていた、従業員の山形康介さんも同行していたのは、すでに記した通りだ。

山形さんが運転する幌付きの一トントラックで、彼らが目指したのは石川県の七尾市。そこには松永に騙されて自身の会社が破綻した岩見国男さんに用意させた、「一時的に身を隠す場所」があったのである。

福岡県内では高速道路を使い、本州に入ってからは一般道で移動した彼らは、時間をかけて遠方の目的地に到着するが、松永が予想していた住居とはかけ離れていたということで、すぐに福岡県へと引き返す。その後、一旦久留米市に立ち寄り、彼らが最終的に目指したのは北九州市だった。

北九州市といえば松永が幼少期を過ごした土地だが、それが選択の理由ではなかったという。ワールドの元従業員のなかに北九州市の出身者がいて、同市内にワールドの支店を置いていた時期があった。そこで、いざというときに利用できると考えていたのだ。

同年十月十日頃、松永らは北九州市小倉北区にある「熊谷アパート」二〇×号室の賃貸契約を結び、三人での共同生活を始めた。その際に不動産会社の担当者として、この部屋を仲介したのが、後に殺害された広田由紀夫さんである。なお、部屋を借りるにあたっては、緒方は自身の純子という名前の読み方を、本来の「じゅんこ」ではなく「すみこ」と説明。山形さんの婚約者であると偽って、入居契約に至っていた。

詳しくは後述するが、この時期の松永らが〝金づる〟としていたのは、同行していた山形さんであり、実質的には彼が送金を頼んだ母親（故人）だった。後の公判での検察側の論告書では、以下の内容が述べられている。

〈被告人両名は、当時唯一の金づるであった山形に対する虐待の度合いを強め、同人をして、実母から多額の送金を受けさせ、その現金を巻き上げて逃亡・潜伏資金に充てていた。しかし、同年（92年）12月上旬ころ、山形は、実母から、「もう、お金がない。これが本当に最後よ。」などと言われ、以後、実母から送金を受けられなくなり、金づるとしての利用価値を失った。以後も、被告人両名は、山形の運転免許証を取り上げるなどした上で、「熊谷アパート」２０×号室の玄関ドアに南京錠を掛けるなどして、山形の逃走を防止していたが、山形は、平成5年（93年）1月中旬ころ、被告人両名が寝入ったすきを見計らって、上記南京錠が掛けられていた掛け金本体のネジをドライバーで外して逃走した〉

山形さんの実母からの送金がなくなって以降、松永による彼への暴力はエスカレートするようになった。それまでの通電などに加え、洗車ブラシで山形さんを殴ったりするようになり、命の危険を肌身に感じた彼は、ついに逃亡するに至ったのである。山形さんは私の取材に次のように説明していた。

「あのときは本当にこのままだと殺されると思い、逃げ出しました。ただ、逃げ出した者を執拗に追跡する松永の性格を知っているだけに、実家に戻るわけにもいかず、住み込みで働ける場所を探し、そこで長期にわたって身を隠したんです」

なお、補足しておくが、山形さんが逃走して間もない一月下旬に、緒方は長男を出産している。

山形さんの母親がいかに〝金づる〟として、松永から多額の金銭を搾取されていたか。前出の論告書には以下の文言がある。

〈山形が逃走するまでの間に、山形のために実母が送金するなどした金額は、総額約1億3000万円に上る〉

検察側の冒頭陳述によれば、ワールド時代に松永らが詐欺商法等で得た金額は、〈少なくとも約1億8000万円〉とされており、そこから計算すると、山形さんの母親が支払った金額は、約七十二パーセントを占めていた。つまり、彼女こそが金銭的には最大の被害者だったのだ。

なぜこうした金額が算出されたかというと、山形さんの母親が、支払った内容について詳細に記録しており、その出納帳を福岡地検が押収していたからである。今回、同地検から山形さんに返却された資料を借り受けることができた。松永がいかにして親心に付け込み、なにも知らない母親からカネをむしり取ってきたかが、記録された数字から生々しく浮かび上がる。

ちなみに、これほどの大金が実家にあった理由を山形さんに尋ねたところ、父親が残した遺産と、父親の死亡時に支払われた生命保険金とのことだった。そして母親から大金を引っ張り続けていたことについては、正常な思考を失っていたと説明する。

「(ワールド時代は)ずっと辛くても考えないようにしていました。そのなかで、親を騙してカネを作ろうと思ったんです。当時の自分としては、それがすごく自然なことでした」

件《くだん》の出納帳には、山形さんの名前を記した〈康介出費〉との項目があり、始まりは昭和六十年(八五年)である。それは次のように記載されている(※和暦を西暦に変更)。

〈◎85年
・3月22日　29万3500円　ワールド布団代
・12月24日　100万円　車代、松永さんより買う
◎86年
・2月10日　12万3000円　××信販支払い
・2月10日　11万8600円　××(ノンバンク)支払い
・3月19日　29万6425円　××(ノンバンク)支払い
・4月1日　50万円　康介事故修理
・10月8日　30万円　現金希望
◎87年
・2月16日　90万円　カーペット代
・3月22日　10万円　現金希望
・4月7日　150万円　クレジット
・7月10日　35万円　車検代〉

ここまでを見てわかる通り、八五年だけでも支払い額は計百二十九万三千五百円あり、八六年には計百三十三万八千二十五円、八七年は計二百八十五万円と増えていっている。なお、金融機関への「支払い」との表記があるように、母親が山形さんに送金するという方法に限らず、借入金の支払いを肩代わりしたものも含まれていることを、付け加えておく。

このような年間数百万円の支払いは、まだ〝とば口〟に過ぎなかった。ワールドの経営状況が悪化するに伴い、松永に命じられるまま山形さんが母親に無心、または支払いの肩代わりを要求してきた金額は、一気に増加していくことになる。

以下年間の合計額だけを記すと、八八年は計八百八十二万四千六百二十円、そして昭和から平成に移り変わった八九年には、その金額は前年の約四倍である計三千四百三十二万円にまで膨らむ。ただしこの八九年についていえば、用立ててもらったカネの一部に関して、返済の意思があることを示すため、ところどころで母親に返金しており、返済額は計六百四十五万円であった。そのため母親の手元から出た金額は、結果的に計二千七百八十七万円となる。

ちなみに、八五年から八八年までの間にも、若干の返済があったため、それらを引き、すべてを集計すると、八五年三月から八九年十一月までの支払い総額は四千百三十七万六千百四十五円だった。母親から山形さんへの最後の送金は九二年十二月であることから、八九年末から約三年間で、残り九千万円弱が支払われたことになる。

私の手元にある、母親が出金状況を記した出納帳は二冊。それらには多くの付箋が貼られているため、現状を維持したまま判読できる数字は限られていた。また、この二冊は同時期のものなのだが、なかに記された数字は双方に共通するものもあれば、若干ながら異なっているものもあった。

両者を比べると、九二年末段階での、八五年から八年間の合計支払い金額は、片方が一億二千六百二十九万八千二百四十二円、もう一方が一億三千五百三十九万八千七百三十七円と記載されていた。どちらが正しい数字であるかは、私の方では判然としなかったが、検察が主張する、約一億三千万円という金額を裏付けるには、足るものであると思う。ちなみに、検察官が残したと思しき付箋によれば、彼らは後者の出納帳を採用し、そのうち関係する合計支払い金額を一億二千七百一万四千三百九十五円と算定していた。そうなると、より主張する金額に近い。

松永らの裁判で出てくるのは、この時期までの支払い金額に限っている。しかし、出納帳に目を通していくと、じつは母親が、山形さんが松永のもとから逃亡した九三年一月以降も、かつて息子名義で借金をしていた金融機関の督促に応じ、残債を支払っていたことが判明する。

それは九五年末まで続き、約三年間で四百万円以上に及ぶ。さらに九四年の一部と、九六年から九八年にかけては、明らかに狙いを定めて母親に近づき、金銭を引き出していた人物の存在も露呈した。

その人物はワールドの元従業員であるNという男。Nはまず九四年六月に二回に分けて、山形さんに関係するカネの返済ということで、五万円と二十万円を、さらに同年九月に五万円を送金させていた。母親は出納帳の別のページに、Nから電話があった旨を記しており、その横には「和解説明、支払い方法について」や「和解す」と記載していることから、なんらかの和解金が必要だとの説明を受けたと考えられる。山形さんにも確認したが、もちろんそのような覚えはなく、Nが山形さんの名前を使ってカネを騙し取ったものだと思われる。ちなみにNは松永のもとを逃げ出しており、その背後に松永がいたとは考えられない。

この手口でNは山形さんの母親から、九六年に三十五万円、九七年に四十一万円、九八年に百七十三万円（いずれも振り込み手数料を除く）を騙し取っていたのだった。

また、松永と付き合いのあった銀行員（当時）にRという珍しい苗字の男性がいるのだが、彼と同じ苗字の男性が、九七年十月に母親のもとに連絡を入れていた。母親は出納帳に「康介交通事故支払いで借用した」と記載しており、Rに対して二百二十万円を支払っている。ちなみにその内訳は借金が二百万円で、利子が二十万円というものだった。Rを知る人物によるなりすましの可能性もあり、同一人物であるかどうかは判然としないが、この件についても、山形さんのあずかり知らない出来事だ。

まるで近年の〝オレオレ詐欺〟を彷彿《ほうふつ》とさせる手口だが、山形さんとその母親は、松永と、そのまわりの〝悪い奴ら〟に、すっかり食いものにされていたことが、事件の発覚とともに明らかになったのである。

貴重な記録はこれだけにとどまらない。山形さんの母親はすべての支払い内容を記した二冊の出納帳のほかにも、多くの資料を捨てずにいた。

そのなかに走り書きされた二枚のメモ用紙がある。ともに松永と緒方が柳川市から逃げ出す前年にあたる、平成三年（九一年）の日付が添えられているものだ。

一枚目のメモには〈5月　300万（円）〉との記載があり、その横には〈お見舞い治療費〉の文字が並ぶ。同じ紙には、以下の支払い記録が書き込まれていた。

〈6／4　50万　慰謝料内金
6／6　55万　葬儀代
6／9　300万　慰謝料内金
6／13　300万　慰謝料内金
6／19　200万（350万）　被害者業務負担金請求

6／25　100万（400万）　慰謝料内金（専務300、母100）
6／27　100万　慰謝料終了
6／27　50万　治療費内金（132万）
6／30　82万　治療費全額終了〉

これだけを見ても、わずかな期間のうちに、計千二百三十七万円が支払われている。書かれている文面の日付を出納帳と照らし合わせると、出納帳の六月四日には「康介車事故内金として」とある。つまり、息子である山形さんが車で事故を起こし、そのことで金銭が必要になった、との要求があったのだろう。

なお、十九日と二十五日については、合計額は三百五十万円と四百万円だが、そのうち、二百万円と百万円を支払ったという意味だと読み取れる。二十五日の文面に〈専務300、母100〉とあるのは、四百万円の慰謝料のうち、「専務（松永）」が三百万円を、母親が百万円を負担するということ。事故の補償を山形さんだけが行っている訳ではないことを偽装するため、松永は支払っていないにもかかわらず、そのような説明を加えたものだと思われる。

なお、二十五日の支払いについて、出納帳には〈事故内金残500万〉と書かれていることから、二十五日の百万円と二十七日の百万円の計二百万円を母親が出して、慰謝料（総額五百万円のうち、〝松永分〟を除いた二百万円）の支払いが終了したというわけだ。

ちなみに、先の文面にあるように、当時、松永はワールドの従業員に、みずからを「専務」と呼ばせていた。それはなにか問題が起きた際、「社長」としての責任を回避することを考えての、偽装だったと見られている。

二枚目のメモには、その三カ月後にまたもや事故による、金銭の催促があったことが書かれていた。

短期間に連続して事故を起こしたことについて、母親もさすがに疑問に感じていたようで、文面は次の言葉で始まる。

〈車事故　9月　と云うがおかしい〉

以下、次のように綴られる。

〈9／19　100万　慰謝料
9／20　350万　新車代
9／26　180万　物品破損代（時計）
9／24（※本文ママ）　330万　借用車破損　新車代
事故事情はっきりしない
横田さんと娘さん3人で来る
娘さん傷あとのあざをみせる
松永氏に叩かれた痕とみる〉

ここに出てくる横田さんの「娘さん」というのは、かつて取り上げた女性。夫・中谷弘之さんが働いていたワールドで、夫の借金を理由に、無理やり住み込みで働かされ、松永の暴力の餌食となった中谷美咲さんのことである。彼女は父親が所有する三カ所の農地や現金など、実家の財産を根こそぎ奪われた末に、九二年六月に家族もろとも地元から逃亡したことはすでに記した。その美咲さんの旧姓が横田なのだ。

メモにあるように、山形さんの母親は息子による交通事故という〝嘘〟を看破していた。だが、それでも親心で支払いを肩代わりしてしまう。

その他、母親の手元には、山形さんのカードローンの契約書や、彼がノンバンクでの借金返済を延滞していた全額（元金五十三万四千八百九十六円、延滞利息百六万五千二百七円）を分割で支払うとする「和解書」など、多くの金銭にまつわる書類が残されていたが、なかでも目を引いたものがある。

それは、松永が振り出した七枚の約束手形。「松永商店　代表者　松永太」との印が押されたその手形には、それぞれ四十万円から、四十六万七千七百五十円までの金額が打刻されている。支払期日は、平成四年（九二年）十月三十一日のものから、平成五年（九三年）四月三十日までのものがあった。

松永らの逃亡は九二年十月上旬であるため、当然その手形は現金化することができない。支払い場所とされているのは、柳川市にある信用金庫。これは、松永と緒方が約束手形の支払い期限の延長を求めて同年七月三十一日に押しかけ、応じてもらえなかったことから、翌朝まで居座り、暴力行為等処罰に関する法律違反事件を起こした信用金庫である。

手形のうち二枚には、緒方自筆の「裏書」があった。ちなみにそこに書かれた住所は〝勘当〟されているはずの、彼女の実家のものである。

これがどのような流れで、山形さんの母親の手に渡ったのかは不明である。ただし、〝落ちない（不渡り）〟ことを承知していながら、松永が約束手形を切っていただろうことは、想像に難くない。

このように、不法に搾取した莫大な資金を、松永は起死回生を狙って途中から参入した貸金業などの事業の失敗で、すべて〝溶かし〟てしまう。あげくの果てには暴力団の上部団体から融資を受けたカネを返済できず、追われる身となってしまったのである。

柳川市から遁走し、北九州市の「熊谷アパート」に身を潜めた松永は、〝金づる〟としていた山形さんの母親からの送金の道も断たれ、逃走資金をどうにかして捻出する必要があった。

とはいえ暴力団に追われ、さらには二つの事件で警察にも行方を捜されている（信用金庫の事件では九三年六月に逮捕状発付。別の詐欺事件では九五年七月に逮捕状発付。ともに指名手配）状況下では、目立った動きがとれない。松永の頭に浮かんだのは、彼がこれまで得意としてきた、〝女〟からカネを引っ張るという〝シノギ〟だった。

そこで松永が狙ったのは、彼が二十四歳のときに交際していた同い年の主婦・末松祥子さんである。筑後地方に住む祥子さんは、交際していた当時にワールドの事務所に出入りしていたことがあり、八八年十一月に別の男性と結婚し、九一年十月に三つ子の女児を出産後も、松永にはたまに電話連絡をしていた。

後の公判での検察側の論告書は、松永が祥子さんに近づいた状況について、以下のように述べる。

〈被告人両名（松永と緒方）は、山形に代わる金づるとして、松永がかつて交際していた末松に着目し、緒方が子どもを抱えて窮乏しているなどと申し向けてその同情を誘い、これに付け込み、平成5年（93年）1月19日から同年4月2日までの間、前後4回にわたって、末松から長男の出産・育児費用等の名目で、現金合計240万円を受領した〉

論告書には〈緒方が子どもを抱えて窮乏しているなどと〉との表現があるが、松永が祥子さんに連絡を入れたのは、緒方が長男を出産する前であると見られている。松永は祥子さんに、緒方がワールドの事務員であると説明。緒方との内縁関係は隠しており、祥子さんは松永のそうした説明を鵜呑みにしていたことが窺える。

じつは当時、祥子さんは姑との折り合いが悪く、義母に対してなにも言ってくれない夫に対しても不満を抱いていた。そこに松永が甘い言葉を弄して付け込んだのだ。

松永は山形さんが逃げ出したことで、これまでと同じ熊谷アパートに居住し続けると、追っ手に捜し出されるのではないかとの危惧を抱いていた。そこで、松永への〝恋心〟を蘇らせた祥子さんに頼み、同年四月に東篠崎マンションの三〇×号室を借りてもらい、新たな隠れ家とした。なお、松永は後にこのマンションの九〇×号室を借りており、同室こそが、広田清美さんへの監禁致傷の現場である。

さらに、松永は祥子さんを唆して四月下旬に家出をさせ、生後一歳半の三つ子を連れて北九州市にやってきた彼女に、同市小倉南区にある「横代マンション」六〇×号室を借りさせたうえで、親子四人で暮らすように仕向けたのだった。

それまでに緒方の出産・育児費用として、約二百四十万円を松永に渡していた祥子さんは、当初、家出をする際の資金はサラ金で借りていた。しかし当座の生活資金が足りなくなってくると、父親や夫に送金を頼むようになる。当然ながら、その背後にも松永がいた。先の検察側の論告書には次のようにある。

〈被告人両名は、末松に指示して、前記240万円とは別に、子供の養育費等の名目で末松の実父や前夫にカネの無心をさせ、平成5年6月10日ころから同6年（94年）3月9日までの間に、同女がその実父や前夫から送金を受けた現金合計（約）1141万円を巻き上げた〉

ここで〈前夫〉なる表現になっている理由は、前記公判での松永弁護団による冒頭陳述要旨に詳しい。

〈当面の金が足りなくなると、祥子は夫に電話して送金を頼むと共に離婚の承諾を求めていた。すなわち、夫に対し、「離婚せんなら子供を道連れにして死ぬ。」と言い、結局、夫の××（本文実名）は祥子に自殺を思いとどまらせるために離婚を決意し、同年（93年）7月13日に協議離婚の届出をした。××（前夫）は、祥子から「3人の子を養うのに金がいる。」などと言われ、生活費に困ると思って、祥子の言うとおり送金した〉

松永はここでも私欲のために相手の家庭を壊し、狙い定めた女性の退路を断ったのである。

新たな〝金づる〟

新たな〝金づる〟を求めた松永に唆され、夫のもとから飛び出し、三つ子の娘を連れて北九州市にやってきた末松祥子さん。彼女は家出からわずか三カ月後の九三年七月に夫と離婚する。

同年八月には松永と緒方が、祥子さんが子どもたちと住む横代マンション六〇×号室で同居するようになった。玄関脇の六畳間が松永の寝室、奥の四畳半は緒方とその長男の寝室、同じく奥の六畳間が祥子さんと三つ子の寝室だった。夫と別れたことで、松永と一緒になれると考えていた祥子さんは、松永に説明されていた通り、緒方を彼の会社の従業員だと信じていた。しかし祥子さんは、徐々に二人の関係を疑うようになる。

その頃から松永による祥子さんへの暴力は始まっていたようだ。後の公判での松永弁護団による冒頭陳述要旨にも、以下のくだりがある。

〈祥子は被告人松永と被告人緒方の関係について、単に会社の上司と部下の関係ではないのではと疑うようになった。祥子は被告人松永の所持品や被告人緒方の所持品を勝手に開けて調べたり、夜中に被告人松永の部屋に来て、「緒方さんと関係あるのではないか。」とか「前の奥さんと逢っているのではないか。」と詮索することがあった。被告人松永は、そのように詮索する祥子の態度に怒り、祥子の顔を殴打するなどの暴力を振るうことがあった〉

松永弁護団による冒頭陳述であるため、当然ながらその内容は、松永による供述がベースとなっている。そのなかにおいても、祥子さんへの暴力の事実について認めているのだ。

その後、祥子さんを悲劇が襲う。同年十月二十九日に、三つ子のうちの次女である莉緒ちゃん（当時二歳）が、横代マンションの室内での頭部打撲による急性硬膜下血腫が原因で死亡してしまうのだ。

結果として事故死と処理され、その詳細については明らかになっていないが、松永弁護団による冒頭陳述要旨では次のように述べられている。なお、密室での話であり、あくまでも松永が弁護団にそのように明かしたという認識のもとで、それらの内容と向き合う必要があることをお断りしておく。

〈被告人松永は、祥子の三つ子の誕生会をした日の翌日である同年10月28日、祥子、被告人緒方、（松永と緒方の）長男と共に大分に行き午後10時すぎころに横代マンションに帰宅した。同日、祥子の子どもたちは横代マンションで留守番をしていた。被告人松永は、台所でビールを飲んでいると、同日午後11時ころ、祥子が、「莉緒がけいれんしよるけんちょっと見て。」と呼びに来たので、奥6畳間に行くと、莉緒が上を向いて手足を震わせていた。被告人緒方はこれを見て、「さっき見たときは走り回りよった。」と言い、祥子は、「さっき吐いた。おなかがおかしいとやろか。」、「あのコピー機から飛び降りたりするとよ。ちょっとあぶなかとやけん。頭とかもちょこちょこ打つよ。」と言った。

被告人松永が、祥子に対し、「病院に連れて行ったほうがいい。」と言ったことから、祥子は、被告人緒方の付添いで莉緒を病院に運び、手術してもらったが助からず、翌29日、莉緒は死亡した〉

これらの説明について、まず二歳になったばかりの子供三人を部屋に残したまま外出するのかという疑問が浮かぶ。さらに祥子さんが口にしたという「さっき吐いた……」や「あのコピー機から飛び降りたりする……」といった、事故であるとの〝予断を抱かせる〟言葉がわざわざ出てくるところにも、いかがわしさを拭えない。同陳述はさらに続く。

〈祥子が「警察に行かんといけん。」と言うので、被告人松永は、祥子に対し「そのまま話せばいい。」と告げた。祥子と被告人緒方が警察の事情聴取を受け、莉緒は司法解剖に付された。

祥子は、莉緒が死んだことについて自責の念にかられ、間もなく、××（原文実名、以下同）、××の2人の子を前夫の××に返した〉

この件では祥子さんと緒方が警察による事情聴取を受けている。その聴取では緒方が祥子さん名義で借りていた東篠崎マンション三〇×号室に居住していると伝えており、〝事故〟現場となった横代マンション六〇×号室にも警察が足を踏み入れているため、両室ともすぐに解約し、祥子さんの親族の名義で新たに借りた同市小倉北区の「三郎丸ビル」四〇×号室に十一月五日から居住することになった。その際にふたたび不動産業者として、仲介に携わったのは広田由紀夫さんである。

この三郎丸ビルは2DKの間取りで、松永は緒方と長男とともに六畳間で寝て、祥子さんはもう一つの部屋で寝ていた。

九四年になると、松永は祥子さんに通電による暴力も加えていたようだ。松永弁護団による冒頭陳述でも、そのことに触れる説明がなされている。

〈被告人松永は、かかる祥子の（松永らの居室への）覗き見行為を怒った際や、祥子が被告人松永に「本当に緒方さんとは関係がないのか。」とか「（大分県）別府に住むから一緒に来てくれ。」とか言ってくるのをわずらわしく思った際など、同年（94年）3月までの間、その手足などに5回から6回程度通電することがあった〉

はたして松永による祥子さんへの暴力はその程度のものだったのか。前記公判の検察側による論告書では、〇二年三月に松永らが逮捕された際に押収された写真のなかに、祥子さんが写っているものがあったと説明。時系列で彼女の外見の変化を詳らかにしていた。少々長いが引用する。

〈まず、548写真3（証拠番号のため以下略）は、表情の明るさや整った髪型、小綺麗な着衣等から判断して、比較的初期に祥子（実際は実名苗字）を写した写真と推測される。これに対し、前後の被写体の着衣から推測して平成5年（93年）夏ころに撮影されたと思われる写真では、祥子の左手に包帯が巻かれており、さらに、同年12月10日ころ撮影した写真には祥子の頰に痣らしきものが見え、同月24日に撮影された写真では、祥子は、ホテルの洋室の床に正座させられている様子である。

また、平成6年（94年）1月19日ころ撮影された写真には、腕に痣のある人物が背後に写っているところ、この人物は、前後に写っている被告人両名の着衣と比較すれば、祥子であることが明らかである。そして、この痣は由紀夫にも同様のものが見られることから、やはり何らかの虐待による疑いが濃い。

そして、同年2月23日ころに撮影された写真では、乱雑に切りそろえられた髪型をし、化粧気もない生気を欠いた表情で正座する祥子が写されている。

以上の祥子の写真を見れば、少なくとも、祥子が、苦境にある被告人両名のために多額の現金を提供してくれた人間として丁重に扱われていた痕跡は皆無であり、むしろ、その身体の負傷状況や、ろくに美容院等にも行かせてもらえずにいた様子などからは、被告人両名が、種々の生活制限や虐待を通じ、祥子を支配していたことが認められるのである〉

祥子さんが実父や前夫から、九三年六月から九四年三月までの間に、合計約一千百四十一万円の送金を受けていたことはすでに記した通りだ。このうち実父からは三百四十五万千八百十円、前夫からは七百九十六万五千円の送金があったのだが、二人の送金合計額は、月別に比較すると次のようになる。

〈93年6月　20万５６００円
同年7月　92万２１０円
同年8月　91万円

同年9月　49万6000円
同年10月　140万円
同年11月　231万円
同年12月　239万円
94年1月　160万5000円
同年2月　47万円
同年3月　71万円〉

祥子さんの娘・莉緒ちゃんが〝事故〟で死亡したのは九三年十月のこと。その直後から祥子さんが要求した送金額は急激に増え、九三年十一月から九四年一月までの送金額はわずか三カ月間で約六百三十万円にも及ぶ。

そのことについて、検察側は先の論告書で〈この時期、被告人両名が、莉緒の死亡を受けて、更なる逃亡の必要に備えていたことがうかがわれる〉と述べている。

また、九四年二月になると、祥子さんへの送金額は急激に減少し、同年三月に実父が七十一万円を送金してからは、実父及び前夫からの送金は途絶えていた。そうした状況を紐解いて、検察側は〈(松永らにとって)祥子の金づるとしての利用価値も失われつつあったことが認められる〉と締めくくる。

祥子さんは、同年三月三十一日に、松永と緒方とともに新たな隠れ家を探しに出かけた大分県別府市内で、海中に身を投げ溺死した。

なお、松永は祥子さんの死亡時の状況について、同弁護団の冒頭陳述要旨のなかで次のように主張する。

〈被告人松永は、平成6年（94年）2月27日ころ、被告人緒方、長男及び祥子と別府に行き、同年3

月31日まで××（原文実名）というラブホテルに連泊した。祥子は、同月31日午後4時30分ころ、被告人緒方、長男と共に、別府市役所に転入手続をするために行った。その帰り、祥子は××（車名）を運転してホテル駐車場に戻った後、突然走り出して別府の海に飛び込んで自殺した。
（中略）被告人松永は、被告人緒方から祥子が逃げた旨の報告を聞き、ホテルの窓から警察の船やパトカー、救急車を見るなどしたことから、祥子が海に飛び込んで自殺したのであろうと判断し、祥子の××（前出・車名）を被告人松永が運転して被告人緒方、長男と小倉に戻った〉
小倉に戻ってきた松永は、その後マスコミに照会して祥子さんの〝自殺〟を確認したと説明している。

娘と孫を奪われた男性の告白

別府から小倉に戻った松永は、祥子さんの死への関わりについて追及されるのを避けるため、彼女の親族の名義で借りていた三郎丸ビル四〇×号室を引き払う。そして四月上旬には、かねてより知人女性の名義で借りていた、東篠崎マンション七〇×号室に移り住んだ。

結婚している祥子さんに、松永がカネ目当てで近づいたのは九三年一月のこと。つまり、それからわずか一年二カ月という短期間で、彼女の運命は大きく暗転してしまったということになる。

私は〇二年六月に、娘と孫を失った祥子さんの父・末松行雄さんを取材した。末松さんによれば、祥子さんからは緒方の存在しか聞かされていなかったという。

「（嫁ぎ先から）家出したとは（九三年）四月でしたけど、その年の一月に緒方にカネば振り込んどったことは、後で警察から聞きました。祥子は昔、不動産とか保険を扱う会社で事務員をやりよったとです。それで結婚して、旦那さんの実家で向こうのご両親と同居しとったとですけど、それまで離婚するやらの話は、まったく聞いていませんでした。家出してから、そういう話が出てきた」

父親である末松さんだけでなく、祥子さんの夫にも離婚の原因に思い当たることはなく、唐突にそういう話になったという。

「家出の前に一回、祥子に頼まれて二十万円を振り込んだことがあったとです。でも、そのときは理由を言わず、ちょっと貸してほしいみたいな感じで、なにも疑いませんでした」

ただしその時期、彼女の夫から祥子さんが夜に家を空けることがあると聞いた末松さんは、娘を問い詰めている。

「夜中に出て行ったりしよったけん、そんとき、『我が子（三つ子の娘）を放り出して、どげんことをしよるとか?』と私が聞いたら、『緒方さんいう可哀想か女の人がおって』っちゅう話をしたんです」

祥子さんは緒方について友達だと説明。職業などの詳しいことまでは明かさなかった。

「それで祥子は、『緒方さんは赤ちゃんが生まれたばかりやとに、おカネがなかけん、米の研ぎ汁ば飲ませようとよ』と話し、あまりに気の毒やから手助けが必要だと言いよったとです。あと、緒方の旦那さんが病気で、命がもう長うない。それで医療費が必要やとかなんとか……」

緒方が長男を出産したのは九三年一月のこと。もちろん、祥子さんが聞かされた話は事実ではない。あくまでも松永が作った、彼女の同情を誘うための〝設定〟である。だが、松永に対する恋慕が、そうした嘘を見抜けなくさせてしまっていた。

役場に勤める祥子さんの夫との夫婦仲について、末松さんは話す。

「まあ、たまに夫婦喧嘩ばしたりすることくらいはあるでしょうが、仲は良かったですよ。少なくとも私たち（両親）は、仲良かって思いよったですけんね。婿さんが原因じゃないですね」

祥子さんの家出については、夫からではなく、本人からの連絡で知ったようだ。

「五月初めごろにうちとこで××さん（神事）っちいうのがあって、そこに毎年来るとやけど、その年は来んかったと。それで何日かしたら、本人から『いま家出して別府におる』っちゅう電話があったとですよ」

そこで彼女が三人（三つ子）の子どもを連れて家を出たことを初めて知り、末松さんは娘を叱っている。

「それはもう、なんしよっとかって。三人も子どもがおって生活できっとか（できるのか）ってね……」

実際のところ、この時期の祥子さんは別府市ではなく北九州市にいた。だが、連れ戻しに来られないようにするため、「別府」だと嘘をついていたのだろう。

「そしたら、『別府には湯治に来たごたるおじいちゃんおばあちゃんがいっぱいおるけん、（子どもは）可愛がってもらいよる』やら言いよりました」

私はその際に祥子さんは「緒方と一緒にいる」などと話していなかったか尋ねた。

「いや、そういう話はしちょらんね。いろんなことがわかったのは、亡くなって、今回のことが起ってからやから」

松永という男の存在についても、彼らの事件が発覚して初めて聞いたことだと話す。

「最後に五十万円（※実際は七十一万円）送ってから、十日くらいで亡くなったのかな。こっちはそれまでに、もっといっぱい送っとったとやけど、おカネがなくなっとるでしょ。（警察からは）『なんに遣ったかわからん』って言われたね。俺もバカやけん、送ってくれ言われたら、送りよったけん……」

末松さんはキャッシュカードを持っていないと説明する祥子さんに、別府市内にある郵便局留めで送金をしていたそうだ。祥子さんの死については事件性のない自殺として処理されており、彼女の所持金の出入りについて入念に調べられることはなかった。そのため、警察からは前述の返答を受けたのだろう。

しかし、彼女は父親や前夫からの送金以外にも、カネの工面を行っていた。その一つが消費者金融での借金である。

「祥子が死んでからわかったことやけど、（消費者金融からの借金は）二百五十万から三百万近くやなかでしょうか。五十万ずつとかで、何軒かに借りとりました」

ほかにも、自身が加入していた生命保険を解約しており、約二百万円が彼女に支払われていたと説明する。

地名以外の具体的な居場所を明かさない祥子さんは、頼み事があるときにだけ、実家に電話をかけてきたそうだ。

「二、三日に一回のこともあれば、間が空くこともあり、平均したら一週間に一回くらいやったですかねえ」

その際に末松さんは、離婚の原因についても尋ねている。

「まあ、訳わからんこと言いよったね。おとなしか婿さんなのに、婿さんから暴力を振るわれたやらね。もう明らかに嘘ってわかることを言いよると。あと、家出から一、二カ月経ってから警察に捜索願を出したら、本人がそれを取り消したり……警察からね、『本人が取り消してくれち言いよるから、取り消した』っち連絡を受けたとですよ」

末松さんは、彼女の夫と一緒に、別府まで探しに行ったこともあるという。

「湯治客やら言うてたから、旅館を中心にね。鉄輪《かんなわ》ちゅうところがあるから、そこを婿さんと一緒に回りました。警察の話によると、そんときは別府やのうて（なくて）北九州におったらしかですね」

九三年十月に孫の莉緒ちゃんが〝事故死〟をしたということは、電話ではなく、手紙で知らされた。

「理由については、いっちょん（一つも）書いとらんかったです。その後に、電話もあったとですけど、こっちも辛かろうと思って、あえて聞かんかったとですよ」

祥子さんは娘の死後、残り二人の娘を親元に戻している。

「（祥子さんから）連絡があって、『久留米の託児所に預けたけん』て。それで引き取りに行ったとです。ただ、その子らを祥子が連れてきたかどうかは、当時聞いてなかったもんで、わからんとです」

さらに亡くなった莉緒ちゃんの遺骨は、予想もしていない方法で届けられたのだった。

「こっちが（遺骨を）送れ送れって言いよったとですよ。そしたら、『鳥栖（佐賀県）の駅前のコインロッカーに入れた』ち、ロッカーの鍵が送られてきたとです」

その時期にはすでに、祥子さんの口調はかつて知る彼女のものではなく、別人のようになっていたと語る。

「孫が亡くなった後で、こっちが何度も帰って来いと迫ると、そのうち、弁護士の名前と電話番号を挙げて、そこに電話して話してくれやら言うようになったとです。後で警察の人が言うには、そりゃ本物の弁護士やなくて、松永のことやろうって……。弁護士について、昔はメモば残しとったとですけど、祥子が死んでから捨ててしもうて……」

その〝弁護士〟に電話をかけると、先方は「はい、はい」と話を聞き、「本人に伝えますから」とだけ言われたそうだ。

末松さんが祥子さんと最後に話したのは、彼女が〝自殺〟する二日前のこと。

「死んだ孫の保険金はどうなったかという話でした。『それは婿さんの方に行っとるはずやろうもん』

と言うと、納得したようで、電話ば切ったんが最後でした」

その後、大分県警からの連絡で、末松さんは娘の〝自殺〟を知らされることになる。

「娘の方は自分から飛び込んだかもしれんばってん、孫の方はね。椅子から落ちたとか言うても、そう簡単には死なんじゃなかろうかって思うんですけどね……」

最後に末松さんは言う。

「祥子の遺体ば引き取りに行ったときに、あの子は家を出たときと同じ服装でした。（保険金を合わせて）一千三百万円以上の金額を送ってもらっとるとにもかかわらず、預金口座には三千円しか残されとらんかったとです」

祥子さんの娘、そして祥子さん自身の死について、松永と緒方の関わりが、事件として取り扱われることはなかった。その評価は、あくまでも彼らのまわりで起きた死亡事案、ということにとどまっている。

狙われた広田由紀夫さん

松永と緒方は、これまで松永が結婚をちらつかせることで〝金づる〟としてきた末松祥子さんが、九四年三月三十一日に大分県の別府湾で水死したことから、新たな収入源を見出す必要に迫られた。まずは緒方が母親の和美さんに送金を頼むことで急場をしのぐことにしたが、それだけでは心もとない。そこで松永が目をつけたのが、北九州市の不動産会社に勤める広田由紀夫さんだった。

由紀夫さんは松永らが柳川市から逃亡し、最終的に北九州市に辿り着いた九二年十月に、彼らが住む熊谷アパート二〇×号室を仲介。その後も、九三年十月までの間に、松永らに複数の他人名義の部屋を仲介してきた。

後の公判での検察側の冒頭陳述では、由紀夫さんを標的とした理由と、取り込むための工作の流れについて、以下のことが述べられている。

〈被告人松永は、当初、甲女（広田清美さん）の父（由紀夫さん）との接触はすべて被告人緒方に任せ、自ら甲女の父と接触することはなかったが、被告人緒方の報告により、甲女の父には比較的安易に他人名義での賃貸借契約を仲介するようないい加減さがあると思っていた。

さらに、平成6年（94年）3月31日に丙女（末松祥子さん）が死亡した際、被告人両名は、急きょ丙女名義で賃借していたDマンション（三郎丸ビル）を退去しようとしたが、前記のとおり指名手配中であったことから退去点検の立会を避けようとして、被告人松永は、同緒方に指示して、甲女の父に謝礼を与え、その結果、上記立会を免れることができたことがあり、被告人松永は、同年4月ころ、同緒方に対し、「甲女の父はカネに弱く、カネのためならなんでもするだろう。嘘の儲け話にもすぐに飛びつき、カネを騙しやすいのではないか。」などと話した。

そして、被告人両名は、甲女の父を騙す相談をした上、平成6年4月ころ、同緒方が甲女の父に対し、「新会社を設立するので投資して儲けないか。」などと嘘の投資話を持ち掛けたところ、甲女の父から現金30万円を簡単に入手することができた〉

由紀夫さんはそれまで数多くの部屋を斡旋してきた緒方に対して、いくつもの部屋を借りる余裕のある〝上客〟との意識を持って接しており、以前から緒方に対して、借金を抱えていることを打ち明けたり、「いいカネ儲けの話はないですかね」と相談するなどしていた。そうしたことから、緒方の持ちかけた投資話にすぐに乗ってしまったのである。

緒方から由紀夫さんが投資話に乗り気で、カネを出しそうだとの報告を受けた松永は、みずからが乗り出すことにした。その際の状況については、後の公判での判決文にある、検察側による〈事実認定の補足説明〉に詳しい。

〈松永は、緒方を通じて、自己（松永）を由紀夫に紹介させ、由紀夫に会った。松永は、由紀夫に対し、「宮崎」と名乗り（緒方は「田中」）、「自分はコンピューター関係の仕事をしている。」などと嘘を言い、コンピューターで競馬の予想をして儲ける投資話を持ちかけた。松永は、その後も由紀夫と頻繁に会い、一緒に飲食するなどして、関係を深めた〉

この連日の飲酒を伴う飲食の際に、松永は由紀夫さんから生活環境などを細かく聞き出し、家庭生活の愚痴などを引き出している。そのなかには、後に由紀夫さんを脅すための材料となる話もあったようだ。先の検察側の冒頭陳述は次のように述べている。

〈被告人松永は、甲女の父が、当時勤務していたA社において、顧客から依頼を受けた居室の消毒作業を、実際には行っていないにもかかわらず、顧客にはこれを行ったなどと偽り、受領した作業代金を領得して小遣い稼ぎをしていることなども、言葉巧みに聞き出した〉

ちなみに、四月に三郎丸ビルを出た松永らは、かねてより松永が知人女性名義で借りていた東篠崎マンション七〇×号室に移り住んでいた。一方で由紀夫さんは、同市門司区にある「上二十町《かみにじっちょう》マンション」に娘の清美さんと、内縁関係にあった安田智子さん、智子さんの連れ子である三人の子どもの計六人で住んでいた。

後の公判での松永弁護団による冒頭陳述は、その当時の由紀夫さんが置かれた状況について触れている。

〈由紀夫は、当時７００万円くらいの借金があり、由紀夫の内妻には、「別れた妻が３００万円くらい借金しており、別れた後自分が代わりに返済している。」などと言っており、月々その返済をしている〉（※当時の内妻・智子さんへの取材では、借金の名目については内容が異なり、実際の借金返済はほとんど智子さんが行っていた旨の証言がある）

そうした状況の由紀夫さんに対して、松永はコンピューターを使った競馬予想会社を立ち上げようと誘いかけた。起死回生を狙った由紀夫さんは、その申し出を受け入れてしまうのである。〈補足説明〉にある状況は次の通りだ。

〈松永は、平成6年（94年）7月10日、由紀夫をして、（北九州市小倉北区の）「江南町《えなみちょう》マンション」80×号室を賃借させ、同室を競馬予想の事業の事務所にするなどとして、コンピューター、ホワイトボード、テーブル等を運び入れるなどした〉

もちろん、松永にコンピューターを使った競馬予想のノウハウなどあるはずもない。あくまでも、由紀夫さんに内妻との同居を解消させるための拠点作りが目的だった。

松永は新会社の設立準備を行っているように見せかけつつ、由紀夫さんに智子さんと別れるよう唆し続けた。その結果、由紀夫さんは七月下旬に上二十町マンションを単身で出て、江南町マンション八〇×号室で暮らし始める。

さらに八月六日になると、松永は由紀夫さんを使って、それまでいた東篠崎マンション七〇×号室の上階にあたる九〇×号室を、別人名義で賃貸契約し、そちらに緒方と長男とともに移り住む。

同月、由紀夫さんが智子さんと別れたことで、松永は由紀夫さんの生活への干渉の度合いを強めていく。まず松永は、由紀夫さんに対して、娘の清美さんの養育は、幼稚園教諭の資格を有する緒方に任せた方がいいと告げた。その言葉を受けて、十月になると由紀夫さんは、清美さんを通っていた小学校から連れ出すかたちで、智子さんから引き離し、江南町マンション八〇×号室において、親子二人で暮らすようになる（※ここまでの流れは検察側の主張に準拠したものだが、内妻・智子さんの記憶では、八月上旬に由紀夫さんと清美さんが一緒に出ていったという)。

さらに十月二十日には、松永に命じられるまま、由紀夫さんは自分名義で松永らが住むための片野マンション三〇×号室を借りている。

松永と緒方は長男を連れて、その片野マンション三〇×号室に入居。二カ月前から住んでいた東篠崎マンション九〇×号室は、借りたままにした。そのうえで、片野マンションには清美さんも一緒に住まわせ、由紀夫さんからは、養育費名目で毎月十六万円を徴収するようになったのである。

松永は競馬予想会社がうまくいかず、依然として不動産会社に勤めている由紀夫さんを、連日のように片野マンションへ呼び寄せ、明け方頃まで一緒に飲酒を続けさせた。そこでは彼の生活状況や勤務状況などを更に細かく聞き出している。

松永弁護団による冒頭陳述では、その際の酒量を明かしていた。

〈由紀夫は、甲女を被告人松永らに託した以降も、江南町マンションに住んだままであったが、ほぼ毎晩のように片野マンションを訪れ、午後9時ころから翌日午前3、4時ころまで、被告人松永、被告人緒方とお互いに楽しく酒盛りをし、3人でビール大瓶20本に焼酎5合、日本酒5合くらいを飲んでいた〉

松永による供述をもとにした冒頭陳述であるため、「楽しく」などといった肯定的な表現が使われている。だが、こうした連日の深酒によって、由紀夫さんは日中に仕事ができる状態ではなかったようだ。この時期の由紀夫さんの様子について、以前の勤務先である不動産会社の元同僚は、私の電話取材に答えている。

「広田(由紀夫)さんはおとなしいタイプで、あまり喋らない人でした。ただ、記憶にあるのは、仕事をせずに、いつも事務所のソファーで二日酔い状態で寝ていたこと。給料は売り上げに応じた歩合制だったので、あんな様子で大丈夫かと思っていました。いつの間にか職場に来なくなって、辞めたときもその理由は『一身上の都合で』だったと思います」

この元同僚は、偽名の「宮崎」を名乗る松永が、職場に来ていたことも記憶していた。

「何回かやってきたんですが、黒縁眼鏡をかけて髪は七三分けでした。身なりとか話し方がきちんとしていて、頭良さそうな人だなと思いました。宮崎さんがなにかを言って、広田さんが頷くといった感じで、見た目は仲が良さそうにしていました」

また、同不動産会社の社長は、事件発覚後の取材に次のように答えている。

「広田の様子がおかしくなったのは、九四年の九月頃からです。よく遅刻をしてきたし、無断欠勤も月に一、二回はありました。顔がむくんでどす黒く変色し、寝てないような見た目なので、夜遊びか、夜に別の仕事をしているのかと思っていました。そのうち営業の数字がどんどん落ち込んでいったので、途中で給料を引き下げています。その後、うちを辞めたのは九五年二月でした」

こうした説明からもわかるように、水面下では、清美さんという娘を〝人質〟に取った松永による、由紀夫さんへの追い込みが、着々と進行していたのである。

由紀夫さんの元内妻の証言

九四年四月以降、松永と緒方にとっての新たな〝金づる〟として、標的にされてしまった広田由紀夫さん。彼が松永らに搦めとられていく様子を、当事者として間近に見ていた人物がいる。

同年八月に由紀夫さんが住居から出ていくまで、一緒に暮らしていた内縁関係にある安田智子さんである。〇二年の松永らの事件の発覚時、私は複数回にわたって智子さんに話を聞いてきた。以下、彼女とのやり取りをまとめたものを記す。なお、すでに記したが、智子さんの記憶していたものと検察側が説明する時期について、一部で異なるものがある。その点については検証が不能であるため、ここでは証言を優先して掲載する。

「由紀夫さんと知り合ったのは九一年二月。友人を介してです。当時、私は保険の外交員をしていて、由紀夫さんは運送会社で働いていたのですが、保険に入ってくれ、会社の同僚も紹介してくれました」

同年夏に由紀夫さんは不動産会社に転職。智子さんは当時小学一年生だった清美さんを自宅で預かるなどして、徐々に親しくなっていった。やがて、翌九二年五月に清美さんを連れた由紀夫さんと、子ども三人を連れた智子さんは、北九州市門司区にある上二十町マンションで同居を始める。

「由紀夫さんはひょうきんで明るく、私の子どもたちも、本当の自分の子どものように接してくれていました。また、清美のこともとてもかわいがっていました。私の子どもたちも由紀夫さんに懐いていて、夕食も由紀夫さんが仕事から帰ってきたら、一緒に食べるといって我慢しているほどでした。もちろん私も清美を我が子として扱い、ときには叱ったり褒めたりしていました」

続く九三年も家族六人でキャンプをしたり、ディズニーランドに旅行に出かけるなど、家族団らんの時間を楽しんでいた。

「そんな和気あいあいとした生活が続いたのは九三年までです。その頃、由紀夫さんは宮崎さん（松永）や田中さん（緒方）と知り合ったようでした」

松永と緒方は、由紀夫さんに対して当初から「宮崎」と「田中」という偽名を使って接触し、それで通している。やがて九四年になり、由紀夫さんは三月にそれまで勤めていた不動産会社を辞め、四月から新たに別の不動産会社の立ち上げに関わり、そこで働くことになったのだ。

「新たな会社での仕事を始めて間もなく、由紀夫さんから『知り合いと別の会社を立ち上げるから、三十万円貸してくれないか』と言われました。どんな会社をやるのと聞くと、『知り合いを紹介するから。そうすればわかる』と言われ、門司で初めて宮崎さんと田中さんを紹介されたんです」

この三十万円というのは、先に取り上げた、「田中」こと緒方が由紀夫さんに持ちかけた、当初の〝儲け話〟への出資金だったと推測される。

「田中さんは一歳くらいの赤ちゃんを抱っこしていました。『かわいいですね、お子さんですか』と言うと、『はい』って言っていました。それで福岡に住んでいたけど、旦那さんと別居していまはこっちに来ていて翻訳の仕事をしていると話していました。宮崎さんは××（電機メーカー）でコンピューターの仕事をしていたけど、人間関係が嫌になって会社を辞め、いまは地下に潜ってコンピューターの仕事をしていると説明し、『いつもコンピューターに向かってばかりいるから、人を見れる（占える）ようになった』と言っていました」

智子さんが出身地を尋ねると、「宮崎」こと松永は口ごもりながら「熊本のほう」と答え、「田中」こと緒方は「久留米」と答えていた。結局、智子さんは、新会社の業務内容についてはよくわからないまま、三十万円を出すことにしたのだった。

「それから二人はうちにもちょくちょく遊びに来るようになり、四人でカラオケやスナック、居酒屋に行くようになりました。うちに来るのは決まって夜から明け方にかけて。うちでは宮崎さんは競馬の話をしていました。『智子ちゃん、競馬で儲かる話ってわかりますか？　ねずみ算式に計算していくと……』という感じで、いつかこの確率で本命が来るのだと言っていました」

九四年六月になると松永と緒方、それに由紀夫さんの三人で江南町マンションを事務所として借りており、そこを何度か訪れた智子さんは、室内の白いボードに、競馬の予想が書かれているのを目にしている。

「事務所を借りると、由紀夫さんは今度は、仕事に必要だからパソコンを買ってくれないかと言い出しました。そこでスキャナーやプリンターやデスクなどの周辺機器も含めて、七十万円くらいのものを買ってあげました」

そうしたなか、七月になると由紀夫さんが豹変したのだと智子さんは語る。

「それまで私を呼ぶときは、ねえねえ、って言ってたのが、おまえ呼ばわりするようになり、暴言を吐くようになったんです。『おまえは表面ではニコッとしてるけど、腹の底ではなにを考えてるのかわからん』とか、『自分の子どもばかりひいきしてる』と言うようになりました。目が充血し、顔色も土気色で怖い表情になり、クスリの中毒患者のようでした。風呂もろくに入ってなかったと思います。七月の前半くらいから毎日朝帰りするようになり、髪は乱れ、疲れ切っているようでした。また、落ち着いていると思うと、急に態度が豹変し、怒鳴るようになりました。由紀夫さんは、『俺は糖尿病で目が見えん。鬱病だ。もうそんなに長くない』などと口にするようになり、インシュリンの注射を打っていると言っていて、腕に注射の痕がありましたが、病院に通っている様子はありませんでした」

由紀夫さんの突然の変貌ぶりに驚いた智子さんは、「田中さん」に相談する。

「そうしたら、宮崎さんから連絡があり、『じつはあるスナックのママに会いに行ってるんだ』と聞かされ、その店に四人で行くことになったんです。どこだか憶えていませんが、ビルの一角で、四十歳前後のママだけがいて、青いビロードのソファーの店でした。そこでは私の両隣に宮崎さんと田中さんが座り、対面に由紀夫さんが座りました。由紀夫さんは元気がなくてほとんど喋らず、両脇の二人が私に、『あのママに会いに来てるんですよ』と耳打ちしていました。宮崎さんは『ママ、ママ、また来たよ』と、その店に何度も来ている様子でした」

七月の終わりになると、家に帰ってきた由紀夫さんが態度を豹変させ、「出て行け」と言う出来事が起きた。それから一週間も経たないうちに、由紀夫さんと清美さんの二人が、荷物をなにも持たずに、突然家を出ていってしまったのだと智子さんは語る。

「普通ならば、なにか一言くらい言ってもいいでしょう。私はなんでこんなふうになってしまったのかと、二カ月くらい落ち込んでしまいました」

それから間もなくして、由紀夫さんは智子さんを呼び出して別れ話を切り出した。そこで智子さんは最後に家族全員での食事を提案。レストランに集まったところ、そこにはなぜか、「宮崎」と「田中」の姿もあったという。

「由紀夫さんも清美も元気がなく、その場は田中さんが仕切っていました。田中さんが清美に『お母さんに手紙があるんでしょ』と言い、清美から手紙を渡されました。そこには『お母さんに殺されるんじゃないかと思った。お母さんの目が怖くていつも殴られると思った』というようなことが書かれていました。私はショックで、清美に何年もずっとそういうふうに思っていたのと聞くと、清美はワァーッと泣き出したんです。いま思えば私のことを嫌いだとか怖かっただとか、あの二人に言わされていたんだと思います。それで私は『もう泣かんでいい、泣かんでいい。私は清美のことが好きやけいいよ』と言いました」

それから八年後、事件が発覚して、この手紙の真相について智子さんは知ることになる。

「事件が発覚して捜査が進んでいくうちに、清美が別れるときに私にくれた手紙の内容は、宮崎たちに無理やり書かされたものだと聞き、涙が出ました」

取材時、智子さんは「宮崎」と「田中」の、外見などの特徴について説明していた。

「宮崎さんは黒縁の眼鏡をかけ、鼻と口が大きく面長でした。一度眼鏡を外したところを見たことあ

ります が、目は二重でした。いつも黒い大きなバッグを持ち歩き、ちょっと長めの髪を七三分けにし、首を傾げながら髪をかき上げるのが癖でした。腰が低く、私のことは『智子ちゃん』と呼んでいました。また、『自分も（由紀夫さんと同じく）××（かつらメーカー）で一本一本植えてるんですよ』とも言っていました。

田中さんは写真も見ましたが、あの通り出っ歯でショートカット。目は二重で眼鏡をかけていました。腰が低く、訛りのある喋り方で、『たなかですぅ〜』と言っていました」

智子さんは、娘同然にかわいがっていた清美さんを手放してしまったことについて「とても悔やんでいます」と語る。

「由紀夫さんが出ていっても、そのまま清美を手元に置いておけば、また違った結果になったかもしれません。こんなことを言うのもなんですが、自分が産んだ子だったらよかったと思います。あのまま一緒に暮らし、彼女が望めば大学まで進学させてやりたかった。清美は取り調べで、『自分の人生のなかで（智子さんと過ごした）あの三年間が一番楽しかった』と言っていると聞きました。会えたらまず手を握ってやりたい。いまでもあの子が望むなら甘えてほしいです。なんでこんなことになってしまったのか……」

それはまさに、松永と緒方による意図的な〝分断〟によって、人生を変えられてしまった悲劇としか言いようがない。

その後、智子さんと清美さんは、無事に再会を果たしていることを付記しておく。

書かされた百通の書面

　松永と緒方による広田由紀夫さんへの搾取は、彼が内妻と暮らす上二十町マンションを出て、江南町マンションで暮らし始めて間もない九四年七月頃から行われていた。

　とくにそれが顕著になるのは、同年十月に由紀夫さんの一人娘である清美さんを、松永と緒方が月々十六万円の養育費を徴収して預かるようになってからだ。実質的に清美さんを〝人質〟とされたことで、由紀夫さんは松永らに逆らうことができなくなってしまったのである。

　後に福岡地裁小倉支部で開かれた公判での判決文にある、検察側による〈事実認定の補足説明〉には、〈被告人両名（松永と緒方）が由紀夫に多額の現金を要求して工面させ、これを受け取った状況等として、以下のようにある。件数が多いため、その一部を記す。

〈被告人両名は、由紀夫に対し、甲女（清美さん）の養育費として毎月16万円を要求したほか、由紀夫の片野マンションでの飲食費、生活費等の様々な名目を付けては現金を要求した。由紀夫は、被告人両名に要求されるままに、次のとおり、親族や知人らから多額の現金を工面しては、被告人両名に渡した。
ア　被告人両名は、平成6年（94年）7月27日から平成7年（95年）7月28日までの間、由紀夫に、消費者金融会社から、少なくとも24回にわたり合計約１８４万円を借り入れさせ、これをすべて受け取った。
イ　被告人両名は、由紀夫に、（当時勤めていた不動産会社）××の同僚である太田修二から、（1）平成6年8月か9月ころから同年10月ころまでの間、数回にわたり、合計50万円から60万円を、

（2）平成6年11月ころ、合計200万円をそれぞれ借り受けさせ、これをすべて受け取った。
ウ　被告人両名は、由紀夫に、実母である古田千代子に対し借入れを申し込ませ、平成6年12月13日から平成7年10月31日までの間、12回にわたり、同人が由紀夫名義の普通預金口座に振り込んだ合計145万5000円をすべて由紀夫から受け取った。〉

これ以外にも由紀夫さんは、実母の再婚相手、実姉、高校時代の同級生、同級生の妻、元勤務先の同僚などからカネを借りており、そのすべてが松永と緒方の手に渡っていた。それらの総額は〈少なくとも約千八十三万円であった〉とされる。なお、ここに出てくる同級生の妻というのが、すでに記した松永らによる監禁致傷、詐欺・強盗の被害者として、一連の公判で「乙女」と称された原武裕子さんである。

由紀夫さんが松永らに逆らえなかった理由は、娘の清美さんが〝人質〟に取られたことだけではなかった。そのことに加え、松永は由紀夫さんの新たな〝弱み〟を握っていたのである。前に触れたが、松永は由紀夫さんを連日のように自宅マンションに呼び出しては飲酒をともにし、酔った彼から会社や家族についての情報を集めていた。そこで収集した由紀夫さんにとって都合の悪い〝ネタ〟を持ち出して、彼を責め立てたのである。

その際、松永は「事実関係証明書」という表題で、書面（念書）の記載を由紀夫さんに命じていた。松永は、緒方が実家と揉めていた際にも同様の書類を作成させるなどしており、相手を心理的に服従させる際に突き付ける〝物証〟として、書面の作成を常に要求していたのである。

そうした書面の存在について、検察側の論告書には次のように記されている。

〈松永は、由紀夫に命じて、借用書や、過去の悪事に関する口止め料を支払う旨の書類などを書かせていたが、そうした書面には嘘が書かれていることもあった。また、松永は、由紀夫が緒方に強姦まがいのことをしたとして由紀夫を責めていたが、このとき念書が作成されたかどうかはわからない。松永が由紀夫に書かせた書面は、合計すると百通ほどあった。しかし、松永は、由紀夫の死亡後間もないころに、これらをすべてシュレッダーにかけて捨てるよう緒方に命じたので、ほとんどは残っていない〉

論告書では、シュレッダーにかけられず、証拠品として押収できた書面の作成状況についても触れていた。

〈平成6年12月18日、松永は、由紀夫に命令して、当時の由紀夫の勤務先であった××（不動産会社名）において、由紀夫が会社に納めるべき消毒代金を着服していたことを認める内容の書面を書かせた。さらに、松永は、甲女（清美さん）に対しても、その書面の末尾に、「これはお父さんが書いていたもので私がしょうめいになります。」と書くよう命じた。

実際には、松永は、この書面を作成するまで、由紀夫に通電暴行を加え続け、「悪いことをしたことを言え。」などと問い詰めており、その挙げ句に由紀夫が書かされたのがこの書面だった。甲女もその様子は見ていたから、この書面は、とても「お父さんがふつうに書いていた」ものではなかった。また、甲女は、由紀夫が本当におカネを着服したのかどうかなど知る由もなかったから、内容の「しょうめい」もできなかったが、甲女は、松永が恐ろしく、その命令に従った〉

この「事実関係証明書」の原文そのままではないが、同書面の内容の概要については、判決文に添付された一覧表において触れられている。

〈由紀夫が勤務先（××＝不動産会社名）における横領行為を自認するもの。

由紀夫が、「太田（前出の不動産会社同僚）と組み、××が居室を仲介した顧客に対し、居室の消毒を行わないかと持ちかけ、実際には消毒を行わずに、顧客から消毒代金だけを受け取っていた。このような行為を2、30回繰り返し、合計3、40万円を不正に受け取った。また、××の顧客から受け取った物件仲介料を横領したことが10回くらいあり、合計40万円くらいを不正に取得した。また、××の顧客から受け取った駐車場手数料を横領したことが30回くらいあり、合計24万円くらいを不正に取得した。また、太田の友人から印刷を頼まれ、4万円で請け負い、××の印刷機、インク、紙を使って印刷した。」、「このような行為は、詐欺罪、業務上横領罪、背任罪に当たる。」、「どうか許して欲しい。以上のとおり記載した事実はすべて真実である。後日のためにこの書面を差し入れて証明する。」などと記載している。

末尾には、作成日付（平成6年12月18日）、本籍地、住民票上の住所地、現住所が記載され、署名・押印がある。

また、甲女が、「これはお父さんがふつうに書いていたもので私がしょうめいになります。」と記載して、署名・押印している〉

続いて残っていた書面は、九五年の元日に作成されたもの。論告書は次のように作成状況を説明する。

〈平成7年1月1日には、松永は、由紀夫に命じて、由紀夫が××（同前）で泥棒をしたという内容の書面を書かせた。このときも、松永は甲女に対し、この書面の末尾に、「お父さんのはなしをききました。私がしょうめいします。」などと書くように命令した。

松永は、この書面を由紀夫に作らせた際も、由紀夫に対して執拗に通電暴行を加え、上記盗難事件の犯人だと認めるように迫った。由紀夫は当初否定していたが、ついに、自分が犯人であり、盗んだカネはトイレに隠してあるなどと無理やりに白状させられてしまった。甲女は、由紀夫の話は嘘だと思っていたが、このときも、松永の命令には逆らえなかった〉

このときに由紀夫さんが書かされた書面は、前回の「事実関係証明書」という表題ではなく、「（株）××現金盗難被害事件についての事実関係証明書」との表題がつけられていた。一覧表にある概要は以下の通りだ。

〈由紀夫が、「平成6年12月24日に××で起きた盗難事件の犯人は自分である。3会社から歩合給をもらっていたが、売上げが上がらず、サラ金の返済等でカネが必要だったことなどから、平成6年12月24日午前1時半ころ（あるいは、それより1時間から1時間半くらい遅かったかもしれない。）、（会社事務所に）鍵を開けて入り、マイナスドライバーで机の引き出しをこじ開けたように見せかけ、自分が持っていた鍵で引き出しを開けて、その中にあった金庫から現金を盗んだ。その翌朝、早めに出勤し、××の従業員に対し、『勝手口の鍵が開いていた。金庫にカネが入っていない。』などとしらじらしく聞いた。自分が犯人であることの事実関係の証明をする。」などと記載している。

末尾には、作成日時（平成7年1月1日午後3時4分）、本籍地、生年月日が記載され、署名、押印がある。

また、甲女が、「甲女（原文記載は実名）はお父さんのはなしをききました。私がしょうめいしますがなんとかけいさつにつかまらずにげきってほしいです。がんばってください。もうどろぼうはしないほうがいいと思います。とったおカネはのこっているならばすこしくらいお年玉にまわしてください。」と記載している。

さらに、緒方が、「正に話を聞きました。これからは真じ面にするのを条件に黙っとってあげます。真じめに頑張って下さい。平成7年1月1日緒方純子」と記載している〉

清美さんの文面については、松永が子どもが言いそうな文言として考えたもの。なお、緒方が書いた「真面目」という文字の二種類の書き方は、原文のままだと推測される。

由紀夫さんはその後、九五年二月頃から片野マンションで松永らと同居する。彼は論告書にある通り、書面を書かされる際に通電を加えられており、そうした松永らによる虐待が、この同居によって、さらにエスカレートすることになった。

エスカレートする虐待

松永と緒方から新たな搾取の対象とされた広田由紀夫さん。彼はついに九五年二月から、松永らが暮らす片野マンション三〇×号室で、同居させられることになった。

これまでに、由紀夫さんは娘の清美さんを〝人質〟にされ、さらに通電による虐待を受けたことで、松永から虚偽の内容を含めた書面（念書）を書かされたことを記した。それは片野マンションでの同居開始後も続く。その際に、松永は清美さんにも書面を書かせていた。まずは残されていた書面の内容について触れておきたい。

先に取り上げるのは論告書によるものだが、その文中に記載されている通り、書面の内容は、松永が通電等の暴力を使って無理やり書かせた、〝事実ではない〟ものであることを、あらかじめお断りしておく。また、文中には未成年者に対する性的な表現もあるが、虚偽の内容であることと、松永の犯行の悪質性を顕著に表しているものであるため、原文をそのまま引用する。

〈平成7年（95年）2月24日、松永は、由紀夫に命じて、由紀夫が甲女に対して性的ないたずらをした旨の事実関係証明書を書かせた。しかし、現実には、甲女は、由紀夫から、同証明書に記載されているような性的ないたずらを受けたことは一切なかったから、この書面の内容も嘘だったが、松永の命令で、甲女は、「お父さんの書いたないようはみんな本当です。」などと書かされた。なお、緒方が、この書面の末尾に、「もしもの時には、警察に検さつ庁（※ママ）にこの書類をもって行きます。」と記載していることからも、この書面を作成させた目的が由紀夫に対する支配の確立にあったことは明白である〉

その内容の概要については、判決文に添付された一覧表（以下、一覧表）において触れられている。なお、松永はこの書面の表題として、「長女甲女（原文では実名）に対して行った性的悪事の数々の事実関係証明書」と書かせていた。

〈由紀夫が、「甲女が小学2年生のころから、甲女に対し、その乳房や尻を触ったり、裸にして陰部を見たり、性器や肛門に指を入れたりする性的虐待を繰り返していた。自分の子である甲女を性的に虐待していたことを深く反省する。この書面は甲女に対する性的虐待、変態、変質的行為の事実関係を証明するものであり、緒方、甲女立会の下、和やかな雰囲気の中で作成した。このような事実は警察等には秘密にしておいて欲しい。この書面は緒方に預ける。」などと記載している。

末尾には、作成日付（平成7年2月24日）、本籍地、住民票上の住所地、現住所、生年月日が記載され、署名、押印がある。

また、甲女が、「お父さんが書いたないようはみんな本当です。」、「あとからあれはうそとかもいわないで下さい。なぜかとゆうとお父さんは、いつもうそつきだからです。純子おばちゃん甲女を助けてくれて、ありがとう。読んでくれてありがとう。」、「これを、私がもっていると、お父さんから、とりあげられて、すてられるかもしれませんので純子おばちゃんもっておいて下さい。」などと記載して、署名、押印している。

その後に、由紀夫が、「甲女へ　純子おばちゃんが読んだことは本当です。　お父さんより」と記載している。

さらに、緒方が、「確かに見とどけ聞きとどけました。この書をあづかり、もしもの時には警察に検さつ庁にこの書類をもって行きます。まじめに頑張って下さい。」と記載している〉

文面にある〈和やかな雰囲気の中で――〉のくだりは、事実ではないと推測される。決して無理やり書かせたものではないと、念を押したかった松永による作文だろう。さらにその一カ月後、松永は清美さんに対しても書面を作らせており、その作成の流れについて論告書には次のようにある。

〈平成7年3月20日、松永は前記事実関係証明書に対応するものとして、甲女に命じ、「おとうさんからされたいろいろないやなつらいことのすべて」と題する書面を作成させた。しかし、甲女は、同書面に記載されているような性的いたずらを受けたことは一切なく、この書面に書いてある内容は、すべて松永が甲女に命じて書かせたものだった。そのため、文中には、甲女が当時知らなかった言葉も含まれている（その例として、「クリトリス」や「マザコン」がある。）〉

一覧表にある、表題が前出の「おとうさんから――」という書面の内容の概要については、以下のように紹介される。

〈甲女は、「由紀夫から、身体を触られたり舐められたり、衣服を脱がされて裸にされたり、陰部に指を入れられたりしていた。由紀夫はとてもいやらしい人間であり、一緒にいたくない。」などと、由紀夫が甲女に対し頻繁に性的な嫌がらせ等をしていた旨を、四百字詰め原稿用紙18枚にわたり事細かに記載している。

末尾に、作成日付（平成7年3月20日）の記載、甲女の署名がある。

さらに、由紀夫が、「私はこの書を正に読みました。事実に相異ありません。　平成7年3月22日父、広田由紀夫」と記載して押印している〉

娘を〝人質〟に取られたうえ、こうした書面を作成させられたことにより、由紀夫さんの抵抗する気力はさらに奪われていった。

ここで松永による由紀夫さんへの虐待行為について触れておくと、松永は由紀夫さんが「片野マンション」で同居する前から、先に彼らと同居していた清美さんと、連日呼び出していた由紀夫さんに対して、日常的に通電による暴行を加えていた。そうした流れでの同居後の状況について、論告書は詳述している。少々長いが全文を紹介する。

〈松永は、些細なことを口実に由紀夫に通電を加えており、例えば、由紀夫が返事をしないとか、決められた場所から足がはみ出したとか、後述するように、制限時間内に食事を食べ終えなかったとか、制限された回数以上にトイレに行きたがったとか、いびきがうるさいなどと指摘しては由紀夫の体に電気を通した。

由紀夫は、同居開始後しばらくして（勤務先の不動産会社を）退職し、一日中片野マンションで過ごすことが多くなった。そして、松永は、由紀夫に対し、日中は、ずっと立たせておくか、さもなければ執拗に通電を加えて虐待していた。由紀夫は毎日のように通電を繰り返され、その通電も、ひどいときには半日以上も続くことがあった。通電部位も危険な場所が増え、由紀夫は、顔面に通電されて気絶したことも数回あった。

また、松永は、甲女と由紀夫に、「電気のボクシング」をするよう命じたこともあった。「電気のボクシング」とは、甲女と由紀夫が、2つに割いた通電用の電気コードをそれぞれ片手に握り、その手で互いの体を叩くことだった。その結果、互いの手の触れた部位を介して感電するので、非常な恐怖があった。松永は、由紀夫と甲女が、感電の恐怖から、恐る恐る互いの体に触れている様子を見て一層喜び、楽しそうな様子で、あれこれと殴る場所を指示した。甲女が、感電の恐怖から言われたとおりにできずにいると、松永は、従わないなら甲女だけに通電してやるなどと言って甲女を脅した。由

紀夫は、甲女が殴るよう指示された部位を自分から甲女の拳に当て、甲女をかばってくれていた〉

当時、清美さんは小学生である。松永はまだ幼い児童と、その父親に対して、このような苛烈な暴力を強要していたのである。また、当然ながらそうした現場には、小さな我が子を抱えた緒方もいた。

その場での緒方の態度について、前出の判決文には次のようにある。

〈緒方も、かねてから由紀夫に好感を持っておらず、由紀夫と同居する前及び同居後しばらくの期間、しばしば由紀夫を小突いたり叩いたりしたことがあったが、その回数は松永と同程度であった。松永が由紀夫に対し通電等の暴行や虐待を加えるようになった後、松永の指示を受けたときは、唯々諾々とこれに従い、その指示どおりに、何ら手加減をすることなく、仮借のない暴行や虐待を加えた。自らの意思のみでは、由紀夫に対し、積極的に通電等の過酷な暴行を加えることはしなかったが、松永に指示されて由紀夫に通電しているとき、緒方の判断で由紀夫に通電したことはあった。また、緒方は、松永が由紀夫に暴行や虐待を加えるときに、松永を制止したり、由紀夫を庇ったりしたことは全くなく、松永がいないときでも、由紀夫の心身を気遣ったり励ましたりする態度を示したことは全くなかった〉

つまり、この時点での緒方は、命じられるまま動くロボットのように、犯行に加担していたのだ。

当時の松永と緒方の関係性について、同判決文には以下のようにある。

〈松永は、緒方が松永の意にかなわない言動をしたときなどは、緒方に対しても、殴る蹴るの暴力を振るったり通電したりしたが、由紀夫と同居していたころ、通電の回数は平成9年（97年）4月以降のそれと比べ少なかった。他方、松永は、緒方、由紀夫、甲女から、通電等の暴行や虐待を受けたことは全くなく、その地位は常に他の者に優越し、侵し難いものであった〉

ここに出てくる〈（97年）4月以降〉という時期は、由紀夫さんが死亡した後に次なる〝金づる〟

とされ、監禁致傷、詐欺・強盗の被害に遭った原武裕子さんが、監禁されていたアパートから逃げ出した直後にあたる。そのため、新たな〝金づる〟を求めた松永が、緒方に彼女の家族を〝供出〟させようと考え、通電による虐待を繰り返していたのだ。

話題を由紀夫さんに戻すと、同判決文では、松永による〈由紀夫に対する暴行や虐待は、平成7年6月ころからひどくなった〉と断定されている。

罰として絶食

松永と緒方が暮らす片野マンション三〇×号室で、九五年二月から同居させられた広田由紀夫さんと、父親に先駆けてその前年十月から同居していた娘の清美さん。彼ら親子に対する松永による虐待は、殴打や通電による暴力にとどまらなかった。

その一つが食事についての厳しい制限だ。成長期である清美さんが受けた影響について、論告書には、以下のような説明がなされている。

〈片野マンションでの同居を開始した後、由紀夫と甲女は、食事の回数や量などについても制限を受けた。そのため、甲女は、片野マンションで生活を始める前である小学校1年生から4年生の10月までの間は、クラスの女子約21人中、後ろから2番目から6番目ぐらいの身長だったものが、片野マンションで生活を始めた後である小学校4年生の10月以降は、身長は前から2番目から4番目くらいになり、生理が2～3か月遅れることもあり、学校等でもしばしば貧血を起こしていた〉

親子への食事制限の詳細についても論告書は触れている。悪辣な犯行内容を詳らかにするため、途中で補足説明を入れながら全文を掲載する。

〈(ア) 食事を取る回数、時刻
食事は1日1回と決まっていたが、罰として食事が全く与えられない日もあり、3日間絶食させられたこともあった。また、食事の時刻は、松永の気分次第で、一定していなかった。
(イ) 食事の内容
食事の内容も、すべて松永が決めていた。被告人両名は、麻婆豆腐や刺身や焼き魚や煮魚などを自由に食べており、松永は、由紀夫には、物と引き換えでなければ食事をやらないと言っていた。甲女は、自分がひもじい思いをするのは、由紀夫にお金がないからなのだと思っていた。
由紀夫と甲女に与えられる食べ物は、いつも、マルタイの棒ラーメン、丼やボウルに盛った白米やうどんなどだった。ラーメンには具は入れられておらず、たまに松永の機嫌次第で卵が入る程度で、あとはラードがかけられていた。白米にも、いりこが炊き込まれたことが2~3回あっただけで、やはりラードがかけられていることが多かった。それ以外には、由紀夫と甲女に対し、肉類、野菜類、魚類などのおかずが与えられたことは一度もなく、時折、食事の他に、コーラやポテトチップスやカロリーメイトが与えられた。水も自由に飲むことはできず、松永の指示があるときにしか飲めなかった。逆に、どんぶりに5杯という大量の水を無理矢理飲まされたこともあった。
与えられる食事の量は、由紀夫と甲女でほぼ同じだった。例えば、白米であれば3合半くらい、水であればどんぶりに5杯という量だった。一度の量として見れば量があるが、食事は一度きりであったので、いつもお腹を空かせていた。そのため、甲女は、学校では給食を残さず食べるようにし、欠席者の分も競争して食べた。それでも、甲女は、前記のとおり発育が遅れ、しばしば貧血も起こしていた〉
ここで触れられた食事の時刻については、判決文のなかで以下の状況が認定されている。

〈由紀夫は深夜1時ころから3時ころ食事を与えられることが多かった。松永が食事内容を決め、その指示に従って緒方が食事を用意して盛りつけるなどして由紀夫に与えた（甲女についてもほぼ同じ）〉

また、同じく判決文には絶食について次のようにある。

〈松永は、制裁等の理由により、由紀夫と甲女に食事はもちろん、水さえも与えない日があった。松永は、ときには、由紀夫に対し、1週間くらい食べ物を与えず水だけしか与えなかったり、3日間くらい食べ物も水も与えず完全に絶食させたりした〉

論告書は、由紀夫さんと清美さんの食事制限について続ける。

〈（ウ）食事の時間制限

食事には時間制限があった。時間内に食べ終えないと、松永は、通電等の制裁を加えた。由紀夫が制裁を受けたことは、約50回あった。

松永は、食事中の由紀夫の顎や両耳に通電用のクリップをあらかじめ取り付けておき、制限時間が経過した瞬間に通電したこともあった。そのせいで由紀夫が食べ物を吐いたこともあったが、松永は、由紀夫にそれを再び食べさせ、かつ、吐いたことを理由に更に通電を加えていた。

（エ）食事を取る場所

被告人両名は、テーブルで食事をしていた。これに対し、由紀夫と甲女は、片野マンションで生活を始めた平成7年（95年）2月ころは、同様にテーブルで食事を取っていたが、その後、松永は、由紀夫と甲女に対して、台所や浴室の床の上に広告紙や引出しを敷いて食器を置いて食べろと指示した。さらに、由紀夫が死ぬ間際ころには、由紀夫と甲女は、浴室の洗い場で食事を取るようになっていた〉

松永は由紀夫さんに対し、ベニヤ板で区切った「領土」と名付けた範囲を決めて、台所での居場所をその「領土」上に制限していた。判決文には次のようにある。

〈松永は、片野マンションの台所で、由紀夫を「領土」に座らせるか、あるいはそんきょの姿勢をとらせ、新聞紙や広告紙を敷いた床の上に食器を置いて食事をさせた（浴室で食事させることもあった）。松永は、由紀夫の食事時間を10分から15分くらいに制限し、緒方や甲女にキッチンタイマーで時間を計らせて大急ぎで食事をさせた。食事時間の制限は甲女にもあった。由紀夫が制限時間内に食事を食べきれないと、制裁として通電した。

松永は、由紀夫が制限時間内に食事を食べきれなかった際、丼に残ったご飯の上に山盛りの塩をかけ、由紀夫に対し、これを急いで食べるよう強要し、由紀夫がこれを食べたところ、口の端からよだれを垂らし気を失ったことがあった〉

制限時間内に食事ができなかった由紀夫さんへの松永による制裁について、公判のなかでも緒方と清美さんがそれぞれ供述していることを判決文は指摘。そこで挙げられた両者の供述内容は以下の通りだ。

〈「由紀夫は食事の制限時間を経過した時点で両顎に通電を受け、口に含んでいた食べ物を吐き出した。被告人両名は吐き出したご飯粒等を由紀夫に食べさせた」（緒方の供述）

「由紀夫は、制限時間内に食事を全部食べ終えないときは通電された。その際、由紀夫は、口に含んでいた食べ物を吹き出したことがあり、松永は、緒方と甲女に対し、『床に落ちた物もちゃんと食べさせろ。』と指示し、由紀夫に吹き出した物を食べさせた」（甲女の供述）〉

一方で、松永は自身が課したとされる由紀夫さんへの食事制限について、公判のなかで否認していた。その内容を判決文はこのように明かす。

〈松永は、公判廷で、「平成7年8月か9月ころから由紀夫が死亡するまでの間、同年10月末から11月5日までの間を除いて、由紀夫に対し、カロリーメイトを与えた。由紀夫と同居するようになってからは、由紀夫に対し、被告人らと同様に、めん類や100円のレトルトカレー等を食べさせたが、由紀夫が『宮崎さん（松永の偽名）たちが食べているような物は健康によくない。そんなんでよく生きていけますね。』、『豚みたいになってもいいから、栄養のある物を食べさせてくれ。』などと食事に不満を言うようになったので、平成7年8月か9月ころから栄養のあるバランスの良い食事として、由紀夫にカロリーメイトを与えるようになった。平成7年10月末ころ、由紀夫は同居当初に比べて10キロくらい痩せた状態だったが、松永は、由紀夫に対し、『カロリーメイトは金がかかるし、このままカロリーメイトを食べ続けたらまた太り出すので、もうやめておいた方がいい。』などと言い、由紀夫に納得させて、一旦は由紀夫にカロリーメイトを与えるのをやめた。しかし、由紀夫は、被告人らと同じ食事をするようになると、『うどんやご飯だけなど食べられない。太ってもいいからカロリーメイトがいい。』などと不満を言うようになったので、松永は、平成7年11月5日から、由紀夫に対し、再びカロリーメイトを与えるようになった」〉

こうした内容を松永は公判で主張。由紀夫さんに対し、カロリーメイトに限らず、牛乳や砂糖、レバンコンク（滋養強壮剤）、バナナ、酒のつまみ、ビタミン剤を与えたとしている。とくに同年十一月頃から由紀夫さんが死亡するまでの間について、松永は「『栄養満点スペシャルメニュー』と称して、一日当たりカロリーメイト三、四箱分、バナナ二、三本、牛乳三百cc、砂糖大さじ二杯、レバンコンクキャップ一杯分を丼に入れて与えた」と供述するなど、由紀夫さんに十分な栄養を与えていたことを強調した。

しかし、公判で清美さんは「時期はよく覚えていないが、松永が由紀夫にカロリーメイトを与えたことを一回だけ覚えている」としたものの、松永が主張する「栄養満点スペシャルメニュー」なるものを、由紀夫さんに与えたことはないと供述した。

そうした証拠などの結果、判決文では由紀夫さんへの食事制限について、〈松永の公判供述は信用することができない〉と結論付けられたのだった。

寝床は箱の中

松永と緒方による由紀夫さんと清美さん親子に対する虐待は、通電などの暴力や食事制限のほかにも、生活全般に及んでいた。

たとえば就寝についての制限について、論告書では以下の説明がなされている。

〈(ア)眠る場所及び寝具
被告人両名は、片野マンションの和室に布団を敷いて寝ていた。これに対し、由紀夫と甲女は、由紀夫が片野マンションで同居するようになった初日だけ片野マンションの和室に布団を敷いて寝ることが許され、以後は、片野マンションの玄関の土間にすのこを敷き、その上に一組の布団を敷いて寝させられた。それが、平成7年(95年)2月ころ以降、同年夏ころまで続いた。

平成7年夏ころになると、松永は、由紀夫と甲女に対し、「二段ベッド」と呼ばれる木製の箱で寝るように命じた。これ以降、松永は、由紀夫と甲女には、布団で寝ることも許さなかった。この箱には蓋が付けられており、寝るときは外から鍵が掛けられた。また、松永は、由紀夫と甲女に対し、箱の中で寝返りを打つことさえ禁じた。のみならず、松永は、いびきがうるさいなどと言って、眠っている由紀夫の足に通電したこともあった。

更にその後、松永は、由紀夫と甲女に対し、片野マンションの浴室の洗い場で、下着姿で眠るよう命じた。この指示は、由紀夫が死亡するまでずっと続いた。松永は、敷布団は与えず、洗い場に置かれたすのこや雑誌の上で寝ることを強いた。掛け布団もごくまれに毛布などを貸し与えただけで、大体は5枚ほどの新聞紙を掛けて寝るよう強いていた。真冬でもこの状態が維持され、数日間、しかも一晩に数時間程度だけ布団乾燥機を使わせた以外には暖房器具もなく、寒さのあまり、眠れないこともしばしばあった〉

一方で、松永は当初から由紀夫さんと清美さんへの就寝制限について、〝独自〟の主張を展開していた。公判における松永弁護団による冒頭陳述では、次のような説明がなされている。なお、これらはあくまで松永の主張に基づいたものであることをお断りしておく。

〈(ア) 甲女は、片野マンションで起居するようになった当初は和室で寝ていたが、朝まで小便のために起きることがなく、室内にある洗濯物やローチェスト内のタオルを引っ張り出してそれに小便をするという奇妙な癖を有しており、被告人松永が何度注意しても改めることがなかった。そこで、被告人松永らは、和室ではなく、台所や玄関前に板を敷き、そこに甲女を寝かせるようにした。また、甲女は、トイレに間に合わずに途中で小便を漏らしてしまうので、被告人緒方が後始末をするのが大変であったため、被告人松永らは、甲女に対し、ペットボトルを半分に切った容器に小便をさせるようになった。

(イ) 被告人松永らは、由紀夫のいびきの音があまりにも大きかった(当初、被告人松永は腕にはめるいびき防止器を1万円くらいで買い与えたが効き目がなかった。)ので、防音対策として、由紀夫に浴室で寝てもらうこととし、甲女についても、上記お漏らしの対策として、一緒に浴室に寝てもらうこととした。

なお、被告人松永らは、浴室内に布団と毛布を運び入れ、暖房代わりに布団乾燥機で温風を送り込んでいた。したがって、由紀夫らの身体の保温に必要十分な寝具と暖房器具が使われていた〉

しかし判決文では、清美さんの小用の粗相についての言及こそなかったが、〈松永は、由紀夫のいびきがうるさいとして、通電用の電気コードの先に取り付けたクリップを、由紀夫の足にガムテープで取り付け、就寝中の由紀夫に対しても通電したことがある〉と通電の事実を認めている。さらに就寝制限のなかで、由紀夫さんに対して新たに以下の虐待があったことにも触れていた。

〈平成7年10月か11月ころからは、台所に設置した、すのこを組み合わせ、紐で縛って作った囲いの中に由紀夫を入れ、体育座りの姿勢で、両手首を紐で縛り、囲いのすのこにくくりつけて顔面くらいの高さに吊った状態で寝かせた。由紀夫を「二段ベッド」やすのこの囲いの中で寝かせたころは、由紀夫に掛け物を与えなかった〉

判決文は当時の由紀夫さんの着衣について、次のように説明する。

〈松永は、平成7年秋ころから死亡するまでの間、由紀夫が片野マンションで着る物として、長袖カッターシャツ、短いズボン（一時期おむつ）、ジャンパーだけを許し、トランクスは穿かせたが、肌着は与えなかった。裾や袖を長くしておくと汚れて不衛生だとして、常に裾と袖をまくり上げさせた〉

そうした着衣で厳冬期を過ごしていたことに触れ、松永が公判において「由紀夫と甲女が起居する片野マンションの浴室の暖房のために布団乾燥機を同所に設置した」と供述していることに対して、判決文は彼らの逮捕後である平成十五年（〇三年）に、犯行現場で実施した実況見分の結果を持ち出して、以下の結論を下していた。

〈そもそも布団乾燥機を暖房目的に使用するということ自体がお座なりなものである上、平成15年1月14日から同年2月25日までの片野マンションの浴室内の気温は、6度ないし12度であり、同年1月

28日、浴室内に布団乾燥機を設置し作動させて気温の変化を計測したところ、2時間くらい経過しても浴室内の気温は10度から13度になった程度に過ぎなかったという実況見分の結果や、甲女も、公判廷で、「浴室内で布団乾燥機を作動させてもほとんど暖まらず、寒くて寝られないこともあった。」旨供述していることに照らすと、布団乾燥機を片野マンションの浴室内で作動させても、暖房としての効果は殆どなかったことが認められる〉

論告書は、就寝制限が課された時期の由紀夫さんと清美さんの睡眠時間についても触れている。

〈(イ) 睡眠時間

片野マンションでは、由紀夫と甲女が何時に寝て何時に起きるかすらも、松永の気分次第で左右されていた。

松永は、由紀夫と甲女に対し、午前3時か4時ころまで眠ることを許さず、午前7時には2人を起こし、甲女には学校に行かせていた。そのため、それ以前は8時間程度であった甲女の睡眠時間は、長くても4時間程度になってしまった。しかし、それさえも松永の気分次第であって、一睡もできないまま学校に行かされることもあった。学校が休みの日も、同じ程度の睡眠しかとらせてもらえなかった。

松永は、甲女が登校の支度をしている間から、由紀夫を浴室で立たせており、甲女が学校から帰宅してきたときも、由紀夫は登校時と同じ場所に立たされていた。だから、由紀夫は、一日中立たされていたと思う〉

ここにもあるように、由紀夫さんは制限を受ける睡眠時以外には、常に長時間の起立を強制されていた。論告書は明かす。

〈前記のとおり、由紀夫は、基本的に片野マンションの浴室で一日中立たされていた。甲女も学校が休みの日には由紀夫と一緒に立たされていた。被告人両名が入浴している間は、由紀夫は台所で立たされていた。長時間立たされた後に、由紀夫の足がむくんで腫れ上がったこともあった。松永は、由紀夫に正座するよう命じたが、由紀夫は足が腫れて曲がらず、座れなかった。松永は、由紀夫の太ももを上から踏み付けて無理にでも座らせようとしたが、それでも由紀夫の足は曲がらず、由紀夫が転倒したこともあった。

松永は、床が汚れると言って、食事や通電の際、由紀夫と甲女に対し、そんきょの姿勢を執らせ続けたこともあった〉

松永が由紀夫さんに命じた制限は、排泄にも及ぶ。回数を制限され、排泄をする際にはそのつど、松永の許可が必要とされたのだ。具体的な内容については判決文に詳しい。

〈松永は、由紀夫を浴室で寝かせるようになった同年（95年）12月終わりころから由紀夫が死亡するまでの間は、浴室内でペットボトルに小便をさせた。また、松永は、由紀夫の大便の回数が多いとして、同年秋ころから大便を一日1回に制限し、それ以上大便をしようとすると制裁を加えることがあった。松永は、由紀夫にトイレで大便をさせるときは、全裸にならせた上、浴室からトイレまでの床に新聞紙を敷き詰めて移動させ、13分の制限時間を課し、便座に腰をかけることを禁じて中腰の姿勢をとらせ、ドアを開けたまま、緒方をして用便の様子を監視させるなどした。由紀夫が用便をした後は、緒方が、由紀夫の尻や由紀夫が尻を拭いたトイレットペーパーを確認し、由紀夫を浴室に戻し、床に敷いた新聞紙を片付け、便器、トイレや洗面所の床を拭いて掃除した〉

こうした由紀夫さんの人としての尊厳を踏みにじる行為にとどまらず、直接的に罰を加える行為もあった。以下続く。

〈由紀夫は、便意を我慢できずに大便を漏らすことが何回かあった。松永は、由紀夫が大便を漏らすとして、由紀夫に何回か紙おむつをはかせた。また、松永は、由紀夫が大便を漏らしたとき、何度か、緒方に指示し、由紀夫の尻やトランクスに付いた大便をトイレットペーパーで拭き取らせた上、由紀夫にトイレットペーパーごと口に入れて食べさせたり、大便の付いたトランクスを口に付けて吸わせたりした。そのとき、由紀夫は大便の付いたトイレットペーパーをなかなか飲み込めず、松永が水を与えて飲み込ませたことがあった〉

こうした虐待が連日繰り返されたことで、すでに抵抗の気力を失っていた由紀夫さんは、目に見えて衰弱していくのである。

松永が残した虐待写真

由紀夫さんの衰弱の様子について論告書では、〈平成8年（96年）1月ころ以降の由紀夫の状況〉として、以下の説明がなされている。

〈被告人両名の由紀夫に対する通電暴行や生活全般にわたる種々の制限は、その後も緩むことなく続けられ、平成8年1月になると、由紀夫は、すっかり痩せてしまった。また、由紀夫の身体には、斑点のようにかさぶたができていた。松永は、由紀夫に命じて、由紀夫の身体から床に落ちたかさぶたを食べさせたこともあった。

さらに、由紀夫の身体は、左手首などにむくみが生じ、腕や足を押さえると、その部分が元に戻らなくなった。また、由紀夫が、浴室で、松永から「あんた、顔がむくんどうやんね。」と言われたことがあったから、松永も、由紀夫が目に見えてむくんでいたことはわかっていた。

また、由紀夫の右手には、包帯が巻かれていた。これは、指に電線を巻き付けられて通電された結

果、肉が溶けて、骨が見える状態になっていたからであった。松永の指示で、緒方が手当てをしていた〉

虐待を受け続けたことで、由紀夫さんは精神にも変調をきたしていたようだ。論告書はその様子についても触れている。

〈この時期、由紀夫は、いきなり、浴室の中から、洗面所にいた松永に向かって土下座をし、「甲女（原文実名）がいつもお世話になっています、宮崎様（松永の使っていた偽名）。自分も甲女もここまで来れたのは宮崎様のおかげです。」などと言ったこともあった。松永は、甲女に対し「あんたもお父さんを見習わんね。」と言い、由紀夫も、「頭を下げないか。」と言って、側にいた甲女の背中を押して土下座させた。甲女は、由紀夫をひどい目に遭わせた松永に対し、突然こんなことを言い出した由紀夫を見て、由紀夫の頭がおかしくなってしまったのではないかと思った〉

由紀夫さんが死亡したのは九六年二月二十六日のこと。その一週間前以降の状況について、論告書は続ける。

〈松永は、由紀夫に対し、木製のすの子で作った檻に閉じ込め、腕に通電していた。この時期以降、由紀夫の腕は、肩の高さに上げることすらできなくなり、力が抜けたようになった。

松永は、リハビリと称して由紀夫に通電していた。しかし、松永は、由紀夫の腕が動かない様子や、通電を受けて苦しむ由紀夫の真似をして喜んでいたので、単に通電を楽しんでいたようであった。

松永は、由紀夫を台所に呼び出しては通電を繰り返していた。このころの由紀夫は、前記の「下駄」等も、足が不自由なために自分では動かせなくなっていた。松永は、由紀夫の動作が鈍いことに対して怒り、なおも通電していた〉

ここで出てきた「下駄」とは、松永が由紀夫さんが室内を移動する際に、その足が直に床に触れることを嫌って、すのこや段ボールを使って作成した履物のことである。腕が動かなくなった由紀夫さんの食事状況については次のようにある。

〈松永は、甲女に対し、由紀夫の食事を手伝うよう命じた。由紀夫は手が動かず、1人では食事もできなくなっていたからだった。しかし、松永は、時間制限は解除しなかったので、甲女は、由紀夫に時間内に食事を取らせるため、水で流し込むようにして由紀夫に食べさせていた。由紀夫は、うまく咀嚼《そしゃく》できず、もっとゆっくり食べさせてくれと甲女に目で訴えていた〉

このように、当時の状況を説明する内容が具体的なのは、その場に立ち会っていた清美さんと緒方の供述を精査した結果である。また、それと同時に、松永には写真による記録癖があったようで、由紀夫さんがいた片野マンション三〇×号室内での状況を撮影した写真が数多く残されており、すべてのプリントやネガが押収されていた。

その内容については論告書に詳しい。以下、時系列で紹介していく。

●平成七年（九五年）二月十九日ころ

〈この時期に撮影されたと思料される写真（※資料番号は省略、以下同）では、片野マンションの台所の片隅で甲女が正座している様子が写されており、その背後には電気コードが見える。この電気コードの一端は通常のプラグであるが、他方の端は2本に裂かれ、かつ内部の導線が数センチにわたって露出させられている。また、同月26日ころ撮影されたと推測される写真には、暗い表情で、やはり正座した姿勢で電気コードを束ねている甲女が写っている。その状況から、この写真は、通電直後に、使用済みとなった電気コードを片付けさせられているところと推測される。これらの写真から、この時期ころには通電暴行を開始していたことが明らかである〉

●同年三月五日ころ

〈この時期に撮影されたと思料される写真以下には、いずれもマジックペンで、その瞼《まぶた》には睫毛《まつげ》様の落書きを、前頭部の生え際には頭髪様の落書きをされた由紀夫が、キッチンタイマーを前に時間を計られつつ食事をし、かつ、ピースサインをしている姿が写されている。しかし、次の写真の由紀夫の強ばった眼差しを見れば、由紀夫がいかに屈辱的な思いで落書きをされ、この写真を写されたかは一目瞭然である。また、この写真から、この時期ころは、早くも食事の時間制限が開始されていたこと、由紀夫の食事内容はラーメンとボウルに盛ったご飯であったことも明らかであり、この点も甲女の供述と良く整合している〉

ここに出てきた写真こそ、本書一七九ページに記した、由紀夫さんとかつて内縁関係にあった安田智子さんが、事件発覚後に警察からの事情聴取を受けた際、写真を取り出した捜査員から、「最後の一枚は見ない方がいいですよ」と言われたものである。

●同月十日ころ
〈この時期に撮影されたと思料される写真には、片野マンションの台所に、1枚の毛布が畳んで置かれている様子が写されている。片野マンションの台所はビニールクロス張りであり、通常就寝に用いるべき場所は2つの和室のいずれかであると思料されるところ、このような場所に毛布が置かれていることは、同居後は和室で寝ることさえ禁じられていたという甲女の供述に合致する〉

●同年四月十五日ころ
〈この時期に撮影されたと推測される写真には、片野マンションの台所に1枚の段ボールを敷き、その上に、上半身はトレーナー、下半身はパンツ1枚だけを着用した姿で正座している甲女が写っている。この様子は、被告人両名が、由紀夫と甲女には室内で自由に行動することを禁じ、「領土」と称する段ボールの上にいることを常に強いていたという甲女供述によく合致する。なお、甲女のすぐ側にたたずんでいる被告人両名の長男の足元にはかかる「領土」など存在しないことからも、かかる扱いが虐待の一環であったことは明白である〉

●平成八年（九六年）一月上旬ころ

〈写真には、手前におせち料理用と思しき重箱が写っていることから、この写真は、平成8年1月上旬ころに撮影されたものと推測される。この写真では、由紀夫は、すの子の上に、かつ、すの子で作られた草履様のものを置き、そんきょの姿勢で座っている。由紀夫は痩せ細り、その身体には多数の痒疹が発生するなどしている。由紀夫の正面には、向かい合うような姿勢で甲女がそんきょの姿勢で座っており、甲女の手には開かれた手帳と鉛筆が握られている。

この写真に写された由紀夫の身体的特徴から推測される虐待状況は××（※鑑定医名）鑑定のとおりであり、これが、甲女の供述内容と良く整合していることは強調に値する。また、由紀夫の足元にあるすの子や、すの子製の草履様のものは、甲女が供述する「領土」と「下駄」であり、甲女が手にしているのが「ちくりノート」であって、この写真からも甲女の供述が真実であることが明らかである〉

ここに出てくる「ちくりノート」とは、松永が清美さんに常に持たせていた手帳で、由紀夫さんが松永の指示等にわずかでも反した際には、記載して報告することを強要していた。松永はその報告をもとに由紀夫さんに虐待を加え、もし記載漏れが発覚すれば、清美さんが虐待を加えられることになっていた。

●同年一月ころ

〈前後の撮影内容から推測して写真は、同年1月ころ以降に写されたものと推測されるところ、この写真には、テーブルの側でポーズを取っている被告人両名の長男と、その背景で、絨毯の敷かれていない畳の上に新聞紙を敷き、その上で正座している甲女の姿が認められる。被告人両名が、甲女には絨毯の上に上がらせず、絨毯の外で、かつ新聞紙の上で正座をさせていたことがうかがわれる〉

●同年六月十七日ころ

〈この時期は、由紀夫殺害・解体後となるが、写真には、和室のテーブルで食事をしている被告人両名の長男の背後で、台所の床にはいつくばるようにして食事を取っている甲女の姿が認められる。このように、由紀夫事件後も、被告人両名が、甲女を、長男とは差別して虐待してきたことは明白である〉

こうした状況を写真に残す松永の神経を疑ってしまうが、逆にいえば、これらの写真があったことで、清美さんや緒方の証言が裏付けられたということがわかる。

由紀夫さん殺害

由紀夫さんが松永と緒方による虐待の結果、片野マンション三〇×号室で死亡したのは、九六年二月二十六日のこと。

その死亡数日前の状況について、判決文には次のようにある。

〈被告人両名は、由紀夫が死亡する2、3日前ころから、由紀夫が廃人のような状態になり、言動もおかしく、由紀夫を（寝起きさせていた）浴室から出すのが不安になったので、被告人両名も入浴せず、由紀夫を終始浴室内に閉じ込め続けた。松永は、緒方に対し、「ときどき浴室内の由紀夫の様子を見るように。」と指示した。緒方は、そのころ、由紀夫の様子を見るために浴室のドアを開けたところ、由紀夫がやにわに立ち上がり緒方の方に向かってくるような様子を見せたため怖くなり、その

ことを松永に報告した〉

死亡前の由紀夫さんの状況については、論告書が触れている。

〈死亡当時の由紀夫さんの全身にはボツボツの斑点が出ており、死ぬ間際には平成8年（96年）1月上旬ころに撮影された写真よりも一層痩せていた。また、由紀夫の首も痩せて細くなり、筋が見えたようになっており、腹部はへこみ、足は非常に細くなっていて、目はギョロッとして力がなく、もはや自力ではふらふら歩くのがやっとの状態になっていた。まさかその日死んでしまうとは思わなかったが、このまま放置していれば由紀夫はいずれは死ぬのではないかと考えた〉

当日午前七時に緒方が清美さんに声をかけて起こすと、由紀夫さんも目を覚ました。いつもは清美さんが起きた段階で、松永は由紀夫さんに浴室内での起立を続けるよう命じていたが、その日は「まだ寝ていていい」と言い、由紀夫さんはそのまま横になって寝ていたという。

午後三時頃になって、緒方が洗面所から浴室を覗いたところ、由紀夫さんは洗面所側に向いてあぐらをかいた姿勢で俯いていた。浴室の床に敷いていた雑誌の上には大便が散らばっており、緒方は「汚い」と文句を言って浴室のドアを閉めている。

学校から帰る途中に清美さんが公衆電話で緒方に帰宅の連絡を入れたところ、緒方から、「あんたのお父さんがうんこを漏らしとうけ。早く帰って掃除をしい」と言われ、午後四時か四時三十分頃に帰宅した。

それから松永と緒方に命じられた清美さんが、浴室に清掃に入った際の状況について、公判における緒方の証言は次の通りだ。

「清美が浴室を掃除する間は、由紀夫を浴室から出して台所に移動させた。由紀夫は自分で立ち上がり、足形を書いた紙を足の下に敷いて、自分で移動して台所まで歩いていった。台所で由紀夫の衣服が汚れていないか確かめた。衣服を脱がせて確認したのが台所だったか浴室だったかは、はっきり憶えていない。浴室の掃除が一通り終わってから、松永の指示を受けて、由紀夫をふたたび浴室に入れた」

それから由紀夫さんの様子は急変した。判決文は緒方の供述に沿ってそのときの状況を説明する。

〈浴室の床はまだ雑誌が敷かれていない状態だった。由紀夫は、浴室に入ると、洗面所の方を向いてあぐらをかいてしゃがんだ。

松永が洗面所から浴室内の由紀夫に話しかけたところ、由紀夫は、あぐらをかいたまま上半身を前屈させて倒れ、両手を前に伸ばし、額を床に着けた状態で動かなくなり、突然いびきをかき始めた。

松永は、由紀夫の異常に気付き、緒方を呼び寄せた。

松永は、由紀夫の様子を見て、緒方に対し、「あんたがご飯食べさせてないけやろうが。」などと言った。

松永と緒方は、すぐに由紀夫の手足を持って由紀夫を台所に運び、床に仰向けに寝かせた。由紀夫は目を閉じており、いびきは止んでいた〉

じつはこの際の由紀夫さんの行動について、公判での清美さんの供述は、一部が異なっている。その要旨は以下の内容である。

「帰宅してから、緒方から早く浴室を掃除するように言われた。そこで浴室の床に敷いてあった雑誌を取り除いたり、床や壁をシャワーで洗い流したりして掃除した。緒方も雑誌や大便を片付けて袋に入れる手伝いをした。お父さんは掃除の間も浴室内におり、浴室入口付近であぐらをかき、頭を床につけていた。お父さんは私が尻の下にあった雑誌をどけるときに、尻を少し浮かせるように、ゆっくりとした動作で体を動かした。そのとき、緒方が『はよどかんか』などと声をかけた。お父さんは、そのとき以外はまったく体を動かすことはなかった。誰とも話さず、始終無言でいた。緒方は洗面所の浴室入口付近に立っていた。松永は、洗面所付近を行ったり来たりしていた。私が浴室の壁や床をシャワーで洗い流していた間、お父さんは動かずそのままの状態でいたが、「グオーグオー」といびきをかき始め、その後ぐったりした。松永は、お父さんがいびきをかき出したとき、緒方に対し、『あんたがご飯食べさせてないけやろうが』などと言った。その後、松永と緒方がお父さんを浴室から運び出し、台所の床に仰向けに寝かせ、緒方がお父さんのカッターシャツを脱がせた」

由紀夫さんが浴室の清掃時に、外に出たか否かで異なっているこの両者の供述に対して、判決文は〈緒方は、はっきりとそのような記憶があると述べている上、その供述内容は、浴室の状態、甲女が行った掃除の方法等に照らし、甲女供述に比較し自然である〉として、緒方の記憶を採用している。なお、細かい話になるが、先に「緒方の供述に沿って」とした判決文にある、松永が〈緒方に対し、「あんたがご飯食べさせてないけやろうが」〉と言った箇所については、緒方の供述ではなく、清美さんの供述をもとにしたものである。

この時点で死亡していたとみられる由紀夫さんに対して、松永は蘇生措置を取っていた。その様子は判決文に詳しい。

〈松永は、由紀夫に対し、三、四十分間くらい、人工呼吸（マウス・ツー・マウス）をしたり、緒方に心臓マッサージをさせたり、甲女に足をもませたりした。

さらに、松永は、「万一蘇生するかも知れないから通電してみよう。」などと言って、由紀夫の胸部等にクリップを取り付け、何度か通電したが、由紀夫は身体を動かさなかった〉

通電は胸だけでなく、足や指にも行われたという。由紀夫さんの死亡を確認した松永と緒方は、遺体を浴室内に運び入れた。ちなみに、この時点で緒方は第二子を身ごもっており、出産したのが翌月であることから、かなりお腹が大きな状態であったとみられる。

由紀夫さんが死に至るように仕向けられた事情について、判決文は以下の理由を挙げている。

〈平成8年1月上旬ころには、もはや由紀夫は金を工面することができなくなっており、金づるとしての利用価値が乏しくなっていた上、由紀夫は、かねての被告人両名の支配下における継続的な暴行、虐待により重篤な状態に陥り、外見上も異常な症状が顕著に現れていたが、由紀夫を病院で治療させたり、実家に帰したりすれば、当時指名手配中であった被告人両名の所在が探知されたり、被告人両名が由紀夫に暴行、虐待を加えたことなどが発覚したりするおそれがあった。そうすると、当時、被告人両名にとって、由紀夫はもはや邪魔で疎ましい存在でしかなかったことが推認される〉

そのうえで、多臓器不全による衰弱死という殺害方法を選んだ理由について、論告書は次のように断じる。

〈由紀夫に対する殺人方法には、決して自己の手を汚そうとしない松永の小心かつ責任回避的な態度が色濃く反映され、直接的な形で由紀夫を殺害することを極力避けるため、虐待を続けて衰弱させ、死に追い込む形が選ばれた。

すなわち、由紀夫が絞殺等の積極的な態様で殺害されなかった理由は、上記松永の性格上、仮に絞殺するならば緒方に命じざるを得ないところ、いかに衰弱しているとはいえ由紀夫は壮年男性であり、由紀夫が最後の抵抗を試みた場合、当時身重であった緒方の手には余り、殺害に失敗する危険性があることを懸念したものと推察される〉

由紀夫さんの死亡を受けて、片野マンション三〇×号室内でどのような動きがあったか判決文は明かす。

〈その後、松永と緒方は、甲女を同席させ、片野マンションの和室で飲酒しながら話し合いをした。

その際、松永は、甲女に対し、「病院に連れて行けば助かるかもしれないけど、甲女が嚙み付いた痕があるから甲女が警察に捕まるので、病院には連れていけない。」、「あんたが掃除しよるときにお父さんの頭を叩いたから、お父さんは死んだんだ。」などと言い、甲女を困惑させた〉
なお松永は、この発言をした二、三日後に、由紀夫さんが死亡したのは清美さんのせいだとして、彼女に父親を殺害したのは自分である旨の「事実関係証明書」を作成させている。その目的について、論告書は以下のように説明する。
〈なお、この書面（事実関係証明書）は、その後も甲女の逃亡を阻止し、由紀夫殺害の発覚を防止するために用いられた。松永は、甲女に、「子供が話しても警察は信用しない。事実関係証明書があるから、捕まるのはお前の方だ。」などと常々甲女に申し向けていた〉
このとき清美さんは十一歳であり、そういった松永の発言を真に受けてしまうのも無理はない。この松永による脅しは、以降も彼女が従属的な生活を強いられることに繫がる呪縛となった。

遺体解体

由紀夫さんが死亡すると、松永と緒方は小学生の清美さんを同席させ、和室で飲酒をしながら話し合いをした。

そこでは、松永が由紀夫さんの死体の解体について切り出している。当時の状況について、判決文には次のようにある。

〈松永は、「バラバラにして捨てるしかないな。」、「まず血抜きをしよう。」などと提案し、その結果、由紀夫の死体は解体して処分することになった〉

その際、松永は死体の解体方法について書かれたマニュアル本を参考にしていたようだ。論告書はその点に触れている。

〈被告人両名は、由紀夫の死体を浴室へ運び込むと、和室で酒を飲みながら「××」（書籍名）などの本を参照しつつ死体の解体方法を決め、由紀夫死亡の数時間後には血抜き作業に着手し、解体作業を開始した〉

緒方と清美さんが由紀夫さんの解体作業をすることになったが、そこで松永は二人に解体の方法と手順について、細かく指示を出した。また、最初に血抜き作業をする際、松永は清美さんにも包丁を握らせ、緒方と一緒に死体に切り込みを入れさせている。

解体を実行する前に松永から出された注意点について、公判のなかで緒方は証言する。

「松永は由紀夫さんの死体を解体するにあたり、私に『なんで死んだのかよく分からないから、どこが悪いのかよく見ておくように』、『死因がなんであるか探る意味で、きちんと脳等をみるように』などと指示しました」

さらに緒方は、実際の解体作業で見た、由紀夫さんの脳がどのような状態であったかについても言及している。

そこでは具体的な頭部の解体方法、脳を取り出す様子についての説明を行い、そのうえで、「取り出した脳を手に取ってよく見たが、ひと目で分かるような出血や血のかたまりは認められなかった」と証言した。

また、松永弁護団による冒頭陳述でも、死体解体前後について、一連の流れが説明されている。松永の主張をもとにしたものなので、途中、意図的に加えられたと思しき文言はあるが、経過説明としては概ね事実に沿った内容である。説明は以下の通り。

〈被告人松永と被告人緒方は指名手配中であり、由紀夫の死体の処理に困り、当初、××（片野マンションに近い地名）の病院に死体を運んだ後に甲女を置いて2人で逃走しようと話し合ったものの、甲女が1人残されるのを嫌がったことから断念し、由紀夫の死体を解体することとした。同日（2月26日）午後10時から12時ころの間、被告人緒方と甲女が、まず死体の血抜きを始めた。甲女は父との別れを惜しむ意味で、由紀夫の死体解体を手伝った。

甲女は、翌27日朝、××小学校に登校したが、学校で父の死について話すことなく、同日午後4時ころ帰宅した。その後、甲女は、被告人緒方とタクシーで××（ホームセンター）かどこかに行き、包丁、のこぎり4、5本、バケツ4、5個、なべ、消臭剤など解体作業の道具を買った〉

一方で、検察側の冒頭陳述には、もう少し細かな記述がある。

〈被告人松永は、同緒方らに命じ、平成8年（96年）2月26日夜ころから同年3月21日夕方頃までの間、片野マンションの浴室内などにおいて、包丁、鋸《のこぎり》及びミキサー等を用いて甲女の父の死体を細かく損壊し、さらに、その肉片等を公衆便所に捨てるなどの証拠隠滅作業を進めた――〉

じつはその後、細かく分けた遺体を遺棄する作業は、一時中断している。というのも第二子を妊娠していた緒方が、途中で出産したからだ。同冒頭陳述は続ける。

〈被告人緒方は、妊娠中の二男の出産が間近であったことから、そのころ、タクシーに乗車して大分県日田市内の産院に向かい、平成8年3月××日午前零時30分ころ、上記産院において、二男を出産した。

その後、被告人松永は、同緒方らに指示し、甲女の父の骨を大分県の海中に投棄させ、さらに、死体損壊用具を北九州市小倉南区内の河川などに投棄させるなどして、証拠隠滅を遂げた〉

なお、松永弁護団の冒頭陳述では、松永の発言を受けて、由紀夫さんの骨を海中に投棄したのは〈水葬〉の意味があったと主張している。以下記す。

〈由紀夫の死体の骨は、水葬の意味を込めて、骨は海に散布することとし、クッキー缶十数缶に分けて入れた上、被告人緒方と甲女が電車、タクシーを乗り継いで竹田津港（大分県）まで行き、徳山（山口県）行きフェリーに乗り、甲板からクッキー缶の中身の骨だけを捨てた〉

ここに出てくる〈水葬〉の表現はさておき、このようにして由紀夫さんの遺体は完全に処分されてしまったのだ。そのことについて、論告書では次のように断罪する。

〈被告人両名は、由紀夫死亡後、わずか数時間後には死体解体・処分の作業に着手している。その死体処理の徹底ぶりは、まさしく我が国の犯罪史上例を見ないほどに完璧なもので、ついに由紀夫の遺体はその一部たりとも発見されるに至っておらず、その後、犯行後6年余りを経て、甲女が被告人両名の下から逃走したことによって、ようやく完全犯罪となることを免れたほどである〉

このような完璧な死体遺棄を行ってもなお、松永は解体後の証拠隠滅を気にかけていたようだ。論告書は明かす。

〈解体終了後、松永は、甲女に命じて、片野マンションの浴室や台所を中心に何度も掃除機をかけ、浴室内も洗剤で何度も磨き上げさせた。松永は、甲女に対し、掃除機も念入りに掃除しておかないと、警察に捕まったときに証拠になりかねないと指示して、掃除機の中まで水拭きさせ、さらに、掃除機の紙パックに溜まったゴミも他のゴミといったん混ぜた上で捨てさせていた。

松永は、浴室のタイルも、何度も強い洗剤で磨き洗いをするよう命じたし、タイルが浮いていた部分は、下に血が残っているかもしれないなどと気にしており、後日、隆也に命じてタイルの張り替えをさせたこともあった。

さらに、松永は、由紀夫に作成させた各種の念書や、由紀夫の着衣などをシュレッダーにかけるな

どして処分した〉

　その後、緒方の親族の六人が解体されることになるこの浴室について、松永らの逮捕後に行われた検証結果が論告書では紹介されている。

〈片野マンションの浴室洗い場の床には、タイルを貼り直した痕跡があり、貼り直された部分以外についても、床タイルの目地がそげ落ちるように痩せていること、その原因としては、サンポールなどの酸性の溶剤で何度も磨き洗いをしたと考えても矛盾がないことなどが認められ、かかる客観状況は、由紀夫殺害・解体の痕跡を徹底的に消し去るべく、松永は周到に罪証隠滅工作を命じていたとする前記甲女の供述要旨とも良く整合する〉

　同論告書では浴室内の状況のみならず、片野マンションの室内の様子についても検証結果が明かされているため、少々長いが併せて記しておく。

〈玄関ドアのドアスコープには内部から鍋敷きが掛けられている上、郵便受けには段ボール等で目張りがされており、外部から中をのぞき見ることは不可能である。また、室内の窓のほとんどは遮光カーテンが張られ、明かりが外に漏れないようにされている。人目を避けねばならない逃亡中の身であった被告人両名が、在室していることを外部の人間に知られないように警戒していたことがうかがわれる。

　片野マンションの室内では多数の南京錠・シリンダー錠等が発見されている。また、台所から洗面所に通じるドアには台所側から掛け金が取り付けられ、洗面所からトイレ及び浴室に通ずるドアの双方にはそれぞれ洗面所側から掛け金が取り付けられている。浴室内の窓には通常のクレセント錠に加え、補助錠を取り付けていた形跡も認められる。これらの掛け金は、その設置状況から、浴室あるいはトイレに何者かを閉じ込めるためのものと認められ、由紀夫が浴室内に閉じ込められていたとする甲女の供述とよく合致する。

南北和室と台所を結ぶ4枚のガラス戸はすべて南京錠で施錠され、解錠しなければ台所側から和室に入ることができない。この点、台所側には生活感が感じられないのに対して和室内には雑多な物品が認められること、和室の掃き出し窓には補助錠等による施錠がなされた形跡がないことから、これらの施錠は、被告人両名の不在中に和室内へ他者が立ち入ることを防ぐためのものと推認される。（中略）

また、片野マンションでは、多種多様な工具類に加え、芳香剤、空のペットボトル、洗剤がいずれも多数発見押収されている。甲女は、由紀夫や緒方一家の死体解体に際して、解体中の悪臭を消すための芳香剤や、肉汁を詰めるためのペットボトル、そして解体後の証拠隠滅に用いる洗剤等についても詳細な供述をしており、これらの押収品は甲女の供述ともよく合致する〉

こうした詳細な状況を知るにつれ、先に記したが、家宅捜索でこの部屋に初めて足を踏み入れた際、「生まれて初めて霊感のようなものを感じた」という捜査員の回想が思い起こされる。

狙われた主婦

ここで松永と緒方が北九州市に居を移してからの〝金づる〟にまつわる、金銭の流れについて振り返ってみたい。

九七年三月十六日の原武裕子さんの逃走を受け、松永と緒方純子は彼女を監禁していた同市小倉南区のアパートを慌てて引き払い、同時期に借りていた小倉北区にある東篠崎マンション九〇×号室に二人の子どもを連れて移り住む。また、由紀夫さんの娘で、間もなく中学に入学することになっていた清美さんは、由紀夫さんが死亡した小倉北区の片野マンション三〇×号室に住むことを命じられ、東篠崎マンションとの間を行き来させられていた。

こうした複数の住居の家賃を合算すると月に十五万七千円。さらに、殺害した由紀夫さんが生きているように偽装するため、彼が前の勤務先の同僚にした借金を、毎月七万円肩代わりする必要があった。それらに加え、清美さんの進学費用、松永の酒代や電話代ほか、生活費にもかなりの額を要したことから、松永と緒方は、たちまち毎月の資金繰りに窮するようになった。

じつは松永は、かつて〝金づる〟にしていた末松祥子さんが九四年三月末に大分県の別府湾で死亡して以降、緒方に実家の母親から送金をさせるよう命じていた。そのため、由紀夫さんや裕子さんが〝金づる〟となっていた時期は、彼らから得ていたカネもあることで、生活資金は十分にあった。だが、〝金づる〟をすべて失い、緒方の実家からの送金も途絶えがちになったことで、それが一気に停滞してしまう。

論告書には次のようにある。

〈関係証拠によれば、和美から緒方への送金は、末松（祥子さん）が自殺した直後である平成6年（94年）5月に開始され、最終送金となる同9年（97年）3月27日までの約2年10か月間に、前後63回にわたり、その合計金額は1500万円以上に上る。

この送金は、最終送金に近い平成9年3月ころに着目すると、同月21日に5万円、同月25日に3万2000円、そして最終送金である同月27日に5万円というように、小刻みの送金を繰り返す形となっており、当時、緒方が和美にしばしば金の無心をしていたことや、それだけ被告人両名が金銭的に困窮していたことを示すものとなっている〉

これら緒方の母親からの送金と、その停止に至る流れについては、判決文がさらに詳しい。

〈被告人両名は、平成6年3月31日に祥子が死亡した後、由紀夫と裕子に金を工面させる一方で、和美に対しても、緒方が電話で、「子供が病気で入院する。」、「ボヤを起こした。」、「人の金を使い込んだ。」、「新しいアパートを借りるため資金が要る。」、「自分たちは犯罪を犯し指名手配を受けて警察に追われているので、時効まで逃げ切れるように協力して欲しい。」などと申し向け、種々理由を付けてたびたび金を無心しては送金させた。被告人両名は、平成6年5月6日から平成9年3月27日までの間、和美から、63回にわたり、合計1557万7000円の送金を受けた。（中略）
　また、和美も、「もうお金がないから送金できない。」などと言って、送金を断ってきて、和美からの送金は、平成9年3月27日を最後になくなった〉
　松永は裕子さんが逃走してからは、緒方に対して、「逃亡生活を続けてこのかた、俺ばかりがカネの工面をしてきた。今度はお前がカネを作れ。百五十万円を作って渡せ。お前は逃走生活になにも貢献していない」と不満を口にし、事あるごとに彼女を責め立てた。
　裕子さんが逃げ出す前から、松永は緒方に対してもたびたび通電の虐待を行っており、その回数は十回前後に及ぶ。裕子さん逃走後の緒方に対する要求について、緒方弁護団による弁論要旨には、〈松永は緒方に金策するよう執拗に求めた。緒方が百五十万円を作れば、自分は出てゆくとまで言って金策を迫った〉とある。
　だが緒方にとって唯一のカネを作る手段といえた、和美さんからの送金までもが途絶えてしまったことで、彼女の金策は困難になった。そこで松永は新たな企みを思いつく。判決文には以下のようにある。
〈松永は、そのころから、和美からは多額の金を引き出すのは難しいが、孝を取り込めば、更に多額の金を手に入れることができるのではないかと考えるようになった。そこで、松永は、緒方に指示して、和美に片野マンションの家財道具を和美名義で質店に売却させた上、孝に対し、「和美が他人の家財道具を勝手に売却したことは窃盗等の犯罪になるので、和美は警察に逮捕されるかもしれない。」などと申し向けて孝を不安に陥れれば、孝はその解決のために松永に金を出すだろうなどと考えた〉

その結果、松永は緒方に指示して、同年三月三十日に和美さんを片野マンションに呼び出して計画を実行したのである。論告書は当該質店への捜査の結果を明かす。

〈関係証拠によれば、平成9年3月30日、和美が福岡県古賀市内の××質店に質入れをし、7万7000円を得ている事実が認められるところ、この質入れが松永の指示によるものであったという点では争いがない。また、その質入れ品が、テレビ、冷蔵庫、洗濯機などの生活必需品を含むこと、質入れ日が和美からの最終送金日の直後であることなどから、当時の被告人両名の窮状は明らかである〉

ただし、この質入れについて、松永が孝さんに金銭を要求するまでには至らなかった。というのも、その後すぐに緒方を巡って、新たな問題が起きてしまうのだ。

緒方は和美さんによる家財道具の質入れから間もない四月七日、和美さんを片野マンションに呼び出した。そして、松永に言われていた百五十万円を貸してもらえないかと頼んだが、断られてしまう。

その後の緒方の行動について、判決文は触れている。

〈緒方は、松永と共に犯罪を犯して警察による指名手配を受けており、また、由紀夫を死亡させてその死体を解体したり、乙女（裕子さん）に対する犯罪を重ねたりしたことから、松永と一緒に逃走生活を続けるしかないと考えていたが、松永から執拗に金策を迫られて嫌気がさし、上記のように和美に無心したものの断られ、他に金策の当てがなかったことから、松永のもとを離れ、自分で働いて金を稼ぎ、松永に送金しようなどと考えた〉

何事にも疑心暗鬼な松永に対し、緒方が一時ではあれ彼のもとを離れると口にすれば、激昂するのは火を見るよりも明らかだ。そこで緒方は黙って松永のもとから離れることにしたのである。とはいえ、緒方の手元には四歳の長男と一歳の次男がいた。年齢的に長男はまだなんとかなるが、次男についてはどうしても人手が必要だった。判決文は続ける。

〈緒方は、平成9年4月7日、松永に無断で、長男を片野マンションに残し、次男のみを連れ、和美が運転する軽トラックに同乗して片野マンションを出た。緒方は和美に次男を預かってくれと頼んだ。和美はそのことを電話で孝に打診したところ、孝は「緒方に家の敷居は跨《また》がせない。」と断った。和美は、緒方に長崎に帰るように忠告し（緒方は、当時、和美には長崎に住んでいるかのように嘘を付いていた。）、1万円を与えた〉

この説明から、指名手配中の身であった松永が緒方家を信用しておらず、当時は北九州市が潜伏先であることを伏せ、長崎県にいるように見せかけていたことが窺える。ただし、その具体的な内容については、これ以外には説明されていない。

〈緒方は、和美に車で福岡県久留米市所在の「九州旅客鉄道株式会社久留米駅」まで送ってもらい、そこで和美と別れた。緒方はやむなく次男を福岡県久留米市××町所在の和美の実姉・山田サトミ宅に預けようと考えた。緒方は、同日午後9時か10時ころ、サトミ宅に赴き、同人に対し、「ちょっと子供を預かって。お母さん（和美）がすぐに迎えに来るから。」などと言い残して次男を預け、観光地に行けば仕事があるだろうと考え、電車で大分県大分郡（現・由布市）湯布院町に赴いた（以下、「湯布院事件」という。）〉

次男を預けた時間から考えて、緒方が湯布院町（JRの駅名は「由布院」）に着いたのは、翌日のことであると考えられる。その地で緒方は仕事を探そうと、由布院駅の周辺を歩き回ることになるのだ。

判決文の末尾にも「湯布院事件」とあるように、緒方がこのとき思いつきで取った行動は、後に松永と緒方家にとって大きな事件となってしまう。

それはまさしく、緒方家一家六人が殺害されてしまうという事態を呼び寄せることに繋がる、悲劇の入口といえるものだ。だが、この時点での緒方は、そのことにまったく意識が向いてはいなかった。

第四章

緒方一家の悲劇

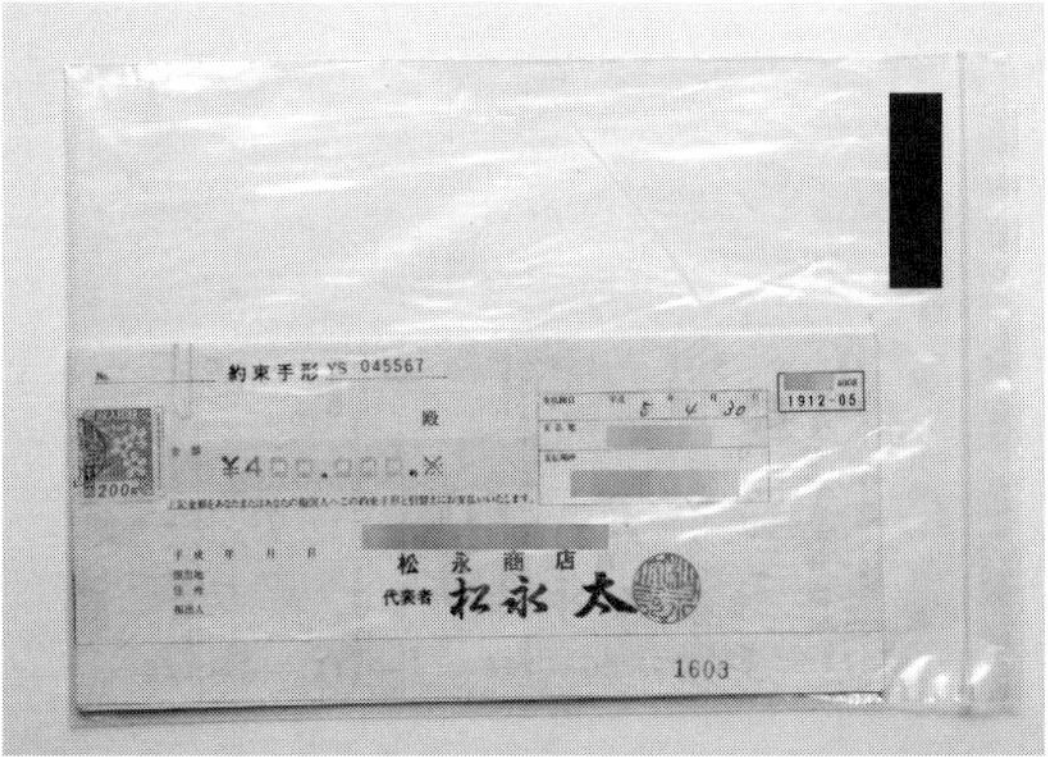

松永が振り出した約束手形

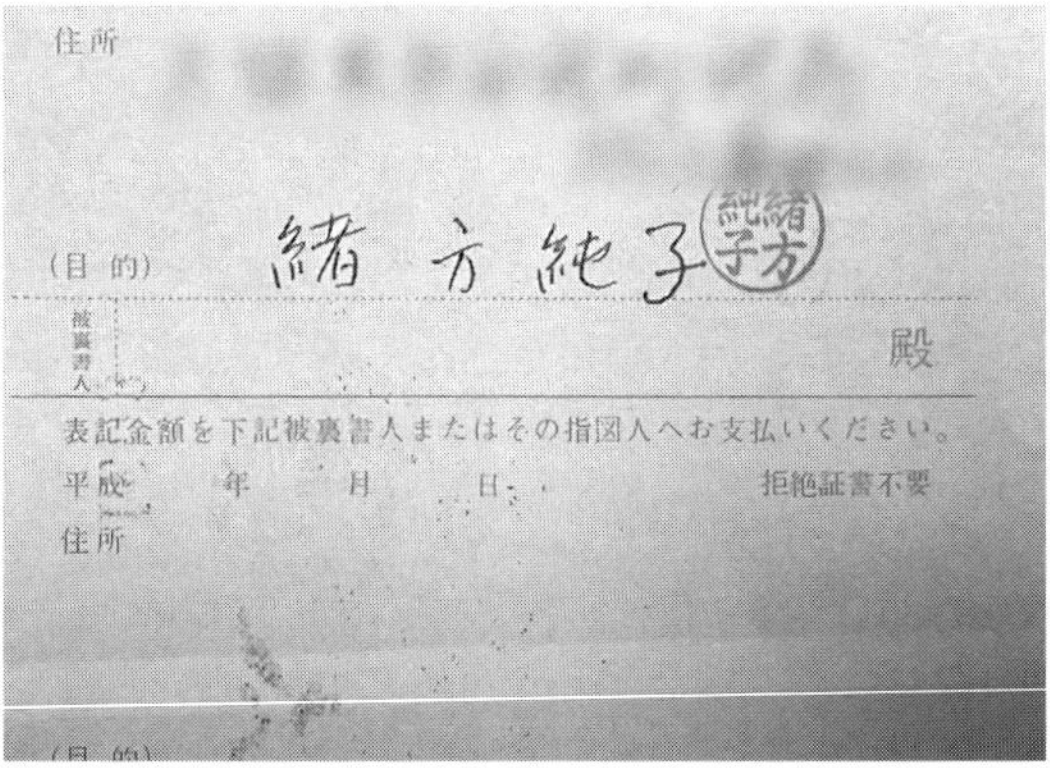

緒方が裏書きした手形

「湯布院事件」

九七年四月七日、松永から金策を要求されていた緒方は、松永のもとを離れて働き、カネを稼いで送金しようと考えた。そこで四歳の長男を片野マンションに残して家を出ると、続いて一歳の次男を久留米市に住む伯母に預けて行方をくらます。

緒方が目指したのは、温泉地として知られる大分県大分郡湯布院町。列車を利用した彼女がそこに着いたのは、翌八日のことだった。

緒方は仕事を探そうと、由布院駅の周辺を歩き回ったようだ。そして、たまたま立ち寄った焼肉店で彼女はMさんというスナックを経営する女性と出会う。Mさんは、詳しい理由は明かさないが深い事情を抱えている様子の緒方に同情すると、自宅に泊めて彼女の職探しを手伝った。

後にテレビの報道番組から取材を受けた、緒方とMさんが出会った焼肉店の女性店主（故人）は、次のように答えている。

「（店内の椅子を指差し）そこのところに座ってましたねえ。なんか男の人と縁を切りたいからって。後で話を聞いたんですけどね。見てくれのきれいな人でしたよ。まったくそういう（殺人犯のような）

人には見えなかったですけどねえ……」

着の身着のままで湯布院町に辿り着いた緒方は、住み込みの仕事を求めていた。だが、身元を明かさない彼女を住み込みで雇ってくれる職場はなかなか見つからない。Mさんは自分と同じ宗教を信仰する「O」という居酒屋を経営する女性（以下、Oさん）とともに、親身になって緒方の面倒を見た。

やがてMさんとOさんは緒方を連れて、同じ町でスナック「ツバキ」のママを任されているCさんという女性のもとを訪ねる。それは緒方が湯布院町にやってきて六日後となる十四日のことだ。Cさんはスナックの階上にあるアパートの部屋を従業員用に借りており、緒方はそこに住み込みで、ホステスの仕事をすることになったのである。

じつはこの店の存在が表に出たのは、〇三年五月の第三回公判以降のこと。そのため当時取材に動いたメディアは少ない。私自身もそれから歳月を経た一九年になってようやく「ツバキ」を訪ね、すでに七十代となったCさんを、彼女の自宅で取材している。

湯布院町で「ツバキ」が開店したのは九六年。つまり、緒方がやってきたのは開店の翌年だった。以下、Cさんとのやり取りである。

「いま思えば湯布院の××（宗教団体）のおばさんたち（MさんとOさん）が連れて来たんです。居酒屋とかスナックのね。そういう人が二人で連れてきた。うちに来たときは、こっちに来て一週間くらい経ってからよ。どこからも断られたみたい。住み込みにしたいっていう条件があったからね」

私が「そのとき緒方はどんな様子でした？　疲れ果てた感じはありました？」と質問すると、Cさんはこう答えた。

「そんな感じはないけど、訳ありっていうのは見るからにね。なんていうか、暗いわね。あんまり喋らないで黙ってる。当時は事件のことなんてまるでわからないから……」

「着てた服は?」

「もう、地味な服。白とか赤とかじゃなくて、地味な色だわ。ベージュとかじゃないかな。で、スカートだった気がするねえ」

「緒方はなにか事情を説明しました?」

「働くのに? 本人は喋らないね。周りの人が『使ってあげて』って、一生懸命推すから。私もなにか聞いたとは思うけど……子供さんがいるの、とかね。でもあまり掘り下げたら可哀想というのもあったしね。ぼちぼちわかればいいわって。疲れてる様子だし。まあ私も、よく見たらキレイな顔やし、磨けば光るかなって思ったのよ」

紹介されたその場で、住み込みで時給千円で働くことが決まったという。

「で、面接して、ちょっと髪の毛が汚いから美容院に行っておいでって、一万円を渡したの。そうしたらおばちゃんたちが、店の二階に連れて行ったのよ。部屋が空いてたからね。二階はアパートで、スナックのカラオケの音のことがあるから、私が二部屋借りてたの。そこを従業員用にと思って……」

Cさんが店の上にある部屋を借りていることは、MさんとOさんも知っていたようだ。

「田舎のことやし知ってたんやろうねえ。で、私やったら断らんやろうと思って来たんでしょうね」

「それで、その夜から働き始めた、と?」

「働くっていうよりも、ここにグラスがあってとかの、お仕事の手順よね。まずはそれを教えなあかんから」

Cさんによれば、緒方は仕事の飲み込みが早かったという。だが、結局緒方が「ツバキ」で働いたのはその一晩だけだった。

「いないの。朝起きたらね……。あの頃携帯がないから、お店の鍵をあの子に預けてたの。店のなかの公衆電話で電話をかけたんでしょうね。カウンターの上に手紙があったの。『ママさんへ』って。それ、取ってあったんだけど、いつの間にかなくなってて……」

「手紙にはどんなことが書いてましたか？」

「一枚の紙にね、ぎっしりきちーっと書いてたんよね。いろいろお世話になりました。この御恩は一生忘れませんって。それで父が亡くなったけって。お父さんが急死したけって、そんな急に死ぬかなあとは思ったけど、そういうふうにあった。で、純子って名前と日付を書いてましたね」

面接の時点で、緒方は純子という本名を明かしておらず、当時なんと名乗ったかは記憶にないそうだが、Cさんはこのとき初めて緒方の本名を知ったという。彼女は続ける。

「あとそこには、すいません、（辞めるのが）突然でって……。（字は）めちゃめちゃキレイよ。見るからにちゃんとしてるなって感じのお手紙だった」

「その前には小倉から来たって話は聞いてたんですか？」

「いや、聞いてない。まあ、疲れてるだろうから、これからゆっくり話を聞けばいいやって思ってたのよね」

「姿を消したとはいえ、どこに行ったかわからなかった、と」

「そうですね。後でわかったことやけど、小倉までタクシーで帰ってるんよ。××（会社名）タクシーで……」

詳しくは改めて記すが、ひとまずおおまかな流れを記しておくと、緒方が家を出たことで、北九州市にいた松永は、久留米市に住む緒方家の家族を片野マンションに招集し、彼女がこれまでに広田由紀夫さんの死体解体などに手を染めていることを持ち出して脅していた。そして、もし緒方から電話がかかってきた際には、松永が自殺したと説明して、片野マンションに呼び戻すことを言い含めていたのである。

やっと仕事が見つかったことに安心した緒方は、残してきた我が子のことが気になり、Cさんは夜だと思っていたが、実際は十四日の昼に久留米市の実家に電話をかけていた。そこで松永の〝自殺〟を知り、その日の夜の仕事を終えてから北九州市に戻ったというのが一連の流れだ。

ふたたび、緒方が姿を消してからの「ツバキ」のCさんの話に戻す。

「あの松永って男から、次の日（十六日）の夕方に電話がかかってきたんです。私が出たんだけど、（松永は）みるからにヤクザって感じでかかってきましたね。『お前んとこは人を使っとるのに給料が安いやろ』って。

因縁つけてね、なんかガーガー言うから、私がオーナーさんに、なんか怖い人から電話があるって替わったら、オーナーさんの顔色が変わって、『ほんじゃあいまからタクシー乗って取りこいや』ってやってんのね。で、どういう話をしたかは知らないけどね。まあ、来なかった。まだオーナーさんが元気だったからね。あの人（松永）、強い人に弱いみたいやから……」

「緒方には替わらなかったんですか？」

「替わらなかったですね。名前を言ったかどうかもわからないけど、とにかくワーワーと電話口で怒ってましたね。『お前んとこはな、人使って一万円で終われるわけないやろ』って感じよね。まあ、たかったんやろうね。いかにも口調がヤクザってイメージだった」

その後、〇二年に「北九州監禁連続殺人事件」が発覚してから、Cさんは緒方が事件に関わっていたことを知るのである。

「テレビ見て、顔見てね、ああ、あの子やって。それで私とオーナーさんの間で、なんであのとき帰ったんかなあ、帰らせにゃよかったなあっていう話をしました。おとなしい子だったから、止められたらよかったたって。ほんと、純子さんは物静かでねえ、自分から喋ることはなかったんよ。まさかあんな事件に巻き込まれとるとか思わんからね。後でわかったときに、『そんなんに巻き込まれとるなら帰さんのに』って、うちのオーナーさんは何度も悔やんでました」

すでに当該のオーナーも物故者であり、Mさん、Oさんの消息もわからないため、当時の話を知る者はほとんどいない。

これが、緒方が九七年四月に起こした「湯布院事件」について、私が知ることのできたすべてである。ただし、「事件」とは言いつつも、ここ湯布院町では大きなことはなにも起きていない。

緒方の突然の逃走に慌て、怒りを募らせた松永によって、この期間に同時並行で起きていたことこそが、本当の「事件」の呼び水ともいえる出来事だった。

先にあらましを記したが、その「事件」の被害者とは、言わずもがな、緒方家の親族六人のことである。また、見方を変えれば緒方本人も被害者といえるかもしれない。

ではいったいこの時期、緒方一家のいる久留米市と、松永のいる北九州市でなにが起き、両者の関係はどのように変化していったのか。

松永の「自殺」

松永から金策を命じられて行き詰まった緒方が、九七年四月七日に誰にも告げずに家を出て、大分県の湯布院町に逃走した「湯布院事件」。

緒方の逃走を知った松永は、これまでの犯罪行為が公になることを怖れると同時に、彼女の裏切りに怒りを募らせた。その後の行動については、一審の公判において検察側が冒頭陳述で述べた内容に詳しい。

当時、松永は東篠崎マンション九〇×号室で暮らし、前年に父親が死に追いやられた広田清美さんは、その現場となった片野マンション三〇×号室での生活を強要されていたが、冒頭陳述には以下のようにある。

〈被告人松永は、直ちに片野マンションに赴き、同室の洗面所に閉じ込めていた甲女（清美さん）を同所から出し、東篠崎マンションに連れて行き、甲女に対し、「自分たちはここに住んでいるが、そのことは誰にも言ってはいけない。」などと申し向けて口止めした上、同室において被告人両名の長男の世話をするよう指示した〉

緒方は家を出る際、四歳の長男を松永のもとに残し、一歳の次男を久留米市に住む伯母に預けたことは、すでに記した通りだ。冒頭陳述は続く。

〈そして、被告人松永は、和美及び智恵子を片野マンションに呼びつけて、被告人緒方や二男の所在を追及するなどして、平成9年（97年）4月8日ころ、取りあえず和美らから二男を片野マンションに連れ戻した〉

そこで緒方を連れ戻すために、夫の孝さんに意見ができる和美さんを利用すれば、緒方一家をうまく操れると考えた松永は策を講じる。

〈被告人松永は、それまで同緒方に隠れて和美と連絡を取り合っていた際、和美に対し、同緒方が詐欺で指名手配にかかっていること、甲女の父の死体解体等に関わっていることなどをほのめかしていたことから、これを和美から孝にも話させ、世間体を気にする孝を不安に陥らせ、緒方一家全体で被告人緒方を取り戻さなければならないと思い込ませることにした〉

以来、松永は毎夜のように孝さん、和美さん、智恵子さんを片野マンションに呼び出すようになったのだ。そう記すと簡単なことに思えるかもしれないが、緒方家が住む久留米市から松永のいる北九州市まで、高速道路を使って片道約百キロメートルの道のり。時間にして二時間近くかかることを考えると、大きな負担であったことは想像に難くない。さらに片野マンションにおいても、松永は緒方家の三人を追い込んでいた。

〈同人らに対し、明け方ころまでの長時間にわたり、被告人緒方が詐欺で指名手配となっている犯罪者であること、殺害された甲女の父の死体の解体・遺棄に関与したことなどの話をするなどして、それらの全責任を被告人緒方に押し付けた上、被告人緒方が逃走する直前に一緒にいた和美が同緒方を片野マンションまで連れ戻さなかったことが逃走の原因であるとか、和美が片野マンションの家財道具を勝手に質入れしたことが窃盗であるなどと因縁を付け、被告人緒方の逃走の全責任を和美に押し付けるなどして緒方一家を脅した〉

冒頭陳述の段階ではこのようにあるが、判決文はこの期間に松永が、それだけにとどまらない話をしていたことを明かす。

〈(孝さん、和美さん、智恵子さんに対し)「緒方は詐欺罪等で指名手配を受けている。緒方は由紀夫を殺害してその死体を解体し、また、祥子(末松祥子さん)を海に突き落として殺害した。」などと申し向けた。(中略)松永の話は、これまで緒方を通じて聞いていた指名手配中の事件にとどまらず、緒方が殺人という大罪を犯しているという衝撃的な内容であり、松永の話し振りなどから、それが虚偽だと思えなかったところから、孝らは大いに落胆するとともに、緒方一家が大変な事態に直面し、非常な窮地に立ち至ったことを否応なく認識させられた〉

また、真面目で世間体を気にする緒方家を手玉に取り、松永がさらに要求をエスカレートさせていく様子について、先の検察側冒頭陳述は次のように説明する。

〈被告人松永は、「純子が子供を捨てて家出をした以上、自分と純子の2人の子供が大学生になるまで面倒を見るように。」「自分も緒方家の方で一緒に住む。」などと要求し、既に被告人緒方を分籍して隆也を婿養子に迎えている緒方一家には実現困難な無理難題を押し付けたり、「純子1人で暮らさせていいのか。また何か犯罪をしでかすのではないか。」などと繰り返し申し向け、元来犯罪とは無縁の生活を送り、その体面を気にする環境にあった緒方一家に被告人緒方を取り戻さなければ大変なことになると信じ込ませて不安に陥れるなどした挙げ句、同人らに被告人松永の指示に従い同緒方を連れ戻さざるを得ないと思い込ませた。

その上で、被告人松永は、和美、智恵子及び孝の3名に対し、自己が長崎県内の西海橋から投身自殺した旨の虚偽事実をでっち上げ、これを被告人緒方に伝えて片野マンションに呼び戻す芝居を打つことにして、孝らをしてこれに加担することを承諾させた〉

そうしたなか、湯布院でスナックでの仕事を見つけて人心地ついた緒方が、十四日の昼に実家へ電話をかけてきたのである。その際、電話に出た智恵子さんや孝さんは、松永に言い含められた通りの応対をした。それは、松永が自殺をしたということと、子どもたちの面倒を見る必要があるから、とりあえず小倉に帰ってこい、というものだ。

松永の自殺という〝嘘〟に衝撃を受けた緒方は、その日の仕事を終えてから、自分をホステスとして雇ってくれたスナック「ツバキ」のママに手紙を残すと、夜間であるためタクシーに乗って小倉を目指した。湯布院町から北九州市へは、久留米市から北九州市へと向かうのと同じく、約百キロメートルの距離を二時間近くかけての移動だった。なお、緒方のタクシー代金約二万五千円は、片野マンションの前に迎えに出た孝さんが支払っている。

緒方家からの連絡を受けた松永は、すぐに孝さんと和美さん、智恵子さんを片野マンションに呼び寄せ、一芝居を打たせた。判決文で語られる内容は以下の通りだ。

〈同月（4月）15日早朝、（緒方は）湯布院からタクシーで片野マンションに戻った。孝、和美及び智恵子が南側和室におり、松永の写真、遺書等を置き、線香を焚いていた。緒方が、孝に促されて松永の遺書を読んだところ、松永が、隠れていた押入から飛び出して、緒方を殴り付け、押し倒して馬乗りになり、孝、和美及び智恵子も緒方の足を押さえるなどし、緒方に対し、殴る蹴るの暴行を加えた〉

つまり、緒方が祭壇の用意された部屋に入って座ったところで、自殺したはずの松永が、いきなり押入れの戸を開けて飛びかかってきたということだ。それはもはやホラー映画も顔負けの演出である。

一方で、この状況を緒方はどのように語っているのだろうか。前記公判の緒方弁護団による弁論要旨は次のように触れる。

〈緒方は、松永や両親らに騙されて小倉へ帰った。そうすると、押入れに隠れていた松永が飛び出してきて、緒方を全裸にし、緒方の家族とともに、激しい暴行を浴びせた。このとき、緒方は、「松永の腹立ちは当然のことだろう」「たたきまわされながら、松永が死んでなくてよかったと思った」と感じたという。

その後、連日のように、松永から暴行を受け、湯布院での行動をこと細かく聞きだされながら、陰部を含むあらゆる部分への通電を受け、両足の小指と薬指の爪を自分でラジオペンチではがすよう強制された。緒方は、「ひどい暴力と通電を受けてゆく中で、私が悪かったという思いをだんだん強くさせられていった」のである〉

松永によって続けられた苛烈な詰問が緒方にもたらした外傷について、判決文は詳述している。

〈このときの通電が原因で、緒方の右足の小指と薬指は癒着し、親指の肉は欠損した。松永は、電気コードのビニールを剝いで針金を出し、それを足のふくら脛《はぎ》に巻いた状態で通電した。その火傷の痕は約1年間消えなかった〉

緒方から湯布院町に滞在中の行動を聞き出した松永は、緒方とその地でできた人間関係を分断させるため、彼女を家に泊めて仕事を一緒に探してくれたMさんや、働いたスナック「ツバキ」などに電話をかけさせた。検察側の冒頭陳述には次のようにある。

〈同女（緒方）を止宿させた女性の氏名や、ホステスとして働いたスナックの名称等を白状させた上、被告人緒方に指示して、上記女性に対し、電話で「あんたの娘は教育がなっていない。」などと因縁を付けさせたり、上記スナックに電話で「時給が安すぎる。馬鹿にしている。騙された。」などと因縁を付けさせるなどの嫌がらせ電話を掛けさせて、被告人緒方が二度と上記女性らを頼って湯布院に戻ることができないように画策した〉

なお、前に記したが、私が直接取材をした「ツバキ」のママであるCさんの記憶によれば、後日店にかかってきた電話は、冒頭陳述にある緒方からのものではなく、松永本人によるものだったということを追記しておく。

とまれ、この「湯布院事件」によって緒方家の弱みを握った松永は、これまで以上に緒方の親族を服従させ、徹底的に搾取しようと動き始めることになる。

「門司駅事件」

緒方が逃走先の湯布院から、松永のいる片野マンションに連れ戻されたのは九七年四月十五日のこと。

それからも松永は、久留米市に住む緒方の父・孝さん、母・和美さん、妹・智恵子さんを二、三日おきに呼び出しては、殺人に手を染めた緒方を今後どうするかについての話し合いをさせた。

そこで決まった事柄について、判決文は次のように明かしている。

〈孝、和美及び智恵子をして、「松永は、殺人という重い罪を犯した緒方を匿って面倒を見、時効成立まで逃走させる。緒方一家は、松永に対し、指名手配中であるため表に出られない被告人両名（松永と緒方）の生活費等を負担し、松永が緒方を匿い警察から逃走させるための『知恵料』、『技術料』を支払うとともに、松永の指示に従い協力する。」などと取り決めさせた〉

つまり松永は、監禁していた広田由紀夫さん、さらには大分県の別府湾で〝自殺〟した末松祥子さんについて、いかにも緒方が単独で殺害したかのように彼女の親族に信じ込ませ、時効まで犯行の隠蔽に必要との名目で、カネを得る流れに持ち込んだのである。

そこで松永は「松永が緒方の面倒を見る契約締結料」の名目で金銭を要求した。四月二十二日に孝さんは額面三百万円の手形を担保に、久留米市農業協同組合（ＪＡくるめ）から約二百九十万円を借り入れ、それを松永に渡している。

さらに四月のうちに、松永は孝さんに証拠隠滅のために必要だと命じて、由紀夫さんの遺体を解体した片野マンションの台所の配管を交換させた。これにより、孝さんは自分の娘を庇うためとはいえ、殺人事件の証拠隠滅工作に加担したという負い目を背負わされることになった。

松永は、湯布院から戻ってきた緒方に対して、連日のように通電や排泄の制限といった虐待を加えていた。判決文には以下のようにある。

〈甲女（広田清美さん）は、そのころ、松永に、緒方がトイレに行くときは見張るように指示されていたが、トイレで、緒方が「ふらふら」になっているのを目撃した。また、甲女は、緒方が両顎に通電されて気を失い、松永が緒方の顔を叩いたりして意識を取り戻させるのを2、3回目撃した。

ただし、松永は、門司駅事件が起こるまでは、孝、和美及び智恵子が居合わせるときは、緒方に通電はしなかった〉

ここで「門司駅事件」という文言が登場する。じつは緒方は「湯布院事件」から一カ月も経たないうちに、今度は北九州市のJR門司駅で逃亡を企てていた。これはそのことを称したもの。判決文にある詳細は以下の通りだ。

〈緒方は、平成9年（97年）5月ころ、松永の指示で郵便物を投函するなどのために、松永の指示を受け、監視役として同行した甲女と共に、山口県下関市内へ行ったが、緒方はそのころ松永から通電を繰り返され、通電に対する恐怖が極限に達しており、帰途、いっそ逃げ出して自殺しようなどと考えるや、とっさに北九州市所在の「JR門司駅」で発車直前の電車から飛び降り、タクシーに乗車して逃走しようとした〉

補足をしておくと、当時松永は、次なる〝金づる〟を求めて、新たな女性に接触しようとしていた。そこで彼女に出す手紙の消印を、実際に住む北九州市ではなく下関市にするため、緒方を使いに出したのである。なお、松永は緒方の逃走を防ぐ手段として、彼女に靴ではなくスリッパを履かせ、清美さんを監視役に付けていた。

〈しかし、甲女が緒方を追いかけ、緒方が乗り込んだタクシーのドアを叩いて騒いだので、周囲に人が集まり、「警察を呼ぼうか。」などと言われ、緒方は逃走を断念した（以下、「門司駅事件」という。）〉

緒方と同じく松永に自由を制限されていた清美さんだが、このときは緒方を逃すと自分に罰が下されるとの思いに支配されていた。そのため彼女も必死に緒方にくらいついたのである。その後、清美さんからの報告を受けた松永は、緒方の再度の逃走に激怒した。

〈松永は、緒方を北九州市所在の「JR小倉駅」まで出迎え、片野マンションに連れ帰ると、緒方が又しても自分から逃げようとしたとして激しく立腹し、緒方に対し、通電等の激しい制裁を加えた。通電の際、松永が、「なぜ逃げたんだ。」と聞くので、緒方が、「電気が怖かったんです。」と答えたところ、松永は、「電気が怖いなんて、電気はお前の友達だろう。」、「お前だって、広田（由紀夫さん）に電気通したじゃないか。広田には良くて、お前はいけないのか。」などと言って、責めた。緒方は、松永に、「電気は私の友達ですと言って笑え。」と命じられ、そのとおりにした。松永はそれを見て嬉しそうに笑った。緒方への激しい通電は、門司駅事件の約1カ月後まで続き、その後は、なくなることはなかったが、回数が減った。

松永は、甲女に、「（緒方の）太股を蹴っておいて良かっただろう。」、「スリッパ履きにして良かっただろう。」などと言い、「今後も逃げられないようにきちんと見張っておけよ。」と指示した〉

緒方が起こした「門司駅事件」について、松永は緒方家をさらに服従させる理由として利用した。それまでは孝さん、和美さん、智恵子さんを二、三日に一度の割合で片野マンションに呼びつけていたが、「門司駅事件」以降は、連日のように呼びつけたのである。

この時期、松永は孝さんらに対して、久留米市の実家での会話については、すべて盗聴しているという脅しも用いていた。検察側の論告書には次のようにある。

〈平成9年（97年）春から夏ころにかけての時期、孝は××（人物名）に対し、緒方のために金が要るなどと言って借金の申し入れをし、その際、××に、「盗聴されて筒抜けになっている。」「純子が人を殺している。」などと告白し、さらには、「下手に口出しをすると巻き添えを食らって、緒方家の3兄弟がみんな財産を取られてしまいかねないから、関わるな。」などと忠告した。

また、△△（人物名）も、孝が、松永に盗聴されているので、自宅でも大きな声では相談もできないなどと述べていたことや、緒方が人を殺しているなどと言って孝が悩んでいたことなどを供述している〉

孝さんは当時、久留米市に自家所有する田畑で農業をする傍ら、地元の土地改良区で副理事長の仕事をしていた。そこで同僚だった女性にも、四月以降の自分が置かれている苦境を口にしていた。
〈××（同僚女性）に対し、「車で北九州に行き、夜は一晩中動きが取れないように（松永らが）見張っている。」などと告白し、「田圃を取られそうだ。」などと不安を示していたが、事情があり、そのことは警察には相談できないとも言っており、電話を盗聴されるなどとも心配していたことが認められる〉

それまでの松永は、孝さんや和美さんといった緒方の親族の前では、緒方に対する通電を行わなかったが、「門司駅事件」以降は親族の前でも緒方に通電を行うようになっていた。こうした精神的、肉体的な責めによって、緒方家は松永から次々とカネを搾り取られていく。先に記した四月二十二日の二百九十万円に続き、論告書は五月から七月の状況に触れる。
〈孝は、その（4月22日）直後である同月30日にも、同農協に５００万円の融資を申し込み、同年5月12日にその融資が実行されるや、即日これを引き出している。

特に、後者（5月12日分）の融資申し込みに際しては、孝は、造園工事をする予定があると同農協に虚偽の事実を申し入れた上、知人の業者に依頼してこれに沿う内容の虚偽の工事見積書まで作成させている。

さらに、和美は、同年6月12日ころ、実の姉である山田サトミに対し、「純子に金がいる。その金で純子の件はきっちり片付く。」などと説明して４００万円を借り入れている。

そのわずか2週間後の同月27日には、孝が、自身のめいである××から100万円を借り入れている。その際、孝は、同女に対し、緒方家の田を隆也名義に変更する手続費用であると説明しているが、そのような名義変更が行われた形跡はない。

それから3週間後となる同年7月17日には、孝は、またも久留米市農協に350万円の融資を申し込んでおり、その際、融資の目的は自宅改修工事の費用に充てると申告しているが、この工事についても見積書が作成されただけで、実際に着工が検討された節は見受けられない〉

このような短期間に、緒方家が過去にない資金繰りを繰り返している状況からは、いかに松永の脅しが執拗で、緒方家の狼狽が激しかったかが伝わってくる。

五月の「門司駅事件」以降、親族の面前で緒方に対して通電を行うようになっていた松永は、六月になると、緒方の母の和美さんに対しても通電を行うようになった。

〈その口実は、緒方が湯布院に行った際に止めなかったということや、松永がワールドを経営していた当時の和美の言動に対する非難であり、松永は、こうした以前の出来事を執拗に蒸し返して和美に通電暴行を繰り返していた〉

やがてこうした直接的な虐待行為が、緒方家の親族全体に広がっていくことになる。

緒方家の「行動カレンダー」

緒方の二度の逃走により、緒方家を今後の〝金づる〟にすると決めた松永の行動は早かった。

彼女が二度目の逃走を企てた九七年五月から、松永はさらに頻度を増して、久留米市に住む緒方の父、母、妹を片野マンションに呼びつけるようになったのだ。また六月中旬になると、智恵子さんの夫である隆也さんも、同マンションに呼びつけるようになる。

そこで松永は、これまで先の三人に話していたように、緒方が二件の殺人に関わっているということを隆也さんに説明し、さらにはその犯行の隠蔽工作に、彼の妻やその両親が手を貸していることを明かしたのだった。

当初、松永は元警察官だった隆也さんを警戒。何事においても彼を持ち上げるなど、緒方曰く「特別扱い」をして、機嫌を取っていた。さらに、緒方家に婿養子として入った隆也さんの抱える不満を察知し、それらを聞き出すなどして、付け込む隙を狙っていた。

やがて隆也さんも松永によって張り巡らされた罠にかかり、緒方家の三人がそうであったように、身動きが取れない状態に置かれてしまう。なかでもとくに大きかったのは、二人の子どもが〝人質〟に取られてしまったことだ。論告書には次のようにある。

〈平成9年（97年）6月ころからは、孝が農協に融資の申し入れをした際に保証人となった隆也も小倉に呼び出されるようになった。当時、緒方一家は、日中は久留米でそれぞれ働き、午後9時か10時ころには小倉に到着して、松永の金の要求に応えるべく金策の相談をさせられ、午前4時から6時ころに小倉を出発して久留米に戻っていた。当然ながら、緒方一家はひどい寝不足が続いており、当初は、久留米に花奈（隆也さんと智恵子さんの長女）と佑介（同長男）を残していることを口実に、小倉に来ることを避けようとしていた節があった。しかし、同年7月、松永が、花奈と佑介を祭り見物を口実に片野マンションで人質に取ってからは、どれほど体調が悪くとも、また用事があろうとも、毎晩のように小倉に呼び付けられることを断れなくなった〉

夜間の話し合いを強制され、睡眠不足によって思考力が低下したところで、松永がこれまでの被害者たちにもそうしてきたように、緒方家や孝さんの実家に当たる緒方本家の土地や財産の権利など、あらゆる行動についての、「念書」や「確認書」を書かせる。そうした〝縛り〟に加え、子どもの身柄までも押さえられてしまったのである。

まずここでは、隆也さん夫婦とその子どもたち（以下、隆也一家）の生活が、どのように変化していったかについて触れておきたい。

当時、隆也さんは土地改良区に勤め、智恵子さんは歯科医師会館で働いていた。なお、前述の通り、隆也さんはかつて関東地方で警察官だったのだが、退職して福岡県に戻り、智恵子さんと結婚している。

松永弁護団が作成した〈緒方家の人々の行動カレンダー〉という、緒方家の家族の一九九七年四月から九八年四月までの主な行動日程を記した資料があるのだが、それによると、智恵子さんは九七年五月から欠勤が増え、隆也さんは同年七月下旬からちらほら始まった欠勤が、八月になると著しく増えている。たとえば八月の記載は以下の通りだ。

〈1日：智恵子欠勤、隆也××医院へ
4日：智恵子、隆也欠勤
5日：智恵子欠勤、隆也××医院
7日：智恵子、隆也欠勤
8日：智恵子早退、隆也は××医院へ
9日：隆也××医院へ
11日：智恵子欠勤
13日：智恵子早退
14日：隆也ら転籍、住民票移動

15日：隆也、智恵子、花奈、佑介ら××（隆也の母）宅へ
16日：8／14〜16　隆也盆休み
18日：智恵子、隆也欠勤
19日：智恵子欠勤、隆也は午前欠勤、××医院へ
20日：隆也××医院へ
21日：隆也××医院へ、智恵子欠勤
22日：智恵子欠勤
24日：智恵子、佐賀ウィークリー××マンションを賃借（9／23まで）
25日：隆也××医院へ
26日：智恵子午前10：30出勤
27日：隆也××医院へ
28日：隆也××医院へ、隆也口座より30万出金
29日：智恵子、隆也、和美ら北九州市八幡で交通事故〉

これを見るだけでも、隆也さんと智恵子さん夫婦の勤務状態が、尋常ではなくなっていることがわかる。なお、ここに出てくる「××医院」とは、北九州市通いのストレスで、隆也さんが七月から通い始めた病院のこと。ちなみに緒方の父の孝さんも同時期に同病院に通院しており、「慢性胃炎」との診断を受け、後に別の病院にかかってからは、「十二指腸潰瘍」で入院していた。隆也さんの症状については、論告書で以下のように説明されている。

〈隆也も、同年（97年）7月22日から同年8月28日までの約1か月間に、××病院に15回も通院しており、その際、隆也は、全身倦怠感や吐き気等を訴え、点滴が始まると程なくいびきをかいて熟睡す

るなど、疲労しきった状況であることが認められる〉
こうしたなか、隆也夫妻の子どもである花奈ちゃんと佑介くんについても、その生活環境は明らかに変化していた。
この行動カレンダーに記された行動日程について、判決文はより詳しく説明している。そこから引用し、外形的事実のみを挙げておく。
〈○本籍及び住民票上の住所の移転状況
隆也一家は、（1）平成9年（97年）8月14日、本籍及び住民票上の住所を、福岡県久留米市××（枝番まで、以下同）から、同市××の××家（隆也さんの実家）に移転し、（2）同年9月2日、住民票上の住所を、同月8日、本籍を、いずれも佐賀県佐賀市××に移転し、（3）同月28日、住民票上の住所を、同月29日、本籍を、いずれも熊本県玉名市××に移転した〉
九月になってからの転籍は、あくまでも書類上のもの。隆也一家を周囲から切り離そうと考えた松永によって企図されており、職場の欠勤も同様の理由によるものである。以下続く。
〈○熊本県玉名市内での居住・生活の実態がないこと
隆也は、平成9年9月17日、熊本県玉名市内のアパート××の賃貸借契約を同人名義で締結した。同アパートの電気、ガス、水道の供給契約も同人名義で締結された。同アパートの家賃は、平成10年3月9日までの間、5回にわたり合計24万5000円が支払われた。敷金や家賃等は松永が援助した。隆也一家が実際に同アパートに居住して生活していた実態はない〉
このように居住実態のない熊本県玉名市のアパートを、家賃を払ってまで借りたのは、前述の転籍のためだった。この時点で隆也一家は、実際には北九州市に住んでいたが、そちらには住民票や本籍は移しておらず、戸籍謄本や住民票を辿って行方を探そうとしても、熊本県の住所にしか行き着かないようにしていたのである。
また九月時点で、その年の誕生日を迎えていた花奈ちゃんは十歳、誕生日前の佑介くんは四歳だった。義務教育の就学年齢である花奈ちゃんの処遇には気を遣い、就学年齢前の佑介くんにはそうではなかったことが、次のことからわかる。
〈○花奈の通学状況
花奈は、平成9年9月から、それまで通学していた福岡県久留米市内の市立××小学校に全く登校しなくなった。担任教師が、同年9月中旬ころ、智恵子に対し、電話で、何日か続けて欠席した花奈に手紙を届けたい旨を話すと、智恵子は、「そんなことをしてもらわなくていいです。家に来てもらわなくていいです。職場にも電話されるのは迷惑なんですよね。」などときつい口調で言い、「(花奈は)主人の仕事の都合で転校します。」などと言った。
花奈は、同年9月29日付けで熊本県玉名市内の市立××小学校に転入したが、同年11月7日初めて登校し、同日から同年12月17日までの合計8日間しか登校しなかった。花奈に付き添っていた母親と称する女性は、同年11月7日、同小学校の教諭に対し、「私たちの住所を誰にも絶対に言わないでください。親戚と名乗る者から尋ねられても絶対に教えないでください。親戚と名乗る者が花奈を引き取りたいと言っても、絶対に渡さないでください。朝は私が花奈を連れて来ます。帰りも私が迎えに来るので、それまで学校のどこかにおらせてください。」などと言った〉
一方で、佑介くんに対しては対処が異なる。
〈○佑介の通園状況
佑介は、平成9年7月22日を最後に、それまで通園していた福岡県久留米市内の保育園に来なくなった。隆也が、同年8月29日、同保育園を訪れ、職員に「本当はまだ通所させたかったのですが、熊

本に引越すので退園させます。」などと、涙を浮かべながら残念そうに告げた〉
もはやこの時点で、緒方家全員の行動が、松永に支配されていたのである。そのなかで松永は搾取の度合いを強めていく。以下、論告書からだ。
〈松永は、緒方一家に命じ、とにかく借りられるだけ金を借りてこいと指示して、平成9年8月29日には、久留米市農協（ＪＡくるめ）から３０００万円の現金を借入れさせ、それを直ちに緒方一家から取り上げた〉
すでに後戻りできないところまで、緒方家は追い込まれていた。

強要される「念書」「確認書」

九七年の夏以降、松永と緒方による親族らとの分断工作によって、緒方家の面々は地元である久留米市に居続けることが難しくなった。

隆也一家は九月になると、実際は福岡県北九州市に滞在させられながら、熊本県玉名市や佐賀県佐賀市に住民票と本籍を移している。

判決文では隆也一家のこの時期の状況について、次のように触れている。まずは智恵子さんについて。

〈智恵子は、××歯科医師会館に勤務していたが、殆ど欠勤することがなかったのに、平成9年（97年）5月13日から無断欠勤が多くなり、同年9月20日からは全く出勤しなくなった。

智恵子の専門学校時代の友人A子（原文実名）は、平成9年9月ころ、連絡がとれなくなった智恵子を心配して4、5回智恵子の実家を訪れ、居合わせた和美に智恵子の所在を尋ねたが、和美は、「智恵子は父親が入院したのでその付き添いに行っている。」などと答えただけで、智恵子の所在を明らかにしなかった。智恵子は、平成9年10月ころ、上記A子に対し、突然電話をかけてきて、「熊本の玉名にいる。自分たちにはかまわないで。」などと申し向け、そのまま連絡を絶った〉

次に隆也さんについてだが、彼は関東地方から久留米市に帰郷後、まずはＪＡ（当時は農協）に勤め、続いて××土地改良区で九四年六月から働いていた。

〈隆也は、××土地改良区に勤務中、平成9年4月から6月までは殆ど欠勤することがなかったが、7月から欠勤が多くなった。隆也は、同年9月1日ころ、××土地改良区の上司に対し、「交通事故を起こした。示談交渉のために北九州の方へ行かなければならない。」などと言い、その後欠勤が多くなり、同年9月19日を最後に全く出勤しなくなった。隆也は、同年9月下旬ころ、上司から、「欠勤が続くので進退を明らかにするように。」と言われ、10月31日付けで退職し、退職金として平成9年12月25日に34万６５６１円が農協の隆也名義の口座に振り込まれた〉

親戚付き合いや職場から切り離されたのは、隆也一家にとどまらない。当然ながら緒方の父と母も、松永から同様に分断工作をされていた。同年八月二十九日に孝さんが、久留米市農協から現金三千万円を借りて、それを松永に渡したことは前述したが、そのことについて孝さんが、親族四人から問い詰められたときの状況について判決文は明かす。

〈平成9年9月23日、入院中の孝と和美を××（親戚）宅に呼んで親族会議を開き、孝と和美に対し、孝が借り入れた３０００万円を何に使ったのか、松永に渡したのではないか、松永に騙し取られたのではないか、松永は（緒方家）本家の財産を狙っているのではないかなどと追及した。ところが、孝と和美は、同日親族会議が行われることを予め松永に電話で伝えており、親族会議の席上でも、親族らに対し、はっきりとしたことは答えず、３０００万円を松永に渡したか否かについても、和美が、

「3000万円は自分と隆也が持って行った。松永は悪い人ではない。」などと言うだけで、3000万円の使途や松永の所在については一切話さなかった〉

その三日後には、松永がみずから和美さんの姉である山田サトミさんの家に乗り込んでいる。

〈松永は、平成9年9月26日夜、緒方、智恵子、隆也及び甲女（広田清美さん）を伴い、福岡県久留米市××町の和美の実姉サトミ宅を訪れた。孝と和美は、先にサトミ宅を訪れ、サトミとその夫の山田和義に対し、「松永を怒らせないように、松永の気分を害さないようにして帰してくれ。」などと頼んだ〉

この状況からわかる通り、緒方の過去の殺人についての話をきっかけに、松永は緒方家の弱みに付け込んで、彼らを完全に支配していた。みずからを右翼と繋がりがあるように装い、久留米市の緒方家には盗聴器を仕掛けていると脅す松永に対して、緒方家の面々は恐れを抱き、言われるままに数多くの念書や確認書を書かされてきた。その具体的な内容は後述するが、すでに緒方家の大人たちは、正常な判断力を奪われ、がんじがらめの状態に置かれていたのである。以下続く。

〈松永らが到着すると、孝と和美は松永の機嫌をとるような態度をとった。サトミ夫婦は、松永らがサトミ宅を訪れる目的について、事前には、孝と智恵子が喧嘩をしたので仲直りの話合いをするためと聞いていたが、実際にはそのような話は全くなかった。松永は、サトミ夫婦と1時間くらい世間話をした後、同人らの面前で、緒方、孝、和美、智恵子及び隆也に対し、「孝の跡取りは誰か。純子の跡取りは誰か。」などと執拗に問いただし、緒方、孝、和美、智恵子及び隆也をして、「孝の跡取りは（緒方）純子、純子の跡取りは○○（松永と緒方の長男）。」と何度も声をそろえて答えさせた。孝夫婦は、孝の跡取りとして既に隆也を婿養子に迎え、長男佑介も生まれていたにもかかわらず、緒方、孝、和美、智恵子及び隆也は、松永の話に対して全く異を唱えることなく、松永の言いなりに、「そのとおりです。」などと答えるだけだった。緒方は睨み付けるような目をしてとても厳しかった。松永はサトミ夫婦に対し、松永が緒方一家のために４０００万〜５０００万円もの金を使っている旨、３０００万円は緒方のために必要な金である旨を、メモを示すなどして説明した〉

結局この夜、松永は翌朝六時頃までサトミさん夫婦の家に居座っている。そこでは酒を飲みながら引き続き、「孝の跡取りは純子、純子の跡取りは○○（同長男）」という話を繰り返したという。

これらの行動の裏にあるのは、先に取り上げた、松永が緒方家に書かせた念書や確認書の存在である。松永弁護団が作成した〈緒方一家／念書・確認書等〉という、緒方家の面々が書かされた、念書や確認書などの概要について記された資料がある。そのなかの平成九年五月以降に書かされたものを挙げておく。

〈●作成日時：平成9年（以下略）5月27日／関係者：被告人緒方（作成者）、被告人松永（立会人）／文書の題名：相続権利放棄覚え書き念書（和美、隆也、智恵子宛）／文書の内容：孝の遺産一切相続放棄し、遺留分は隆也に全額贈与（※同日、同じ作成者と立会人名で、孝さんの兄弟宛として、孝さんの父の遺産相続を放棄し、遺留分は隆也さんに全額贈与との文書も作成）

●作成日時：5月31日／関係者：被告人緒方（作成者）、孝、和美（連帯保証人）／文書の題名：（※松永と緒方の）結婚にあたっての取り決め事項／文書の内容：養育費子供1人あたり10万円

●作成日時：同上／関係者：同上／文書の題名：念書／文書の内容：（上記に関連し）離婚の場合、子供の親権者を被告人松永と定め、子1人10万円支払う

●作成日時：同上／関係者：被告人緒方（作成者）、孝、和美（立会人）／文書の題名：念書覚え書き／文書の内容：○○（同長男）、△△（同次男）は松永の子供。松永の認知承知

●作成日時：7月8日／関係者：孝、和美、隆也、智恵子（作成者）、被告人松永（立会人）／文書の

題名：緒方家財産に関する覚え書き念書／文書の内容：祖父の全財産を6ヶ月以内に孝が贈与を受ける（H9、7、2 A〔孝さんの弟〕発言） その6ヶ月後に一部の土地を隆也名義に替える。和美・智恵子名義もあり（長文－以下略）
●作成日時：7月10日／関係者：和美（作成者）、被告人松永（証明人）／文書の題名：裏の土地に関する覚え書き念書／文書の内容：裏の土地は孝↓和美としたが、一定の時期に隆也名義に替える
●作成日時：8月1日／関係者：孝、和美、隆也、智恵子、被告人緒方／文書の題名：覚え書き念書／文書の内容：H9、4、8 和美と智恵子が小倉へ（△△〔同次男〕引渡） 被告人緒方↓孝TEL。孝「これまでの援助分は一切返してもらわなくてよい」〉

松永はこうした文書をもとに、サトミさん夫婦宅において、いずれ孝さんが相続することになる緒方家本家の土地や祖父の財産などについては、跡取りの緒方（純子）に権利があり、さらにその跡取りは、松永が親権を持つ○○（同長男）であると主張していたというわけだ。ちなみに注釈を加えておくと、八月一日に作成された「覚え書き念書」は、緒方が湯布院に逃走した最中、彼女が孝さんに電話を入れたところ、彼が過去の援助について返済不要と言ったことについて、改めて念押しするため、文書化したものである。

これら、〝偏執的〟ともいえる、松永による文書作成の強要によって、緒方家がまるで蜘蛛の巣に搦めとられたかのような状態に置かれてしまったことは、想像に難くない。

なお、松永らがサトミさん夫婦宅から帰って四日後の十月一日付で孝さん、和美さん、隆也さん、智恵子さんに書かせた緒方宛の「覚え書き念書」は、以下の内容になっている。

〈孝、和美、智恵子、隆也及び被告人緒方が話し合い。被告人緒方に２０００万円を差し出す。被告人緒方の希望、孝＋和美が60％、智恵子、隆也各20％〉

緒方家が書かされた念書・確認書については、少なくともこれ以降、孝さん殺害の四日後である、同年十二月二十五日分まで、その存在が確認されている。

親族との分断工作

九七年後半の、緒方の両親や妹夫婦といった〝緒方家〟の状況について、結論から記しておくと、松永と緒方による親族との分断工作によって、最初に緒方の妹夫婦の子供たち（花奈ちゃんと佑介くん）が七月下旬頃から、久留米市を離れて、松永らが住む片野マンション三〇×号室で同居するようになった。

続いて子供たちが〝人質〟となったことで、智恵子さんと隆也さんが九月頃から、さらに、孝さんと和美さんが十二月頃から片野マンションで同居を始めている。

九月頃になるとすでに、緒方家の面々は松永に心身ともに支配された状態にあった。その理由として、緒方家が数多くの念書や確認書を書かされていたことを挙げたが、それだけでなく、松永が緒方家に対して直接的に、通電による暴力を行使するようになっていたことも大きい。

判決文では、以下のように説明がなされている。

〈松永は、佑介を除く緒方一家に対し、事ある毎に、ささいな理由を付けて身体に通電した（ただし、被告人両名は佑介にのみは通電していない。）。松永は、電気コードを二股に割き、先端の針金をむき出しにし、その先端に鰐口《わにぐち》クリップを取り付け、クリップを緒方一家の顔面、乳首、手足、陰部（孝を除く。）等に取り付けた上、電気コードの差込プラグを、家庭用交流電源に差し込んだ延長コードのプラグの差込口に接触させる方法で、瞬間的な通電を何度も断続的に繰り返した〉

通電の方法については、これまで由紀夫さんやその他の被害者がやられてきたのと同じである。なお、松永本人も後の公判で緒方一家に対する通電等の暴行、虐待は認めており、「頭にきたときなど通電した」や「学校の先生が生徒に注意するときげんこつで叩くのと同じ気持ち」などと供述している。では、どうして緒方家の面々が通電されるようになったのか、判決文の説明は続く。

〈松永は、平成9年（97年）6月ころから和美に対し通電するようになった。松永は、和美に緒方が湯布院に逃げた経緯を問いただし、和美が緒方が湯布院に逃げるのに手を貸したなどという理由で通電した。

松永は、和美に少し遅れたが、遅くとも平成9年夏ころには、孝に対しても通電するようになった。孝に対しては、和美と同じような理由を付けたほか、孝の態度や口のきき方が横着だなどという理由でも通電した。

孝と和美に対する通電は日を追って激しくなった。特に、親族会議が行われた平成9年9月23日ころは、孝と和美に対し、親族会議の出席者やその発言内容、孝や和美の発言等を事細かに問い詰め、「自分たちの所在を親族らに話したのではないか。」、「親族らが××（孝の父親）名義の田に仮登記を設定するように仕向けたのは、孝ではないか。」などと詮索し、「隠さないで全部話せ。どうせ盗聴しているから分かる。」などと責めては、通電を繰り返した。同年10月ころ、孝の右手が動きにくくなった〉

同時期、松永は孝さんと和美さんに限らず、智恵子さんと隆也さん夫婦、さらに娘の花奈ちゃんにも通電を繰り返していたが、そのことについては後に譲り、ここでは孝さんと和美さんについてのみ詳述する。まず、九月二十三日ころの親族会議とは、先に記した、孝さんが松永の要求に応えるため、久留米市農協から、現金三千万円を借りたことについて、借金を心配した孝さんの兄弟ら親族四人から、その使途について問い詰められたことを指している。

もう一つの、孝さんの父親名義の〈田に仮登記を設定〉とのくだりについては、少々説明が必要となる。

孝さんの兄弟は、同年五月頃から孝さんや和美さんから、彼らが娘である緒方のことで、松永に多額のカネを工面していることを聞いていた。その際、緒方家本家の当主である孝さん夫婦が、松永に対して強い恐怖心を抱いていることを察知し、このままでは松永に本家の財産をすべて取られてしまうのではないかと、危惧を抱いていたのだった。対応策として孝さんの兄弟が採った手段とその後について、判決文は次のように明かす。

〈そこで、親族らは、同年11月5日、まだ担保権が設定されていない××（孝さんの父親）名義の田に、××からA（同弟）に対する農地法3条の許可を条件とする贈与を原因として条件付所有権移転仮登記を設定した。

松永は、上記仮登記が設定されたことにより事実上当該田の売却ができなくなったため、これを抹消させるために、同月9日、孝と和美をして、AとB（同別の弟）に対し、「孝が死亡等した場合、緒方は孝の遺産の一切の相続を放棄する。」旨の念書を見せた上、「松永に財産を取られる心配はないので、田の仮登記を抹消して欲しい。」旨頼ませたが、AとBはこれに応じなかった。

緒方一家は、平成9年11月11日ころ、孝、和美、智恵子、隆也及び花奈の連名で、「自分たちは財産が欲しいのではない。自分たちが自宅に居られなくなったのはA及びBらのせいである。人の心が残っていれば仮登記を抹消して欲しい。」などと、A及びBらが仮登記をしたことを非難する内容の手紙を書いてB宅に郵送し、仮登記を抹消させようとした〉

前述の通電による暴行の時期と照らし合わせると疑いようもないことだが、緒方家の行動すべてが、仮登記さえ抹消できれば、あとはなんとでもなると考えた松永の意を受けてのものだった。

松永の分断工作によって、九月には隆也さんと智恵子さんが勤務先に行かなくなっていたが、××土地改良区の副理事長だった孝さんだけは、十一月になっても、欠勤が多いながらも職場に籍を置いていた。

というのも、すでに触れたが、松永への応対によって体調を崩した孝さんは、八月十二日に「十二指腸潰瘍」で緊急手術を受けており、その後も入院して病欠を申請していたのである。途中で転院した彼は、九月二十八日まで入院生活を続けており、先に記した九月二十三日の親族会議への参加は、病院を抜け出してのものだった。

九月二十八日に退院した孝さんであるが、そのまま久留米市の自宅に帰ることはなく、松永らに連れ回されて、十月末まで北九州市内のホテルを転々とした。その理由についても判決文は詳しい。

〈松永は、平成9年9月ないし10月ころ、緒方一家の親族らが緒方一家の行動を不審に思い、親族会議を開いて多額の借財の使途を追及したり、安否や所在を心配してその調査をしたり、警察に捜索願を出すことを検討したりしていることを知った。松永には警察の指名手配犯人の捜査強化月間に関する知識もあり、そのころ片野マンションの周辺で何度か不審な車両を見かけたことなどから、警察の捜査が身辺に及んでいるのではないかとの危機感を募らせた。そこで、松永は同年9月ころから11月ころまでの間、片野マンションを離れ、緒方一家を引き連れて、北九州市内のホテル等を転々として生活し、片野マンションには寄り付かなかった。松永は、同年10月ないし11月ころは、毎日ニュース番組をビデオに録画し、これをまとめて再生するなどして、警察の取締りに関する情報を入手し、緒方や孝らにもビデオを見せたりした〉

つまり松永は、孝さんや和美さんらが久留米市の実家に戻り、親族らと密に連絡を取り合うことによって、我が身に捜査が及ぶことを警戒していたのである。その一方で、親族によって孝さんらの捜索願を出されることについても警戒した松永は、十月末頃に孝さん本人を親族のもとに出向かせ、彼の口から、家族についての捜索願を出されると迷惑だという旨の言葉を言わせていた。

松永がどのような判断を下したのかはわからないが、それまで長期間職場に顔を出さなかった孝さんは、十一月四日から二十日まで、ほとんど毎日出勤している。そこで職員に対して、「松永はいい人だ。すごい人だ。電話一本で人を動かせる」などと話していたとの記録がある。判決文は触れる。

〈孝は、平成9年11月13日及び14日、××土地改良区の研修旅行に参加した。孝は、いつもは身なりをきちんと整えていたのに、髪はボサボサで着の身着のままでスリッパ履きという格好で会合に出席した。孝は、同年11月28日、久留米市役所における打ち合わせに出席したのを最後に出勤しなくなった。職員がそのころ孝に電話でその理由を尋ねたが、孝は、「もう出て行けない。」と言うだけだった〉

それから間もなくして、久留米市の三世代六人が住んでいた緒方家の家屋は、もぬけの殻となった。

一家全員への虐待

松永が和美さんに、片野マンション三〇×室で通電の暴行を加えるようになったのは九七年六月頃。さらに同年夏頃になると、孝さんに対しても同様に通電を行うようになったことは、すでに記した。

同時期、松永は緒方の妹夫婦や当時十歳の彼らの娘に対しても通電を行うことで、反抗心を奪っていたことが明らかになっている。

判決文では、その通電による暴行について次のように説明された。

〈松永は、平成9年（97年）9月ころから、智恵子、隆也及び花奈に対しても通電するようになった。松永は、智恵子が「あ、はい。」と返事をするのが気に入らず、その度に智恵子に通電した。また、隆也をして智恵子に対する不満を言わせ、それを理由として松永が智恵子に通電した。（中略）松永は、智恵子に通電するようになってからしばらくして、隆也に対しても通電するようになった。松永は、隆也が外出中に片野マンションへの連絡を怠るなど、その行動や態度が気に入らないときに通電した。また、隆也と智恵子の夫婦間の不満を煽り、互いに言い争わせた上、松永が智恵子に代わって隆也を責めた。また、隆也に「隆也が智恵子の首を絞めて殺そうとした。」とする上申書を作成させていたが、その件で隆也を責めて通電した。（中略）

智恵子及び隆也は、それぞれ松永から激しく責められた時期があり、ひどいときには毎日通電されていた。

松永は、花奈に対しては、食べかけのお菓子を食べたなどという理由を付けたり、「知っていることを言え。」などと追及したりして通電した。松永は、智恵子と隆也の面前でも花奈に対し通電したが、そのときも智恵子と隆也は何らこれに逆らうことはなかった〉

松永はまず緒方家に養子に入った隆也さんと智恵子さんの関係に亀裂を入れ、分断することを企んだ。当時三十八歳とまだ若く、元警察官という経歴を持つ隆也さんを警戒し、前述の上申書のように、彼自身が犯罪行為に手を染めたとする弱みを握るまでは、隆也さんに同調するふりをして、その機会を窺っていたのである。

判決文は次のように明かす。

〈松永は、片野マンションにおいて、隆也の側に立って良き理解者のように振る舞い、隆也に、孝夫婦及び智恵子に対する種々の不満、例えば、隆也が養子に来たら本家の土地の一部を隆也の名義にするという約束があったのに、まだ履行してくれないとか、和美はレタスを栽培していたが、隆也が勤めから帰ると容赦なく作業を手伝わせたとか、和美は料理を作り過ぎた等の不満を言わせ、さらに、隆也が知らなかった事情、例えば、智恵子は隆也と結婚する前、他の男性と交際し、妊娠して中絶したとか、智恵子は浮気をしたとか、和美は松永と男女関係にあった等のことを吹き込み、「隆也さんは騙されて養子に来た。」などと言って、孝夫婦や智恵子に対する不信感を煽った。その挙句、隆也を唆して孝夫婦及び智恵子に対し暴力を振るわせた〉

改めて説明するまでもないが、松永は、こうして隆也さんが暴力を振るったことを後になって追及し、先の上申書を書かせている。以下、判決文は続く。

〈その結果、隆也と孝夫婦及び智恵子はお互い傷つき、その間に溝ができ、隆也は孝夫婦及び智恵子に距離を置いて、離婚や離縁をも考えるようになった。反面、隆也は松永に接近し、松永や緒方の指示に忠実に従うようになった〉

先の〈緒方一家／念書・確認書等〉という資料によれば、松永が隆也さんに書かせた上申書の作成日時は九七年十一月二十八日で、その要旨については〈H9、9末〜10末、ビジネスホテル××（実名）308号室で智恵子の首を絞め絞殺しようとしたが、花奈が被告人緒方らに通報し、孝からも制止された〉というもの。この上申書に隆也さんが署名しており、〈証明人〉として、孝さんと和美さんの名前が連なっている。

こうした流れで、緒方一家を完全に掌握した松永と同家族の関係について、判決文には次のようにある。

〈甲女（広田清美さん）は、被告人両名（松永と緒方）及び緒方一家と片野マンションで同居していたが、片野マンションでの緒方一家の様子につき、公判廷で、「松永は緒方一家に通電していたが、緒方一家は、松永に全く頭が上がらない様子であり、松永に逆らったり口答えをしたりすることはなかった。松永と緒方一家は『王様と奴隷』のような関係だった。」〉

ほかにも清美さんは当時の緒方一家の様子について、公判で以下のような証言をした。

「緒方一家は片野マンションに通っていたころはトイレを使っていたと思うが、片野マンションで同居するようになってからは、トイレを使うことが許されなかった。小便はペットボトルで作った容器にさせられていた」

「緒方一家は台所で布団も与えられずに寝ていた」

「緒方一家は自由に会話をすることができなかった」

「緒方一家は長時間立たされたり、そんきょの姿勢を強制されたりした」

「松永は、緒方一家に話し合いをさせるとき、緒方一家に通電したことがある。緒方一家が話し合いをするとき、緒方一家同士で口論になったことがあるが、そのとき松永は司会者のような役をした」

一方で、このように自身の親族が松永によって虐待を受けている緒方の状況についても、判決文は触れている。

〈当時の緒方の生活状況を見ると、(1)就寝場所は、はっきりしないが、和室で布団を使って寝ていた可能性が高く、(2)緒方一家よりは食事の量や内容が良く、(3)大小便の回数・方法の制限はなく、(4)起立やそんきょの姿勢の強制はなく、母親として長男、次男の世話をすることももちろん制約はなかったのであり、緒方一家とは明らかに差異があり、松永よりは下位ではあるが、緒方一家よりは上位者という立場にあった〉

実際、松永は緒方を除く緒方一家に対して、現金を持たせず、片野マンションの玄関のドアチェーンに南京錠を取り付けて、自由な外出をさせないといった行動制限を行っていたほか、ここに出てくるような睡眠や食事、排泄などの制限や、起立やそんきょの姿勢の強制といった虐待を行っていた。その内容をそれぞれ記すと以下の通りだ。

●睡眠

〈松永は、甲女が学校へ行っている間の3、4時間、緒方一家を台所の玄関付近で寝かせた。松永は、緒方一家に対し、片野マンションで寝泊まりするようになった当初は布団を使わせたが、その後は布団を使わせなかった〉

●食事

〈松永は、緒方一家に対し、一日1回だけ、松永が指示するときに食事を与えた。また、松永が許したときだけ、松永が指示した量の水を緒方が用意して、緒方一家に与えた。このように緒方一家は、コップ1杯の水を飲む自由さえ制約された。

松永は、緒方一家に対し、松永や緒方の食事より量や内容が明らかに劣った食事を与えた。緒方一家の食事内容は、平成9年9月ころから12月ころまでは、市販の弁当（コンビニ弁当）、ラーメン、カップラーメン、電子レンジで温めるご飯、食パン等であり、孝が死亡した同月21日ころからは、殆ど食パンか菓子パンであった。パンにしたのは、炊事が要らないという理由からである。隆也の食事は殆ど食パンだけだった。

食事の際は、台所の床の上に新聞紙や広告紙を敷き、そんきょの姿勢で、食器を使わずに食事をさせた。食事時間を7、8分間に制限し、その時間内に食事を終えなければ、通電の制裁を加えることがあった〉

●排泄

〈平成9年9月ころからは、小便のためにトイレを使用することを禁じ、ペットボトルにさせた。

孝が死亡した平成9年12月21日ころから、緒方一家に対し、大便のためのトイレの使用を一日1回に制限し、トイレを使用させる際も、便座に尻をつけることを禁じ、ドアを開けたまま用便をさせて、緒方にその様子を監視させた〉

●起立・姿勢の強制

〈松永は、緒方一家に対し、片野マンションでの自由な行動や会話を許さず、毎日3、4時間の睡眠時間のほかは、台所の玄関付近等で長時間起立することを強制した。緒方一家は、一日中、無言のまま、足がむくむほど立たされたこともあった。緒方一家は、立たされている間は、移動したり、しゃがんだりすることは許されなかった。松永は、自分がしゃがんで緒方一家と話をするときは、緒方一家が松永を見下ろさないように、緒方一家にそんきょの姿勢をとらせた。また、孝、和美、智恵子、隆也及び花奈を、水を張った浴槽の中に一晩中立たせたこともあった〉

分断された緒方一家は、抜け駆けが発覚すれば通電という罰を受けることから、常に誰かの〝告発〟に怯えていた。その結果、相互監視の状況下に置かれ、結果的に全員が松永の虐待を受け続けることになったのである。

「鳥骨鶏の卵」の話

九七年の後半。片野マンション三〇×号室で、松永の完全なる支配下に置かれていた緒方一家。そこでのヒエラルキーは、頂点に立つ松永の下に緒方がいて、枠外に清美さん、最下層には緒方一家の面々という位置づけだった。

先に緒方一家よりも優遇された緒方の生活環境について触れたが、緒方自身もその待遇に見合った態度を取っていたようだ。判決文には、そこでの様子が明らかにされている。

〈緒方は、（松永からの逃走を試みた）門司駅事件後しばらくの間は、緒方一家や甲女より下位の待遇を受けたが、その1か月後くらいから和美に対する通電が始まると、徐々に待遇が良くなった。平成9年（97年）9月ころから智恵子や隆也が同居するようになると、緒方は、緒方一家より上位者として遇されるようになり、智恵子や隆也の監視役を果たし、同年11月ころからは、松永の指示を緒方一家に伝える連絡役等を果たすようになった〉

そこでの緒方は、自分の親族である緒方一家に通電の虐待を行う松永の側につき、手下のような役割を果たしていたという。

〈緒方は、松永が緒方一家に対し暴行、虐待を加えた際も、松永を制止したり、緒方一家を庇ったりしたことは全くなかった。緒方は、松永が居ないときでも、緒方一家を気遣ったり、いたわったりすることは全くなく、緒方一家が緒方に相談や依頼をすることもなかった。それどころか、緒方は、松永の指示があれば、これに唯々諾々と従い、緒方一家に対しても、仮借なく通電した〉

緒方一家は所持金や預金通帳、運転免許証などを取り上げられていたが、それらの管理は松永に命じられた緒方が行っていた。また、片野マンションの玄関ドアチェーンにつけられた、逃走防止用の南京錠の管理も緒方の役割だった。こうしたなか、彼女は親族に対して高圧的な態度を取っている。

〈緒方は、片野マンションで、緒方一家を呼ぶとき、「お父さん」とか「お母さん」とかの親しみを込めた呼び方はしなかった。孝や和美のことを「あんた」と呼び、特に松永の面前では、「孝」、「和美」と呼び捨てにした。緒方は、十二指腸潰瘍穿孔《せんこう》等で緊急入院中の孝に執拗に電話をかけ、「動けるなら働け。」などと、冷たい言葉を浴びせた。和美が茶碗を洗っているとき、「貴様、和美、ちゃんと洗わんか。」と怒鳴ったことがある。智恵子が片野マンションに来ることが遅れたとき、「貴様何で遅れたとや、智恵子。」と叱り付けたこともある。隆也の頬を叩き、「あんたと私は身内やけん、叩いたっちゃよかろう、隆也。」と言った〉

この頃に限らず、松永が柳川市でワールドを経営していた時代にも、同社の従業員や被害者などが、周囲に高圧的な態度を取る緒方の姿を目撃していた。そんな緒方の性格を表す事案として、判決文は、「スリッパ騒動」との名称で、かつて緒方が起こした出来事に触れている。

〈被告人両名（松永と緒方）及び緒方一家らは、平成9年10月30日から31日まで北九州市八幡西区内の「ビジネスホテル××（宿名）」に宿泊したが、その期間中、同ホテル経営者の××（人名）は、被告人両名の次のような行動を目撃している。緒方が、次男を抱いてフロントに現れ、上記××に対し、「スリッパがべたべたしているから取り替えて。」と無愛想でぶっきらぼうに言った。××が替えのスリッパを取りに行って戻ってきたとき、松永と智恵子が、うろたえた様子で、「どこへ行ったか。」と緒方を捜していた。松永は、緒方を見付けるや、緒方に対し、「お前、どこに行っとったんか。」と怒鳴りつけた。緒方は、松永に対し、「スリッパをもらいに行っとったんよ。」などと、ふてくされた態度で返事をし、××をにらみつけ、「あんたがスリッパを持ってくるのが遅いからよ。」などとつっけんどんに言った〉

松永によるマインドコントロール下にあったとされる緒方ではあるが、松永に対して常に萎縮しているわけではなかった。その事実を裏付けるように、次のような証言もある。

〈甲女が目撃したところでも、緒方が常に松永をおそれて「びくびく」していた様子はなく、松永に怒られるときもあったが、松永と冗談を言い合う場面もあった〉

こうしたことから、判決文は緒方の気性の荒さに触れ、その後の事件への影響を指摘している。

〈上記両親等や××（人名）等に対する態度、ビジネスホテル××におけるスリッパ騒動の一件等からすると、緒方一家事件のころの緒方は、元来の「気が強い」性格に短気や粗暴さが加わり、激しい気性の持主になっていた。緒方は、松永を恐れながらも、緒方一家には高圧的な態度で接し、緒方一家を恐怖ないし不安に陥れた。それは松永による緒方一家の支配を補強し、緒方一家を松永が意図する方向に更に追い込んでいった。そのような緒方の姿の一端は、孝事件や智恵子事件において、緒方が、各事件当日、各被害者に示した言動にも見られる〉

このように当時の緒方は、松永に命じられて、という事情があったとはいえ、結果的に自身の親族を破滅に追い込む道を選択していたのである。

〈松永にとって、緒方は、ワールド時代以降、松永の指示・命令に忠実に従い、松永の性格も良く知り尽くした右腕的存在であった。もともと、松永は危険や責任を極端に嫌う性格で、物事を決断したとき、松永自身は決して実行せず、松永の決断は秘匿しつつ、他人を誘導して松永と同じ決断をさせて実行させ、松永に危険や責任が及ぶのを回避しつつ、利益だけを享受するのを処世の目標としてきた〉

ここで判決文は、松永が逮捕後の取り調べ時に検察官に対して語った、彼自身の〝処世術〟を取り上げている。松永がすべての犯行に際し、どのような思考をもとにして動いていたのかが窺える興味深い内容であるため、長文ではあるがそのまま掲載する。

〈松永は、捜査段階において、検察官に対し、「烏骨鶏《うこっけい》の卵」で金儲けをする方法を例にとって、松永の処世術（松永はこれを「人の誘導術」と称している。）について説明している。その要旨は次のとおりである。

「烏骨鶏の卵を売るには、（1）烏骨鶏の雛鳥が必要、（2）それを飼育するためには飼料が必要、（3）どこで売るか考えることが必要、ということを考えなければならない。（1）には、純粋な烏骨鶏を入手するか、雑種の烏骨鶏を入手するかという問題があり、(2)には、どのくらい質のいい飼料を与えるかという問題があり、(3)には、どこで売買するかという問題がある。

私(松永)は、(1)については、純粋な烏骨鶏を入手し、(2)にはついては、51パーセントが天然飼料であるものを与え、(3)については、都会で売るべきだと考える。

しかし、万が一、烏骨鶏が逃げてしまったり、死んでしまったりしてこの計画が失敗した場合は、烏骨鶏を入手した費用や飼育のために買った飼料代などの損害が出ることになる。私はこのリスクを自分で被ることがないように、このリスクを他人に持ってもらって、自分は利益だけをいただけるように、他人を誘導する。

誘導の方法は次のようなものである。

(1)については、他人Aが雑種の安い烏骨鶏を買うといえば、私の意思に反する。しかし、私の意思を押しつけると、計画が失敗したとき、Aから責任を追及される。そこで、私は、Aに、『でも、雑種の烏骨鶏は、所詮雑種で、烏骨鶏ではないでしょ。純粋な烏骨鶏を買うと、それを強調して高い値段で卵を売ることができるんじゃないか。ただし、最終決断はあなたがしてください。』などと言う。すると、Aも、『そうね、純粋な烏骨鶏を買おうか。』などと答える。しかし、純粋な烏骨鶏を買うという決断はA自身がしたものであるから、もし計画が失敗しても私はAから恨まれることもなく、逆に、Aに『あなたが、純粋な烏骨鶏を買うと言ったから、費用がかかったんだろう。』などと言うことができる。(中略)

私はこのように、様々な問題があることを事前に考えて、その結論を先に出した後、他人に話を持ち掛けて、他人が私の思惑に外れるような結論を出せば、事前に私が考えた問題点を他人に言い、自分の意向と同じ結論を出させるのである。

このとき私が言う問題点は虚偽のものであってはならず、誰もが少し考えれば浮かんでくるような問題点を持ち掛ける。このようにして、目標に向けて人を誘導し、目標達成による利益をいただいていた。こうすれば、私には一切の責任がない反面、成功したときは報酬がもらえ、目標達成に向け、自分が直接手を下さなくてもよくなるのである。

私が物事を考える基本原理は、次の言葉に集約される。『（1）起こり得るすべての問題を今すぐつかみなさい。（2）その問題に関する資料をすべて集めなさい。（3）それをあなた自身の頭と情熱で分析しなさい。（4）その結果の方向を見て、あなたは行動を起こしなさい。（5）すべてあなた自身で迷わず。』

（1）ないし（3）は私自身に対する言葉であり、（4）、（5）は私以外の人間に対する言葉である。

私は、高校生のころこの言葉を考え、それ以降物事を考えるときはすべてこれに当てはめて生きてきた。」〉

この思考こそが、まさに松永の犯行のすべてを物語っている。それと同様に、彼の犯行の卑劣さの証左であるともいえる。

こうして一家全員の殺害を決意した

〇二年三月に松永と緒方が逮捕され、やがて彼らによる緒方一家への殺人の疑惑が起きていた時期、私は久留米市にある無人の緒方家を訪ねていた。

当時の取材ノートには次のようにある。

石垣のある広い二階建て。窓は雨戸が閉じられている。玄関前の庭には子供用のオレンジ色の小さなブランコが。玄関脇には青色と黄色の子供用の傘が立てかけられている。

敷地内には久留米ナンバーのトヨタ・マークⅡが放置されており、タイヤはパンクした状態。

正面玄関から入って右側にある靴箱の上方の壁には黒板が。そこには子供がチョークで書いたと見られる「バイバイ」の文字。黒板の左にあるカレンダーは九七年七月のまま。靴箱の上には、子供用の赤色と黄色の長靴が二足残されている。靴箱の中には女性用のサンダルや男性用の草履、その他、靴が雑然と並ぶ。

玄関に向かって左手に納屋がある。その入口付近にあるのは、資料が入った段ボール箱や古新聞の束など。少女漫画やゲームの空き箱もある。天井の梁の上にはポリ袋に入った鯉のぼり。

納屋の奥には稲刈り用のコンバインがあり、運転席にはアンパンマンの人形が落ちている。そのそばには久留米ナンバーの日産・サニーが。あと、同じく久留米ナンバーの白い軽自動車、ダイハツ・クオーレも残されていた。コンバインや車のボンネットの上には埃がたまっている。

緒方家の家族がその家を出て五年後の状況であるが、家財道具など生活の痕跡がそのまま残された様子を見る限り、決して計画的にではなく、取る物もとりあえず家を出た、〝夜逃げ〟との印象を抱かせるものだった。

そうなった九七年の後半、一族の本家である緒方家の様子を心配した親族は、ある行動に出ていた。判決文には次のようにある。

〈親族らは、緒方一家の安否を心配し、その行方を調査し始め、平成9年（97年）10月ころ、親族である警察官らに調査を依頼し、熊本県玉名市内の「玉名アパート」に行ってもらったりしたが、手掛かりは摑めなかった。親族らは平成9年10月末ころ、孝の捜索願を提出しようとしたが、そのころ、孝夫婦がA（孝の弟）宅を訪れ、捜索願のことで文句を言った。Aがまだ捜索願は出していない旨伝えると、帰って行った。平成9年11月、警察官が孝宅に行ったところ、和美がおり、同人と話すことができた。また、智恵子が玉名アパートで警察官と接触し、智恵子が携帯電話の番号を教えたため、警察官から電話がかかってきたことがあった〉

このことを知った松永がどのような心境に至ったかについては、論告書に詳しい。

〈松永は、いかに緒方一家を久留米から切り離し、自己の支配下で監禁支配しようとも、緒方一家の人数が6人と多いこともあり、その行動すべてを把握することが不可能であることを思い知らされる結果となった。

事ここに至って、被告人両名、殊に、生来異常なほどに小心で、危機が迫ると過剰反応といえるほどの防衛策をしばしば講じてきた松永は、緒方一家とこれ以上行動を共にしていればそれだけ人目にも付きやすく、また、緒方一家を介して被告人両名の所在等が明らかになる危険もそれだけ大きいことを痛感するに至ったことが認められる〉

さらに、緒方家に金銭的な利用価値がなくなったことも、後の緒方一家殺害の動機となったと論告書にはある。松永は緒方家から、土地家屋を担保にして受けた融資の他に、各人に限度額まで借金をするよう命じてカネを受け取っていた。だがそれも行き詰まってしまったのである。

〈松永は、和美に命じて、平成9年11月下旬に、和美をしてサラ金業者から合計295万円を借入れさせており、この借入れによって、和美はサラ金からの借入れ限度一杯まで融資を受けたものと認められる。

緒方は、和美が農業従事者として借入れをした以上、生計を一つにする孝ももはやサラ金からは借入れができないし、既に無職となった隆也夫婦はサラ金からの借入れなど到底受けられず、この時点をもって、和美のみならず緒方一家全員が、金融機関からの融資を受けることはできなくなったと認

識したと供述している〉

このように利用価値がなくなった緒方家を解放しなかった理由についても、論告書は指摘する。

〈松永は、緒方一家を、久留米市以外の場所で生活することを条件に解放することもできなかった。限度を逸した搾取の結果、緒方一家は、所持金も預貯金も皆無に近く、定職も失い、多額の負債を抱えた状態であり、いきなり解放されても生活の術など無く、早晩、緒方の親族を頼るであろうことは十分に推測できたからである。

また、仮に緒方一家が解放後も秘密を守り得たとしても、被告人両名はやはり危険な状態に置かれることには変わりなかった。緒方の親族は、緒方一家が久留米に戻ったとしても、それに満足するはずはなく、緒方一家が本家の土地家屋を担保に入れてまで融資を受けた多額の現金を取り戻そうとするであろうし、緒方一家の身体に残された通電による火傷等の傷害から、被告人両名が緒方一家に対して加えた様々な虐待等の存在を知れば、これに対する刑事責任の追及等をも考慮するであろうことは明らかな状態であったからである〉

こうして、緒方家と一緒にいることが負担でありながらも、彼らを解放するわけにもいかないジレンマを抱えた松永に対し、さらに〝決意〟を促す出来事が起きたのは、同年十二月中旬のことだ。判決文には以下のようにある。

〈孝が死の約1週間前、「もうこうなったら松永さんにぶら下がって生きていくしかありません。」などと自嘲的な言葉を口にしたとき、松永は、「孝はたかが3000万円ぐらいで俺を食い物にするつもりか。」などと激しく怒り、通電した〉

孝さんの発言は、すでに緒方家の財産はすべて松永に供出したのだから、今後は松永に頼る他には生きていく術《すべ》がないとの意味で、口をついて出たものだと思われる。だがそれは、追い詰められた松永の神経を逆撫でしたようだ。論告書はその際の松永の心境について次のように分析する。

〈(頭の痛い問題を抱えていた)松永は、そのように頭を悩ませ、追い詰められていたその最中に、よりにもよって、かねてより「こしゃく」であるとして白眼視していた孝から、「今後も松永の下で世話になり続けるつもりだ。」との意思表明をされたことになる。当時の松永は、今現在、あるいは近い将来の緒方一家の処遇にさえ結論を得るに至らず苦境に陥っていたのであり、今後もずっと松永の世話になるという孝の発言は、松永のストレスを更に倍増させるに十分であったといえ、松永が激怒したのもうなずける〉

こうして、松永は緒方家全員の殺害を決意したと、論告書は結論付けている。さらにその決意の下地として、それより一年十カ月前の九六年二月に殺害した、広田由紀夫さんの事件が完全犯罪となっていたことの成功体験もあったという。

〈こうして、松永は、由紀夫事件の成功に味を占め、緒方一家と行動を共にすることによる前記窮地を一挙に解決すべく、緒方一家を順次殺害し、その死体を人知れず解体することで、再度完全犯罪の完成をもくろむに至った〉

松永は緒方家全員の殺害を実行する前から、やがてそうなったときのための準備をしていた節がある。

〈松永は、由紀夫殺人事件の際の事情と、緒方一家の殺害を決意した当時のそれとを慎重に比較検討した上で、殺害計画実行前に必要な事前工作を講じたことが明らかであり、第1に、緒方一家が殺害された後、緒方一家が姿を消したことに気付かれた場合に備えて、緒方一家は親族との不和から失踪したのであるとの外形を整え、緒方一家が犯罪に巻き込まれて殺害されたことを隠蔽しようとし、第2に、緒方一家が被告人両名に対して多額の現金を交付し続けていたことが発覚した場合に備えて、被告人両名には相応の権限があった旨の緒方一家自筆による念書等を多数作成させて、緒方一家が被告人両名に多額の現金を奪い取られていたことが発覚しないようにし、さらに、第3として、緒方の行為により何らかの問題行動が起きた場合には、松永ではなく緒方一家が全責任を負うことを緒方一家に納得させ、来るべき孝殺害事件後の解体作業等の負担を了承させる素地を整えた上で、以下の緒方一家殺害計画を遂行したことが認められる〉

松永は、自宅（久留米市の緒方家）にいられなくなったのは、あなたたちのせいであるという手紙を、緒方家家族の連名で孝さんの弟に出させるなどして、緒方家があくまで自発的に家を出たように見せかけていた。

また念書についても、先に取り上げてきたように、松永は緒方家に対して数多くのものを書かせている。

たとえば九七年十二月十二日には、これまで智恵子さんが受けてきた利益と同等のものを、姉である緒方も受け取る権利があるとして、計二千三百七十五万円を孝さん、和美さん、隆也さん、智恵子さんの四人が緒方に支払うとした「念書覚え書」が作成されている。これについては同日付でその金額が記された、緒方への「借用書」も存在しており、そこには「最長でも10年以内に返済する」との一筆が加えられていた。

また同月十五日には、「緒方純子の行動に関する連帯保証書」という念書も先の四人の名前で作成されており、「緒方が松永に対して常識のない行動、おどしすかし、ありとあらゆる横着、一切のわがままを取った場合」に、署名した四人が保証するという内容だった。

このように連帯責任を約束させられたなかで、緒方家に対する第一の殺人が起きることになる。

緒方一家最初の犠牲者

それは予告もなく始まった――。

九七年十二月二十一日のことだ。

松永と緒方による、緒方家の家族への最初の殺人が、この日実行された。

まずはその日の流れを論告書から振り返っていきたい。

〈12月21日の未明から、片野マンションの北側和室で、松永、孝、和美、隆也、智恵子、そして緒方の6名が話し合いと称して集められた。このときも、松永は、緒方一家に通電を加えた。この日の話し合いは、松永の緒方一家に対する金策要求や、今後の緒方一家の身の振り方に関するものだった。もっとも、このころには、緒方一家には行く当てなど無く、また、同一家からこれ以上の金を搾り取ることも到底不可能であって、いくら話し合ったとしても結論など出るはずがないことは、松永も含めた全員が承知していた〉

松永による緒方家の家長である孝さんへの通電は、十二月に入ってから増えていた。とくにこの一週間ほど前の十二月中旬に、資産のすべてを松永に供出した緒方家は松永にすがって生きていく他ない、という旨の発言を孝さんがしてからは、連日のように彼への通電が繰り返された。

〈21日早朝、松永の指示で、孝、和美、隆也、智恵子は連れ立って外出した。松永が指示した用件は、たしか、玉名のアパートからの荷物の回収だった。緒方は、孝らが出掛けて10分から15分くらいしたころに、松永の指示で入浴した。このころ、既に、外は白み始めていた。入浴中に、甲女か花奈のどちらかが浴室に2度やってきて、「冷蔵庫のどこにポン酢があるのか」などと緒方に尋ねた。最後には甲女が浴室に来て、緒方に、すぐに風呂から上がるようにと告げた。
松永は、冷蔵庫内のポン酢を見付けられなかった花奈に対して立腹しており、孝らも呼び戻したと緒方に告げた。松永が花奈に冷蔵庫を開けさせたのは、この時が初めてであった。緒方は、風呂から出たときに、台所で二男の世話をしていた甲女を見かけていたので、「甲女がポン酢の場所を教えてやってくれれば花奈は叱られずに済んだのに。」などと考えた〉
花奈ちゃんは孝さんの初孫であることから、松永は彼女の粗相を追及するなかで、孝さんに責任を転嫁して責め、殺害することを意識した行動だと思われる。
〈孝らが戻ってくると、松永は、怒りのさめやらぬ様子で、孝、和美、隆也、智恵子、そして緒方を、片野マンションの北側和室に集めた。花奈も同席したかもしれない。甲女は南側和室にいたと思う。松永以外の者は正座させられ、あぐらをかいて座っている松永の前方に、弧を描くような形で座った。
松永は、花奈のことで緒方一家を難詰し始めた。やがて、松永は、「電気を持ってこい。」と言って、通電の準備を命じた。松永は、通電用の電気クリップを、孝に命じてその右腕に付けさせ、孝に対する通電を開始した。松永は、孝に詰問しながら通電を繰り返した。このとき、松永は、孝の唇に通電した可能性もある〉
ここで〈いたと思う〉や、〈可能性もある〉という表現が使われているのは、この論告書の情景描写が緒方の証言をもとにしているからだ。じつは孝さん殺害時の状況については、緒方と清美さんで記憶の違いがあり、内容が異なっている。そこで両者のうち、まずは緒方の記憶を使用しているため、断定ではなく、そのような表現になったのだった。なお、清美さんの証言については後述する。
〈松永がひとしきり孝に対して通電した後である21日の午前9時か10時ころ、松永は、緒方に対し、「俺はきついから、お前が代われ。」などと、松永に代わって孝に通電するよう指示した。この時点では、通電クリップは、孝の両乳首に付け替えられていた。緒方は、松永に、とっさに、「大丈夫かな。」と尋ねた。

緒方も、手足よりは乳首に対する通電の方が、部位が心臓に近いだけに危険性が高いことは分かっていたし、それまでに他人の両乳首に通電した経験もなかったからである。また、緒方は、自己の通電技術が未熟なことも自覚しており、そのことは松永もよく承知していた。緒方は、由紀夫から、緒方の通電は、松永がする場合に比して通電時間が長いので苦痛がより大きいという趣旨のことを言われたこともあった〉

ワールドの元従業員で、幾度も通電を受けてきた山形康介さんは、私の取材に対して、松永は従業員同士で通電することを強要した際に、人体のどの部分への通電が安全であり、かつ危険であるかを実験していたと証言している。つまり通電について知悉していると考えて相違ない。以下、論告書は続ける。

〈(不安を口にする) 緒方に対し、松永は、「大丈夫、大丈夫。」と言った。そこで、緒方は、孝の両乳首に電気を1回通した。生命の危険があるとは考えなかった。通電の直後、孝の上半身が、両手を太ももの付け根に置いて正座した姿勢から、孝から見て右前方へとゆっくり倒れた。孝の額は畳に付いた。緒方は、それを見て、孝がオーバージェスチャーをしているのだと思って立腹し、「何をしているんだ。」などと言いながら、孝に対し、2度目の通電をした。

2度目の通電とほぼ同時に、松永が、「やめろ。」と言った。和美、隆也、智恵子らも、この声とほぼ同時に孝の周りに集まった。花奈も来て、「おじいちゃん。」と叫んで泣いたが、これに対し、松永は、「大きい声を出すな。」などと言って花奈を黙らせた。

松永は孝に人工呼吸をし、緒方や緒方一家の者が、松永の指示で、孝の心臓部分や手足をもんだ。

30分間ほど人工呼吸を続けた。途中、松永は、隆也にも人工呼吸を交代したが、隆也のやり方がうまくなかったためか、5分ほどで再び松永に交代した。それでも、孝は息を吹き返さなかった。孝の死体は片野マンションの南側和室に敷いた布団の上に寝かせた。最後まで、救急車は呼ばなかった〉

続いて、孝さん殺害時についての、清美さんの供述である。なお、ここでは孝さんらが片野マンションに呼び戻されて以降の内容のみを紹介する。

〈松永は、片野マンションに戻ってきた孝らを北側和室に正座させて説教を始めた。そのとき、松永は2つの和室の境目あたりに、北側和室の方を向いて立っていた。他の者は、松永を中心に円を描く形で座っていた。松永から見て左側には花奈がおり、正面には孝、右端に緒方がいた。甲女は、松永の右横に座らされていた。

松永は、孝らに対し、花奈のことで説教していた。その途中で、孝が松永に対して何か言い返した。これに対して松永は激しく怒り出し、緒方に「電気の準備をしろ。」などと命令した。緒方は、松永に言われたとおり、電気コードを用意していた。

緒方は、孝の上下の唇に一つずつ通電用のクリップを付け、広告紙を折り畳んだものをその間にかませた。孝は何も抵抗しなかった。また、和美らも何も文句を言わなかった。クリップを孝の唇に付け終えると、緒方は、元の位置に戻って正座した。このとき、松永は、孝の正面に、孝の方を向いてあぐらをかいていた〉

このことからわかる通り、緒方は通電の位置を孝さんの乳首としているが、清美さんは上下の唇としている。

〈松永は、「お前が通せ。」などと言って、緒方に電気コードのプラグを手渡した。それまで、松永は、緒方に通電を指示するときには、「顔はやめとけ。」と言っていた。だから、松永が、緒方に、孝の唇や顔面に通電するよう指示したのはこの日が初めてだった。また、松永から受ける通電より、緒方から受ける方が、通電時間が長いので、辛かった。そのため、甲女は、緒方に通電されそうになったときに、どうせ通電されるなら、松永が通電してくれと懇願したことさえあった。

緒方は、松永からプラグを受け取り、孝に1回通電した。その通電時間は、瞬間的ではなく、少し長かった。その直後、孝は、無言のまま、左斜め前に倒れた。倒れた後も、孝は、ぴくりとも動かなかった。

なお、松永は、以前、由紀夫の腕に通電した際、由紀夫が腕を痙攣させて胸に近づけてしまった際、「そこは心臓に近いけ、離しとけ。危ない。」と言っていたこともあったくらいで、人の体に電気を通すときに、心臓に近いところを通すと危険であることはよく分かっていた。また、由紀夫が顔面に通電されて気絶したことも何度もあったから、顔面への通電が危険なことも、被告人両名は分かっていたはずだと思う〉

その後、花奈ちゃんが孝さんに近寄り、大声で呼びかけ、松永に注意されたことは緒方の供述と同じである。だが、ここからが少し異なっていた。

〈松永の指示で、誰かが孝を仰向けに寝かせた。このとき、孝のズボンの股の辺りが濡れていたので、孝が小便を漏らしていることが分かった。松永は、和美らに対し、「体が硬くならんようにもめ。」などと命令した。甲女も、松永の指示で、孝のすねの辺りをもまされた。でも、そんなことをしても孝が生き返るとは思えなかった。孝の足の感触は、突っ張って、緊張しているような感じだった。松永の指示で、みんなで孝の体をもんだが、孝は、身動き一つしなかった。結局、孝が死んでしまったことが分かった。孝の死体は、南側和室に敷かれた布団の上に寝かせられた。

松永や緒方は、救急車を呼ぼうとしなかった。人工呼吸も記憶にない〉

その場にいた者のうち、生き残っているのは、松永と緒方、それに清美さんに限られる。結果として、孝さんへの通電の箇所については、どちらが正確な記憶かという答えが出されることはなかった。ただし、そこで孝さんが通電によって殺害されたことについては、厳然たる事実として認定されている。

家族にさせた遺体解体

松永と緒方によって殺害された孝さんの遺体は、片野マンションの南側和室に敷かれた布団の上に寝かせられていた。

その後、松永がなにを指示したのか、判決文に出てくる緒方の証言が、殺害直後の詳細を明かす。

〈松永、緒方、和美、智恵子及び隆也が孝の死体を囲んで話合いをした。松永が、緒方、和美、智恵子及び隆也に対し、「どうするんだ。」などと問い掛けて話合いを進め、孝の葬式等をすれば緒方一家にとって不利益になること、すなわち、緒方が孝を殺害したことに加えて、緒方がこれまでに祥子（末松祥子さん）や由紀夫（広田由紀夫さん）を殺害し、由紀夫の死体を解体したことや、隆也が智恵子に対し殺人未遂をしたことなどが警察沙汰になれば、親戚にも迷惑がかかるなどと言った。隆也は上記殺人未遂を認める念書を作成していた〉

〈緒方一家／念書・確認書等〉によれば、ここに出てくる〈念書〉とは、隆也さんが九七年十一月二十八日に〈上申書〉との題名で作成したもの。その内容は〈H9．9末~10末、ビジネスホテル××308号室で智恵子の首を絞め絞殺しようとしたが、花奈が被告人緒方らに通報し、孝からも制止された〉とある。

これも元をただせば、松永が画策した分断工作によって、隆也さんが妻の智恵子さんに対する怒りを爆発させたところで、仲裁に出た松永が〝殺人未遂〟であると隆也さんを糾弾。彼の弱みを握るために書かせた念書だった。

以下、判決文は続く。

〈松永が、「由紀夫のときのようなこともあるぞ。」などと、孝の死体を解体することを提案した。和美及び智恵子は、松永を通じて、緒方が由紀夫の死体を解体したことを知っていた。隆也もそのころには知っていたと思う。和美だったと思うが、松永の提案に対し、「そうします。」と言った。松永は、「分った。やり方は純子が知っているから。」などと言い、死体解体作業の役割分担を決め、「解体道具を購入する費用は貸してあげてもいい。」などと言った〉

みずから手を下さないと公言する松永は、このときも残された緒方一家が〝自発的〟に孝さんの遺体解体に取り組むよう誘導し、それに成功する。その結果、智恵子さんと隆也さんらは、ホームセンターで解体のための道具を購入し、その費用九万円については、十二月二十五日付で松永を債権者とした借用書を作成している。

なお、この借用書についても前記〈緒方一家／念書・確認書等〉には記載されており、孝さんが死亡したことのカモフラージュのために、松永にカネを借りたのは孝さんと和美さんとされ、その内訳は〈生活費としてその他借用しました〉とある。

〈松永は、平成9年（97年）12月21日、孝の死体解体を始める前に、甲女、佑介、花奈、（松永と緒方の）長男及び次男を旅館××に行かせた。その後、松永は、智恵子や隆也らに対し、「花奈は孝が死亡したのを見て知っているので、孝の死体を解体することを知らせるか。」などと言い、花奈も死体解体作業を手伝わせることにし、松永の指示で、花奈を旅館××から片野マンションに呼び戻した。

松永は、花奈に対し、「花奈ちゃんが以前神社で『おじいちゃんなんか死んじゃえ。』ってお願いしたから、おじいちゃんは死んだんだ。」などと言った〉

松永は和美さんや隆也さん、智恵子さんといった大人にのみ、死体解体への関与という負い目を背負わせるにとどまらず、当時十歳の花奈ちゃんに対しても、同様のことを強要していたのである。

〈緒方、和美、智恵子、隆也及び花奈が孝の死体解体作業をした。その役割分担は松永が決めた。松永は、緒方に対し、「お前は解体作業をしなくていい。」と言い、智恵子と隆也に解体作業を行わせた。松永は、死体解体作業の間、和室にいたが、ときどき浴室の解体現場を見に来た。松永は解体作業を開始する前に、緒方一家に日本酒を飲ませた。死体解体作業中の緒方一家の食事は、クッキーかカロリーメイトだった〉

この際の状況については、論告書のなかに、同じ現場にいた清美さん（甲女）の証言も残されている。

〈甲女らが（旅館××から）片野マンションに戻ると、孝の死体解体が行われていた。解体作業中、松永が「宴会をするぞ。」などと言って、隆也、智恵子、和美及び緒方を呼び、宴会を始めた。宴会では、松永だけあぐらをかいて座り、自由に酒を飲んだりつまみを食べたりしており、残りの4人は床にお尻を付けずにしゃがみ、松永から与えられた酒やつまみだけを飲食していた。そして、松永が一方的に、緒方に対し、死体解体作業の進み具合を尋ねていた〉

清美さんは解体に関与することはなかったが、見張り役をするよう松永に命じられていたようだ。以下、判決文に戻る。

〈緒方一家が解体した死体を詰めたペットボトルを外に捨てに行くときも、松永は、そのやり方を細かく指示し、甲女を監視役に付けた。死体解体作業の途中で孝の金歯が見付かったが、どのようにし

て見付かったのかは覚えていない〉

この、緒方の供述のなかに出てくる〈金歯〉とは、孝さんの死亡直後に行方がわからなくなった金歯のこと。孝さんは前歯を金歯にしていたが、松永の指示で緒方一家が人工呼吸や心臓マッサージを続けるなかで、欠落してしまったのだ。なお、松永はここでも責任を逃れるため、孝さんの死亡原因が通電によるものではなく、見つからない金歯に関係したものであると口にしていたという。

〈松永は、「人工呼吸の途中で金歯が気道に入って窒息した。必ずどこかにあるはずだから、解体の際によく捜すように。」などと言ったが、緒方は、孝は通電によって死亡したと思った〉

緒方一家にとって初めての経験であるとともに、逃走の枷《かせ》になる〝犯罪への加担〟が現実となった遺体の解体は、この年の末までに終了した。

まさに〝粛清〟ともいえる、松永による緒方一家への連続殺人は、これを機に一気に加速することになった。

松永が次に標的としたのは和美さんである。論告書はその理由について次のように指摘する。

〈和美は長年孝に連れ添ってきた伴侶である上、気丈な一面があり、孝を殺害されたことで松永に反旗を翻すおそれが大きかった。まして、和美にしてみれば、松永は、もともと長女（緒方）を犯罪者の道に引きずり込んだ疫病神であり、自身も過去に強姦まがいの性交を強要されており、松永に対する反抗心をいつ爆発させても不思議ではなかった。同時に、和美は、当時58歳と高齢であり、激しい肉体労働を伴う解体作業においてはさしたる働きが期待できず、現に孝殺害時にも補助的な役割をするに止まっていた。

そこで、松永は、和美が松永に抵抗を開始する前に、残る緒方一家の中ではもっとも解体に貢献できず、かつ松永に対する抵抗の危険が最も大きい和美を孝の次に殺害することに決めたものと認めら

れる〉

論告書での緒方の供述によれば、次に殺される人間に、通電が集中する傾向があったという。その指摘の通り、孝さんが殺害されてからの松永による通電は、和美さんに集中した。それは以下のようにある。

〈孝死亡後、和美殺害までの間は、和美が集中的に松永から通電を受けていた。このころの和美に対する通電の理由は覚えていない。また、特殊な形態での通電場面として、平成10年（98年）1月上旬ころ以降、松永が片野マンションの台所で、和美と智恵子を並べて、その陰部に通電しているのを目撃したこともあった〉

加虐趣味のある松永はそうした場面を撮影し、写真を残していた。私はかつて福岡県警担当記者から次のように聞いている。

「捜査員によれば、押収物のなかに、和美さんと智恵子さんの二人が全裸で並ばされ、お尻を突き出している写真があるそうです」

こうした虐待の結果、和美さんは精神に変調をきたしてしまう。論告書で緒方は供述している。

〈このような通電のためか、殺害の1週間ほど前ころから、和美は奇声を上げるようになり、被告人両名が与えた水や食べ物も、口をつぐんで食べることを拒絶するようになった。緒方は、和美が被告人両名に無言の反抗をしていると理解していた。また、和美は、耳が遠くなった様子もあったが、これは、顔面への通電の影響だったと思う。

松永は、和美の様子を見て、「呆けが始まったんだろう。」などと言っていたが、今にして思えば、本心では、反抗的になった和美の態度を見て不安になり、和美を一刻も早く殺す口実を探していたのだと思う。

やがて、松永が、「迷惑だからどうにかしろ。」「風呂場に寝かせろ。」などと指示したので、以後、殺害までの数日間、和美は、片野マンションの浴室に閉じ込められるようになった。この時、浴室ドアには、外から掛け金をかけていたかもしれない〉

あくまでもみずから手を下すつもりのない松永は、〝その判断〟を緒方と緒方一家に選択させようとしていた。

「お前たちがどうにかしろ」

九八年一月、松永の指示で和美さんは、片野マンションの浴室に閉じ込められた。そうされる直前と、その後の様子が判決文にある。

〈和美は、遅くとも死亡する1週間くらい前から、食事、水、薬等を与えても頑なに拒み、耳が遠くなり、言葉を口にしなくなり、話し掛けても答えず、「アア」、「ウウ」などと低い声を出すようになった〉

松永による通電が集中し、精神に変調をきたした和美さんは、奇行を繰り返すようになった。彼女の声が外に漏れ、不審に思われて警察に通報されることを恐れた松永は、緒方と智恵子さん、隆也さんに対して、「迷惑だからどうにかしろ」と、速やかになんらかの対処をするよう命じていた。

〈緒方、隆也及び智恵子は、松永の言うとおりに、和美を殺害する2、3日前から和美を浴室内に閉じ込めた。和美は抵抗する態度を示さなかった。和美は、浴室では床に何も敷かず、上着だけを掛け物として与えられて寝ていた〉

日本海側に面し、積雪もある北九州市での一月ということを考えると、浴室内の室温はかなり低かったことが予想される。

〈和美は、浴室へ入れられてからも、食事、水、薬を拒絶したり、「アア」、「ウウ」などと声を出したりした。松永は、緒方、隆也及び智恵子からそのような和美の様子の報告を受け、自ら浴室の和美の様子を見るなどしていたので、当時の和美の状態を十分に認識した。松永は、「和美は頭がおかしい。」などと言った〉

そして和美さんが殺害される一月二十日がやってくる。以下は判決文にある、緒方の証言をもとにした、その日の状況である。

〈和美事件当日、午前又は午後の外が明るい時間に、松永と緒方、隆也及び智恵子は、台所で、和美をどうするか話し合った。そのときも、和美は浴室内におり、「アア、ウウ」などという低い声を出した〉

その際、松永は三人に対し以下の発言をしていた。

「和美をここには置いておけないから、どこかに連れて行け。お前たちがどうにかしろ。誰かに通報されて警察などが来たら、俺は迷惑だ」

「通報されて困るのは、俺じゃなくてお前たちなんだから、お前たちがどうにかしろ」

「このまま放置しておいて、どんどん悪くなっていって、手がつけられなくなったらどうするんだ」

「孝のときも、お前たちの頼みで知恵と金を出してやったけれど、実際にやったのはお前たちなんだから、俺には関係ないんだけれど、困るのはお前たちだろう」

松永は暗に和美さん殺害を命じる言葉を列挙していたが、じつのところ緒方は、ここではまだその真意を察していなかったようだ。

〈緒方は、その時点では、松永が和美の殺害を指示しているとは思わず、和美の声が端緒となって松永と甲女に迷惑をかけるのを防ぐための方法をいろいろ考えた。緒方、隆也及び智恵子は、松永に対し、「玉名のアパートに連れて行く。」、「どこかに部屋を借りて住ませる。」、「精神病院に入れる。」などと提案した。ところが、松永は、「和美を外に出して、和美が余計なことをしゃべったらどうするんだ。俺や甲女に迷惑がかかるだろう。そこまでお前たちが責任をとれるのか。お前たちが困るんじゃないのか。困るのはお前たちで、俺は関係ないけれども。」、「部屋を借りるにしても、精神病院に入れるにしても、金がかかるだろう。借金もあるのに、そんな金をお前たちがどこから持って来るんだ。」などと言い、緒方、隆也及び智恵子の提案をすべて拒絶した〉

松永は徐々に苛立ちを募らせ、三人に対して、結論を出すまでのタイムリミットを一方的に定めている。

〈松永は、緒方、隆也及び智恵子に対し、1時間くらいの時間を与え、その間に結論を出せと言って、自分自身は和室に入った。緒方、隆也及び智恵子は台所で話合いを続けた。松永は、その間3、4回台所に来て、「早くしろ。早く結論を出せ。あと何分だぞ。」などと急がせた。

松永が決めた制限時間が迫ったとき、松永が、緒方、隆也及び智恵子に対し、「金は貸してやってもいい。」と言った。緒方は、それを聞き、松永が和美を片野マンションから出して生活させるなどの提案をすべて拒絶したことや、緒方一家が孝の死体を解体する際その道具を購入する金を松永から借りたことにしたことから、松永が和美の殺害を意図していることを察し、隆也と智恵子もこれを察した様子であり、ふたりは緒方と顔を見合わせた。緒方は、智恵子に対し、「これは殺せということかな。」と言ったところ、智恵子か隆也が、「多分そうでしょうね。」と言った〉

松永の真意を理解した三人だったが、さすがに実行には躊躇があった。そのため松永に結論を伝えられずにいたが、タイムリミットは刻々と迫ってくる。

〈いよいよ制限時間がなくなったころ、緒方は、取りあえず松永を納得させるために、松永に対し、「和美を殺すしかないでしょうね。」と言った。これに対し、松永は、「お前たちがそうするならそうすればいい。」と言った。緒方は、それを聞いて、松永は最初から和美の殺害を望んでおり、緒方、隆也及び智恵子がその決意をするように仕向けていたのだと確信した〉

　このとき緒方がほかに感じたことについて、論告書は次のように付け足す。

〈緒方は、松永が、そのような真意を秘して緒方一家に話合いをさせた目的は、緒方一家の口から和美殺害を提案した外形を保ち、松永自身は責任逃れをしようとしていることも察知した〉

　いずれにせよ、松永は緒方ら三人が和美さん殺害を望む彼の真意を察知し、みずからそのことを切り出したことで、今度は実行を急《せ》かすようになった。以下ふたたび判決文からである。

〈松永は、引き続き、緒方、隆也及び智恵子に対し、「いつやるんだ。」と聞いてきた。隆也が、「良くなるかもしれないので、もうしばらく様子を見ましょう。」などと言ったところ、松永は、怒ったような口調で、「そんなことを言って、これ以上ひどくなったらどうするんだ。手がつけられなくなったらどうするんだ。俺に不利益が生じたらどうしてくれるんだ。お前たちはどうやって責任を取るんだ。殺すにしても、今は暴れていないからいいけれども、暴れるようになったら殺すのが難しくなるから、困るのはお前たちだろう。やるんだったら早くやれ。」などと言った。緒方は、松永が直ちに和美の殺害を実行するように指示していると明確に理解した。緒方、隆也及び智恵子は、これに対して何も異論を唱えず、「分りました。」と答えた〉

　ここで清美さんが法廷で証言した、松永と緒方一家との関係についての「王様と奴隷」という例えが、よりいっそう真実味を帯びてくる。緒方を含む緒方一家は、この時点で松永に逆らうことは不可能だった。そして了解の言葉を口にした以上は、行動に移すほか選択肢はなかったのである。

〈緒方、隆也及び智恵子は、松永と共に、和美を殺害する方法について話し合った。松永は、「どうやって殺すんだ。」などと持ち掛けた。緒方、隆也及び智恵子は、刃物で刺す、頸動脈を切る、首を絞めるなどの提案をしたが、「刃物で刺してもすぐ死ぬかどうか分らないし、刺される方も苦しむし、血が飛んだりするので、良くないんじゃないか。」などの異論も出て、結局、電気コードで首を絞めて和美を殺害することに決まった。電気コードは松永に言って松永から借りた〉

　殺害時の役割分担については、松永が指示をしたという。そのことは論告書に詳しい。

〈松永は、殺害行為の分担を決定した。松永は、隆也に対し、「首を絞めなさい。」と指示した。隆也は、とっさに「えっ。」と言って嫌そうな表情をしたが、松永には逆らえず、それ以上は何も言わなかった。また、松永は、智恵子には「足を押さえなさい。」などと命じた。松永は、緒方に対しては、「おまえは何もするな。」と言ったようにも思うが、これは孝解体の時と混同しているかもしれない〉

　役割分担が指示されたのは、緒方が「和美を殺すしかないでしょうね」と松永に言ってから三十〜四十分以内のことだった。緒方は松永が通電用に使っていた長さ二〜三メートルの電気コードを用意した。以下、判決文からである。

〈緒方、隆也及び智恵子は、松永に対し、「死体を解体する道具を準備してから殺した方がいいんじゃないか。」と言ったが、松永は、「道具を買いに行っている間に暴れたりしたらどうするんだ。先に殺せ。」などと指示した〉

　これでもう、すぐに行動するほかない緒方ら三人は覚悟を決めた。しかもその場には、十歳の花奈ちゃんも加えられたのだった。

〈緒方、隆也、智恵子及び花奈は、洗面所に入り、洗面所の出入口ドアを閉めた。緒方は、電気の延長コードを隆也に渡し、まず隆也が、続いて智恵子が浴室内に入った。和美は、浴室で、頭を奥に向けて仰向けに寝ていた。隆也は、電気の延長コードを持ち和美の右肩辺りに、智恵子は和美の膝辺りに、浴槽の方を向いてしゃがんだ。緒方と花奈は、洗面所から立ったまま浴室内の様子を見ていた〉

緒方一家から、間もなく二人目の犠牲者が生まれようとする、その直前のことである。

次なる殺人と解体

九八年一月二十日、松永の意向を忖度《そんたく》した緒方と緒方一家の大人たちは、度重なる通電での虐待によって精神に変調をきたした和美さんの殺害を決めた。

浴室内で横たわる和美さんに対する殺害方法は、智恵子さんが足を押さえ、隆也さんが、電気の延長コードで首を絞めるというもの。その様子を緒方と花奈ちゃんが見守り、松永は一人で離れた和室にいた。

以下、論告書にある、緒方の証言をもとにしたその際の様子である。

〈和美は、片野マンションの浴室の洗い場に、仰向けに目を閉じて横たわっていた。隆也は、和美の肩付近にしゃがみ、松永の指示どおり、和美の首に電気コードを巻き付けて首を絞めた。この間、智恵子は、松永の指示どおり隆也とともに浴室に入り、和美が暴れないよう和美の両足を押さえ付けていた。当初、隆也が首を絞める力が弱かったためか、和美は苦しみもがき、「グエッ」というような音を口から発したが、隆也が更に力を込めて首を絞め、智恵子が上体を和美の足に覆い被せるようにしてその体を押さえ付けているうちに、やがて、和美は動かなくなった。

隆也は、浴室の出入口付近に立っていた緒方の方を振り向き、「もう、いいですか。」と、首を絞めるのを止めてよいかと尋ねてきた。緒方が、「もう、いいんじゃないか。」と答えたところ、隆也は電気コードから手を放した。隆也が和美の首を絞めていた時間は、5分以上10分以内くらいではないかと思う。緒方は、和美の死に顔を見て、開いた口から歯が見えていることに気付き、「自分も歯が出ているから、こんな状態で死ぬんだろう。」などと、ふと思った〉

その後、緒方は和室にいた松永に「終わりました」と報告。松永は、「そうか」と答えて洗面所に来ると、和美さんの両手を胸の前で組ませるように指示している。

この約一カ月前の九七年十二月二十一日に、緒方の父である孝さんが殺害された際には、通電を行ったのは緒方であり、隆也さんと智恵子さん夫妻は遺体の解体と遺棄のみを手伝っていた。その段階での犯罪行為は死体損壊と死体遺棄だったのだが、和美さん殺害において、ついに二人は殺人の実行犯となってしまったのだった。

これにより、彼らは松永に大きな弱みを握られたことになり、わずかに残されていた逃走の可能性についても、みずから蓋をしてしまったと考えられる。

和美さんの遺体の解体作業は、松永の指示により、緒方と智恵子さん、隆也さん、花奈ちゃんの四人で行うことになった。解体に必要な道具の購入費用は、緒方を含む緒方一家が松永から借用するかたちをとり、殺害から間もなく隆也さんが買いに出ている。解体は彼の帰宅直後から始められた。

そこでの様子については、判決文に詳しい。

〈和美の死体解体の際、和美の死体は脂肪が多く、解体しにくかったこと、肉片や内臓を鍋で煮るとき、臭いを消すために、松永の指示で、しょうがやお茶の葉を入れたこと、便が腸にたくさん詰まっており悪臭がしたことを覚えている。松永は、他の死体解体時よりも特に細かい指示をした。緒方が、和美の腸に便が詰まっていることを報告すると、松永は、「ペットボトルを半分に切って、そこに便を絞り出せ。」と指示したので、智恵子が腸から便をペットボトルに絞り出し、緒方がその便をトイレに流して捨てた。また、松永は、ペットボトル内の肉片等を捨てる作業を急がせたり、骨や歯をフェリーから海に投棄させたりした。松永は花奈も死体解体作業に従事させた〉

なお、前記公判において、松永と緒方は、死体解体時の「血抜き作業」と「煮炊き作業」について、異なる証言をしている。

●血抜き作業

「五、六時間温水を掛けながら行った（その間ガスを使用した）」（松永）

「水を掛けながら行った（その間ガスを使用しなかった）」（緒方）

●煮炊き作業

「死体一体あたり最低二十回は鍋を掛け、終始強火で三時間から三時間半くらい煮込んだ」（松永）

「死体一体あたり五、六回くらい鍋を掛け、一旦沸騰させて、弱火で二、三時間煮込んだ」（緒方）

なお、和美さんの死体解体作業は、一月下旬頃に終了したとされる。

和美さんが殺害された後、次に松永が殺害のターゲットとしたのは智恵子さんだった。そこで男性の隆也さんではなく智恵子さんを狙ったのには、松永なりの考えがあったようだ。論告書は触れる。

〈智恵子は孝夫妻の実の娘であり、松永に対する反抗のおそれという意味合いでは隆也に勝る危険がある上、解体作業にあっては若い男手である隆也の方が頼りになる一面があった。また、（広田清美さんの父親の）由紀夫事件においても顕著なように、松永は、壮年男性を手に掛けるについては相当に慎重になっていた節があり、当時38歳の壮年男性であった隆也についても、由紀夫同様、生活制限と虐待を通じて衰弱させ、十分に弱らせた上で対処を考えるつもりであったと認められる〉

こうして、智恵子さん殺害を決めた松永は、まず住居を振り分けた。広田由紀夫さん、それに緒方一家の孝さんと和美さんを殺害・解体した片野マンション三〇×号室には、広田清美さん、隆也さん、隆也さん夫妻の長男である佑介くんを残した。そして松永は、緒方と長男、次男、さらに智恵子さん、花奈ちゃんを連れて東篠崎マンション九〇×号室に拠点を移したのである。判決文には次のようにある。

〈松永は、甲女を同行させて、智恵子を買い物等に行かせるときのほかは、智恵子と花奈を東篠崎マンションの浴室に閉じ込め、同人らが起きているときは洗い場に立たせておき、寝るときは浴槽の中で向き合わせて体育座りの姿勢で寝かせた。松永は、緒方に指示して、智恵子と花奈にマヨネーズを塗った食パン数枚を食事として与え、たまに菓子パンやカロリーメイトを与えた。小便はペットボトルにさせ、大便はトイレでさせたが、便座を上げ、尻を便器に付けない状態で排泄させた〉

論告書は松永による通電の状況を明かす。

〈また、松永は、智恵子に対し、特に理由もなかったのに、理不尽な通電を繰り返していた。智恵子がもっともひどい通電を受けていたのは、他の緒方一家の者と同様に、殺害される直前期のことであった。そして、松永の通電は、この時期はほとんど智恵子に集中していた。

このころの松永による智恵子に対する通電は、ほとんどが顔面に対するもので、それが毎日何度も繰り返されていた。そのためか、智恵子は通電を極度に恐れて一層萎縮してしまい、また、和美同様に耳が遠くなったのか、松永の指示を取り違えてしまうことも多くなっており、そのため、更に通電を受ける結果になっていた〉

ここで松永は、緒方に向け、改めて自身の言葉に忖度をするよう投げかける発言を繰り返す。

〈しばらくすると、松永は、しばしば智恵子が指示を取り違えることを殊更誇張して取り上げ、「智恵子も頭がおかしくなりよるんじゃないか。和美みたいになったらどうするんだ。」などと言うようになった。これを聞いて、緒方は、松永が、和美同様、智恵子を殺すつもりであることを知った。しかし、緒方は、さりとて、松永の真意に気付いたことを松永に気取られれば、和美の時のように、「やるならすぐにやれ。」と言われるであろうと警戒し、意図的に松永の言葉を聞き流していた〉

この時期、決して松永には反論できない緒方なりに、真意を理解していないふりをすることで、殺害実行の引き延ばしを図っていたのである。だが、それにも限度があった。

〈2月9日の夕方ころ、東篠崎マンションの浴室で、智恵子と花奈が口論をした。智恵子は、いつになく苛立ちを見せており、その様子を見て、松永は、「智恵子はやっぱり頭がおかしい。」と断定した。

2月9日の午後11時ころ、松永は、緒方に目配せしながら、「向こうに移る。向こうに移るということは、どういうことか分かるだろう。」と言い、さらに、松永や子供の着替えなど、当面の片野マンションでの生活に必要な物を準備するよう指示した。松永が述べた「向こう」とは、当時被告人両名のもう一つの拠点であった片野マンションを意味したが、この時の松永の口調は持って回ったものであったことから、緒方は、これまで片野マンションで由紀夫、孝、和美を殺害しては解体してきたこととも考え合わせ、松永の真意は、片野マンションに移動して智恵子を殺し、智恵子の死体を解体するという意味であると理解した〉

やがて、二月十日の午前〇時頃になって、呼び出した隆也さんの運転する車で、東篠崎マンションにいた全員が片野マンションに移動した。

〈片野マンションに到着した際、隆也は車を付近の駐車場に停めに行ったが、それ以外の者は、他人に見かけられないようにするため、一斉に片野マンションの室内に入った。到着直後、松永は、智恵子に、いつになく優しい口調で、「智恵ちゃんは、風呂場で寝とっていいよ。」などと浴室で寝るように指示した。智恵子は、これに従った。

それから10分ほど経って、隆也が片野マンションに到着した。松永は、片野マンションの台所で、緒方らに向かって、「俺は今から寝る。緒方家で話し合いをして結論を出しておけ。」などと命令し、緒方、隆也、花奈を、洗面所に追い立てた上で、「起きるまでに終わっておけよ。」と言い置くと、台所側から洗面所のドアを閉めた〉

殺害に一切関与するつもりのない松永は、こうしてふたたび実行の決断を、緒方らに丸投げしたのだった。

「タカちゃん、私、死ぬと」

迫られたのは、残酷な決断だった――。

姉にとっては妹を、夫にとっては妻を、年端もいかない娘にとっては母を、殺《あや》めるよう言われたのだ。

まず動いたのは緒方だった。彼女は一旦洗面所を出ると、玄関から母の和美さんを絞殺したときに用いた、通電用の電気コードを持って戻ってきた。だがそれから、大人二人の逡巡が始まる。

論告書では、洗面所でのやり取りが明かされている。

〈その後も、隆也は、何とかして智恵子の殺害を中止したいと考えたらしく、いくつかの提案をした後で、「松永さんに、もう一度尋ねてみたらどうか。」とも言った。これを聞いて、緒方は、常に責任逃れをしようとする松永の性格を利用すれば、智恵子を今すぐ殺すことだけは回避できるかもしれないと考えた。しかし、そのためには、おそらく和室で眠っているはずの松永を起こさねばならず、松永を怒らせて通電を受ける羽目にもなりかねないと考え、すぐに隆也の提案に従うこともできずにいた。

しばらく悩んだ末、緒方は、何とか智恵子の殺害を避けたいという気持ちから、意を決して洗面所のドアを開けようとした。しかし、以前からドアノブの調子が悪かったこのドアは、このとき、どうしても開かなかった〉

判決文にはドアが開かなかったときの緒方の心境について、〈緒方は天に見放されたような気持ちになった〉とある。以下も判決文である。

〈緒方は、松永の指示が智恵子を直ちに殺せということにある以上、それを実行しなければ通電等の制裁を受けるだろうと思った。また、緒方らが洗面所に閉じ込められてからそのころまでに既に2、3時間は経っていたので、松永がもうすぐ起きて来るだろうと思った。また、智恵子が一時的に殺害を免れても、和美のように、いずれは緒方一家の手で殺害しなければならなくなるし、智恵子が生きていてもひどい虐待を受けて苦しむだけだろうと思った。そこで、緒方は、智恵子の殺害を実行しようと決意し、隆也及び花奈に対しても、「松永が起きて来るから、終わっておかないとひどい目に遭うし、智恵子も生きていたってつらいだけだし。」などと言い、智恵子の殺害を実行することを促した。すると、隆也は、「それだったら自分がやります。」と答えた。それに対し、緒方は何も言えず、花奈も何も言わなかった。このようにして、緒方らは、平成10年（98年）2月10日午前3時ころ、智恵子の殺害を実行する決意をした〉

この悲壮な決意への流れを見てわかる通り、こうした状況下においても、緒方や隆也さんといった大人のなかに、逃走や反撃といった考えがまったく生まれていない現実があった。それほどまでに、度重なる通電の苦痛やそれに対する恐怖などが、彼らの思考を停止させていたのである。

〈隆也は、浴室ドアを開けて浴室内に入った。浴室内は電気がついていなかったが、洗面所の天井から洗面台の電気がついており、浴室窓の外からの明かりもあったので、浴室内の様子を見ることができた。智恵子は、浴室内で、頭を浴室の奥側に、足を入口側に向けて、身体を浴槽に付けるようにして仰向けに寝ていた。隆也がドアを開けたときも、智恵子は声を出さなかった。隆也が電気の延長コードを持って浴室内に入り、続いて花奈が浴室内に入った。隆也が花奈に智恵子の足を押さえるように指示したような記憶がある。隆也は智恵子の右肩辺りに智恵子の方を向いてしゃがんだ。花奈は智恵子の右膝辺りに智恵子の方を向いてしゃがんだ。緒方は、洗面所で立って、浴室内の様子を見ていた〉

片野マンション三〇×号室の平面図を見ると、洗面所から浴室に抜ける扉を開けると、ちょうど真正面に横幅九十六センチメートルの窓があり、そこまでの奥行きは百五十センチメートル。また、浴槽は洗面所を背中にして、右斜め前の角に位置する。窓の外の近くに建物はなく、夜間なので路上の明かりではあるが、洗い場に外の光が入ってくるようになっていた。

〈隆也が、電気の延長コードを手にしてしゃがもうとしたとき、智恵子が、隆也が手にしていた電気の延長コードに気付き、「タカちゃん、私、死ぬと。」と言ったが、智恵子は何の抵抗もしなかった。隆也は、「智恵子、すまんな。」と言って、智恵子の首に電気の延長コードを1回巻き付け、首の前で交差させて両側に引っ張り、智恵子の首を絞めた。その際、花奈は、智恵子の両膝辺りを両手で押さえていた。緒方は、そのような様子を洗面所から立って見ていた。緒方は、隆也だけに実行させて申し訳ないという気持ち、隆也が花奈に足を押さえるように指示したことで仲間外れにされたような気持ち及び妹に最後のお別れをしたいとの気持ちから、隆也が智恵子の首を絞める際、智恵子のつま先辺りを持って押さえた。智恵子は足をばたつかせるなどの抵抗をしなかった。隆也は5分から10分くらい智恵子の首を絞め続けた。隆也は、和美事件のときのように智恵子の首を絞めた時間が十分かどうかを緒方に確認することはしなかった〉

夫が首を絞め、十歳の娘が足を押さえる、そして姉がつま先に手を添える。

そのようにして迎える死の現場をなんと形容するべきか、私は言葉を持たない。さらには生き残って逮捕され、後にそこでの状況を捜査員に語る緒方の心境も……。

〈その後、隆也と花奈は洗面所へ移動した。隆也は、洗面所で、「とうとう自分の嫁さんまで殺してしまった。」と言って、すすり泣いた。花奈が、「お母さんの手を胸の前で組ませてあげなきゃ。」と言うと、隆也は、「ああ、そうだったね。」と言い、花奈が智恵子の手を組ませた。緒方、隆也及び花奈は呆然として立っており、重苦しい雰囲気の中で一言も会話をしなかった。緒方、隆也及び花奈は、ドアが開かなかったこと、松永が寝ていたので起こすと怒られて通電等の制裁を受けると思ったことから、智恵子の殺害後、松永に直ちにその報告をしなかった〉

そうした沈黙の時を破ったのは、みずからの手を汚さない男、松永である。

〈緒方、隆也及び花奈が智恵子を殺害してから30分くらい経ったころ、松永が起きて洗面所に来た。緒方は、松永が洗面所ドアを開けたとき、松永に対し、「終わりました。」と報告した。松永は一瞬怪訝そうな顔で緒方を見たが、何も尋ねなかった。松永は、浴室内には入らずに、洗面所から浴室ドアを開けて浴室内を一瞥すると、「何てことをしたんだ。」と言った。松永は浴室内に入って自ら智恵子の死亡を確認することはしなかった。緒方は、「ひょっとしたら、松永が智恵子の殺害を指示したと考えたのは自分たちの勘違いではなかったか。」と思い、隆也と顔を見合わせた。緒方は、松永から智恵子を殺害するまでの経緯等を聞かれたので、その説明をした。松永は、緒方に対し、「何でこんなことをしたんだ。何でする前に聞きに来なかったんだ。」などと言った。緒方は、「聞きに行こうと思ったんですけど、ドアが開かなかったんです。」と言ったが、松永は、「そんなことだろうと思って、早めに目が覚めた。お前は運が悪いな。」などと言った。緒方は、このような松永の言葉を聞き、やはり松永は智恵子の殺害を指示したのだと確信し、「知っていたくせに白々しいな。」、「あんたが指示

したから殺したんじゃないの。」などと反感を抱いた〉

このとき、どうしてドアが開かなかったのかについて、後の公判で明らかになることはなかった。そのため偶然だったのか、もしくは松永がなんらかの措置を取っていたのかは不明である。ただし、「そんなことだろうと思って」との松永の発言があることから、推して知るべしともいえる。

〈そのとき、甲女が洗面所付近に現れたが、松永は、甲女に対し、「こいつらが智恵ちゃんを殺しとるばい。関わりにならんほうがいい。行こう、行こう。」などと言った〉

ここまでの状況説明は緒方による供述をもとにしたものであるが、判決文ではそこに清美さんの供述をもとにした状況説明が加わっており、松永の行動がより立体的に浮かび上がる。

〈甲女は、片野マンションに着くと、松永の指示を受け、南側和室で布団を敷いて（松永と緒方の）長男と次男を寝かせた。松永は、台所で、緒方、隆也及び花奈に対し、「家族全員で話合いをしろ。」と言った。智恵子は、台所にはおらず、洗面所か浴室に居たと思う。甲女は、長男と次男を寝かせると、そのまま南側和室で寝ていた。甲女が眠るまでの間に、松永が南側和室に来て、甲女の横で寝たと思う。

その後、洗面所の方からドンドンと洗面所のドアを叩く音が聞こえ、甲女は松永から「起きろ。」と言われ、松永と一緒に洗面所の方に行った。そのときはまだ夜中であり、台所は豆電球がついているだけで暗かった。洗面所の入口ドアは閉まっており、洗面所の中から物音は聞こえなかった。松永は、ドアを開けて洗面所に入ったが、すぐに出て来て、甲女に対し、「殺しとるばい。」と言った。その後、緒方が、台所か洗面所で、松永に対し、「隆也が智恵子の首を絞めて殺した。」と報告した。甲女は台所に居てそれを聞いた。松永は、緒方の報告を聞き、「あんたたち、ようしきったね。俺が寝とう間に、ようそんなことしきるばい。呪われるぞ。」などと言った。その後、甲女は和室に戻って

寝た〉

こうした松永による、責任逃れのための〝演技〟は、智恵子さんの遺体の解体についての話し合いの場でも実践されることになる。

「最後の大人」に迫る死

松永が示唆し、それを緒方らが忖度して実行する緒方家一家への連続殺人は、ついに三人目の犠牲者を生んだ。

智恵子さんの遺体を前に、彼女の首を絞めた隆也さんと足を押さえた花奈ちゃんは、緒方とともに、勝手に智恵子さんを殺害したことを、〝事後〟に松永から責められた。

そうした松永の〝責任逃れ〟の姿勢は、死体解体の相談の場でも顕著だった。隆也さんらが智恵子さんの遺体の手を胸の前で組ませているのに気付いた松永はまず、「死後硬直が始まると手が外れなくなるから、すぐにほどけ」と指示をした。

そして次のように言う。以下は、判決文にある説明である。

〈松永は、死体解体についての話合いの際、緒方、隆也及び花奈に対し、「お前たちが勝手にやったんだ。俺は関係ない。俺は巻き添えになっただけだ。迷惑だ。こんなところで解体なんかしてもらっても困る。玉名のアパートに持って行け。」などと言う一方で、「(死体を)持って行くときにばれると俺が迷惑だ。」などと言い、隆也及び花奈が松永の許可を得て片野マンションの浴室で智恵子の死体解体を行わざるを得ないようにした〉

当然、松永の〝真意〟を大人である緒方や隆也さんは理解していた。だが、なに一つ反論することはできない。
〈緒方及び隆也は、松永が責任逃れをしようとしていることは分かっていたが、松永に対し、「すいません。お願いします。」などと言い、片野マンションの浴室で死体解体作業を行わせて欲しい旨を頼んだところ、松永はこれを許可し、できるだけ早く終わらせるように言った。緒方と隆也は、松永との間で解体道具を購入する費用についても話をしたと思う。緒方らは、平成10年（98年）2月10日午後7時過ぎころ、解体道具を買いに行った〉

智恵子さんの遺体の解体は、緒方と隆也さん、花奈ちゃんの三人が行った。
〈松永は、死体解体作業中も、「急がないと通電するぞ。」などと言い、作業を急がせた。松永は、解体作業中、隆也に通電した。隆也の左の二の腕にガムテープでクリップを取り付け、電気コードを首に巻かせたまま作業をさせたことがある。松永は、智恵子の肉汁を詰めたペットボトルを捨てる際、緒方らに対し、誰がどこのトイレに何本捨てに行くかなどについて具体的に指示した〉

これで緒方一家のうち残されたのは当時三十八歳の隆也さん、十歳の花奈ちゃん、五歳の佑介くんの三人となった。そして松永が次なる標的としたのが隆也さんだった。元警察官であり、唯一の壮年男性の隆也さんに対しては、松永は当初から反抗されることへの警戒をしており、いくつもの罠を仕掛けては徐々に弱みを握るなどして、彼が服従しなければならないように仕向けていた。

たとえばこの前年の九七年には、次のようなことがあったと判決文にある。
〈隆也は、孝が松永の要求に応じるために平成9年（97年）8月29日に農協から3000万円を借り入れるに当たり、連帯保証人になった際、文書に当時の戸籍や住民票とは異なる住所を間違えて記載したことがあったが、平成9年9月になってから、そのことを気にして松永に尋ねた際、松永は、隆也に対し、「文書偽造罪に当たるから、隆也は犯罪者になる。」と何度も申し向け、隆也が文書偽造の罪を犯したとして、隆也を脅すようなことを口にした。隆也は、それについて松永に何も反論しなかったが、それが表沙汰になったら困ると考えていた様子だった〉

さらには、それ以降も広田由紀夫さんを殺害、解体した片野マンションの浴室タイルの張り替えを実行させられ、由紀夫さん事件の証拠隠滅に加担したとの負い目を負わされたり、智恵子さんとの夫婦喧嘩の後で仲裁に入った松永に、「智恵子の首を絞めて殺そうとした」との上申書を作成させられたりもしていた。そうした経緯を経て、ついには孝さんの死体解体や和美さん、智恵子さんの殺害にまで手を染めてしまうことになったのである。

負い目の積み重ねで、逃げ場を完全に失っていく隆也さんに対して、松永は新たな弱みを握るたびに、直接的な虐待を加えて体力を奪うという策を繰り出していた。たとえば、孝さんの死体解体が終わり、続いて和美さんが殺害されるまでの間には、次のようなことがあった。以下、判決文から。

〈松永は、平成10年の正月ころ、緒方と智恵子に指示して、隆也の陰部に通電させたことが4、5回あった。緒方や智恵子は、隆也に対し、手加減をせず、松永が指示した回数の通電をした。隆也の陰部は通電によって水膨れになった。隆也に対する通電は、智恵子殺害後の平成10年2月下旬ころから特にひどくなった〉

また、孝さん、和美さん、智恵子さんの死体解体においても、隆也さんは重労働を命じられている。

〈隆也は、孝、和美及び智恵子の各死体解体の際、体力的にも精神的にも特に過酷な作業である死体の切断作業の殆どを行った。

隆也は、死体解体作業中、睡眠時間が更に少なくなり、特に死体の切断作業中は殆ど眠ることができなかった〉

しかも、重労働だけでなく、そこに別の虐待も加わっていたようだ。

〈松永は、孝、和美及び智恵子の各死体解体の際、隆也に対し、缶入りのクッキーを一日20枚くらい食べさせた。これは、解体した死体の骨を詰めるためにクッキー缶が必要だったので、缶入りのクッキーを購入し、その中身のクッキーを解体作業中の食事としたものである。松永は、解体作業中は特に急いで食べるように指示し、緒方や花奈がクッキーを隆也の口に運んで、5分間くらいで食べさせた。クッキーがなくなると、カロリーメイト1、2箱分を与えた〉

そしていよいよ隆也さんは、松永にとって〝不要〟な存在となったのだ。論告書には次のようにある。

〈智恵子の解体作業が終わった後、松永は、隆也と佑介も東篠崎マンションに移した。そして、松永は、隆也に対し、ひどく通電を加えた。松永が、隆也に対して一番ひどく通電していたのがこの時期であった。

また、狭い東篠崎マンションには隆也らの居場所が無く、松永は、隆也、花奈、佑介を、東篠崎マンションの浴室内に立たせていた。ひどいときには、まだ寒い時期であったのに、浴槽内に冷水を満たし、その中に隆也ら3人を立たせていたこともあった。このころ、隆也は、東篠崎マンションの浴室内で、佑介、花奈と眠ることを強いられていた。布団や毛布などは一切与えられず、松永の指示で、時折数枚の新聞紙が与えられる程度であった。

このころの隆也の食事内容も、マヨネーズを塗った食パン6枚だけであった〉

智恵子さんが殺害されたのが九八年二月十日のこと。それからしばらく、このような虐待が続いたのである。論告書は同年三月下旬頃の虐待について触れている。

〈平成10年3月下旬ころ、松永が、再び隠れ家を片野マンションに移すと言い出した。このころから、隆也の体調が目に見えて悪化し、下痢と嘔吐を繰り返すようになったため、松永は、隆也に、片野マンションの浴室で寝るよう命じた。また、松永は、花奈に、隆也の面倒を見るように指示し、以後、隆也と花奈は、片野マンションの浴室内で寝起きするようになった。
しかし、松永の隆也に対する態度や、隆也の食事内容、松永による通電暴行などは、それまでと何ら変わりがなかった。緒方としても、和美殺害以来、緒方一家の者が体調を崩しても治療を受けさせるという選択肢は与えられていないものと考えていたので、松永がそう指示しない限り、隆也を病院に連れて行こうとは考えなかった〉
これまでもそうであったが、松永が標的の生活拠点を片野マンションに移すことは、その者が間もなく死を迎えることを意味していた。そうしたことからも、この時点で松永は隆也さんの死がそう遠くないことを意識していたものと見られる。
〈このころ、隆也はげっそりと痩せ細り、頬はこけ、目も落ち込んでいた。足にも肉がほとんど付いておらず、そのために膝小僧が異様に大きく見えた。隆也の足は、長時間立たされた後には、むくんでパンパンに腫れ上がっていた。皮膚に痒疹はなかったと記憶するが、肌はカサカサに乾燥していた。
また、隆也は、松永の指示で、車の移動に出掛けた際に、途中で歩けなくなったこともあった。隆也は、戻って来ると、「ちょっときついんです。しばらく横にならせてください。」などと懇願していた。当時は、これを聞いて、何を甘えたことを言っているのかと思っただけで、隆也に対する同情は生じなかった。しかし、今振り返れば、隆也が体調の悪さを訴えたのはこの時が初めてだったから、よほど隆也は辛い状態だったのだろうと分かる〉
主観が含まれた内容からわかる通り、これらは逮捕後の緒方の供述によるものである。緒方は当時の隆也さんの嘔吐や下痢の状況についても詳述している。
〈隆也は、食事をしてもすぐに吐いていた。最も状態の悪い時期には、一日10回程度吐いていた。そのため、一日1回の食パン6枚も食べきれなくなった。松永は、制限時間を守れなかった制裁として隆也に通電をしたが、やがて、本当に隆也の具合は悪いと分かったようで、食事の量を食パン4枚に減らすよう指示した。松永がトイレを使わせなかったため、隆也はスーパーのビニール袋の中に吐いていた。

このころ、隆也は、下痢も悪化しており、一日10回程度、あるいはもっと頻繁に下痢をしていた。当時、松永から、トイレの使用は1日一回と制限されていたこともあって、下痢の続いていた隆也は下着を汚してしまい、着替えが無くなって、大人用のおむつをさせられていた。それでも、松永は、隆也が何度もおむつを取り替えることに立腹し、罰として、隆也に通電を加えたり、おむつの中の下痢便を食べるように強いた〉

もはや死の足音は、隆也さんのすぐそばにまで迫っていた。

「お父さんが死んだみたいです」

松永による緒方の親族への連続殺人の企みは、最後の大人へと向けられ、その最終段階に入ろうとしていた。

時期は九八年四月七日頃のこと。なぜ「頃」がつくかというと、当日について、緒方の記憶が七日または八日とあるからだ。以下、判決文をもとに、その日から死亡に至るまでの状況を振り返る。

〈平成10年（98年）4月7日ころ、隆也の嘔吐や下痢は、3月下旬ころに比べて頻度が少なくなっていた。松永は、4月7日ころ、当時松永が交際していたK美さん（本文実名）と会うために、隆也に車を運転させて（大分県）中津市内まで赴くことにした。

松永は、中津市内へ出発するに当たり、隆也に対し、「大丈夫か。」と尋ねたところ、隆也は「大丈夫です。」と答えた。松永は、隆也が無精髭を伸ばしているのを見て、人目につきやすいとして、隆也に指示して髭を剃らせた。緒方はその際隆也に付き添っていたが、隆也は洗面台にもたれるようにして髭を剃っていたので、隆也に車を運転させて本当に大丈夫なのかと思った。松永は緒方と〈緒方との間の〉次男を同行させた〉

午後七時頃に出発し、二時間ほどで中津市内に到着すると、松永はK美さんと会うためにJR中津駅の近くで車を降り、緒方と隆也さんに対して、うどん店で食事をして待つように指示をしている。〈隆也は、「××うどん（原文実名）」店で、松永に指示されたとおり、親子丼かカツ丼と小さいうどんのセットを注文した。隆也は、特に体調が悪そうな様子はなく、注文した食事を残さず食べた。隆也は、食事の途中でトイレに立ったが、緒方はそのときの隆也の足取りが覚束ないと思った。緒方は、隆也がなかなかトイレから戻らないので、身体の具合が悪く吐いているのではないかと思い、トイレの前まで行き、「大丈夫ですか。」と声をかけると、隆也は「大丈夫です。」と答えた。その後、松永から電話があり、「もう少し食べていていい。」と言われたので、隆也はメンチカツを追加注文し、残さず食べた。緒方と隆也は、食事を終えた後も「××うどん」店に居たところ、松永から電話があり、店を出て駐車場で待っているように指示された。緒方と隆也は駐車場で松永と待ち合わせ、中津市内から2時間くらい掛けて片野マンションに帰って来た。緒方は、その間、隆也の体調不良を感じなかったが、正常な状態だとは決して思わなかった。

隆也は、片野マンションに到着すると、浴室で花奈と一緒に寝た。隆也はスウェットを着て、掛け物を何も与えられず、洗い場に敷かれたプラスチック製すのこの上で寝た〉

三月下旬以降、隆也さんは嘔吐と下痢を繰り返すようになっていたため、食事はそれまで一日に食パン六枚だったものを四枚に減らされていた。そうしたなかで、これほどの食事を一気に取るのは異例のことである。

論告書には、松永らと一緒にいた広田清美さんによる供述がある。

〈隆也は、死ぬ約1週間前ころから、片野マンションの浴室の排水溝に顔を近づけて吐いていた。隆也が吐いた物は緑色をしており、松永が飲んでいたサクロン（胃薬）と似た臭いがした。この時期の隆也は、吐き続けていたという印象が強い〉

以下、ふたたび判決文からである。

〈翌朝（8日ころ）、緒方が、浴室を覗くと、隆也は、身体を丸めて寝ており、花奈が、緒方に対し、「お父さんが昨夜吐きました。」と言って、嘔吐物の入ったスーパーのビニール袋を2、3袋差し出した。ビニール袋には半分より少ないくらいの嘔吐物が入っていた。隆也は顔と上半身を少し持ち上げただけで、起き上がることはなかった。隆也は、松永や緒方から「寝ていい。」と言われたとき以外は立っているように指示されており、その日以前緒方が浴室を覗いたときに隆也が横になっていたことはなかった。緒方は、よほど具合が悪いのかと思い、隆也に対し、「大丈夫ね。」と声を掛けたところ、隆也は何も答えず、花奈が、「昨夜のうちにこれだけたくさん吐きました。ずっと吐いてるんです。ずっと様子が変なんです。」と言った〉

緒方はすぐに松永のもとに向かい、隆也さんが吐いたことを報告している。

〈松永は浴室に来て、花奈に隆也の様子を尋ねた。松永は、緒方に対し、「昨日××店で一体何を食べたんだ。」と尋ね、緒方が隆也が前日にとった食事を説明すると、松永は、「具合が悪いときに欲張って油ものなんか食べるから、こんなふうに具合が悪くなるんだ。」と言った。

松永は、緒方に指示して、隆也に一日3回胃薬のサクロン1袋ずつを与えさせた。隆也はサクロンを飲んだが、30分くらいすると吐いた。松永はその日は隆也に食べ物を与えず、花奈に対し、浴室に置いていたペットボトル入りの水道水を隆也に飲ませるように指示したが、隆也は水を飲んでも30分くらいで吐いた〉

隆也さんは、その翌日になっても状況が変わらずにいた。

〈緒方は、隆也がサクロンを飲んで吐く都度松永にその旨報告したところ、松永は、「サクロンには吐き気を誘導する作用があるから、それで吐いているのかもしれない。」などと言った。松永は隆也に与える食パンの枚数を4枚から2枚に減らした。緒方は、松永の指示を受けて、隆也に対し、一日1回マヨネーズを塗った食パン2枚を与えた。隆也は食パンを食べたが、しばらくすると吐いた。緒方はこのことも松永に報告した。松永は、通常、このような場合食べ物を粗末にしたとして通電等の制裁を加えたが、そのときは隆也に対して制裁を加えなかった〉

翌十日頃になると、隆也さんの状態は前日よりもさらに悪くなったという。

〈緒方は、隆也に対し、一日3回1袋ずつサクロンを与えたが、いずれもしばらくすると吐いた。隆也がサクロンを飲んでから吐くまでの時間が前日よりも短くなった。隆也は、吐くときも上半身を起こさなくなった。緒方は、松永の指示を受けて何回か浴室に行き、隆也の様子を自分で見たり花奈から聞いたりして、松永に報告した。松永が、「そんなに吐くんだったら、もったいないからもう薬は飲ませなくていい。」と言ったので、サクロンを与えなくなり、その後は隆也に対して手当らしいことは何もしなくなった。松永は、緒方に指示して、隆也に与える食パンの枚数を1枚に減らした。隆也は食パンを一旦は飲み込んだが、すぐに吐いた。隆也は水を飲んでもすぐに吐いた〉

すでに悪化の一途をたどっていた隆也さんの体調は、放置されたことで急激に変化していく。以下、十一日頃と十二日頃の様子である。

〈（11日）隆也の状態は更に悪くなった。緒方が隆也に食パン1枚を与えても、隆也は、「もう食べられないので結構です。」と弱々しく言って断った。緒方は松永にこのような隆也の様子を報告した。松永は、食事を断れば怒るのが通常だったのに、そのときは怒らず、隆也に対し、「本当に食べられないんですか。」などと尋ね、隆也が「はい。」と答えると、緒方に対し、「無理して食べさせない方がいいだろう。」と言った。松永は、花奈に対し、浴室内に置いていた水だけは飲ませるように指示したが、花奈は、「水を飲んでもすぐに吐いてしまう。」と言った。

（12日）隆也の状態は更に悪くなった。被告人両名は隆也に対し食べ物や薬を与えなくなった。松永はリポビタンDを与えたが、隆也はこれを飲んでもすぐに吐いた。水を飲んでもすぐに吐いた〉

緒方一家から死者が出るたびに、人工呼吸や心臓マッサージといった救命措置を施したのと同じく、松永は介抱や手当をした〝フリ〟を見せることで、自身の関与を否定する材料にしてきた。ここでの「リポビタンD」の投与も、同様の理由によるものだと見られる。そしてついにその日（十三日頃）はやってきた。

〈松永は、隆也に対し、栄養ドリンク剤オールPのアンプル1、2本を与え、その後、ビールの500ミリリットル缶を与えた。緒方は、花奈から、「オールPを吐かずに全部飲んだ。」と聞いた。松永は、緒方に対し、「水やリポビタンDは吐くのに、オールPは吐かんのやけんな。」と揶揄するように言った。松永は、洗面所から空のビール缶を持って出て来て、緒方に、「ビールも飲んだぞ。」と言った。

緒方は、隆也にビールを飲ませてから1時間か1時間30分くらい経ってから、浴室に隆也の様子を見に行った。緒方が浴室ドアを開けると、花奈が、「お父さんが死んだみたいです。」と、無表情のまま小声で言った。隆也は、浴室入口ドア付近で、足を窓側に向け、身体の左側を下にして横臥し、身体を丸めて腹を抱えるような姿勢で動かなくなっていた。隆也は腹が痛かったのでそのような姿勢をしたのだと思う。隆也は穏やかで眠ったような表情をしていた。隆也がビール等を吐いた様子はなかった〉

こうして、緒方を除く緒方一家の大人は、全員がこの世から消されたのである。

〈緒方は、松永に対し、「隆也さんが死んだみたいです。」と報告した。松永は、緒方と一緒に浴室に行き、花奈に対し、隆也が死亡したときの様子を尋ねた。花奈は、「30分くらい前、気が付くと息をしていませんでした。」と答えた。松永は、和室に戻ると、緒方に対し、「オールPがいかんやったかな。でもビールも飲んだから、これで本望だろう。」と言った〉

隆也さんが死亡した当日から、緒方と花奈ちゃんによって、死体解体作業が始められた。これは判決文にある緒方の供述である。

〈隆也の死体は肌がかさかさしており、鎖骨や肋骨が浮き出ていた。死体を開腹すると、少し緑がかった粘着性のある黒いタールのような液体が腹部全体に広がり、腐敗臭のような重い臭いがした。死体にこのような特徴が見られたのは隆也だけだった。松永は、死体解体作業に従事した緒方と花奈に対し、「急げ。電気を通すぞ。」と言って、作業を急がせた〉

こうして隆也さんの死体解体作業は、四月下旬頃に終わったという。

「花奈ちゃんと二人で絞めろ」

九八年四月末、片野マンションに残ったのは松永太と緒方純子、そして彼らの子供二人と広田清美さん、さらに殺された緒方の妹夫婦の子供二人となった。

論告書は、それまで松永らが緒方一家の大人を先に殺害し、子供を残した理由について触れている。

〈緒方一家を順次殺害するにあたり、幼い子供である花奈や佑介を手にかけるとなれば、孝夫妻は孫を守るため、隆也夫妻は子を守るために決死の抵抗に踏み切るおそれがあり、それでは、松永の計画は進行が著しく困難になる。そのため、松永は、まず緒方一家のうち、成人を順次殺害したものと認められる〉

なお当時、花奈ちゃんは十歳、佑介くんは五歳である。

そして松永は、次の標的を佑介くんに定めた。判決文では、緒方の供述をもとにした、その経緯が説明されている。

〈緒方と花奈は、平成10年（98年）4月末ころ、隆也の死体解体作業を終えた。松永は、同年5月初めころから、緒方に対し、「これから佑介と花奈をどうするか。」、「佑介は（緒方一家事件のことを）しゃべるのではないか。」などと尋ねた。これに対し、緒方は、「佑介は何も知らないから、大丈夫ではないか。」と答え、一度だけであったが、松永に「佑介と花奈を西浦家（隆也さんの実家）に帰してはどうか。」と提案した。「このまま手元に置いてはどうか。」という提案もした。しかし、松永は、次のように反論して、それらの提案のいずれも拒絶した〉

以下、緒方が松永から聞かされたとされる発言である。

「花奈が佑介に（緒方一家事件のことを）教えるかもしれない。親が殺されたことを花奈が黙っているわけないだろう」

「佑介は何も知らないし、花奈は犯罪に加担しているから何も言わないかもしれないが、佑介や花奈が親戚の者に追及されたとき、花奈がちゃんと説明できるのか。お前に責任が持てるのか。子供だけ帰して他の者は失踪したとしたら、逆に疑惑を持たれるだろう」

「西浦家に帰して余計なことをしゃべったらどうするんだ。花奈が何も言わなかったにしても、親戚の者がいろいろ問いただしたりすれば逆効果になるだろう」

「手元に置いておくと、食費等で金がかかる」

判決文は続く。

〈松永は緒方の提案のいずれも拒絶した上、「お前が（松永のもとから逃走して）湯布院に行ったから、こんなことになったんだ。」と言って、緒方を責めた。緒方は、佑介と花奈の食費等は、自分が親戚や知人に頼んで借りると話したが、松永から、「借りられるわけがない。」と言われたので、実際に金策をすることはなかった〉

二児の母である緒方としては、さすがに幼い二人を手にかけることに抵抗を感じていたことが窺える。だがその思いも松永の強弁の前では揺らぎ、やがて崩されていく。

〈松永は、平成10年5月初めころ、毎日のように、緒方に対し、佑介と花奈について、「養育費はどうするんだ。」、「緒方家の問題だろう。お前が何とかしろ。」、「花奈は自分でも罪を犯しているから言わないかもしれないけれども、佑介は何も罪を犯していないし、花奈が佑介にこれまでのことを話したら、佑介が、将来、長男や次男を脅したり復讐したりするかもしれない。花奈か佑介のどちらか片方を生かすためには、どちらか片方を殺さなければならない。」などと繰り返し言った〉

ここで狡猾な松永は、母親である緒方に我が子への危機をちらつかせ、さらには片方の殺害でもう片方は生き残れるような希望を抱かせようとしている。

〈松永は、平成10年5月10日ころ、「自分の両親や祖父母を殺されているのに、恨みに思わないはずはないだろう。肉親の情とはそういうものだ。」と言い、「源平の話」を引合いに出して、「子供に情を掛けて殺さなかったばかりに、将来その子供に復讐された話もあるからな。」、「早めに口封じしなければならない。」などと申し向けた。緒方は、これを聞いて、松永が佑介の殺害を指示していると明確に理解し、緒方自身も佑介の殺害を決意し、「そうするしかないでしょうね。」と答えた〉

そこで緒方は、自分自身の感情に折り合いをつけるために、次のような理屈を己に言い聞かせていたという。

〈緒方は、（1）佑介はテレビも見せて貰えず、満足な食事も与えられず、いずれは通電されるだろうし、学校にも行かせて貰えないだろうから、佑介は生きていても可哀想だと考えたこと、（2）松永からは、「緒方が湯布院に行ったから、緒方一家を次々に殺害しなければならなくなった。俺はそれに巻き込まれ、とても迷惑している。」と繰り返し責められていたので、かねて松永に負い目を感じており、佑介の養育費も工面することができず、松永に迷惑をかけることはできないと考えたことなどから、佑介の殺害を自分でも納得して決意した〉

佑介くんの殺害について緒方の同意を得た松永は、花奈ちゃんへの説得も行っている。

〈松永は、緒方が佑介の殺害を決意してから、片野マンションの台所や洗面所で、花奈に対しても、佑介の殺害を納得させるために、繰り返し働き掛けた。

松永は、花奈に対し、「これからどうするね。西浦の家に帰るのか、どうするのか。」と尋ねた。花奈は、「佑介と2人で西浦の家に帰ります。」と答えたが、松永は、「でも、帰ったら、西浦のおばあちゃんにいろいろ聞かれるけど、どうするの。」と言って、花奈が親族らから孝らの所在やこれまでどこで何をしていたのか等について追及されたら、どのように答えるか、執拗に問い詰めた。花奈は、「何も言いません。」と答えたが、松永は、「花奈ちゃんは何も言わないかもしれないけど、佑介君は大丈夫なの。花奈ちゃんは佑介君が何も言わないことに責任を持てるのか。」と、更に問い詰めた〉

当時の松永は三十七歳。三十七歳の大人が十歳の子供に「責任」という言葉を持ち出し、問い詰めているのである。

〈花奈は、当初、「何も言わせません。」と答えていたが、松永が、「もし佑介君が何か言って、それがもとで警察が動いたら、花奈ちゃん自身も犯罪を犯しているから、花奈ちゃんも警察に捕まってしまうよ。佑介君を連れて西浦家に帰ることは、花奈ちゃん自身にとっても危険だし、自分（松永）にも不利益になる。花奈ちゃんは佑介君のことで責任が持てるのか。」などと追及したところ、花奈は何も言えなくなった。さらに、松永は、「もし花奈ちゃんが生きていたいんだったら、佑介君を殺した方がいいんじゃない。佑介君だって、お父さんもお母さんもいないし、生きていてもかわいそうじゃないか。お母さんに懐いていたんだったら、お母さんのところに連れて行った方がいいんじゃないか。」などと、駄目を押すように言うと、花奈は、「そうします。」と答えた〉

　このとき緒方は松永と花奈ちゃんのそばにいて、松永の言うことに異論を唱えず、同調して相槌を打つなどしていた。

　佑介くんの殺害前、松永は〝その後〟のことを見越して、死体の解体道具を準備させていた。そのなかには、花奈ちゃんの殺害後に使う予定の道具も含まれていたという。論告書のなかに、緒方の供述による以下のくだりがある。

〈松永の指示で、佑介殺害前に解体道具の準備を整えた。しかもこのとき、松永は、「使わないに越したことはないが。」と言って、花奈解体のための道具をも用意させた。松永は、年端もいかない花奈に、弟の解体道具に紛れ込ませて、花奈自身の解体に使うための道具をも買わせたのである。このことは、今思い返しても胸が痛む〉

　松永の発言について、判決文はもう少し具体的だ。

〈緒方は、松永から、「使わないに越したことはないんだけども、多目に買っておけ。」と指示され、

佑介殺害当日までに、佑介及び花奈の死体解体道具を購入しておいた〉
そしてその日がやってきた。
〈松永は、花奈に佑介の殺害を決意させてから数日後の5月17日ころの午後、片野マンションの台所で、緒方と花奈に対し、佑介の殺害を実行するように指示した。松永は、緒方と花奈に対し、「どうやってやるんだ。」と申し向けた。首を絞めて殺すという方法を採ることについては、松永は、「花奈ちゃんと二人で絞めろ。」と指示した。緒方が、「私が一人で絞めます。」と言うと、松永は、特に話合いはなかった。また、その凶器として電気コードを使用することについても、和美と智恵子を殺害した際に電気コードを使用したので、特に話し合うこともなく、それを使って同様に実行することになったが、殺害に用いる電気コードは松永の許可を得て借りることとし、緒方が佑介殺害の話合いの途中に準備した〉
松永の指示はこれまでの殺人のとき以上に念入りだった。
〈松永は、緒方と花奈に対し、佑介がぐったりしてからも更に念を入れて首を絞めること、首を絞め終わったら心音で死亡を確認することを指示した。緒方と花奈は、「はい」と答えた。死体を風呂場に運ぶことは、殺害実行後に指示されたと思う。
松永は、緒方に対し、甲女にも実行を手伝わせるように指示したので、緒方が、甲女は加えなくてもいいのではないかと言ったところ、松永は、「いいから入れろ。足でも押さえさせておけばいい。」と指示した。松永は、甲女を台所に呼び、甲女に対し、「お前も手伝え。」と、佑介殺害の実行に加わるように指示したが、甲女は嫌そうな顔をした〉
佑介くん殺害について、松永は清美さんにも〝負い目〟を負わそうと考えたのである。

「佑介、お母さんに会いたいね」

「じゃあ、そろそろやれ」

松永はそう言い残すと、片野マンションの和室に入った——。

九八年五月十七日頃の午後のことである。緒方と、当時十歳の花奈ちゃん、十三歳の清美さんの三人に対して、松永は五歳の佑介くんを殺害するよう命じた。

判決文はそれからの状況について、次のように説明する。

〈佑介は洗面所か浴室に閉じ込められていたので、花奈が佑介を呼びに行き、台所の南側和室前まで連れて来た。花奈が、松永に指示されたとおり、佑介に対し、「佑介、お母さんに会いたいね。」と言うと、佑介は嬉しそうに「うん」と答えた。花奈は、「じゃあ、佑介、ここに寝なさい。」と言って、台所の床に仰向けに寝るように指示した。佑介は、これに素直に従い、頭を南側、足を北側に向けて仰向けに寝た。佑介は目を開けていた。花奈は、佑介の左肩辺りにしゃがみ、緒方は、右肩辺りにしゃがんだ。緒方は、電気コードの端を花奈に渡すと、花奈は佑介の首の下に電気コードを1回通し、「お母さんのところに連れて行ってあげるね。」と言った。佑介は電気コードを目にして不思議そうな顔をしていた〉

これらは緒方の供述をもとにしたものである。なお緒方は公判内で「佑介事件と花奈事件については、他の緒方一家事件に比べて記憶が曖昧であり、自分でもよく思い出せないことに苛立ちを感じている。当時は精神的にかなりまいっていたので、あまり記憶に残っていないのかもしれない」と供述しており、佑介くん事件について、記憶がはっきりしない部分があることを自認したうえで、当時を振り返っている。以下続く。

〈緒方と花奈は、それぞれ電気コードの先端を持っていたので、それを互いに交換すると、すぐに2人でコードを両側に引っ張って佑介の首を絞めた。甲女はそのとき佑介の足首辺りを軽く持って押さえていた。佑介は「ウウッ」と苦しそうな声を出して、膝を曲げて足をばたつかせた。手を動かしていたかどうかはよく覚えていない。そのとき、甲女の手が佑介の足から外れたので、緒方は、甲女に対し、「ちゃんと押さえんね。」と言ったところ、甲女は、再び佑介の膝の辺りを手で押さえ、身体を覆い被せるようにした。緒方と花奈は電気コードを引っ張り続けた〉

しばらくすると、佑介くんの体は動かなくなった。しかし緒方と花奈ちゃんは佑介くんの首を絞め続ける。

〈松永から、「動かなくなってからも、更に十分絞めるように。」と指示されていたので、なおも電気コードを引っ張り続けた。緒方と花奈は、5分間くらい佑介の首を絞め続けていた。緒方は、佑介のシャツをめくり、手を胸に当てて心臓の鼓動がないことを確認した。緒方は、花奈に対し、「止まっていると思うけど。」と言うと、花奈は、右耳を佑介の胸に当てて心音がないことを確認した。緒方も、耳を佑介の胸に当てて心音がないことを確認した〉

これら緒方の供述に対して、同じく殺害現場にいた清美さんは、内容の異なる供述を残している。

〈佑介は、殺害された当日、浴室に閉じ込められて立たされていた。松永が、夜、台所で、花奈に対し、「お前の弟やけ、お前が首を絞めろ。お前がせな（※やらないと）いかん。」と言った。そのとき、多分、緒方も傍に居た。松永は緒方にも何か指示をしたと思うが、覚えていない。松永は、甲女に対しても、「お前も足を押さえろ。」と指示した。その後、花奈及び甲女は、佑介を殺害するために浴室に向かった。多分緒方も一緒だったと思う。佑介は、浴室で、頭を窓と台所の方に、足を洗面所と浴槽の方に向けて（すなわち、壁に対して斜めに）仰向けに寝ており、眠っているようだった。浴室の電気はついていなかったが、洗面所の洗面台の蛍光灯がついており、浴室内は薄暗かった。佑介は白いランニングシャツと白いブリーフを着ていた〉

緒方の記憶では殺害現場は台所とあるが、清美さんの記憶では浴室である。また、緒方は佑介くんが起きていて、花奈ちゃんと会話を交わしたと供述したが、清美さんは、佑介くんは眠っているようだったと供述している。以下も清美さんの供述から。

〈緒方と花奈は浴室内に入り、緒方は佑介の左肩付近、花奈は右肩付近に居た。甲女は洗面所の浴室入口付近に居た。松永はその場に居なかった。緒方は、甲女に対し、佑介の足を押さえるように指示したので、甲女は、洗面所の浴室入口付近にしゃがみ、両手で佑介の両足首辺りを押さえた。緒方は、佑介の左肩付近にしゃがみ、佑介の両腕を両手で押さえた。花奈は、佑介の右肩付近にしゃがみ、帯のような紐を佑介の首に巻き付けて両手で両側に引っ張った。甲女は、花奈が紐を佑介の首に巻き付けるのを見ておらず、甲女が浴室で寝ていた佑介を見たときには、既に紐が首に巻き付けられていたと思う。その紐は、白かピンク色をしており、幅4センチメートルくらい、長さ90センチメートルくらいのものだった〉

緒方の記憶では佑介くんの首に巻いた電気コードの両端を、花奈ちゃんとともに引っ張って絞めたとあるが、清美さんの記憶では、緒方は佑介くんの両腕を押さえ、花奈ちゃんが布製の紐を使って佑介くんの首を絞めたとなっており、殺害現場と同様に内容が異なる。

〈花奈は首を絞めるとき、甲女の方に身体を寄せて来たので、甲女は自分の場所が狭くなり、佑介の足を押さえていた手を離してしまった。甲女は、緒方から、「ちゃんと足持たんね。」と叱られたので、もう一度佑介の足を同じように押さえた。花奈は結構長い間佑介の首を絞めていた。佑介は、泣いたり叫んだりしなかった。大小便は漏らさなかった。身体を動かしたかどうかは分らない。甲女は、緒方からもういいと言われたか、あるいは、花奈が首を絞めるのを止めたときに、佑介の足から手を離した。緒方と花奈は、佑介の息や心音の有無を確認していないと思う〉

両者の記憶の相違について、判決文は現実的な可能性を考慮し、緒方自身が記憶の曖昧さを認めていることなどからも、清美さんの供述を採用している。そのため、佑介くんは浴室で花奈ちゃんが紐を使って絞殺し、その際に緒方と清美さんが佑介くんの体を押さえ付けていたとされた。また、こうした記憶の相違があったとしても、〈松永が緒方らに対し佑介殺害を指示したという供述の基本的部分の信用性は動かない〉と、松永の殺人への関与を認定している。

なお、佑介くんの死亡後の状況については、清美さんが和室に戻って目撃していなかったこともあり、その場にいた緒方の供述の一部が採用された。それは以下の通りだ。

〈緒方は、佑介殺害後、直ぐに和室に居た松永に対し、佑介の殺害が終わったことを報告した。松永は、緒方に対し、「どのくらい絞めたのか。どの辺りを絞めたのか。」などと、殺害状況を詳しく尋ねた。緒方が、「首の真ん中辺りを絞めた。」と言うと、「その辺りでは時間ばかり掛かって完全ではない。首の上の方を絞めなければ。本当に死んだのか。」と言った。また、緒方が、「佑介が苦しがって足をばたつかせたので、甲女に押さえて貰って良かった。」と言うと、松永は、「ほら言ったとおりだろう。」と言った〉

こうして殺害された佑介くんの死体は、緒方と花奈ちゃんによって、すぐに解体されることになったという。

〈佑介の死体を解体することは当然に了解されていたので、特に話合いをしなかった。松永は、死体解体作業には直接従事しなかったが、死体解体作業中、たびたび浴室を覗いて作業の進み具合を確認したり、作業を急ぐように促したり、解体した個々の部分が大きすぎるなどと注意したりした。松永は、死体解体作業後、肉汁等を詰めたペットボトルを公園等に捨てに行くように指示した〉

死体解体時の緒方の心境について、論告書は明かす。

〈佑介の死体解体は、緒方と花奈の2人で行った。解体作業中、佑介の体の小ささを改めて感じ、また、佑介の顎に永久歯が生え始めていたことなどに気付き、今さらながら、まだ幼い子供を殺めたことの罪悪感で胸が詰まる思いがした。松永は、佑介の解体作業についても、トイレに行くときなどに浴室や台所をのぞき込んでは「急げ。」と命令し、ことあるごとに作業を急がせた。佑介の肉をみじん切りにした様子を見て、「大きすぎる。」とか、「だれがこんなに大きく切ったんだ。」などと言われたこともあった〉

また、論告書では、和室に戻った清美さんの供述をもとにした松永の行動についても、わずかだが紹介されている。

〈甲女が和室に戻ると、佑介の死体解体が始まった。死体解体中、松永はずっと和室にいて、(松永と緒方の) 長男及び二男に対し、「毒蜘蛛がおるけ、和室から出るな。」などと言っていた〉

こうしたなか、佑介くんの死体の解体作業は五月下旬頃に終了した。松永は、これまでは殺害した相手の死体解体作業が終わると、解体に使用した道具を川などに捨てさせていた。だが、このときはそういった指示を出していない。その意図は明確だった。

緒方の親族六人のうち、佑介くんの死によって、すでに五人がこの世からいなくなった。松永は最後に残った花奈ちゃんを、手間がかかる死体解体作業に従事させた後、できるだけ早く〝排除〟しようと考えていたのである。

その時期が来てからの松永の行動は、まさに彼がこれまで重ねてきた非道を、さらに上回る悪辣なものだった。

「死ぬけ、食べさせんでいい」

松永が緒方の親族である緒方一家六人のうち、最初に緒方の父である孝さんを殺害したのは、九七年十二月二十一日のこと。それから和美さん、智恵子さん、隆也さん、佑介くんの順に命を奪われ、九八年五月下旬頃には、佑介くんの死体解体が終了した。

そして松永らのもとには、緒方一家のうち花奈ちゃんだけが残された。

年端もいかない彼女を、〝排除〟したいと考えた松永がどのような行為に出たか、判決文は詳らかにしている。

〈松永は、平成10年（98年）5月下旬ころから、毎日のように、花奈に対し、種々の口実で、花奈の腕や顔面（両顎、両唇等）にひどい通電を繰り返した。花奈は、両顎に通電されると、短いしゃっくりのような声を上げげた。その際、花奈は、通電を受けながら、松永に対し、「何も言いません。絶対に言いません。」と繰り返し言った。松永は、そのうち、全く理由を設けないで、花奈に通電するようになった。また、花奈に対し、プラグの接触時間を長くして通電するようになり、そのような通電によって花奈の二の腕に大きな火傷を負わせたが、松永は、傷口付近を古新聞で巻いて置くだけにして、放置した〉

これらは緒方の証言をもとにしたものだが、そうした虐待に、彼女が抱いていた感想も明かされる。

〈緒方は、台所で、花奈に対する通電の様子を見ていたが、そのときは、松永が花奈に通電するのは花奈を西浦家に帰すための口止工作ではないかと思っていた。しかし、現在では、松永が、花奈に対し顔面、両顎に繰り返し通電したのは、花奈の思考能力を奪ったり、花奈に生きていたいという気持ちを失わせたりするためではなかったかと思う〉

この証言からわかる通り、当時の緒方には、十歳の少女への虐待という、異常事態についての抵抗感が欠落している。その場にいた唯一の大人がこうした状態のなか、花奈ちゃんは松永に追い詰められていった。

〈松永は、そのころから、洗面所で、花奈と2人で、毎日、一日1回から3回くらい、一回当たり30分から時には1時間以上も話をした。松永は洗面所のドアを閉めて花奈と2人だけで話しており、緒方は後で松永から花奈との会話の内容を聞くこともなかったので、松永と花奈がどのような会話をしていたのかは分らない。緒方は、当時は、松永が花奈を西浦家に帰すため、あるいは、被告人両名との同居生活を続けさせるため、被告人両名が犯した犯罪を他言しないように言い含めているのではないかと思っていた〉

後に緒方は〈花奈に死を受け入れさせようとしていたのではないかと思う〉と考えを改めたことを明かしている。とはいえ、その場でなにか具体的な行動に出るということはなかった。

〈緒方は、そのころ、松永に対し、花奈に食べさせる食パンの枚数を尋ねたとき、松永は、食パンの枚数を4枚から1、2枚に減らすように指示して、「もうあんまり食べさせなくていい。太っていたら大変だろう。」と言った。緒方は、松永が花奈の食事を極端に減らしたこと、和美の死体解体作業の際、脂肪が多く解体作業に苦労した経験があったので、松永の言葉が、「花奈が太っていたら死体の解体作業が大変だ。」という意味に理解されたことから、松永が花奈の殺害を考えているのではないかと思った。甲女もその場に居り、松永の発言からそのことを察した様子であり、緒方と顔を見合わせた〉

同時期の状況について、松永や緒方と一緒にいた清美さんは次のように供述している。

〈花奈は死亡直前ころになると、顔や身体が痩せていた。花奈は一日1回食パンだけを与えられた（枚数は覚えていない。）。花奈はおむつを使用させられた。花奈はたびたび通電された。松永は、全裸の花奈の手足をすのこに縛り付け、手足、顔面、陰部等にひどい通電をした。花奈は、通電を受けたとき、「ヒックヒック」としゃっくりのような声を上げた。花奈は、寝るときは、おむつかパンツだけを身に着け、両手を合掌させて手首を縛られ、首と手首を一緒に縛られ、両足首も縛られた。

松永は、佑介事件後、何回か、花奈と二人だけで話をした。

松永は、佑介事件後、花奈を殺害する何日か前、片野マンションの和室で、緒方に対し、「あいつは口を割りそうやけ、処分せないけん。」と言った。そのとき、甲女も和室に居た。

松永は、そのころ、緒方に対し、「死ぬけ、食べさせんでいい。」と言った〉

この時点で、花奈ちゃんは二歳児用の紙おむつを着用できるほどに痩せ細っていたという。論告書は、清美さんの供述をもとにした、花奈ちゃんが九七年夏に北九州市に連れて来られてからの変化にも触れている。

〈片野マンションで生活するようになった当初は、花奈は、通電などの虐待を受けることはなく、和室で寝ていた。花奈は、甲女と一緒に、ＳＰＥＥＤの「Wake Me Up!」という曲を歌いながら掃除をするなど、明るい子であった。

しかし、孝、和美、智恵子及び隆也が片野マンションで生活するようになった平成9年（97年）11月ころ以降は、花奈は松永から些細なことで怒られ、通電を受けたり、叩かれるなどの暴力を受けたりするようになった。花奈は、松永にトイレを制限されていたし、トイレに行くときも、甲女が同行する必要があった。また、花奈は、寝るときはいつも布のひもで両手両足を縛られていた。

平成10年5月末ころには、花奈は、片野マンションで生活を始めたころと比べて、顔や身体が一日見て分かるぐらいに痩せていた〉

また論告書は、花奈ちゃん殺害を意識した松永が、清美さんに対しても、〝あること〟を指示していたことを明かす。

〈佑介の解体が終了した5月末ころ、松永は、甲女に対し、「今までは甘くしてきたけど、もう許さない。」などと言い出して、甲女を（片野マンションの）和室から追い出した。以後、甲女は、台所で、花奈と一緒に寝るようになった。しかし、甲女は、松永の怒りを買うようなことは何もしていなかった。いま思えば、由紀夫（清美さんの父）の時も殺害直前ころは由紀夫と一緒に生活させられていたから、松永は、殺すつもりでいる相手の監視役をさせていたのかもしれない〉

清美さんも、花奈ちゃんがやがて殺害されることを予見していたのである。

〈甲女は、花奈を殺した後は、死体解体をするのは緒方しかいなくなるため、今度は自分も手伝わされると思い、嫌な気持ちであった〉

連日の虐待によって、〈花奈は特に体調の不良を訴えることはなかったが、身体は痩せ、常に無表情だった〉という状態になっていた。論告書は殺害前日の出来事について、以下のように説明する。

〈花奈殺害の前日である平成10年6月6日ころ、松永は、緒方に対し、「花奈ちゃんも、死にたいと言っている。」と言った。これに対し、緒方が、「殺すんですか。」と尋ねたところ、松永は、「まだ、はっきり分からん。」と答えた〉

しかしこの日、松永は緒方に向けて、「明日から東篠崎（マンション）に移動する」と話している。これまで、緒方一家が殺害されてきたのは、すべて片野マンションでのこと。つまり、彼が東篠崎マンションに行くということは、自分が関わりのない状態で、「花奈ちゃんを殺害しろ」ということの暗示でもあった。

そして六月七日、松永の指示によって、花奈ちゃんの命が奪われることになるのだ。

その日付が明確な理由について、判決文には〝わざわざ〟次のようにある。

〈花奈が平成10年6月7日に殺害されたことは、緒方はその日付けを確かに記憶している上、「知人の誕生日（7月6日）の逆」と自分に言い聞かせていたことからも確かである〉

本旨からは少し外れるが、この花奈ちゃん事件については、松永と緒方の逮捕後に、捜査本部が立件（4回目の逮捕）した、〝最初〟の殺人事件であるということに考えが及ぶと、小さな疑問が生まれる。

というのも、私自身がこれまでに記しているのだが、松永と緒方が花奈ちゃん殺人容疑で再逮捕された〇二年九月十八日時点では、緒方は黙秘を貫いていたはずなのだ。関係者の間では、彼女が自供に転じたのはその次の孝さん事件での逮捕（五回目の逮捕、同年十月十二日）以降のこと。つまり、花奈ちゃん事件で逮捕された時点では、「知人の誕生日」云々の話はしていなかったことになる。

そこで、花奈ちゃん事件での逮捕当日に、捜査本部が出した逮捕の広報文を確認すると、〈逮捕事実〉は以下のようになっていた。

〈被疑者両名は、被害者を殺害することを共謀し、平成10年6月7日ごろ――〉

こちらでは「ごろ」との表現は付くが、それでも正確な日にちを割り出している。この時点で松永と緒方の犯行について証言していたのは清美さんだけのはずだが、後の公判で彼女が日にちに触れた供述はない。

いったいどのようにして、捜査本部が緒方の自供なくして日にちの特定に至ったのだろうか。もしくは緒方がじつはその時期には自供していたが情報は秘されていた可能性も含めて、些末な疑問ながら、気になったこととして、ここに記しておく。

そして誰もいなくなった

九八年六月七日のことだ。

松永が企む緒方一家の殲滅《せんめつ》。その最後の標的となったのは花奈ちゃんだった。

判決文はそこでの痛ましい状況を明かす。

〈松永は、6月7日、片野マンションの洗面所でドアを閉めて花奈と2人で話をした。その話合いの前に、松永が台所で花奈に通電した記憶があるが、はっきりとは覚えていない。松永と花奈は、夕方、2人で洗面所から台所に出て来た。松永は、緒方に対し、「花奈ちゃんもそうすると言っているから。」と言い、同意を求めるように花奈の方を向いたところ、花奈は下を見てうつむき加減に小さくうなずいた。緒方は、松永がこれから花奈を殺すつもりであることを理解したが、松永に対し何の異論も唱えなかった〉

文面からわかる通り、ここで取り上げた状況は、緒方の供述に基づいたものである。なお、これらのなかには事実認定されなかったものもあることを事前にお断りしておく。判決文は、花奈ちゃん殺害について松永から示唆された際の、緒方の心情にも触れる。

〈緒方は、花奈は生きていても辛いだけであり、死にたいと思うのも無理はないと思う一方、花奈はもう少し松永の指示に従って生き残れるように頑張れないのかと腹立たしく思った。緒方は、花奈は学校へも行かせて貰えず、ひどい通電を繰り返されるし、生きていても辛いだけだなどと考え、松永の意向に従い、花奈の殺害を自分でも納得した〉

そしてここでも、自らの手を汚さない松永の卑劣な姿を緒方は明かす。

〈松永は、片野マンションの台所で、緒方と甲女（甲女がいつ台所に来たのかは分からない）に対し、「今から両方から引っ張れ。」と指示した。甲女は嫌そうな顔をした。松永は、緒方と甲女に対し、「今から遣《や》れ。」又は「そろそろ遣れ。」と言って、自らは和室に入った〉

以下も緒方の供述は続く。

〈花奈は、片野マンションの台所の南側和室前付近の床の上に、頭を南側に、足を北側に向け、自分で仰向けに寝た。緒方は、電気コードを用意し、花奈の右肩辺りにしゃがみ、花奈の首の下にコードを1回通した。その際、花奈は、緒方が電気コードを通しやすいように、頭を少し持ち上げた。花奈の顔にタオルを掛けたり、口に布（ガーゼ）を入れたことはない。甲女は花奈の左肩辺りにしゃがんだ。緒方と甲女は持っていた電気コードの先端を互いに交換して手渡した。その間、花奈は目を閉じていた〉

ここで緒方は、前回の犯行後に松永から指摘されたことを思い出す。

〈緒方は、佑介殺害後、松永から、「首の上を絞めないと、時間ばかり掛かって完全に絞めることができない。」と言われたので、電気コードを花奈の首の上の方で交差させ、首の上の方を絞めるようにした。緒方と甲女は、コードを両手でつかみ、両側に力一杯引っ張った。その際、緒方が引く力の方が強く、花奈の頭が少し緒方の方にずれたので、緒方は、甲女に対し、「ちゃんと引っ張らんね。」と言った。緒方は、佑介を殺害するとき、松永から、「十分すぎるほど引け。」と指示されたので、5分間くらい首を絞め続けた。その間、花奈が身体を動かして暴れるなどしたことはなかった。緒方は、十分に首を絞めたので花奈は死亡したと思い、心音は確認しなかった〉

これが緒方の記憶を基にした花奈ちゃん殺害時の状況である。一方で、同じくその場にいた清美さんの記憶は異なる。

〈甲女は、花奈殺害当日、夕方ころ起き、30分か1時間くらい経ってから、松永の指示を受けて、和室で、独りで、東篠崎マンションに移るための荷物をまとめたり、整理したりした。甲女が荷物の整理をしていると、甲女が起きてから2時間くらい経ったころ、松永が台所で緒方に対し、「花奈に電気を通す準備をせい。」と言うのを聞いた。松永と緒方は、台所の南側和室付近で、花奈に通電し始めた〉

清美さんは松永と緒方が花奈ちゃんに通電している間も、荷物の整理を続けていた。その際、台所を通ることがあり、通電の様子を何回か見たと供述する。

〈花奈は、床に2枚並べたすのこの上に、頭を南側に向けて全裸で仰向けに寝かされ、両手首、両足首、両膝を帯のような紐ですのこに縛り付けられた状態で通電された。松永は、花奈の足元付近で、背もたれのある椅子に座り、花奈の方を向いていた。緒方は、花奈の右肩付近に立っていた。松永は、クリップを取り付けた電気コードやコンセントに差し込んだ延長コードの差込み口を持ち、緒方に対し、「(クリップを) 太股に付けろ。」と指示した。緒方は、花奈のいずれかの足の太股の外側と内側にクリップを取り付けた〉

松永は、延長コードの差込み口と電気コードのプラグをそれぞれ片手で持ち、それらを接続させて通電したという。

〈花奈は、通電されると、身体を痙攣させながら、「ヒックヒック」と、しゃっくりのような声を上げた。そのとき、花奈の陰部にクリップを取り付けて通電するのも見た。松永と緒方は、その日、花奈に対し、それ以外の部位にも通電したが、具体的な部位は思い出せない。甲女は、荷物を整理している間、花奈が30分くらい「ヒックヒック」と声を上げるのを聞いたので、花奈に対する通電は30分

くらい続いたと思う〉

清美さんの記憶は緒方のものとは異なり、この時点で花奈ちゃんが死亡、もしくは意識を失った状態にあると認識していたようだ。

〈甲女は、花奈に対する通電がいつ終わったのか分からない。松永は、花奈の声が聞こえなくなってから、花奈の近くに立っていた緒方に対し、「お前が逃げたけ、全員殺さないけんくなったぞ。」と言った。花奈は、通電が終わったときも、通電を受けていたときと同じ状態で、全裸ですのこに縛り付けられ、仰向けに横たわっていた。花奈は動かなくなったが、被告人両名は、そのことで慌てたり驚いたりした様子はなかった。被告人両名が、花奈に対して人工呼吸や心臓マッサージをしたことはなかった〉

花奈ちゃんが動かなくなってからも、清美さんは片野マンションから東篠崎マンションに移動するための荷物の整理を続けており、その作業を緒方が手伝ったと記憶している。そして整理が終わると、松永は緒方だけを片野マンションに残し、清美さんと（松永と緒方の）長男、次男を連れて、東篠崎マンションに向かった。

〈松永は、片野マンションを出る前、緒方に対し、「息を吹き返すかもしれんけ、注意して見とけよ。」と言った。松永は、甲女に対しても、「あんたも逃げたら一家全滅になるよ。」と言った。甲女は、緒方のように逃げたら自分も祖母夫婦も殺されるので、松永には逆らえないと思った〉

その後、タクシーで東篠崎マンションに到着すると、松永は清美さんに対し、片野マンションに戻るよう指示をした。清美さんによる供述はさらに続く。

〈片野マンションの台所は豆電球がついており薄暗かった。花奈は、通電されたときと同じ状態で、全裸ですのこに縛り付けられて、仰向けに横たわっていた。花奈は動いたり声を出したりしなかった。

花奈の顔には手拭きタオルくらいの大きさのタオル地の白い布が掛けてあった。甲女が片野マンションを出る前には、花奈の顔にタオル地の布は掛けられていなかった。花奈の首には紐が巻き付けてあった。その紐は、幅が4センチメートルくらい、長さが90センチメートルくらいで、白かピンク色の帯のような紐であった〉

そこで傍にいた緒方が、清美さんに指示を出す。

〈緒方は、花奈の右肩辺りに居て、直ぐに、甲女に対し、「あんた、そっち行って。」と花奈の左側に立つように言った。緒方は、甲女に対し、「そっち引っ張って。」と言って、花奈の首に巻かれていた紐を引っ張るように指示した。甲女は、嫌で怖かったが、指示に逆らえば通電されたり、自分が殺されたりすると思い、従うしかなかった。

甲女は、尻を付けずにしゃがみ、花奈の首に巻かれていた紐の片端を両手で握り、緒方に指示されて、花奈の顔に掛けられたタオルが顔から外れないように、右足でタオルの端を踏み、緒方も甲女と同じようにしゃがみ、2人で紐を両側から引っ張って首を絞めた。花奈は動いたり声を出したりしなかった〉

ここでは、首を絞めたのがどれくらいの時間だったかということには触れられていない。

〈しばらくして緒方が力を抜いたので、甲女も力を抜いた。緒方が、花奈の顔に被せていたタオル地の布を取った。花奈は目を閉じて眠っているように見えた。顔は青白かった。花奈の顔が赤くうっ血したり、鼻血が出ていたり、花奈が大小便を漏らしていたことはいずれもなかった。花奈の口の中には、タオル地の布（色や大きさは覚えていない。）が畳んで入れてあり、布の一部が口の外に出ていた。花奈が通電されているときはその布はなかった。緒方は花奈の顔に掛けられた布を取った後、口元にあった布を取り外した。甲女は、花奈は死んでいると思った〉

異なる部分も多くある緒方と清美さんの供述だが、公判では両者の供述が一致している部分はいずれも信用するに値するとし、〈まず、花奈に徹底的な通電を行って、その心身を痛め付け、抵抗力を奪う。失神させても構わない。しかし、通電で花奈を殺害するまではしない。次に、緒方と甲女に指示して、2人に花奈の首を絞めさせ、息の根を止める。その後、緒方と甲女に指示して、花奈の死体の解体作業をさせる〉というのが、松永による花奈ちゃん殺害計画であったとした。

いずれにせよ、花奈ちゃんが松永の指示のもと、残酷なかたちで幼い命を奪われたことは事実だ。そしてそれによって緒方一家は、純子を除いて全員がこの世から姿を消したのである。

犯罪史上比肩するものがない

判決文は花奈ちゃん殺害後の松永らの行動について明かす。

〈緒方と甲女は、佑介の殺害後に死体を直ぐに浴室に運ばないで松永に叱られたので、花奈の死体を直ぐに浴室に運んだ。その後、緒方は、北側和室に居た松永に対し、「終わりました。」と報告した。松永は、「そうか。」と答え、「今から東篠崎マンションに移るから、荷物を用意しろ。」と言うとともに、「急いで遣れ。」と死体解体を急ぐように指示した。

緒方が30分くらい荷物の整理をしてから、松永は、(松永と緒方の)長男、次男及び甲女を連れて片野マンションを出て東篠崎マンションに向かった。松永が東篠崎マンションに移った理由は、6月であるから死体が早く腐敗して解体時の臭いがひどくなるためと、花奈の死体を見たくなかったためではないかと思う〉

ここで〈思う〉との表現が出てくるのは、これらが緒方の供述を基にしたものであるからだ。以下続く。

〈松永は、死体解体作業には従事しなかったが、作業中、たびたび電話をかけてきて進行状況を確認し、「先に首を切れ。」、「息を吹き返したらどうするんだ。早く首を切れ。」などと指示し、「早くしないと死体が腐る。」、「お前のためになぜ俺が子供の面倒を見なければいけないのか。お前の子供だろう。とにかく早く終わらせろ。」などと言って、作業を急がせた。緒方と甲女は、花奈の死体解体作業を1週間くらいで終えた。松永は、解体道具の処分につき、包丁や鋸は何度も拭いて川に捨てるように、鍋、バケツ等は他人が拾って使うことがないように、潰したり取っ手を外したりしてから捨てるようにと指示した〉

その後、松永は緒方に対して〝負い目〟を感じさせる発言を繰り返していた。

〈緒方は、花奈の殺害後、松永から、「お前が逃げたから全員殺す羽目になった。」、「全部緒方家の問題だからお前がきちんとしなければいけない。お前が（松永に無断で逃走して）湯布院に行ったからこうなったんだぞ。お前の子供のためにこうしているんだから、お前がやらなきゃいけない。」などと、何度も言われた〉

一方、松永に命じられて花奈ちゃんの殺害、死体解体を手伝わされた清美さんも、同様に松永から〝負い目〟を押し付けられている。

〈甲女は、花奈事件の後、松永から、「あんたが花奈を殺害したんやろうが。」などと、何回も言われた。松永に、「甲女が花奈の首を絞めて殺害した。」旨の事実関係証明書も書かされた〉

当人が望まない犯行を強要し、実行後にはその責任を押しつけることで、身動きを取れなくする。松永の犯行には、常にそうした卑劣な策が弄されていた。そうしたなかで、三世代六人いた緒方一家は、身内同士の殺人に手を染めることになった。

論告書は、松永と緒方が関わった広田由紀夫さんから緒方花奈ちゃんに至るまでの、七件の殺人とその他の事件の全体像について、次のように結論付けている。

〈本件は、被告人両名（松永と緒方）が、平成8年（96年）2月から同10年（98年）6月までの約2年4か月の間に、緒方の両親を含む被害者合計7名を順次惨殺したという稀代の連続大量殺人事件並びに関連の詐欺、強盗及び2件の監禁致傷事件であり、「北九州監禁連続殺人事件」として全国規模での大きな社会不安を招いたものであって、その犯行の罪質、結果及び社会的影響は極めて重大である。

被告人両名が犯した一連の犯罪行為は、殺人罪、詐欺罪及び強盗罪並びに監禁致傷罪に擬律され、個々の罪名のみを一瞥すれば、相互の関連性は乏しいようにも見える。

しかしながら、既に検察官が詳細に述べたとおり、本件は、被告人両名が、これら本来的には罪質の異なる犯罪行為を巧みに組み合わせることによって、被害者を金づるとして取り込み金銭的な搾取を繰り返す一方で、監禁状態に置いて虐待を加えることによって意のままに支配するとともに、その支配状況に乗じて更に徹底的に搾取し、その資力が尽きて利用価値が喪失するや、その殺害及び死体遺棄・損壊もいとわぬ徹底的な証拠隠滅を行うことで、完全犯罪をもくろんできたという基本構造に貫かれていることが明白である〉

そこで論告書は、犯行の出発点として、松永が経営していたワールドの名を挙げる。

〈被告人両名は、詐欺的商法を営んでいたワールドを債務超過により経営破綻させるとともに、住居地である福岡県柳川市内において詐欺事件及び暴力行為等処罰に関する法律違反の罪を犯した挙げ句に遁走した後、平成4年（92年）10月ころから、北九州市内での潜伏生活を送るに当たり、その逃亡・潜伏資金を得る目的で、元ワールド従業員である山形（山形康介さん）、北九州市内の不動産会社従業員であった由紀夫（広田由紀夫さん）、松永が経歴を偽り結婚をほのめかすなどして接近した末松（末松祥子さん）や乙女（原武裕子さん）ら複数の女性のほか、あえて緒方の犯罪行為を暴露して負い目を負わせるなどして取り込んだ緒方一家を、順次、いずれも被告人両名の支配下に置き、食事制限等の厳しい生活制限を伴う日常的な虐待行為を繰り返すことによって意のままに従わせ、自己らの金づるとして利用し尽くしたものである〉

ここでは松永にそそのかされて夫と別れ、自宅を出た後の九三年十月に、二歳の娘が北九州市内のマンションで〝事故死〟し、九四年三月に大分県の別府湾で〝水死〟した末松祥子さんの名前も出てくる。以下、前文の続きである。

〈そして、同人らの利用価値が喪失するや、厄介払いあるいは口封じ目的で、平成8年2月26日ころには由紀夫、同9年12月21日ころから同10年6月7日ころまでの間には孝、和美、智恵子、隆也、佑介及び花奈の、合計7名を順次殺害し、その死体を損壊・遺棄して完全犯罪を遂げたというものであり、殺人事件としての立件には至らなかったものの、末松もまた、その1子と共に不審死を遂げている〉

さらに、公判内で「乙女」、「甲女」と呼称された、原武裕子さんと広田清美さんが受けた被害については、以下のように言及する。

〈他方、本件詐欺、強盗及び監禁致傷被告事件の被害者である乙女は、上記同様に「金づる」とされていたものの、意を決して逃走したことにより、被告人両名による惨殺からは危うく難を逃れている。しかしながら、乙女は、その壮絶な被害のため、今なお深刻なＰＴＳＤ症状に悩まされ、社会復帰もままならない状況下に置かれているのである。

また、甲女に対する監禁致傷被告事件は、上記一連の犯行とは若干趣を異にするものの、甲女は、一連の殺人被告事件の目撃者であるが故に、その口封じのため、完全犯罪をもくろむ被告人両名の支配下に置かれ続けていたという点において、同事件もまた、他の一連の事件との同根を有する関連事件といえるのである〉

こうしたことを踏まえ、論告書は〈本件の全体的情状〉として、次の内容を挙げた。

〈以上のとおり、その全体像を概観するとき、本件は、若干趣の異なる甲女に対する監禁致傷事件を除けば、被告人両名が、逃亡・潜伏資金を得る目的で、同じ手口による犯罪行為を繰り返していく過程において、その被害を拡大していき、ついには合計7件の連続大量殺人事件に発展したものであることが明白となる。

そして、被告人両名は、その過程のあらゆる場面において、過去の犯罪を清算し、自らを悔い改めて、更なる被害拡大を防止し得る地位にあったにもかかわらず、逮捕されるまでの間、全く反省悔悟しないまま、ちゅうちょなく、同じ手口による同種の犯行を繰り返し続けたばかりか、時には、その手口に改良を加えることで、一貫して完全犯罪をもくろんできたものである〉

さらに論告書は、松永と緒方の犯行内容の悪辣さを訴える。

〈のみならず、被告人両名は、いずれの犯行においても、金づるとして支配下に置いた被害者を短期間のうちに別人のように衰弱させるとともに、厳しい生活制限を伴う虐待行為を続けることによって、被害者の人間性を徹底的にないがしろにしてきたばかりか、緒方一家に対する殺人事件を遂行する場面においては、生存する被害者に家族の殺害及び死体損壊までをも手伝わせ、絶望の淵に追い込んだ挙げ句に殺害するという鬼畜の所業をもやってのけたものである。仮に被告人両名に被害者に対するあわれみの情や罪悪感がわずかでも残されていたのであれば、かかる被害者の人間性を徹底的にないがしろにする鬼畜の所業を繰り返すことなど到底なし得なかったといえよう。

このように、本件は、その全体像を概観する限りにおいても、過去の犯罪の発覚を免れるために更なる罪を重ね、決して自らの罪を清算しようとしない被告人両名の著しい規範意識の鈍麻と、自己保身のためならば、被害者の人生を破壊することもいとわないという著しく自己保身的な人格態度が顕著に見て取れる上、被告人両名の根深い犯罪性向が認められるのである〉

そしてこの項は、以下の言葉で締めくくられていた。

〈以上の全体的考察に加え、本件一連の犯行を個別に検討すれば、被告人両名の刑事責任が我が国の犯罪史上において比肩するものがないほどに重大であり、その犯罪性向は深刻で、およそ改善更生の見込みがないことは、より一層明らかとなる〉

そこには松永と緒方の犯行が、いかに過去に例を見ない悪質なものであったのか、疑う余地のない表現が並ぶ。

緒方一家を殲滅した松永と緒方は、以後、次なる〝金づる〟を求めて回ることになる。

第五章

判決、そして

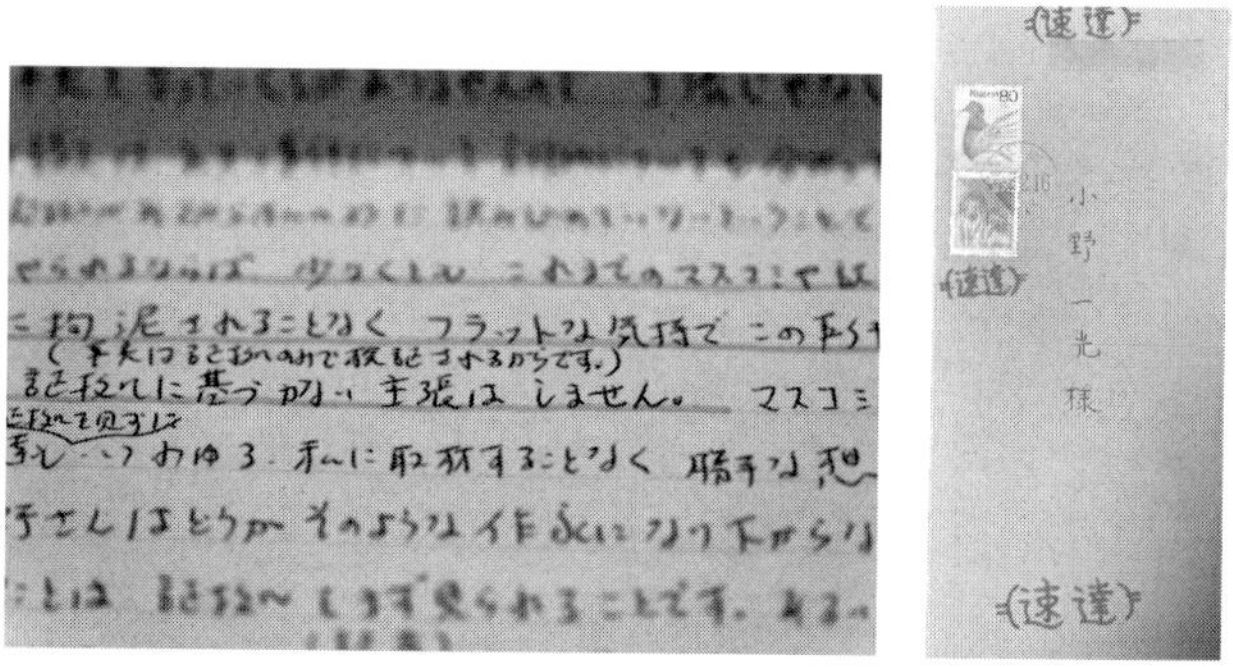

松永から著者に届いた手紙

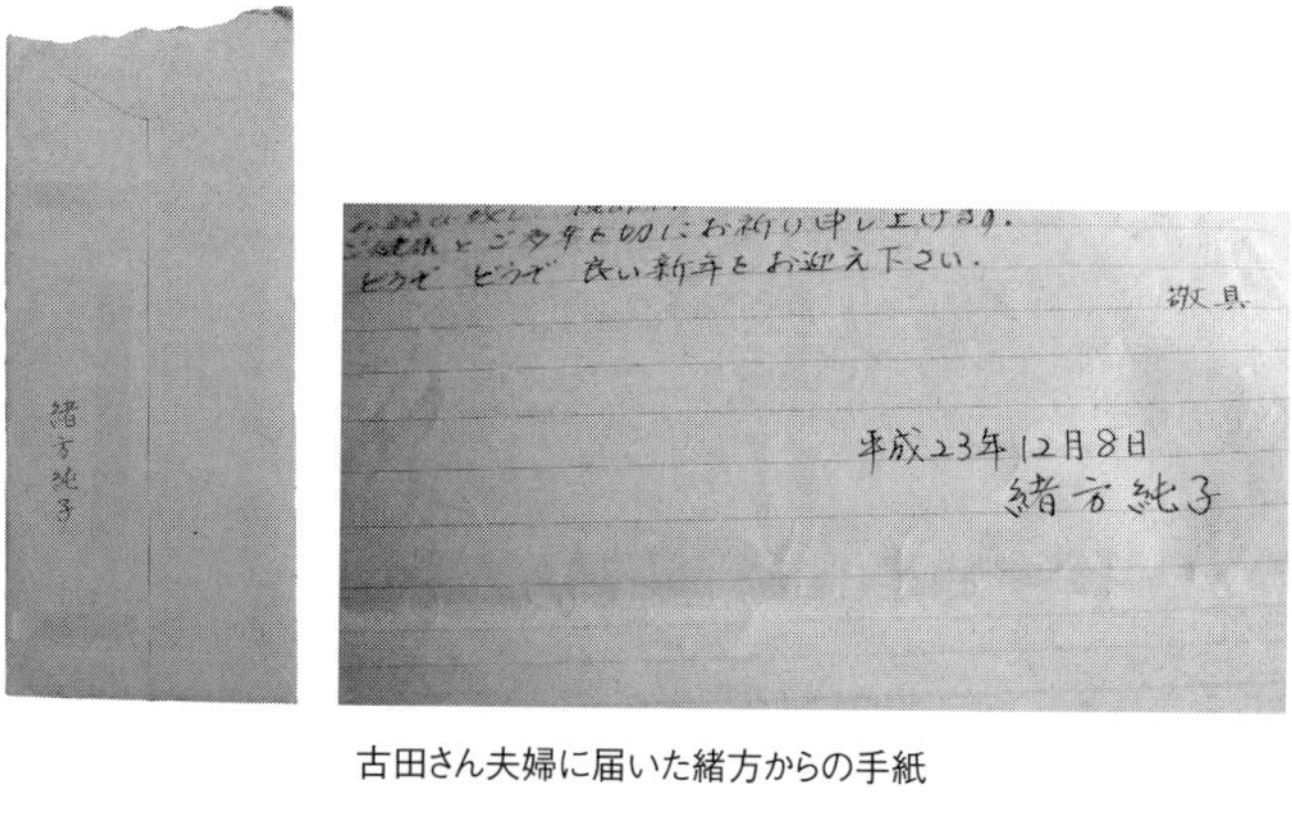

古田さん夫婦に届いた緒方からの手紙

逮捕直前に狙われた女性

〇三年五月二日、北九州市にある飲食店で、私はある女性と向き合っていた——。

松永と緒方が逮捕されてから約一年二カ月後のことである。そのとき彼らはすでに二件の監禁致傷罪と詐欺罪、強盗罪及び、六件の殺人罪で起訴されており、あと一件、緒方隆也さんへの殺人罪で追起訴されると見られていた（追起訴は同年六月二十日）。また、この十九日後の五月二十一日には福岡地裁小倉支部で、初めて彼らが殺人罪で裁かれることになる、第三回公判が開かれる予定だった。

私の前にいる女性の名前は川口成美さん。取材時の年齢は二十歳で、間もなく二十一歳になるという。中肉中背で肩の少し下まで髪を伸ばした彼女はほぼノーメイクで、派手な印象のまったくない、どちらかといえばおとなしそうな女性だ。

成美さんのもとに福岡県警の捜査員がやってきたのは〇二年の三月か四月のこと。捜査員は彼女に松永と緒方の写真を見せ、「彼らの自宅にあなたの顔写真と住所があった。どういう関係ですか？」と尋ねてきたのである。

捜査員が示した男女の顔には見覚えがあった。その一年前の〇一年、成美さんは北九州市小倉北区にあるカラオケボックスで働いており、そこに常連として来ていた男女だったのだ。自分の写真を撮られた覚えは彼女になかった。

その場で捜査員から、写真の男女が世間で話題の「少女監禁事件」の犯人であると聞かされて、成美さんは驚いた。しかしその後、彼らの連続殺人が発覚していき、「北九州監禁連続殺人」の犯人であることを知るに至って、彼女は心の底から慄《おのの》くことになる。というのも、成美さんはカラオケボックスに勤めていたとき、松永からずっと口説かれていたのだ。

以下、緒方一家以降に新たな〝金づる〟を求める松永の〝標的〟の一人となった、成美さんへの取材で語られた内容を記す。

「あの人たちが店に来ていたのは一昨年（〇一年）の夏頃です。だいたい一〜二週間に一回の割合で来ていました。松永は黒っぽいスーツにネクタイ姿で、髪型はテレビのニュースに出ているのと同じです。緒方は毎回カーディガンを羽織っていた記憶があります。ただ、来ていたのはあの二人だけでなく、もう一人、三十代後半くらいの女性が一緒にいました。その人はスカート姿で、いつも地味な格好でした」

彼らが店にやってくるのはいつも午後九時から十二時頃で、一度だけだが午前六時まで店にいたこともあるそうだ。

「松永は歯科大で一週間に一回、講座があると言ってました。女二人は看護婦で、年長に見える緒方は自分は婦長だと説明していて、『先生（松永）に誘われたら付き合わないかんのよ』と口にしていました。横にいた女性はいつも無口で、喋った記憶はありません」

松永は三人で部屋に入っても、いつもグラス四つを持ってくるように注文していた。

「余ったグラスで（店の）バイトに飲ませるためです。私が部屋に持って行くと、いつも飲むように言われていて、こちらが『忙しいのですみません』と断っても、『いいけ、ちょっと座り』と強引でした。そのときに『僕は川口さんのことが好きだから』と言われたりもしました。そんなとき、緒方も『付き合うとかできんやろうけど、相手しちゃってね』と松永をフォローするんです。とにかく、（注文を持って）行ったらすぐに帰れないから、店のスタッフはみんな、あの部屋に行くのは嫌がってましたね」

彼女が店内で掃除をしていたら、後ろからやってきた松永にお尻を触られ、「がんばれよ」と言われたこともあったと明かす。

「それであるとき、教えてないはずの私の携帯に電話がかかってきて、『飲みに行こう』って。そのときに『一人で行くのは怖いだろうから、(同僚の)男の子と一緒に行こうか』って言うんです。なので、一度だけ飲みに行く約束をしたんですけど、男の子の都合が悪くなって、飲み会は流れました。警察の人が来ていろいろ聴かれたときに、もしあのとき行ってたら、大変なことに巻き込まれてたんじゃないかって、身震いしました」

幸運にも難を逃れることができた彼女の証言により、計七人を殺害した後の、松永による〝標的〟探しの実態と、そのサポートを緒方がしていたことが明らかになった。残念ながら、その場に一緒にいた女性が誰であるか、確証に至る情報が得られなかったため、特定は断念したが、緒方以外の協力者がいた事実には興味深いものがある。

私はこの取材の翌日、成美さんがカラオケボックスで働いていたときの同僚に、話を聞くことができた。松永との飲み会に一緒に行くことになっていた「男の子」である。

彼、金田輝幸さんは取材時二十二歳で、松永らが逮捕される少し前まで同店でアルバイトをしていた。

「いつも三人で来ていましたが、松永は『ヨシさん』と呼ばれていて、緒方は松永から『おい』とかしか呼ばれてないから、名前はよくわかりませんでした。あと、もう一人の女性については、松永と緒方から『鬱病があるから、あんまり喋らん方がいい』と言われていて、ほとんど話していません」

金田さんもまた、カラオケボックスでは、松永がいる部屋に飲み物を持って行くと、「飲んでいけ」と酒を飲まされていたと話す。

「これまでどういうことをしていたかとか、生い立ちなんかを聞いてきました。出身地や学歴、それから趣味や、したいことがあるかどうかとかです。松永は自分のことについて、東大を出て医者をやっていて、各地を転々としてると話してました。出自について、もともと自分は女郎屋の息子なんだ、と。東京の中学を出てから大検を受け、勉強をしてきたんだって……。それで、『俺も大検を受けたけ、俺がカネを出すから、お前も大検を受けて大学に行け』と言われてました」

〇一年の夏から店に来るようになった松永は、成美さんと同じように、しきりと金田さんにも声をかけていた。

「十月か十一月くらいに、話のなかで僕が給料日前でおカネがないと言ったら、一万円を財布から出して『とっとけ』、と。いいですと断りましたが、緒方も『もらっときなさいよ』と言うんで、もらいました。そのときを含めて、一万円のチップを三回くらいもらってます」

松永は「生活費に使え」と言って、金田さんの所持金が少ない月末にカネを渡してきたと語る。

「『二万円あげるから、川口さんの電話番号を教えて欲しい』と言われたこともあります。松永は『川口さんと結婚したい』と話していて、仲を取り持って欲しいと頼まれてました。緒方は松永がいるときは彼の言葉に合わせてましたが、トイレとかでいなくなると、『(松永の言う通りに)せんでええよ』や『気にせんで』と口にしていました」

また、金田さんから引っ越しをしたことを聞いた松永は、十二月に彼の部屋を緒方とともに訪れていた。

「松永が『引っ越し祝いをしてやるけん』と言って、緒方と二人で来たんです。そのときに緒方から『これ、おいちゃん(松永)から』と言って、掃除機をもらいました。やってきたのは午後八時頃でしたが、焼き肉用の肉や野菜、つまみやビールなんかも持ってきていて、部屋飲みをしました。松永はいつもビールを飲んでいて、どちらかというとカラミ酒なんです。その日もひっきりなしに、『テル（金田さん）の力になりたい』と言っていて、熱い口調で『テルが好きやけ。まだまだこれからがあるけ、頑張れよ。困ったことがあったら、助けちゃるけ』と酔って言いながら、涙を見せたりしていました。その日、僕は先に潰れて寝てしまったんですね。それで一時間くらいして起きたら、松永と緒方が『家が汚いから』と部屋の掃除をしていました。それから普通に喋って、朝方に帰っていきました」

殺害された広田由紀夫さんに近づいた際も、このような調子だったのではないかと思しき光景だ。さらに金田さんが寝込んでからの出来事についても、実際のところは、掃除に見せかけた、弱みを握るための〝家探し〟だったのではないか、との疑問も湧いてくる。

松永はカラオケボックスで金田さんと会うたびに、「飲みに行こう」と誘ったという。それは成美さんが口にした通り、彼の都合が悪くなるなどして実現しないこともあったが、金田さんの場合は、仕事終わりに松永や緒方らと一緒に飲むこともあったという。そこでの話の内容は、成美さんが聞いていた「女二人は看護婦」との説明とは異なっていた。

「松永はホテル暮らしだと話していて、緒方は福岡に住んでいると説明していました。あと、緒方は、もう一人の女性に会いに来たついでに、うちの店に寄っていると言っていて、緒方の職場は保育園で、その女性はどこかの国立大学の教師だという話でした。年末以降は、店には松永と緒方の二人で来てましたが、彼らの関係は友達だと思っていました。というのも、松永が緒方の弟と同じ学校だと話していたし、緒方の方が老けて見えましたから」

金田さんが勤務先のカラオケボックスで、彼らと最後に会ったのは〇二年一月のこと。

「その後、一月か二月に緒方から電話があって、『今度店に行くから、そのときにまた話そうね』と言われたのが、最後の会話です。事件について知ったのは（〇二年）三月でした。警察の人がやってきて、もう、めちゃくちゃ驚きましたね。たしかに、松永が医者とか言ってるのは明らかにおかしいとは思ってたんです。でも、僕は騙されてもいいか、と。それはそれでいいかなと思ってましたから」

金田さんは松永について「男気のあるおいちゃん」、緒方については「品のいいおばちゃん」との印象を抱いていたそうだ。

松永と緒方が同年三月七日に逮捕されていなかったら、彼らの〝その後〟はどうなっていたのだろうか——。

川口成美さんと金田輝幸さんを取材しながら、つい想像せずにはいられなかった。

遺族たちの処罰感情

降り始めた雨のなか、久留米市にある葬祭センターに集まってきた喪服姿の男女は、みな一様に押し黙っていた——。

〇三年七月十三日のことだ。時計の針は間もなく午後一時にさしかかろうとしている。

総勢二百五十人にも及ぶ弔問客は、例外なく建物の前にある駐車場に車を停め、受付を済ませると足早に式場内へと入っていく。集まった報道陣が声をかけようとすると、一様に顔をそむけて無言で駆け出す。

かたくなともいえる様子は、悲しみに言葉を失ったというよりも、身内に突然ふりかかった忌わしい出来事に口を閉ざす、といった表現の方がふさわしい感がある。その姿は明らかに拒絶、だった。

正面入口には、大きな表示板が掲げられていた。

〈緒方孝・和美・隆也・智恵子・花奈・佑介、合同慰霊葬儀式場〉

自然災害や事故でないにもかかわらず、六人もの名前が連なる葬儀。さらに、それだけの人数の葬儀であるはずなのに、棺がまったくないということが、「死体なき殺人事件」の無惨さを物語っていた。

式場内に入ってすぐの廊下の突き当たりには花壇があり、亡くなった六人が揃って収められた写真が飾られている。家族全員の集合写真ではなく、個々の写真を合成して作られたものだ。

その奥には祭壇となった広間があり、壁一面の花のなかに六人各々の写真が額に入れられ、横一列に並ぶ。

約一時間半後、式場を後にする人々は、やはり集まってきた時と同じで、みな一様に口をつぐみ、小走りで車に乗り込み立ち去っていった。

涙を拭いつつ式場から出てくる女性もいたが、警備員は報道陣が敷地内に入ることを一切許さず、そばに寄って話を聞くこともままならない。

「すべてのことは遺族の方々の胸に秘めさせてくださいということです」

式場関係者の短い言葉が、唯一の公式なコメントとして出されただけだった。それが残された親族や関係者のやりきれない心情であると捉えることしか、その場にいた私にはできなかった。

これが、松永と緒方によって殲滅された緒方一家の、事件発覚から一年四カ月後の葬儀の様子である。

親族を無惨に殺害された遺族の怒りについては、論告書のなかでの、〈遺族の処罰感情〉という項目からも窺い知ることができる。

●緒方家親族A（原文実名、以下同）の処罰感情

〈Aは、孝の弟であり、捜査段階において、「孝は、勝ち気で、活発な性格をしており、行動力があって、非常に頼りがいのある人でした。私は、弟として、常に、兄と比較されているような感覚があ

り、時には辛いときもありましたが、基本的には、大変尊敬に値する、どこに出しても、誰に紹介しても恥ずかしくない、誇れる兄だったと言えます。」などとも述べているが、他方において、緒方にとっては叔父でもある。つまり、Aは、遺族ではあるものの、合計7名を惨殺した殺人事件の被告人である緒方の身内であるという、複雑な立場に置かれている〉

そのうえで、身内である緒方の処罰について、公判内で以下の証言をしていた。

〈「(緒方純子は)親族とはいえ、世間さまにご迷惑をおかけして…。松永による色々な虐待の中で、苦しみながら、本当は正常な気持ちでやったんじゃないと、私は、そういうふうに思っております。しかしながら、そんな虐待を受けながらの犯行とはいえ、やはり、親兄弟、妹夫婦、小さな子供まで殺害した罪というのは、これは、決して許されるべきことではないと、私は思います。ですから、いかなる刑が下ろうとも、純子自身も、それに殉じてもらいたいというふうに思います。」

「純子に言っておきたいことがあります。理解できないかも知れませんけれど、私には、若いころの純子だけしか記憶にございません。松永によって人間性を変えられた純子というものは、あまり知りませんけれども、以前の、私が知っている純子の立場で考えますと、本当に残念で、残念で仕方がありません。あの優しい子が、こういった形で刑を受けるということは、親族として、本当に辛いことです。しかしながら、やったものについては、罪を償ってもらわなければならないし、そういうことで、純子はやっと解放され、人間性を取り戻し、真実を話してきている。この状況だけは、叔父として、こんな言葉を言って良いか分かりませんけれども、そういうふうな人間性を取り戻したことについては、嬉しく思っております。もちろん、人間性を取り戻したからこそ、真実を述べ、そして、覚悟はできているということじゃないかと思います。ですから、純子の両親、家族、全部、私が位牌を持ってきて、仏壇に飾って供養しております。そういうことをしっかり分かっていただいて、どうい

うことになろうと、安心をしていただきたいと思います。」〉

これはつまり、親族である緒方に対して、彼女が殺害した家族の供養は行うから、「安心して」（死刑を意味すると思われる）刑を受け、罪を償って欲しいというものだ。彼はまた、公判内で否認を貫く松永の態度や発言に対して、苛立ちや悔しさを滲ませ、厳しい口調で非難する。

〈「結局は、家族が、家族同士でやったことだというような、言わば死人に口無しというような、そういうような発言をしてること自体も、本当におかしいんじゃないかと思います。そういう発言を聞けば、親族としては、いても立ってもいられない、本当に悔しい心境でございます。」

「（処罰について）はっきり言って、松永がやったような形でやりたいです。しかしながら、そのようなこともできませんし、これはもうはっきり、死刑ということを要望いたします。できれば、松永が孝らに実際にやった方法で、松永を殺したいです。もちろんできません。そういうことは。できないけれども、遺族としては、そういう心境に、それだけ辛かったということなんです。小さい花奈とか、佑介あたりが、どういう気持ちで亡くなっただろうかということを考えますときに、やはりそういったことを思います。」

「私達親族の心が癒されるのは、松永に死刑の判決が下ったときだと思っております。」〉

●緒方家親族Bの処罰感情

〈やはり孝の弟であるBは、公判廷において、本件一連の犯行により6名もの親族を奪われたことに加え、被告人両名が遺体を徹底的に損壊処分したために、遺族は遺骨すら返してもらえず、緒方一家死亡後数年を経て行われた葬儀の際にも、棺もなく、ただ遺影を入れた骨壺を6つ並べることしかできなかった無念と、やり場のない怒りを訴えた。

その上で、Bは、松永に対する処罰として、本件一連の犯行の首謀者は松永である以上、松永には死刑こそが相応しいとし、万が一松永が死刑にならないようなことがあるならば、自分が松永を殺して家族の仇をとりたい、死刑にしないならばいっそ釈放して欲しいとまで裁判官に訴え、無情にも緒方一家6名全員を殺害し、その後ものうのうと完全犯罪を決め込み、検挙されて起訴された後も不合理な弁解に終始している松永に対する激しい怒りを述べている。

他方、Bは、緒方に対する処罰感情として、松永の指示と、虐待による影響がさぞ大きかったのであろうと推測し、緒方の叔父でもあるという複雑な立場から、具体的な刑罰については明言こそ避けたものの、「やはり、純子が犯した罪は決して許すことができないと私は思います。ですから、やはり法の裁きに準じて、是非その刑を受けていただきたいと思います。」と述べ、緒方に対してもその犯した罪と、これに見合う刑罰と向き合うことを強く求めている〉

●山田サトミの処罰感情

〈緒方和美の実姉である山田サトミは、公判廷において、和美との関係を振り返り、「和美は、妹であると同時に、娘のような存在でもあった。私にとって、すべてを分かち合って相談できるような相手は、和美より他にいなかった。」と述べ、和美が本件に巻き込まれてさえいなければ、今後もたった2人の姉妹同士、一緒に助け合い、これまで苦労してきた分も一緒に旅行に行ったり温泉に行ったりしたかったと、和美を失った深い悲しみを述べている。

また、サトミは、松永については、和美が生前に松永から受けていたひどい仕打ちや、その果てにこのように殺害されたことを思い起こせば、松永については死刑判決でも足りない、もっとひどい罰はないかと思うと述べている。

他方で、サトミは、緒方に対し、その伯母としての立場と、松永と知り合う前の素直な緒方の姿を思い返せば、松永と出会ったことが緒方をここまで変えてしまったのであろうと述べ、緒方について

は、少しでも刑を軽くしてやって欲しいと述べた〉

論告書では、こうした緒方家の親族が抱く処罰感情に触れ、次のようにまとめている。

〈以上のとおり、本件に関する遺族の処罰感情は、松永に対してはこの上なくしゅん烈であり、いずれも口を揃えて松永の速やかな死刑判決を求めている。

また、緒方に対する関係では、（中略）A、B及びサトミは、遺族であると共に緒方の親族でもあるという微妙な立場にあることから、やや緒方に肩入れした意見も散見されるが、やはり、大筋で、その犯した罪の重さを受け入れることを望んでいる〉

遺族による処罰感情を述べたのは、ここに挙げた三人だけではない。

二人に強く伝えたいこと

殺害された緒方一家六人のうち、智恵子さんの夫である隆也さんは、西浦家から緒方家に婿入りしていた。

緒方家の親族は、被害者遺族であると同時に、〝血族〟である緒方が犯行に及んでおり、加害者の親族でもあるという、相反する事情を抱えていた。しかし、西浦家の親族は、隆也さんが緒方家の娘と結婚したことで犯行に巻き込まれ、その結果、隆也さんやその子供たちの命を奪われてしまうという、純然たる被害者遺族だった。

そんな隆也さんの遺族による〈処罰感情〉が論告書で明かされている。

●西浦A子の処罰感情

〈A子は、隆也の実母であるとともに、花奈及び佑介の祖母でもあり、緒方一家が久留米の自宅からこつ然と失踪した後、約6年間にわたり、毎日欠かさず願を掛けつつ、隆也、智恵子、花奈及び佑介の元気な帰宅を心待ちにしていたものである。

その後、A子は新聞報道等によって隆也が殺害されたことを知るに至るが、捜査段階においては、「私は、もし孝さんと和美さんが、隆也たち家族だけでも逃げられるようにしてくれれば、隆也たちは殺されずに済んだと思ってしまいます。緒方家の問題なのだから、隆也には関係ないはずなのにと思えてしまうのです。しかし、仮に孝さんたちが、隆也に逃げろと言ったとしても、隆也は、孝さんたちを見殺しにすることはできず、きっと、逃げなかったと思います。隆也はそういう子でした。人一倍優しく、人一倍芯の強い子でした。」などと、情に厚く、人を決して裏切らない、家族思いの隆也の性格を述べる反面、隆也には家族を見殺しにしてでも生き延びて欲しかったという、母としての隆也に対する切ない情愛を述べていた。

論告書はA子さんが法廷に出廷した際の様子についても触れる。

〈さらに、A子は、公判廷に、かつて隆也が初任給で贈ってくれたという形見の腕時計を身に着けて出廷した上、そのふつふつと沸き上がる激しい感情を抑えつつ、「隆也が殺された時の状況を知った時には、隆也が、どれ程苦しみ、堪え忍んでいたか、ただただ痛々しく身が震え怒りと憤りがこみ上げてきました。こんな地獄のような目にあうとは。犯人を憎んでも憎みきれません。将来の希望や目標を絶たれ、残忍な手口で生涯を終えさせられて、さぞかし無念だったと思います。隆也の心情を察すると、親として、胸が締め付けられる思いでした。私は、息子である隆也の死を、傍で看取ることもできませんでした。隆也、許して、ごめんなさい。私に息子、嫁、孫を返してください。平穏な笑顔で過ごせた毎日を、返してください。隆也たち家族は、もうこの世にはおりません。私の心の痛みは、一生癒されることはないでしょう。今は、気持ちを強く持つことを心掛け、隆也たちの想いを守って行くことだけが大切と思い、供養につとめることで、自分を慰めていこうと思っております。」などと、やり場のない怒りにさいなまれつつも、隆也らの思い出を胸に気丈に生きていこうと努力している母の心情を、切々と述べている〉

さらにA子さんは、松永と緒方に対して望む処罰について語る。

〈その上で、A子は、被告人両名の処罰に関し、「多くの人々を巻き込んで苦しめているという事実を認識し、心から謝罪し、犯した罪の重さに苦しんで欲しいと思います。残虐行為を行ったことを、自ら認めることはもちろんです。被告人両名は、極悪非道で、類を見ない犯罪を犯したのですから、親の気持ちを察し、極刑にしてください。それでも、彼らの罪は償いきれるものではないと思いますが、極刑に処されることを強く望みます。」などと述べ、被告人両名の死刑判決を強く切望している〉

また彼女には、緒方に対して強く伝えたいことがあった。

〈A子は、子を持つ同じ母親としての立場から、緒方に対し、「理由がどうあれ、自分の身を守るためだったとしても、幼い花奈、佑介を手にかけるのは、言語道断です。」「お腹を痛めた者どうしの、辛い思いは、お分かりになると思いますけど、どうして、同じぐらいの子供がいますのに、花奈、佑介ら子供を助けなかったのか。子供だけでもかばってあげられたらという気持ちがあります。また、新聞で読みましたが、花奈が、『話しません、何も言いませんから、西浦の家に帰してください。』と言ったと、そういう文章がありました。そのことについて、どうして、そう言ったときに、その子供の気持ちをどう感じられたのか、どう思われたのかということを、やはり感じております。」などと、せめて同じ母親として、被告人両名の2子と同世代の幼い佑介や花奈を助けられなかったのかと、強く訴えている〉

●西浦Bの処罰感情

〈隆也の兄であるBは、隆也の死を悼むことはもちろんであるが、花奈と佑介はとてもかわいい子であったので、その2人が殺されてしまっているというのは、ある意味で弟である隆也の死以上に衝撃が大きかったと述べ、ましてや、花奈が緒方一家の殺害・解体に関与させられていた点については、当時小学生であった花奈には、到底克服できないような辛さであったろうと思いやっている。

また、本件は、被告人両名が緒方一家の死体をすべて解体処分したことから、遺族は、被告人両名が検挙されたことで初めて、緒方一家が数年前に死んでいたことを知らされ、しかも、その遺品も遺体もすべて処分されていることから、遺体と対面することはもとより、遺骨を拾い、丁重に弔うこともいずれもなし得なくなっており、Bもまた、隆也らの死を現実のものとして受け入れることが容易でないこと、その意味でも被告人両名にはやり場のない怒りを感じていることを訴えているところである〉

Bさんは松永と緒方への処罰について、次のように求めている。

〈Bは、松永に対する処罰としては、松永が今なお自分かわいさに不合理な弁解にしがみつき、裁判を長引かせていることに遺族としての悔しさを吐露し、松永には当然死刑を望むとし、もし可能ならば、隆也らが受けた扱いを松永にも同じように加え、その苦しみを思い知らせてやりたいとまで述べている。

また、Bは、緒方についても、いかに緒方が自白しているとはいえ、緒方がその気になれば本件犯行を防ぐことができたのに、そうしなかった点で松永と同罪であるとし、やはり死刑を望むと証言している〉

●西浦Cの処罰感情

〈隆也の弟であるCは、その姪及び甥である花奈及び佑介の叔父としての立場から、自身にも同年代の娘があることと重ね合わせつつ、2人が殺されずに生きていれば、今ごろはさぞ可能性に富む人生を送り得ていたであろうに、被告人両名の犯行によりそれらの将来が無情にも摘み取られたことに対し、「この未来ある2人を殺害したことに対しては、親族として、どんなことがあろうと許すことはできません。」と、激しい怒りをあらわにしている。殊に、被告人両名が花奈に対し、殺人や死体解体を手伝わせたことについては、「私たちの気持ちの中で、考えれば考えるほど辛くなることは、最後まで生存していた花奈の状況を想像することです。(中略)私たちが想像する以上に凄惨な場面が繰り広げられ、大人でさえ耐え難き現実ではなかったのかと、今では思います。自分の親族が一人一人亡くなり、その処理を手伝わされるということは現世ではなく、絶対地獄であって、悪夢であったのではないかと思います。よく数箇月間も耐えた花奈の心情を考えますと、この害虫どもは、それに値する制裁を加えてやらねばという思いです。」と、正に首肯すべき心情を吐露している〉

極めて厳しい言葉で松永と緒方を断罪するCさんは、以下の言葉で彼らへの処罰について訴えた。

〈Cは、被告人両名に対し、「松永、緒方両被告に対しては、絶対に死刑にしていただきたい。」とその処罰感情を証言し、特に松永については、「姑息で、狡猾で、卑怯極まりない松永に対しては人間ではない。あいつは、寄生虫であるとしか思えません。こういうくだらないやつらに対しても、裁判中はきちんと保護され、3度の食事を与えられ、寝床も与えられているということは、親族として許しがたい。(中略)こいつらが、この世の中に存在している限り、我々親族にとっては重荷を背負っていくことになり、その親族の中には子供たちもおり、この子供たちにとっても、心の傷は計り知れないものがあります。」と述べ、今に至るも自己の刑事責任回避のために、恥も外聞もなく不合理極まる弁解を述べることにばかり終始し、自己の罪と向き合わないばかりか、反省の情が微塵も見受けられない松永に対する怒りを率直に述べている〉

緒方家と西浦家の遺族はともに、法廷で松永への強い怒りを全面的に表し、死刑を求めていた。また一方で、緒方家の遺族においては、その罪の重さを認めつつも、一部で血族である緒方に同情的な意見を寄せることもあったが、西浦家の遺族は、実行犯としての緒方の刑事責任の重さを端的に指摘し、彼女の死刑を求めている。

いずれにせよ、親族六人の命が極めて残酷な方法で奪われ、とりわけ五歳と十歳の子供が巻き込まれたことへの憤りが、直截的に伝わってくる。

「お父さんの敵は、きっと私がとりたい」

松永と緒方による、最初の殺人事件の被害者として認められているのは、九六年二月二十六日に死亡した広田由紀夫さんである。

後に彼の娘である清美さんが、監禁されていた松永らのもとから脱走。由紀夫さんの実家に逃げ込んだことで、松永と緒方が逮捕されることになり、数多の犯行が明らかになった。

論告書には、由紀夫さんの遺族による松永と緒方に対する〈処罰感情〉も紹介されている。ここで特筆すべきは、公判内で「甲女」と称された、娘の清美さんが心情を吐露していることだ。同項目では、まず彼女が置かれていた状況が説明される。
●甲女の処罰感情
〈甲女は、由紀夫の遺児であり、由紀夫が殺害された当時わずか11歳の発育途上にあったにもかかわらず、平成7年（95年）2月以降、由紀夫と共に片野マンションで被告人両名の支配下に置かれた上、由紀夫が死亡するまでの約1年間にわたり、父である由紀夫に対する生活制限を伴う凄惨な虐待行為を見せ付けられたばかりか、自らも同様の虐待行為の標的とされたり、時には、同女に対する虐待をほのめかされて由紀夫への虐待の実行を強要されたことにより、由紀夫に親子の情愛を求めることさえ阻害され続け、さらに、由紀夫死亡前の数か月間は、由紀夫とともに片野マンションの狭あいな浴室内での生活を強いられ、日に日に衰弱してやせ細り、ついには自己の糞便にまみれて惨殺された由紀夫の姿を目の当たりにさせられた。しかも、甲女は、こともあろうに、目の前で惨殺された父由紀夫の死体解体・遺棄作業にまで従事させられたのである〉

九四年五月頃から松永らに勧められて、コンピューターを使った競馬の予想業を同年七月から始めた由紀夫さんは、徐々に彼らに取り込まれていく。その際に清美さんは〝人質〟として松永らとの同居を強要され、やがて由紀夫さんとともに虐待を受けるようになっていた。

〈かかる甲女の体験は、文字通り筆舌に尽くしがたく、正にこの世の生き地獄を体験させられたものとして、その無念さ、悔しさ、惨めさ、そして被告人両名に対する怒りは、察するに余りあるところ、甲女は、公判廷において、唯一の生き証人として、由紀夫殺人事件の目撃状況を淡々と語りつつも、「片野マンションでお父さんと同居した後、松永から『お父さんはお金を借りに行くのが仕事で、あんたはお父さんの悪いところを見付けるのが仕事。』と言われました。そのため、お父さんとは、お互いが悪いところを見付け合う敵同士みたいな感じになりました。松永の指示で、お父さんの悪いところを見付けて書く、『ちくりノート』も書かされていました。」などと、当時の状況を振り返り、その無念さをあらわにしている〉

松永は数多くの写真を残しており、逮捕後の家宅捜索で押収されたそれらの証拠品によって、彼らの犯行が裏付けられる結果を生んでいた。

〈ところで、平成8年（96年）1月ころに片野マンションで撮影されたと認められる写真には、やせ細り、その四肢に慢性化した多数の痒疹を発現させるなど、明らかに低栄養状態と肝機能障害あるいは腎機能障害による内臓疾患を発症していたと認められる由紀夫が、なおも、季節外れの薄着のまま無表情にそんきょの姿勢を執らされている姿に加え、その傍らには、同じくそんきょの姿勢で、「ちくりノート」を手に持ち、ひきつった笑顔を見せている甲女の姿や、それとは対照的に、あどけない笑顔を浮かべて食事をしている被告人両名の長男の姿が撮影されているが、この写真を見る限りにおいても、当時の片野マンションにおける由紀夫に対する過酷で異常な虐待行為や、甲女と由紀夫が親子の情愛を交わすことさえ阻害されていた状況が、十分に見て取れるのである〉

こうした状況説明に続き、清美さんの松永と緒方に対する処罰感情が明かされている。

〈そのため、甲女は、公判廷において、「お父さんの敵は、きっと私が取りたいと思います。敵をとるというのは、ここまで苦しめられた敵をとるという意味です。敵をとる方法は、松永、緒方両方とも が死刑になることです。」などと、短いながらも、きっぱりと自らの口で被告人両名に対する死刑判決を求めている〉

公判では由紀夫さんの実母も〈処罰感情〉を述べていた。

●古田千代子の処罰感情

〈古田千代子（以下「千代子」という。）は、由紀夫の実母であるが、捜査段階において、由紀夫の幼少時代からの発育歴について、「由紀夫は、健康体で生まれ、すくすくと成長し、明るく、優しい子でした。昆虫が好きで、夜遅くまでカブトムシやクワガタなどの昆虫採集をしており、また、海で釣りをするのが好きでした。運動は苦手で、運動会のかけっこもビリの方でしたが、友達は多く、よく友達を自宅に連れてきていました。」「由紀夫は、身体は丈夫な方で、小学校時代に蓄膿症が原因でアデノイドという耳の病気にかかり入院した以外は、大きな病気をしたこともありませんし、大怪我をしたこともありません。」「由紀夫は、中学生の時に、将来はコンピューター関係の仕事がしたいと言い、コンピューター関連の専門学校に進学を希望していましたが、お金がかかることを知り、結局、福岡県立の××工業高校（原文実名）に進学してくれました。」などと、親思いの優しい子供であった由紀夫のエピソードを、慈しむように物語っていた〉

そんな千代子さんは、松永と緒方への怒りを口にする。

〈そして、千代子は、公判廷において、「寒い冬でも、シャワーをジャージャーかけられて、どんなにつらかったろうかと思うと、ただただ由紀夫がかわいそうで、松永が憎たらしいです。」などと松永に対する怒りをあらわにした上、松永の処罰に関しては、「死刑にしていただきたいですね。そして、ただの死刑では物足りないから、子供がされた痛い目を自分の身にも味わわせてやりたいですね。」などと、死刑判決、あるいは可能であればそれ以上の苦痛を与え得る刑罰を求め、緒方の処罰に関しても、「やっぱり松永と一緒で、死刑にして欲しいですね。甲女と緒方と息子の3人でおるときでも、手加減なしに虐待していたらしいですから、そんなのを聞けば、やっぱり歯がゆいです。」などと、松永同様に死刑判決が下されることを強く希望している〉

千代子さんの再婚相手で、清美さんの〝祖父〟である古田吾郎さんは、彼女が松永らのもとから脱出した際に迎えに行き、そこで事件について聞いたことから、警察に同行している。

●古田吾郎の処罰感情

〈古田吾郎（以下「吾郎」という。）は、由紀夫の義父であるが、平成14年（02年）3月6日に「東篠崎マンション」から逃走した甲女を最初に保護したものであり、甲女から直接、由紀夫が被告人両名により殺害された状況を告白され、計り知れない大きな衝撃を受けた者である。加えて、吾郎は、由紀夫とは同人が少年時代からの面識があり、当時から、「親代わり」として由紀夫に接し続けてきたものであるため、体調不良でやむを得ない場合を除き、本件の公判をほぼ毎回傍聴し続けていたのである。その意味で、吾郎は、血のつながった親子以上に、由紀夫との深い情愛で結ばれていた者といえる〉

当然ながら、吾郎さんは由紀夫さんが受けてきた虐待について、詳しく知っている。

〈「ああいう痛め方をされてね、いろんな通電とか虐待を、相当苦しかったろうと思うんですよね。どれだけ無念で亡くなったかと思うと、本当、もう許せないですよ。こういう、松永は人の心を持ってないです。」などと、さらに、松永の法廷での不遜な態度にも言及し、「腹が立ちました。罪の意識といいますか、それがみじんもありませんし、反省の色というのが一つもないですね。法廷に出てきてから、顔は笑って、そして弁護人なんかに頭をぺこぺこ下げて、そういう態度が許せなかったですね。(中略)」などと、激しい怒りと嫌悪の情をあらわにしている〉

吾郎さんは、自宅の仏壇に由紀夫さんの生前の写真を置いていると説明。しかし、遺骨や遺品がまったくないことを嘆く。

〈「由紀夫の命日である2月26日には、毎年、由紀夫の遺骨が投棄された海にフェリーで行き、由紀夫が好きだったお菓子や煙草などを投げ込んでいる。しかし、遺骨も遺品もないため、納骨堂には何も入れることができず、自宅の仏壇には、現在も生きている甲女と一緒に写った由紀夫の写真を飾らざるを得ない。」旨、由紀夫の死体を埋葬することもできず、代替しようのない喪失感にさいなまれている現状を訴えている〉

松永と緒方への処罰に対しては、以下のように訴える。

〈吾郎は、松永の処罰に関しては、「これは、もう、極刑を望みたいです。ただそれだけです。」などと死刑判決を求め、緒方の処罰に関しても、「緒方も、情状酌量の余地はありますけど、親そのものを手にかけたという、これは本当に許せないので、同じくやっぱり死刑にしてもらいたいですね。」「甲女から話は聞いていますけど、松永がおらないときに、少しでも制裁を緩めてくれればいいのにねと感じとったから、それが全然なかったから、絶対許せんということは言っていました。その話も聞いていますから、そうですね、やっぱり…やっぱり許せないですね。」などと、松永と比較すれば酌量の余地もあるが、由紀夫のみならず実の両親までをも手にかけた緒方に対しても、やはり松永と同じ死刑判決を望む旨を希望している〉

遺族の誰もが松永に対しては強く死刑を望み、緒方に対しても死刑は致し方ないとの感情を抱いていたことがわかる。

元担当検事の述懐

松永太と緒方純子の犯行の実態のみならず、逮捕、起訴に至る流れから、福岡地裁小倉支部での裁判における彼らの人となりについてまで、最も知悉している人物がいる。

当時、福岡地検小倉支部の検事として松永と緒方の取り調べを行い、さらには彼らの一審における公判担当まで携わった金子達也元検事である。現在、千葉県千葉市で弁護士をしている金子氏に、当時のことを振り返っていただいた。

「もともとこの事件は、保護された女の子が監禁されていたというのが始まりでした。で、その監禁されていた環境のなかで、人が何人か死んでいる、みたいな話が最初からあったんです。連絡を受けたのはたしか金曜日。そろそろ今日の仕事も終わりだと思っていたときに、小倉北署の刑事一課の方から電話をいただいて、なんじゃそりゃって。それが正直な感想でした」

殺人などの凶悪重大事件が発生した場合、所轄署に捜査本部が設置されることになる。当時、金子氏はそうした本部事件を扱う検事だった。松永と緒方による監禁から逃げ出し、祖父と一緒に警察に駆け込んだ広田清美さんは、当初から、自分の父親と、緒方の親族六人が殺害されていることを口にしていたという。

「それで、なんかちょっと本部事件くさいな、と。関係先とかを捜索したら、その女の子が言ったような状況がけっこうあって、一つ一つ駒を進めていくと、いやあ、嘘じゃないよねって……。あのときは福岡県警の動きも早くて、すぐに捜査本部を立ててくれたんですよ。通常、人が死んでないと、捜査本部なんて立たないんですね。でも捜査本部が立って、とにかく、なにがなんだかわかんないけど、やれるだけのことはやりましょうって。当時、小倉北署の刑事一課長がかなり鋭い人で、警察の初動が良かった。とにかく地検に連絡しろということで、私のところにもすぐに連絡が来たし、それでまあ、本部にも連絡して、捜査一課が入ってきて、瞬く間に態勢が整いました」

ただし、いくら清美さんの証言があり、関係先がその言葉通りの状況だったとはいえ、被害者の痕跡がすっかり消されている「死体なき殺人事件」である。金子氏はその立証の難しさについて語る。

「死体がないのが一番困るのは、死んだことが立証できないってことなんです。みずから失踪した、ということもあり得るわけですよ。だから、ライフライン捜査といった、一家が死んだことを立証するための捜査を入念にしていたんです。それに時間がかかった。死んだことを立証することはもう、捜査の鉄則ですから。

で、次に問題となるのが殺害方法。かつて実際にあったことですが、ある女性が子どもを殺害したらしい、と。それで着手したんだけど、裁判所が判断したのは、被疑者が死に関与したことは間違いない。しかし殺害態様がわからないので、殺意があったかどうかはわからない。で、殺意がない場合、傷害致死だとしたら時効が完成しているということで、無罪になった事件というのがあるんです。それに象徴されるように、やっぱりご遺体がないと、殺害方法がわからないから、そこに殺意があったかどうかがわからない。

死体なき殺人の捜査が難しいのはこの二点です。当然ながら、犯罪の痕跡がないから、そもそもこの人たち（被疑者）が犯人なのかっていう立証のハードルも高くなります」

松永も緒方も、当初は黙秘を貫いていたとの情報があり、私はこれまでもそのことを記してきた。実際に両者の取り調べに当たった金子氏は、彼らにどのような印象を抱いたのだろうか。

「松永はよう喋る奴だなって。ただ、まあ、逮捕する前は、黙秘っちゃあ黙秘なんですけど、松永は黙秘しながらも、喋りたくてしょうがないって感じでしたね。で、緒方はああいう性格なんで、むしろ手ごわいのは緒方かなって……。これはちょっとかなり手ごわいなっていうのがありました」

そこで両者の性格について問うと、意外な言葉が返ってきた。

「松永はあんがい人懐っこいですね。論告（書）でも彼の性格っていうのを十分指摘したつもりなんですけど、人懐っこくて、人の懐にすっと入ってくる。そういう詐欺師的な面があるんです。けど、ちょっと豹変するとケダモノのようになっている。こういう言葉が正しいかどうかというのはありますが、サイコパス的な……。これも論告で指摘したと思うんですけど、本来的に人を支配する力を持っているみたいな部分があるのかな、なんていうのは感じました」

一方の緒方については開口一番、「頑固者ですよね」との言葉が出てきた。

「決めたこと、自分の正しいと考えたことを、きちっとやっていかないと気が済まないタイプかな、と思ってましたね」

私が「緒方はそういう性格だから事件に関わったんでしょうか？」と尋ねたところ……。

「そこは私には判断しかねることです。なんで彼女が、どうしてこの事件を起こしたかってことの説明は、じつはわからないんですよ。それはどの事件でも同じです。想像することしかできないですよね。その想像した内容を論告で指摘しています」

逮捕後しばらく黙秘を貫いていた緒方が、全面的な自白に転じたと、彼女の弁護団が発表したのは、逮捕から約七カ月半後の〇二年十月二十三日のことだ。私がそのことに触れると、金子氏は明かす。

「（殺人容疑で同年九月十八日に逮捕となった）花奈ちゃんのときは、緒方に反感があって……。清美さんが嘘をついてるっていう反感があったんですね。それがあったから、ますます固くなったんですよ。で、たぶんそこで、緒方のなかに、花奈ちゃんについての真相を伝えなきゃいけないという気持ちが芽生えたんじゃないかな」

「花奈ちゃん事件で逮捕された段階で、ですか？」

「うん。ただ、喋りはしませんでしたけどね」

松永と緒方によって、緒方一家六人のなかで最後に殺害された花奈ちゃん事件は、その一方で、松永と緒方にとって、初めて殺人容疑で逮捕された事件でもある。黙秘を貫く彼らは、続いて同年十月十二日に孝さん殺人容疑で逮捕され、それから十日余りで、緒方は自白に転じていた。

緒方と清美さんとの間にあった対立について、金子氏は補足する。

「緒方のなかの真実と違うことを言うという意味で、対立していたんです。自分が体験した事実と違うことを清美さんが喋っているということが、彼女は気に入らなかったんじゃないでしょうか」

自白を始めた緒方の様子について「外から見た感じでは、きちっと喋ってるようには見えた」というが、だからといって、金子氏が彼女の供述を鵜呑みにした訳ではない。

「共犯者の一方の自白だけを信用してしまっては、間違えますよね。要するに、すべてを松永に押し付けるだとか、清美さんに押し付けるだとか、そういう危険を常に孕《はら》んでいるんで、そんな、私の前で自白したんだから信用しますとは絶対に考えません」

あくまでも淡々と事実を積み重ねて、立証していく作業だったという。そうしたなか、緒方が自白を始めたことに、松永はかなり焦りを感じていたようだ。

「当然ですね。法廷で緒方も証言していましたけど、松永が『俺を死刑にしないでくれ』、と。（松永担当の）弁護士を通して鳩が飛んできて、『俺を死刑にしないでくれ』って泣きが入ったんですよ。それ、法廷で明らかになってますよ」

ここでの「鳩が飛んで」というのは、弁護人がメッセンジャーとなって、松永からの伝言を緒方に渡していたとの意味である。そのことを公判で緒方が証言したのだ。だが、そうした松永の悪あがきも、緻密な捜査の前では無力だった。

「殺人に限らず、逮捕監禁事件とかでも、起訴してから半年くらい捜査したりとか、検察庁でも徹底的に捜査をして、裏付けをして、一方で、被疑者両名を丁寧に取り調べていましたから、捜査自体は非常に苦労しましたね」

金子氏が福岡地検小倉支部に着任したのは、この事件が発覚する一年ほど前。通常、検察官は二年ほどで異動するにもかかわらず、同氏はそれから三年間にわたって、専従で取り組むことを余儀なくされた。

「まあこれについては、県警の方も皆さんご苦労されてましたけど、人が七人も亡くなってるものを、簡単には諦められないよねって……。だから、一つ一つ証拠を積み重ねて、きちっと捜査しようという気持ちはありました。難しい事件だったことは間違いないし、検察官としては人生のなかの実質三年くらい、かかりっきりでやらないと、なんとも太刀打ちできない事件でしたから。そういう意味では難事件でしたね。やってる当の渦中は、もうほんとに、休みもないし……。ある意味、やり遂げさせていただいたとは思ってます」

結果として、金子氏が関わった一審では松永、緒方ともに死刑という判決が下っている（緒方は続く二審で無期懲役となり、最高裁で同刑が確定）。地裁で死刑判決だった緒方が、高裁で無期に転じたということについて、金子氏はどう感じているのか訊いた。

「別に、いいとか悪いっていう評価はないですね。あり得る判断なのかなって思ってます。検察として、最初から緒方に無期を求刑するというのは、あり得ない判断ですからね。そこでこちらとしてはあくまでも死刑を求刑して、それを裁判所がどういうふうに判断するかっていうことだけでした」

捜査してきた側から見たこの事件というのも、非常に興味深いものがある。

死刑求刑

松永と緒方に対する福岡地裁小倉支部での裁判は、これまでに記した通り、逮捕から約三カ月後の〇二年六月三日に始まった。しかし、その後に殺人での立件が続いたことにより、第三回公判の期日は延期され、改めて〇三年五月二十一日から、殺人罪を含めて争われるようになった。

同年十月以降は、週一回のペースで審理が行われるようになり、それは〇五年一月二十六日の第七十二回公判まで続く。

そしてその次の〇五年三月二日の論告求刑公判において、検察側による求刑が行われた。検察官によって約四時間半をかけて朗読された論告書は、以下のように締めくくられている（一部を抜粋）。

〈本件は、既にいずれも熟年の域に達している被告人両名が、平成8年（96年）2月から平成10年

（98年）6月までの間に、何ら落ち度のない被害者7人をその支配下に置き、まともな食事も与えないままに通電等の虐待を繰り返すなどした上で、かけがえのない生命を次々に奪ったほか、乙女（原武裕子さん）に対する詐欺・強盗事件及び監禁致傷事件を敢行し、その後も、甲女（広田清美さん）に対して監禁致傷事件を犯したというものであり、全国的にも「北九州監禁連続殺人事件」として大きな社会不安を招いた事件であって、犯行の罪質、結果、社会的影響は極めて重大である〉

続いて論告書は二人の犯行動機について触れる。

〈いずれも、被告人両名が被害者らを監禁状態において支配し、過酷な生活制限と虐待を通じて厳しく金銭的に搾取し、その全財産を巻き上げて被告人両名の逃亡・潜伏資金とすることと、当該被害者に対する犯行、あるいは過去の種々の犯行の発覚を免れる目的にあり、いずれも自己中心的である上、被告人両名は、これら被害者が金づるとしての利用価値を失ったと見るや、口封じを兼ねて安易にこれを殺害してきたというものであり、著しく短絡的でもあって、動機は悪質極まりない。取り分け、被告人両名は、これら一連の犯行を敢行する過程で、再三にわたり犯行を踏み止まる機会があったにもかかわらず、刑事責任の追及を免れることばかりに汲々《きゆうきゆう》とし、更に重大な犯行を犯し続けてきたものであって、同情の余地はない〉

論告書は、ここでこの一連の事件の犯行態様の悪質さを指摘した。

〈自らの手を汚すことを避けるために、いずれ殺害する予定であった被害者等に命じて実行行為を行わせたり、既に被告人両名による虐待の末に著しく衰弱していた被害者に対してなおも虐待を繰り返してなぶり殺しにするなど、いずれも確定的な犯意に基づく残虐な犯行であって、人命軽視の態度は甚だしく、ことに、絞殺の場面においては、被害者が息を吹き返すことのないよう、その呼吸が止まってからも数分間にわたって頸部を絞め続けていたというのであり、その執拗性も際立っている。また、被告人両名は、これら7件の殺人を完全犯罪とすることをもくろみ、被害者の遺品等を処分したことはもとより、その死体をこともあろうに解体処分し、果ては公衆便所等に投棄したものであり、本件は犯行後の状況も極めて悪い〉

　加えて、時効を迎えてしまった彼らの前歴についても糾弾する。

〈被告人両名は、前科はないとはいえ、過去に2度にわたって指名手配を受けた前歴があり、その他にも多数の詐欺等の余罪があることを自認しているところであり、被告人両名に前科がないことは、他者を次々と犠牲にすることで初めて維持可能であった逃亡生活の徹底ぶりを反映するにすぎず、何ら両名にとって有利な情状と見るに値しない。

　以上の諸事情を反映し、本件被害者及び遺族はいずれも厳しい処罰感情を示しているが、これらを耳にしてもなお、被告人両名は何ら慰謝の措置を講ずることもなく、殊に松永に至っては、なおもその弁解を二転三転させて自己の刑事責任回避のみに終始している有様であり、何ら反省の情が認められないばかりか、今なお被害者を不当に貶《おとし》めてさえいることが明らかである〉

　ここでは、とくに松永の公判における〝悪あがき〟について糾弾しているが、続いて、自白して捜査に協力した緒方に対しても、厳しい処罰を求める言葉が出てくる。

〈本件を解明するにあたり、緒方の自白が極めて重要な役割を果たしたことは検察官も否定しない。しかし、犯行後の反省に基づく自白は、永山（※則夫）判決における「犯行後の情状」に当たる要素であり、被告人の主観的事情に着目したものであって、本来、量刑の副次的な考慮要素にすぎない。また、本件において、緒方が自白したことを過大評価することは目先に囚われた議論であり、より本質的には、被告人両名が徹底的な罪証隠滅工作を講じ、かつ検挙後も黙秘・否認を長期間にわたって継続したことが直視されるべきである。

そもそも、本件の事案の解明が困難となった理由は、検察官が論告の冒頭で指摘したように、被告人両名が、被害者らの死体、殺害の凶器等はもとより、被害者の生存・失踪の痕跡等々の各証拠を徹底的に隠滅したからである。その証拠隠滅工作がこれほど徹底していなければ、甲女の供述を元に客観証拠を収集し、本件をより簡易かつ詳細に解明できたことは多言を要しない。ひいては、本件がこれほどの重大犯罪に至るまでに発覚し、被害者のうち幾人かを救う可能性さえ残されていたはずである〉

つまり、緒方が自白したことについては一定の評価をするが、そもそもは、それ以前に緒方が松永の指示に従うまま証拠隠滅に協力したことで、事件の発覚が遅れ、かように事態を重大化させてしまったということである。論告書はさらに続く。

〈また、緒方の自白は、被告人両名が逮捕後も黙秘・否認を続け、松永に至っては未だに不合理極まる弁解に終始しているからこそ、それとの対比の上で、強い印象を与えているにすぎない。緒方が自白に転じたことは確かに緒方に有利な情状であるが、同時に、緒方を含めた被告人両名の自白以前の態度が捜査をいかに混迷させ、社会を不安に陥れたかを忘れることも許されない。真相を明らかにするために捜査機関が実施した捜査は質量共に膨大であり、また、その間の捜査に協力した各関係者の有形無形の苦労・心痛には計り知れないものがある〉

ここでの指摘にあるように、「死体なき殺人事件」の捜査がいかに大変であるかは、この論告書を作成した金子元検事が語っていた通りである。

〈してみれば、緒方の自白を有利な情状として勘案するとしても、それは、被告人両名による罪証隠滅工作と、検挙後の長期間にわたる黙秘・否認とを相殺するにさえ不十分であることは明らかである。ましてや、かかる自白が殺人事件そのものの犯情を軽減する方向に働くなどという理解は、およそ被害者やその遺族の心情を踏みにじるものと言う他なく、かかる諸事情を十分に考慮するならば、緒方の自白が死刑回避の理由にはならないことも明らかである〉

次に論告書は、一般的に「被害者が三人ならば死刑」とされる「永山基準」に則らなかった判例を持ち出し、この事件と比較する。

〈前記永山判決以降の下級審裁判例の中には、永山判決の基準に照らし極刑が言い渡されてもおかしくないのに、無期懲役刑を宣告したものも散見されるが、これらの裁判例と本件では、前提となる事実に大きな隔たりがあることを指摘しなければならない。

例えば、東京地裁平成10年（98年）5月26日判決は、いわゆる地下鉄サリン事件等の実行犯であったA（原文実名）に対し、検察官の無期懲役求刑を受けて無期懲役刑を宣告したが、これは、同事件について自首が認定されている上、その自首が、国家転覆さえもくろむ過激な宗教団体による上記組織的大量殺人事件の全容解明や、同団体による将来の凶悪犯罪の防止に少なからず寄与したことが最大限考慮されたものであるところ、本件における緒方の立場を上記Aと同一視することは到底できないというべきである。

また、さいたま地裁平成14年（02年）2月28日判決は、埼玉県本庄市内における保険金目的の連続殺人事件の主たる実行犯であったB（原文実名）に対し、同じく検察官の無期懲役求刑を受けて無期懲役刑を宣告したが、同事件は、その殺害された被害者が2名に止まっている上、年端のいかない少女時代に主犯者から籠絡され、主犯者との生活以外の外界の経験を全く経ることがなかったという上記Bの生活環境には特段の考慮をすべき事例であったと認められる。これに対し、本件は、被告人両名により殺害された被害者が合計7名にものぼり、その犯行態様の残虐非道ぶりも上記事件とは比較にならないほどに際立っている上、緒方と上記Bの生活歴を同一視することはできないといえよう〉

最後に論告書は次のようにまとめる。

〈以上に照らせば、本件は、被告人両名の罪責は誠に重大であると言え、本件一連の犯行のごとき重大な被害、特に7名もの殺人を遂げた点で、罪刑の均衡の見地からも、また同種事案との均衡上も、被告人両名には極刑をもって臨むことが必要であるし、甲女が逃げてさえいなければ、被告人両名は7件の殺人を含む本件全体について完全犯罪を遂げていたであろう点なども考慮すれば、同種事案の続発を防ぐという一般予防の見地からも、被告人両名には極刑をもって臨むことが不可欠である〉

この言葉に続いて、検察官は松永と緒方に対して、ともに死刑を求刑したのだった。

緒方弁護団の最終弁論

検察側が松永と緒方に死刑を求刑した論告求刑公判に続き、〇五年四月二十七日には緒方弁護団による最終弁論が行われた。

その際の弁論要旨では、まず広田由紀夫さんと、緒方孝さん殺害について、緒方に殺意はなかったと否定した。そのうえで、和美さん、智恵子さん、花奈ちゃん、佑介くんへの殺人については認め、争わないとした。

また、智恵子さんの夫である隆也さんについても、〈弁護人としても犯罪の成立を争うものではない〉としたものの、〈但し、緒方としては、松永の意向に逆らってまで、隆也に救命措置を講じることは極めて困難な状況にあった〉ということから、〈消極的な殺人行為〉であるとの注釈を加えている。

この弁論要旨には、緒方一家六人が死亡した事件後である九八年六月以降の、緒方の状況についても触れられていた。それは以下の通りだ。

〈緒方一家事件後は、緒方は、布団で寝ることも許されず、子どもの養育にもかかわれないという、お手伝いさんのような存在であった。

平成12年（00年）ころから、それまで松永は公平に制裁を加えていると思ってきたが、緒方と甲女に差別があることに気づき、物事を冷静に見られるようになった。

しかし、逃げるところもないし、行くところもない、已《や》む無く、緒方は親子心中をすることに望みをつないで生きていた状態であった。とにかくこうなったのも全部自分のせいだ、自分が最後まで松永と甲女に迷惑をかけないように、きちんとけじめをとって、一番最後は自分は死んでお詫びをしなければいけないと思っていたのである〉

事件発覚のきっかけは、監禁されていた清美さんの逃走によるものだったが、それ以前の清美さんへの監禁致傷事件（甲女事件）が起きていた段階では、松永にとって緒方の立場は低いものだったと弁論要旨は訴える。

〈甲女事件の頃は、むしろ、緒方が甲女より立場の上では下位にあったのであるが、たまたま甲女が逃走を図ったがために、緒方が松永の指示で甲女に制裁を加えることになったものである〉

緒方は由紀夫さん事件よりも前から、松永による肉体的、精神的な洗脳的手法により、彼の指示・命令に逆らうことが困難であった。そこに加えて、緒方が逃走を図った「湯布院事件」や「門司駅事件」後に松永が加えた凄惨な虐待によって、その支配がより堅固なものになり、事件への加担を余儀なくされたのだと緒方弁護団は主張する。

そこでこの弁論要旨では、拘置所で緒方への面接および心理検査を行った、筑波大学大学院人間総合科学研究科教授（当時）の中谷陽二氏による鑑定意見書が公表された。

なおこの意見書は、被告の刑事責任能力の有無を問うものではなく、責任能力があることを前提としたものである。そこでは次のように、緒方についての考察が明かされていた。

〈鑑定意見書は、「成育史から推察されるように被告人（緒方）はもともと犯罪や暴力と無縁であり、本事件を被告人の元来の性格から想像することは困難である」とし、「被告人の行動や価値観が松永との出会いを契機にして大きく変化していることは明らかである」とする。

そして、「一連の犯行を通して、被告人は松永の指示、命令を忠実に実行し、しばしば松永の意向を先取りし、あるいは率先して行動したように見受けられる。また門司駅で逃走に失敗して以降は、物理的に離脱が可能であるにもかかわらず、逮捕時まで松永と行動をともにしている。このような徹底した服従的態度そのものが異常と言えるのではないであろうか。被告人の行動の外形や結果のみにとらわれるのではなく、犯行時の精神状況ないし犯行に至る心理過程を深く掘り下げるのでなければ、本事件の特異性を解明することは不可能である」と指摘する〉

さらに緒方は、松永による〝被虐待者〟であるとして、その関係について説明する。

〈鑑定意見書は、緒方には、松永との関係においてバタードウーマンの特徴がいかんなく示されていると指摘する。バタードウーマン（被虐待女性）とは、「男性によって、男性の要求に強制的に従うように、当人の人権を考慮することなく、繰り返し、肉体的・精神的な力を行使された女性」のことを言う。

緒方に対し、松永が松永の要求に強制的に従うように、緒方の人権を考慮することなく、繰り返し、肉体的・精神的な力を行使してきたことは、先に詳述したとおりであるが、鑑定意見書はこれを以下のように要約する〉

ここでは、少々長いが原文をそのまま掲載する。

〈「被告人は中流家庭に育ち、家庭環境に特別な問題はなく、短大を卒業して幼稚園に就職すると言う波乱のないコースを歩んでいる。ところが、まだ社会経験が浅い時期に松永からの接近で知り合い、肉体関係を持ってから本件で逮捕されるまで約20年にわたって中断なく行動を共にすることになる。松永は当初は紳士的に振る舞っていたが、間もなくデートの度に被告人に暴力を振るうようになった。

焼き印と入れ墨を入れ、友人と絶縁させ、家族との会話を禁止し、退職に追い込んだ。このようにして被告人は松永に占有され、他の人々との交流を制限され、ほとんど松永というフィルターを通して社会と接触する状況に置かれた。日常の行動を常時監視され、細部まで規制された。松永の巧みに相手に負い目を負わせる手法は独特で、昭和60年（85年）2月の自殺企図のさいは、『残されたものがどうなるか』といった言葉で、被告人に対して、自分が松永に負担や犠牲を強いているという負い目、罪悪感を持たせた。そのため自殺企図が裏目に出て、いっそう松永に束縛される結果となった。湯布院からの帰還後に加えられた集中的な暴力と電気ショックはとりわけ強烈な影響を残した。言語的攻撃と一体となった電気ショックの効果については後に詳しく検討するが、重要な点は、『私が悪かったという思いをだんだん強くさせられていった』という被告人の言葉にあるように、暴力と糾問を浴びせられた結果、自分を暴力の被害者としてよりも事態を悪化させた張本人として自罰的に認識するように、いわば条件付けられたことである。門司駅での逃走企図の動機も『どうすれば松永に迷惑をかけずに死ねるか』というもので、暴力の加害者であるはずの松永の立場を気遣うという転倒した配慮にとらわれている。その後、逃走を断念した理由については、『私が松永を守らなければいけない』『私がしくじらなければ暴力は受けないはずだと思った』という。ところが逮捕されて物理的に離れることで、ようやく精神的にも従属から離脱し、その後は松永に対して一転して厳しく覚めた目を向けている。ただしこれはかなりの時間を要しており、精神的な拘束の強さがうかがわれる」〉

また、鑑定意見書は松永について、〈「松永は事件の被害者を含む複数の関係者を巧妙なテクニックを様々に駆使して操作、支配する非凡とも言える才覚を身に着けている。この点で、異性のパートナーのみを暴力の対象とする通常のバタラー（虐待男性）の域を超えている」〉との評価を下している。

これらのことから、犯行時の緒方の精神状況については〈（1）思考の幅、判断の選択肢の著しい狭まり（2）松永の意志の絶対視、批判力の喪失（3）殺害の行動に伴うはずの感情の欠落〉があったと指摘する。さらに、こうした精神状況について、〈「極限状況での異常心理と多くの点で一致する」〉として次の類似例を挙げた。

〈「たとえば、ナチスの強制収容所で迫害を受けた人々に観察された強制収容所症候群（被収容者は感情麻痺すなわち無感動、無関心、無気力を示し、残酷な光景を目の当たりにしても嫌悪や恐怖を覚えなくなった。さらに収容所の看守などに対して敵対心や反抗心を失い、逆に心理従属－幼児的依存－を向けた）やストックホルム症候群（ストックホルム銀行に押し入った強盗に人質に取られた行員が犯人に対して共感や愛情を覚えるようになり、その感情は解放後もしばらく消えなかった）と共通すると言う」〉

鑑定意見書はあらゆる考察をふまえて、以下の結論を出している。

〈「（1）緒方は松永との関係においてバタードウーマン（被虐待女性）である。
（2）虐待行為として、様々な暴行、強制、洗脳的手法、電気ショックが長期かつ反復的に加えられた。
（3）特に電気ショックの頻回の使用は被告人の精神面に深刻な影響を与えた。
（4）長期の虐待は被告人に慢性トラウマをもたらし、判断力・批判力の著しい制限、松永に対する強度の心理的服従関係を生じさせた。
（5）一連の犯行への被告人の関与は（4）の精神状態を基盤としてなされたものであり、精神医学

の立場からは、正常な意思決定に基づく行為とみなすことはきわめて困難である」〉
緒方の弁護人は言う。
「松永と出会ったがために、人生を狂わせ、多くの人の命を奪い、あるいは傷つけてきた緒方であるが、求刑通り、緒方に死刑が言い渡されなかったとしても、緒方には長い懲役刑が科されることになる。生かされて長い懲役刑に服することも、立派な贖罪《しょくざい》である。弁護人としては、長い懲役刑の後には、人生で初めて、自分の意思で自分の判断で、人生を生きていくチャンスが、被告人緒方に与えられることも許されるのではないかと考えるものである」
そのうえで、「以上に述べた情状と、とくに、本件犯行時において、緒方被告人に適法行為の期待可能性が著しく低かったという事情を考慮したとき、緒方被告人に死刑の判決を下すことは著しく正義に反すると思料する」と、死刑回避を訴えたのだった。

松永弁護団の最終弁論

四月二十七日の緒方弁護団による最終弁論に続いて、松永弁護団は五月十一日と十八日の二日にわたって最終弁論を繰り広げた。

その際に松永弁護団が作成した弁論要旨は、私自身が過去に見たことのないほど分厚いものだった。なにしろ別紙を除く弁論要旨本体のみで四百六十一ページもあるのだ。

この弁論要旨はまず、緒方の供述の信用性に対して疑義を呈している。それは〈被告人緒方供述の全体的信用性〉という項目の〈序論〉として記される。

〈被告人緒方供述は、本件審理の全ての事案において、最重要証拠と位置づけられていることは明白

であるが、被告人緒方の供述の信用性判断においては、一般的に、以下の点に注意する必要があると思われる〉

そう述べたうえで、松永弁護団は次の四点を挙げた。

（一）物的証拠や第三者の供述に裏付けられた部分はごく僅かであること

（二）いわゆる「共犯者の自白」であること

（三）相当期間過去に遡った時期についての供述であること

（四）記憶喚起等に関し、一定の傾向が認められること

これらについて、それぞれ細かな補足説明がされている。たとえば（一）については、〈孝事案における、旅館へ甲女らが移動した状況や、和美事案における和美の死亡日に関する供述等、客観的証拠に反したり、整合性を有さない部分も、多々みられる〉とある。また（三）に関しては、具体例を挙げたうえで、〈被告人緒方の供述が、相当長期間の経過を経てなされたものである点をことさらに強調して、その不明確性や変遷を合理化することは、あまりに安易であるというほかない〉との言葉で、共犯者である緒方の供述が、決して一貫したものではないと訴えている。

さらに松永弁護団は、松永と緒方の間にできた長男と次男の存在に触れ、緒方の子供への思いが強いことを指摘。当初は黙秘を貫いていた緒方が〈このまま黙秘を貫いても甲女供述等により有罪とされ、被告人松永と共に極刑に処されると予想したことから、自身が極刑を免れるためには、緒方一家事案については被告人松永のもと敢行されたものである旨供述することで、自己の罪の軽減を図るほかないと考えて、和美以下の緒方一家事案につき、被告人松永の指示によるものと供述するに至った、とみる余地は、多分に存するというべきである〉と、子供のために死刑回避を狙い、罪を松永になすりつける可能性があるとした。

また、〈被告人松永供述の全体的信用性〉という項目では、松永による供述の信用性についての検討が行われている。そのなかの〈信用性を肯定すべき事情〉という欄では、次のように言う。

〈他方で、被告人松永供述は、（1）物証や第三者の供述等、一定程度の客観性を備えた証拠と合致する部分（例えば、念書類に関する供述等）も多数存するし、また、（2）平成9年（97年）4月以降の緒方一家と被告人両名とのかかわりに関する部分の供述等、より合理的に理解できる部分も多々存するものである。（3）さらに、佑介事案における被告人緒方と甲女の供述の相違等、被告人松永が供述する内容のとおりであるとするのでなければ、合理的に説明できない事象もある。

そうすると、被告人松永の供述を「虚偽のものである」として一蹴することは到底出来ないというべきであり、事実認定においては、被告人松永の供述の存在及びその内容に十分配慮しつつ、慎重に行うべきと考えられる〉

このように、松永弁護団は松永の供述について〈安易にその信用性を否定することは許されないというべきである〉として、〈（もちろん、被告人緒方及び甲女の供述を一方的に信用して、被告人松永供述はこれらに反するものとして、上記のような検討〔※客観証拠との整合性〕を一切行わずに信用性を一方的に排斥するなど、論外であるといわなければならない。）〉と、裁判官に対して、松永の供述についても先入観を排除して、きちんと検討するように求めた。

その後も弁論要旨は、松永の供述に沿って各事件（松永弁護団はすべて「事案」と表現）を個別に説いていく。五月十一日の段階では孝さん事件までの弁論が読み上げられ、十八日には和美さん事件から、最後の甲女への監禁致傷事件までが網羅された。そこでの松永弁護団が主張する〈事実認定の争いについてのまとめ〉は以下の通りだ。

〈被告人松永は、由紀夫事案については傷害罪（平成8年〔96年〕正月ころの由紀夫の写真から認められる傷害を、被告人両名が共謀の上負わせた点）の成立の余地があるにとどまるのであり、由紀夫の死因が不明であり、少なくとも、検察官主張の機序で死亡したものと認めるには重大な疑いが存するから、少なくとも由紀夫の死亡の結果についてまで、被告人松永に刑事責任が発生することはない。

次に、緒方一家事案のうち、孝事案については傷害致死罪が成立するにとどまるし、和美事案以下の事案のうち、隆也事案を除いた各事案は、被告人松永の被告人緒方に対する殺害指示を認定することはできないから、無罪である。また、隆也事案については、証拠上死に至るまでの経過が不明といわざるを得ないばかりか、仮に、隆也の死亡経過が被告人松永供述により認定できるとしても、その内容から、被告人松永が隆也の救命義務を負っていたものということはできないから、やはり、無罪であるということになる〉

つまり、七件の殺人罪に問われている松永は、そのうち広田由紀夫さんへの傷害罪、緒方孝さんについての傷害致死罪が成立することは認めるが、その他の被害者に対する殺人罪については、無罪であると主張しているのである。

加えて、監禁致傷、詐欺・強盗罪を争う乙女事件と、監禁致傷罪を争う甲女事件についても言及している。

〈さらに、乙女事案、甲女事案については、いずれも、被害者とされる者の供述の信用性に重大な問題点が残置されたままであり、これを全面的に信用した上で犯罪の成立を決するのは危険であるし、被告人両名の供述等と照らし合わせて最低限認められる事実をもってしても、検察官主張の事実が認定できるとはいえない。

すなわち、まず、乙女詐欺事案については、せいぜい、最初に250万円を交付させたことについて、詐欺罪の成立の余地があるに過ぎない（しかし、公訴事実上、欺罔《ぎもう》行為の内容は「被告人松永と乙女の結婚生活資金の調達のため」となっているところ、認定できる欺罔の内容は「（被告人緒方扮する）被告人松永の姉の実家の屋根瓦の修理代名目」というものであるから、訴因の同一性があるとはいえず、かかる状況下で２５０万円の交付・受領について詐欺罪として有罪を認定することは、訴因逸脱認定であり違法であると考えられる。）〉

この件について補足しておくと、法廷において乙女は、二百五十万円を出した経緯について「松永は、……一緒に住む家を探したり、当面、一緒に生活していくためのお金が必要だから用立てて欲しいんだけど、と言ってきました」と供述している。しかしその一方で、松永の姉を装って乙女と接していた緒方は、彼女に対して実家の屋根瓦の修理代名目で金を出させたとも証言しており、乙女を騙したとされる内容に同一性があるとはいえないと、松永弁護団は主張しているのである。

さらに同弁護団は、乙女に対する強盗事件についても、〈恐喝罪の成立が問題となるにとどまるものである〉とした。

〈また、甲女事案については、公訴事実が主張する期間のいずれかの時点で監禁罪が成立する余地はあるかも知れないが、少なくとも、公訴事実で主張されているような期間全体にわたって監禁を行ったと認定することはできないと考える。また、監禁期間中に甲女が傷害を負った点については、監禁目的の暴行等により生じたものとは認められないから、別個に傷害罪が成立するに過ぎない（仮に監禁罪が成立するとすれば、監禁罪と傷害罪は、併合罪の関係に立つと考えられる。）〉

松永弁護団は、甲女が自由に活動できる時期もあったことから、起訴状にあるすべての期間においての監禁罪というのは成立しないと主張。そのため、より罪の重い監禁致傷罪に当てはまらないことを訴えたのだった。そして全事件についてまとめる。

〈以上総括すると、被告人松永に対して有罪が言い渡される余地があるのは、（１）孝事案（ただし、認定は傷害致死の限度にとどまる。）、（2）甲女に対する傷害罪（及び監禁罪）、（3）乙女詐欺事案のうち、平成8年7月末ころに250万円を搾取したとの点（ただし、違法の疑いが濃厚であることは上記のとおり）、（4）乙女強盗事案（ただし、有罪となるとしても、認定は恐喝罪の限度にとどまる。）、（5）由紀夫に対する傷害罪（ただし、これも殺人の訴因に含まれていると解するには相当に無理があると思われる。）であり、その余の公訴事実については、全て無罪が言い渡されなければならない〉

最後に、この弁論要旨は〈結語〉として、以下の文章で締めくくられる。

〈以上、本件各事案に対する当職らの意見を述べてきた。その概要は、きわめて乱暴に、かつ概括的にいえば、「殺人の各事案（由紀夫事案、孝事案を除く）は、被告人緒方が、被告人松永の意向に関わりなく、自らの判断で行ったものである」というものである。（中略）

当職らとしても、既に長々と主張したとおり、被告人松永については、無論、殺人の各事案については無罪（由紀夫事案については傷害罪、孝事案については傷害致死罪の成立の余地はあるが）、その余の各事案についても、検察官主張の事実はいずれも認定できないものであることを確信している。裁判所が、被告人緒方との関係でどのような事実認定を行うかは、当職らが関知するところではないが、被告人松永との関係では、当職らの上記確信に沿った判断を下すべきものであると考える。

繰り返しになるが、裁判は「証拠」によって行うものであり、印象や雰囲気、あるいは世論の流れなどによって行うものではない。正に「釈迦に説法」であるが、当然のことを指摘した上、本弁論を閉じることとする〉

これが、松永の意向を受けた松永弁護団の弁論のまとめであった。

空虚な悪あがき

福岡地裁小倉支部で続いた公判の終わり間際のこと。五月十一日と十八日の二日に分けて行われた松永弁護団による最終弁論で、十八日に弁論要旨の朗読がすべて終わると、緒方、松永の順で最終意見陳述が行われた。

そこでまず証言台に立った緒方は、松永と過ごした二十年間は、社会から離れて生活してきたこと、さらに、松永から精神的に解放されるまでには長い時間がかかったことを口にした。

逮捕後も最初のうちは自分の殻を頑なに守ってきたが、捜査員や検察官、弁護人らと会い、挨拶に始まる会話を重ねていくうちに、少しずつ心が穏やかになって変化が生じ、松永の呪縛から逃れることができたという。

緒方は犯行時の自分を振り返る。

「いま思うと、すべてが異常でした。いまの私は、あの当時の自分が信じられません。どうしてあんなことができたのだろうと思いますが、すべて私が自分で犯した罪に違いありません」

そのうえで、これまでの被害者、その遺族に対し、「深く深くお詫びいたします。私の罪が、この命一つで償えるほど軽いとは思っておりませんが、どうかそれでお許しください」と頭を下げたのだった。

続いて裁判長が松永に対して最後の意見を述べるように促すと、被告人席から足早に証言台へと向かった松永は、手に持った紙の文面をいきなり大声で読み始める。

「まず、松永弁護団作成の最終弁論要旨を読んで、書き漏らしがあると思われる部分や、弁論要旨完成後に私が気付いた点などに関して、別途、私が作成した原稿を元に、松永弁護団が『松永弁護団最終弁論要旨について、私の補充』と題する書面にまとめてくれていますので、その書面に私が署名指印した上で提出します。時間の関係上朗読は省略しますが、是非読まれて下さい。この書面で指摘している点は、どれも非常に重要な内容を含んでいますので、弁論要旨同様、判決では必ず答えて下さい」

ここで松永が挙げた「松永弁護団最終弁論要旨について、私の補充」は、全部で十枚にわたって記された、松永弁護団による弁論要旨に、松永自身が加えた補足である。そこで松永は、〈××（原文実名）さんの供述には、意図的な誇張や、被害感情等の影響による無意識的な誇張が含まれている可能性があると思います〉といった、自分がさらに伝えたい、彼にとっての〝有利な材料〟を記している。

「この裁判で作業部会が設置されたことについては、弁護団から『集中審理を円滑に、迅速に、かつ、被告人の不利益がそれによってもたらされないようにするため』と説明を受けてきました。

しかし、振り返ってみると、時間に追い込まれていたのは、常に私や松永弁護団の方でした。たとえば、純子に対する検察官主質問は、一日二時間程度、週一回のペースで進んでいったのに対し、松永弁護団の反対質問は、一日の期日を丸々使って行われたり、月曜日に質問をやったと思ったらその翌々日の水曜日にも質問をしなければならない、といった状況であり、私も弁護団も、尋問案作成などに苦心しました……」

こうした言葉に始まり、松永は裁判の進め方への不平不満を延々と口にする。そのなかには「戦時中の大本営のようにも思われました」との文言も登場してくる。

さらに松永は、捜査段階での自身への聴取の様子についても言及した。

「公判でもお話ししたとおり、私に対する取調べは、それはもう酷いものでした。

警察での取調べでは、仏像を目の前に置かれて、取調べの前に線香を上げてお経を唱え、取調べの後にも線香を上げるということがあり、仏教学校並みの取調べでした。

A係長（原文実名）からは（※ママ）『早く自白、自供したら死刑から逃れることができる』と毎日私に説教していましたし、補助官のB刑事は、私の耳に数センチのところまで口を近づけて犬のように怒鳴り続け、驚いた別室の刑事が慌ててドアの窓から取調室の中を覗く有様でした。このときの耳鳴りは、暫く消えることはありませんでした」

松永はそれからも延々と、自分がいかにA係長から般若心経を強要されていたかを口にして、話を転換させる。

「その中で、A係長は、『純子は、わがままを腹一杯聞いてやったから、術中に落ちた』などと、いろいろ言っていました。

A係長のその話を聞いて、『純子の取調官は、純子のよき理解者の振りをして、純子のストレスを和らげながら、純子を警察や検察の思惑の方向に導いている』と感じました。

純子供述は、自白を内容とするものです。

自白については、自白排除法則というものがあると聞いています。

すなわち、強制・拷問による自白や、不当な身柄拘束後の自白、その他任意にされたものでない疑いのある自白は証拠とすることができないとされているのですが、純子供述がこれに引っかかるようなことになるヘマを、警察や検察が打つはずがありません。

現代では、被疑者の精神の中に入り込んで、被疑者と協調する振りをして、捜査官の思惑通りに誘導していくことがなされているのです」

彼自身がこれまでに誘導を繰り返してきたことに鑑みれば、噴飯ものの主張である。しかし松永は、由紀夫さん事件において、捜査段階で緒方が未必の殺意を認めていること（最終弁論では殺意を否認）に触れ、次のようにも言う。

「長期にわたって、取調官と談話して、話をするわけですから、そこに、奇妙な連帯感と協調感が生まれ、これが『強制』や『拷問』や『脅迫』を凌ぐ力を発揮し、由紀夫さんに対する殺意を認める供述を生み出したのではないでしょうか。

『北風と太陽』という童話がありますが、取調官は、純子にとって、まさに『太陽』だったのではないでしょうか。

『上が信用しない』とか、『「甲女の話と合わないから、純子がウソをついている」と言われた』という取調官の言葉が、そんな連帯感や協調感の中では、純子にとって、『強制』や『脅迫』以上のプレッシャーとなり得たはずです。

純子供述については、是非そういった観点からも、信用性のチェックを行ってほしいと思います」

この発言に至っては、裁判官への訴えだけでなく、法廷でこの言葉を聞いている緒方に対して、こちら側に戻ってくるように呼びかける「呪文」でもあるように感じられる。

松永はさらに「甲女神話」、「純子神話」という言葉を駆使して、検察批判を続けた。

「ところで、捜査段階では、純子も隆也さん事案について聴かれていたときに述べていたように、『甲女神話』というのがまかり通っていたと思います。

すなわち、甲女の言うことが絶対であり、花奈ちゃんもすのこに縛り付けられて通電されて死んだことにされており、孝さんも唇に通電されて死んだとされていたのです。

検察官は、論告の段階でも、甲女神話を完全には捨てきれず、花奈ちゃん事案について『本件における甲女供述の信用性にも捨てがたいものがある』などと言っているのですが、その様子は、大掃除のときに昔のものが出てきて、捨てようかどうしようか悩んでいる人の様子によく似ています。

公益の代表者として二人の人間に死刑を求刑している検察官が、こんなことを言っているのは、いかにもおかしく滑稽であると言わなければならず、まさに、検察官も未だに『甲女神話』を捨て切れていないのです」

これは、花奈ちゃん事件の審理において、花奈ちゃん殺害時の状況が、緒方と甲女の説明で異なることを揶揄しているものだ。松永は続ける。

「では、捜査段階で『甲女神話』が蔓延した後、法廷ではどうだったのでしょうか。

法廷で『甲女神話』に代わって現れたのが『純子神話』でした。

自分のやったことを認めているから、死刑になることを覚悟して供述しているのだから、『純子の言うことは信用できる』そして『純子の言うことが真実である』という前提があるかのように、純子が話す内容は、マスコミや報道を賑わせていました。

直木賞を受賞したこともある著名なノンフィクション作家の大先生は、毎回のように法廷を傍聴し、純子の話を真実であるかのように『純子神話』を世間に開披し、『純子については死刑を回避すべきだ』とまで言うようになりました。

そして、『純子が調書や被告人質問で語った（あるいは語ったとされた）内容は、すべて正しいものであり、これに対する批判自体許されない』と考えている人々の群れは、間違いなく存在しているものと思います。

純子供述の内容そのものを分析検討した結果としてではなく、『無条件的に正しい』『見かけ上そのように見えるから正しい』というふうに印象と直感で物事を受け止める人々は、いわばかつての『天動説』の信者みたいだと言えるのではないでしょうか」

　ここで松永が取り上げたノンフィクション作家とは故・佐木隆三氏のことである。

　そしてついに松永は、緒方の供述について「天動説」まで例に挙げ、みずからを、真実を訴えながら、長らく支持されることのなかった「地動説」を唱える者になぞらえたのだった。

　長きにわたる最終意見陳述の最後に、松永は子供たちの話を持ち出す。

「私は、平成十四年（〇二年）三月に逮捕されてから今日まで、子供たちとは会えない日が続いているのですが、『子供たちに会いたい』という思いを欠かしたことは一日もなく、毎晩のように、子供たちのことが夢に出てきます」

　平然とそう口にする松永は、いくつかのエピソードを挙げた後で、次のように言った。

「私は、子供たちに言いたい。

　お母さんは、『お父さんに言われて人殺しをした』なんて言っているけど、お父さんがそんなことを言うはずがないということは、いちいち説明しなくてもわかっているよね。

　そして、そのことは、この松永弁護団が書いてくれた『弁論要旨』という本を読めば、一層よくわかるからね、と。

『いつか会える』『必ず会える』という思いが、私にとって励みと力になり、今日まで頑張って来れたのです」

　空虚とは、まさにこのときのことを表すのだろう。やがて裁判長が結審を告げ、松永と緒方の福岡地裁小倉支部での審理は終了した。

一審判決

○五年九月二十八日午前十時、福岡地裁小倉支部第二〇四号法廷の傍聴席に私はいた。

この日、初公判から約三年を経て、ようやく松永と緒方に判決が下るのだ。

まず、紺色のトレーナーの上下を着た松永が刑務官に付き添われ、一礼して入廷する。手錠をはめられた状態で、肩をいからすようにして被告人席に向かって歩くが、これまでのような薄笑いは見られない。十七年以上昔のことで記憶は薄くなっているが、残されたメモには「目が涙目風」との記載がある。

続いて、白いブラウスに薄茶色のスカートを穿いた緒方が一礼して入廷した。彼女については同じメモに、「黒髪、肩まで短く切り揃えられている」とある。

やがて裁判官が姿を現し、開廷を宣言する。裁判長が証言台の前に立つ松永と緒方に対し、「主文は最後に……」と口にすると、記者席にいた記者たちが一斉に席を立ち、法廷外へと出て行った。

判決理由を記した判決文が膨大な量であるため、同要旨を朗読することを説明した裁判長は、「詳細は後日尋ねてください」と言って、広田由紀夫さん事件から始まる判決理由を読み上げていく。

被告人席に戻った松永の様子については、「うつむき、（手元の）書類に目をやる」とある。また松永との間に男女二人の刑務官を挟んで横並びに座る緒方については、「じっと前を向く」と記している。動きの少ない緒方に比して松永には落ち着きがなく、彼の様子について、「せわしなく体を動かす」、さらに「体を左側に傾ける」とも書いている。

「松永の公判供述は信用性に乏しい……」

裁判長からそんな言葉が出た直後、私はふと気付いたのだと思う。「M（松永のこと、以下同）ちらほらと後頭部に白髪が混じっているのが見える」と書き留めていた。

由紀夫さん事件の結論が読み上げられているとき、松永は脇に置いていた分厚い書類を手にして目を落とした。そしてメモ用紙になにか伝言を書くと、上半身を回して背後にいる弁護人に手渡す。

続いて裁判長の判決理由朗読は、〈第3部、緒方一家事件〉に移った。

そこで松永が緒方家の被害者たちに各種証明書を書かせていた、というくだりになったところで、「O（緒方のこと、以下同）微動だにせず。Mちょっと顔を下に、時々天井を仰ぎ見る」とある。

各供述の信用性について裁判長は、緒方供述は「供述の変遷が少ない。基本的に信用性が高い」、松永供述は「真相の解明を遠ざけるものとして、基本的に信用できない」と断言。それに続いて、由紀夫さん事件の証拠隠滅のため、孝さんと隆也さんに、片野マンションの配管を取り換えさせたという状況説明が行われると、松永は、「違う違う」とアピールするかのように、大げさに首を左右に振った。

やがて緒方一家が被害者となった事件について、判決理由が個別に取り上げられていく。

まず孝さん事件についてだったが、孝さんの死については、「被告人両名、未必の殺意は認められない」として、殺人罪ではなく、傷害致死罪が成立するとされた。

しかし、それに続く和美さん事件や、智恵子さん事件などは、殺人罪が成立するとの判断が下されていく。

智恵子さん事件についての朗読のなかで、その内容が智恵子さん殺害のくだりになると、緒方は山吹色のハンカチを取り出して、目元の涙を拭い、鼻をすすった。一方の松永は手元にある分厚い書類を読み耽り、目を上げようとはしない。

この智恵子さん事件についての判断が下されたところで、午前の部は終了した。

判決理由の朗読は午後一時二十分より再開し、まずは隆也さん事件について触れられた。そこでの松永は手元の書類に目を落とし、緒方は真正面を向いたままだ。隆也さんが死亡する状況の説明にさしかかると、松永は履いていた緑色のサンダルを足先にずらし、バランスを取るようにしながら足を揺する。さらに裁判官が「不作為による殺人の実行行為であるといえる」と、隆也さんへの殺人罪を認定する言葉を口にすると、松永は天井を向いたり、頭を掻いたりと、落ち着かない素振りを見せる。

続いて佑介くん事件に移ると、松永はすっかり退屈している様子を顕わにし始める。指にボールペンを挟んだ右手で、頬杖をついていたかと思えば、手元のメモ用紙になにかを書いて、それを弁護人に手渡すと、弁護人の顔を覗き込む。

佑介くん殺害時の状況について触れている最中も、松永は弁護人にメモを渡し、弁護人がメモを戻すと、松永はにっこりと笑って頷く。そしてしばらくすると、またもやなにかを書いて、弁護人にメモを渡す。こうしたやり取りが七〜八回は続いた。

それは花奈ちゃん事件についての朗読になってからも同じだった。松永はしきりと弁護人にメモを渡しており、私は「M、（判決文の内容が）違うという風にメモを書き弁護人へ」と書き取っている。

殺害された当時まだ十歳だった花奈ちゃんへの犯行内容は残酷で痛ましいものだ。その詳細が語られると、法廷内の遺族席からはすすり泣きの声が漏れ、ハンカチで顔を覆う遺族もいた。そんななか、松永の様子について私は「Mは顔を紅潮させ、メモを書き、弁護人へ渡す」と記していた。また緒方については、「正面を向いたまま、微動だにせず」とある。

「共謀のうえ、確定的な殺意を持って、殺人の共同正犯が成立する」

判決文（要旨）は、花奈ちゃんの死因について、通電による電撃死、もしくは絞首による窒息死のいずれかということは特定できないが、殺人罪が成立するとの結論を出し、それから二十分間の休憩に入った。

ふたたび開廷すると、今度は乙女への詐欺・強盗、監禁致傷事件についての朗読が始まった。彼女についても松永と緒方の共同正犯であることが次々と認定されていく。松永は、足を開いて座り、時折頭を掻くなどしていたが、そのうち弁護人にメモを渡すようになり、私は「苦笑の弁護人」と記録している。

そして最後の事件である甲女への監禁致傷事件についての朗読が始まった。ここでは、「Mはバインダーを広げ、せわしなく動く。Oは動かず前を見ている」とある。この事件も松永と緒方について、共同正犯であることが認定された。

午後三時三十四分頃になると、ついに判決文は〈量刑の理由〉に至る。まずそこで取り上げられたのは〈本件各犯行の被害者ら〉について。以下、その一部を抜粋する。
●広田由紀夫さん
〈由紀夫は健康な肉体を持ち、不動産会社の営業係員として精勤し、内妻宅で平穏な家庭生活を営み、甲女もその生活に溶け込んでいたのに、偶々《たまたま》客として訪れた被告人両名と関係が生じたばかりに、境遇を一変させられ、内妻や甲女との仲も引き裂かれ、想像を絶する苦しみを受け続け、親やきょうだいに助けを求めることもできず、甲女を残したまま、34歳の若さで生命を奪われた〉
●緒方孝さん
〈孝は、若いころから真面目で良く働き、正義感が強く、周囲から頼りにされ、情に厚い性格であった。身内であっても、事件を犯した犯人は匿ったり逃走させたりすべきではなく、自首を勧めるのが本来取るべき道であることは、強い正義感の持ち主の孝には分かっていたはずであるが、娘や孫たちに対する愛情があり、松永の要求を毅然として拒否することはできなかった。（中略）松永の支配から脱却する糸口を見付けることができないまま、家族を後に残して空しく61歳で世を去らねばならなかった〉

●緒方和美さん

〈和美は、孝の妻として、勤務のある孝を助けて農作業に精を出し、緒方一家を支え続けてきた（中略）実姉と老後の夢などを語る余裕も生まれつつあったときに、松永に取り込まれ、支配下に置かれてしまった挙句、孝を奪われ、悪夢としかいいようのない体験をしたのに続いて、自らも無惨に殺害され、58歳で人生を閉じなければならなかった〉

●緒方智恵子さん

〈智恵子は、明るく快活な性格であったが、被告人両名によって平穏な家庭生活を破壊され、両親を殺害された上、夫を松永の言いなりにされ、花奈と佑介まで松永の支配下に置かれ、育ち盛りの2人の子を小学校等に行かせることもできず、絶望的な日々を送る中、事もあろうに夫と娘によって殺害され、33歳の若さで人生を閉じなければならなかった。後には母なくしては居られない2人の幼い姉弟が残された〉

●緒方隆也さん

〈隆也は、真面目で律儀な性格で、警察官であったが、実父が病気になると退職して実家に帰って来たほどで、優しく親思いであり、その人柄を買われて孝夫婦の養子に迎えられた。（中略）片野マンションで、松永の巧妙な工作に翻弄され、孝夫婦や智恵子との間に葛藤も生じたが、被告人両名の支配下に置かれ、通電等の暴行、虐待を受け続けながら、最後まで孝夫婦や智恵子と行動を共にし、これを見捨てることはしなかった。（中略）隆也は、激しい嘔吐を繰り返し、自力で起き上がることも、食べ物や水を摂取することもできないほど病状を悪化させていたにもかかわらず、医師による治療を受ける機会を与えられないまま、花奈と共に閉じ込められた片野マンションの浴室で、後に幼い2人の子を残し、38歳の若さで絶命した〉

判決文はさらに、こうしたまわりの大人全員が命を奪われた後に取り残され、誰にも助けを求めることができなかった子供たちについても触れる。

いずれも死刑に処する

●緒方佑介くん

〈佑介は、緒方一家の将来の跡取りとして期待され、両親や祖父母の愛情を一身に浴びて育ったが、被告人両名によって片野マンションでの生活を強制されるようになってからは、両親や祖父母に甘えることも、保育園に通うことも、子供らしく遊ぶことも許されず、殺害されるまでの長期間にわたり、幼い身には過酷過ぎる生活を余儀なくされ、通電こそなかったが、被告人両名から事ある毎に叩かれたり立たされたりする虐待を加えられ続けた。佑介は、身の周りで次々と起こった祖父母や両親の殺害という忌まわしい事態を殆ど理解できないまま、伯母の緒方から救いの手を差し伸べられなかったばかりか、伯母自身が犯行に加担して、突如として5歳という幼い生命を無惨にも奪われた〉

●緒方花奈ちゃん

〈花奈は、元々元気かつ活発な性格で、人に愛され、しっかりしており、学校の成績も良かった。片野マンションで生活するようになってからは、祖父母や父母と同様、身体への通電や、過酷な食事制限等の暴行、虐待を加え続けられた。食事は、極めて粗末なもので、花奈は激しく痩せていった。家族との交流は許されず、小学校にも殆ど通学させてもらえず、友達と遊ぶこともできず、片野マンションの台所等で長時間立たされるなど、過酷で悲惨な毎日であった。祖父が電撃死する場面に立ち会い、強い精神的衝撃を受けたのをはじめ、祖父母、父母及び弟佑介の各死体の解体作業に加担させられ、更には、母と佑介の殺害に加担させられ、利用された。それらは、幼い魂をずたずたに引き裂く生き地獄のような体験であった。10か月もの長期にわたる片野マンションでの生活の中で、筆舌に尽くせぬほどの辛酸を嘗め、肉親との辛い別れを重ね、片野マンションでたった一人になった挙句、無惨にも10歳で生命を奪われてしまった〉

このとき私は、以下のメモを取っている。

「Mは一度天井を見てから背中を背もたれにつけて聞いていたが、やがて前かがみに、そしてまたも や背もたれ。Oは正面向きで動かず」

続いて、詐欺・強盗、監禁致傷事件の乙女と監禁致傷事件の甲女について。

●乙女

〈乙女事件の各犯行は、いずれも乙女の人格を無視し、これを踏みにじったものである。乙女は、肉体的、精神的苦痛に耐え切れず、また、生命の危険を感じ、隙を見て、監禁されていたアパートの2階から飛び降りて逃走した。その際重傷を負ったほか、監禁中に受けた暴行、虐待によって、重篤なPTSD等に罹患し、事件後7年以上が経過してもなお、しばしば被害体験の想起と共に強い恐怖心が再燃し、その都度激しい動悸、身体の硬直等の症状に苦しめられ、社会復帰もままならず、日常生活にさえ重大な支障を来している状態である〉

●甲女

〈甲女（当時10歳）は、実父由紀夫が、警察による指名手配を受け逃走生活を送っていた被告人両名の金づるとされ、由紀夫と共に被告人両名に取り込まれ、片野マンションにおいて、被告人両名と約1年間にわたり同居させられた。その間通電等の暴行、虐待を受け続け、由紀夫は殺害されたが、甲女は、孤独な境遇になった後も、17歳になるまで約6年もの長期にわたり被告人両名の支配下に置かれ、通電等の暴行、虐待を受けつつ、片野マンション等で生活させられた。甲女が身体に負った傷害の点もさることながら、甲女の精神に容易に癒し難い深い傷跡を残した〉

判決文は次に、〈本件各犯行の全体を通じ特に考慮すべき犯情〉について言及する。そこでは、〈被告人両名が被害者らを取り込んだ動機、目的は極めて自己中心的で、反社会的なものである〉ということが挙げられた。さらに〈長期にわたり被害者らに通電等の凄惨な暴行、虐待を加えたこと〉に触れ、〈被告人両名が被害者らを殺害したことの重大さもさることながら、それに至る過程において、被害者らの身体、精神に生き地獄のような苦痛と恐怖を与え続けたことも、被告人両名の量刑上極めて重要である〉と指摘した。

また、〈被告人両名が被害者らを殺害した動機、目的は極めて自己中心的で、反社会的なものである〉とし、短期間のうちに合計七人を残酷な方法で連続的に殺害したことは、〈いずれも残酷で非道なものであり、血も涙も感じられない〉と断言する。

判決文は松永と緒方が、〈被害者らの死体を全員解体し、徹底的に罪証を隠滅したこと〉について、〈殺人等の犯罪の態様として極めて残忍であると同時に、まさに完全犯罪を狙ったものであり、極めて卑劣かつ狡猾である〉と糾弾。本件各犯行で見逃せないもう一つの点として、〈そのすべてで児童が犯行の巻き添えや痛ましい犠牲になっていることである〉とし、〈これらは、本件各犯行の残忍で冷酷な側面を如実に示している〉と付け加えた。

そして松永と緒方の犯行の「犯情」について、以下のようにまとめている。

〈以上のとおりであって、由紀夫事件及び緒方一家事件を通じて見ると、犯行の罪質、犯行に至る経緯、動機、犯行態様、手段方法の残虐性、結果の重大性、被害者の数などに照らし、犯情の悪質さが突出しており、本件は犯罪史上稀に見るような凶悪な事件であるといって差し支えない〉

その後、犯行の首謀者である松永に対して、緒方の関与の度合いについての検討が行われ、〈当裁判所も、緒方が松永から度々理不尽な通電や暴行、責任の押し付け等の仕打ちを受けていたことは否定しない〉としながらも、次の結論が出された。

〈緒方は、松永によって意思を抑圧され、意思に反して本件各犯行に加担したものではなく、松永の意図に完全に同調して、松永の指示を受けつつも、それなりに主体的で積極的な意思で、つまり自己の犯罪を遂行する意思で犯行に加担したものといわざるを得ない〉

このときも、松永は判決文の内容に関心がないかのようになにかをメモして、弁護人に渡している。一方の緒方に表情の変化はない。

やがて松永と緒方の〈一般情状等〉となり、それぞれの経歴に続いて、性格や供述態度等が紹介された。そのうち興味深い内容である〈性格〉について抜粋する。

●松永の性格

〈松永には、他人を単に自己の利益を達成するための手段ないし経済的収奪の対象としか考えず、人間の生命、身体、人格を軽視する自己中心性、反社会性、弱者や無抵抗な者に対し、暴行、虐待を加える残虐性、被害者らの惨状を目の当たりにしながら痛痒を感じない冷酷さや非情さが顕著であり、嗜虐《しぎゃく》性さえ疑われる。自己の犯罪が捜査機関に探知されることを過度に恐れる小心さを有する一方、他人に対する猜疑心が異常に強く、自己を裏切った者に対しては執念深く報復せずにはいられない。他人を言葉巧みに騙したり脅したりして弱みを握り、支配下に置いて収奪しようとする狡猾さも、松

永の性格の特徴を示している〉

●緒方の性格

〈松永と知り合い交際を始める前の緒方は、気性の強い一面はあったが、優しく真面目で芯の強いしっかりとした極普通の性格であり、本件各犯行に結び付く犯罪性向はなかった。ところが、松永と交際し、内縁関係に入るや、それと正反対の性格、すなわち、狡猾性、粗暴性、残忍性等の犯罪性向を徐々に身に付けていき、本件各犯行当時においては、殺人等の重大犯罪を次々に敢行するほどにその犯罪性向を深化させるに至った。緒方がそのような犯罪性向を獲得し深化させた原因は、緒方が、若くして、家族や親族、職場や友人等の本来人間が社会性を身に付け、これを錬磨すべき場を切り捨ててしまい、松永という独特で強力な個性を持った人間と二人だけの、狭くかつ異常な世界に身を置き、松永の考え方を良く吟味しないまま、殆ど無批判に受け入れ、松永の暴力さえ愛情と受け止め、松永に迎合し、常に松永の意に沿うように自らの行動や考え方を選択し続けてきたことにあるといって過言ではない。そのような人格形成過程を前提とすると、緒方がこのような犯罪性向を身に付けたことについては、緒方自身にも相応の責任がある〉

最後に〈被告人両名の罪責の重大性〉について、松永については〈本件各犯行すべての首謀者であり、最大の非難に値する〉、〈犯罪性向は強固で根深く、矯正の見通しは立たない〉との強い言葉が並ぶ。また、緒方の罪責についても、〈もとより松永のそれよりは小さいものの、それでも並外れて大きく、誠に重大である〉として、〈緒方の犯罪性向は矯正不可能とはいえないこと、緒方には幼い子が2人おり、母親による監護も子らの健やかな成長にとって重要であることなど、緒方のために酌むことのできる情状を最大限考慮しても、本件各犯行の犯情、特に由紀夫事件及び緒方一家事件の犯情は依然として誠に重大であって、酌量軽減すべき余地はないというほかない〉とした。

それらを裁判長が朗読している最中の様子について、私は次のようにメモしている。

「M　手で顔をこする。O　すーっと息を吸う」

判決理由の最後に、裁判長が〈結論〉を口にする。

〈以上のとおりであって、当裁判所は、罪刑の均衡及び一般予防の見地に立って考えるとき、被告人両名に対しては、いずれも極刑である死刑を選択し、これをもって臨むのはやむを得ないと判断した〉

このとき、緒方は頷くように頭を下げた。

朗読を終えた裁判長は、松永と緒方を証言台に立たせると、おもむろに告げた。

「主文、被告人両名をいずれも死刑に処する」

言い渡しの直後、松永は腕を組み、顔を上に向けた。緒方は深く頭を下げた。

その後、裁判長から控訴期限を伝えられると、二人は被告人席へと戻された。そして裁判長が閉廷を告げて間もなくのことだ。

「先生、控訴審ですよ。やりますよ。どうもお疲れさまでした」

刑務官に手錠をかけられながら、顔を紅潮させた松永が笑顔を作り、弁護人に向かって法廷内に響き渡る甲高い声を上げたのである。そして刑務官に両脇を挟まれながら、緒方に目をやることもなく、肩をいからせて法廷から出ていった。

一方の緒方は、そんな松永の姿に構わず、退廷時に検察官席に頭を下げ、続いて松永弁護団を含む五人の弁護人の一人一人に「ありがとうございました」と礼を言うと、遺族席にも頭を下げ、微笑を浮かべて法廷を後にした。

控訴審でも一蹴された主張

松永と緒方への死刑判決が言い渡され、松永は即日控訴したが、緒方は控訴については逡巡していた。当時、この事件を発生時から取材していた元福岡県警担当記者は言う。

「死刑判決を受け入れるつもりだった緒方は、自分が量刑に口を出せる立場にないと、控訴に対して消極的でした。しかし、死刑を不当だと考える緒方弁護団が三回にわたる接見で説得し、彼女も最終的に応じたのです。その結果、十月十一日に緒方弁護団が福岡高裁に『量刑不当』として控訴しました」

福岡高裁で控訴審が始まったのは〇七年一月二十四日のこと。そこで松永弁護団は一審同様に無罪を主張した。一方の緒方弁護団は、一審でほぼ全面的に認めていた起訴事実について、「（緒方は松永による）過酷な虐待で精神的に支配され、その〝道具〟として殺害行為を実行した」として、一審判決には事実誤認があると訴え、無罪を主張した。

それから月に二回のペースで審理が行われ、一審判決から二年後となる〇七年九月二十六日、福岡高裁第五〇一号法廷で、彼らへの控訴審判決が下されることになったのである。

判決の日、松永は法廷にダークグレーのスーツに白いワイシャツ姿で現れた。入廷時にまず一礼し、続いて弁護人に一礼、そして裁判官席に一礼してから、うっすら笑みを浮かべて被告人席に着席する。髪の毛はさっぱりと切り揃えられ、長い拘置所生活の影響か、肌の白さが際立つ。席に着いてからは、銀縁の眼鏡をかけて手元の資料に目を落とした。

一方の緒方は俯きがちに入廷し、裁判長に一礼して、松永と少し離れた横並びの被告人席についた。

長袖で薄緑のストライプの入った白いブラウスと、薄茶色のロングスカートという姿。長く伸びた黒髪の後ろ中心部が結わえられており、数本の白髪が見える。被告人席での彼女は、両手を膝の上に置き、背筋を伸ばし真っすぐ正面を見つめている。

双方の弁護人が無罪を主張するなかで始まった判決公判は、裁判長の「まず理由から言います」との言葉による、〝主文後回し〟で始まった。

厳しい判決が下される際に用いられることの多いこの状況に対して、緒方は姿勢を変えずに真っすぐ正面を向いたままで臨み、松永はまったく話を聞いていないような素振りで手元の資料に目をやっている。

控訴審の判決文（以下同）はまず、〈本件の全体像について〉という項目のなかで、〈おおむね原判決（一審判決）が「犯罪事実」及び「事実認定の補足説明」の項で詳細に認定、説示するとおりであり、当審における事実取調べの結果によってもこれを左右するに足りない〉と、一審で認定された犯行の経緯と犯行状況等について追認した。

そのうえで、松永側、緒方側の各主張について個別に検討することになり、まず松永側の主張が検討された。

ここでおおまかに松永側の主張をまとめておくと、まずすべての事件について、松永は殺害の指示も実行もしていないというもの。そして緒方一家六人の殺害（一件は傷害致死罪）については、知人であった大分県の別府湾で水死したとされる末松祥子さんの殺害を緒方が実行。それを緒方一家に知られた彼女が、口封じのために一連の犯行を引き起こしたとの説明をした。ちなみに、この緒方一家の殺害理由については、控訴審になって新たに持ち出されたものだ。

松永側の新たな主張に対して、判決文はまず、松永が祥子さんの死を、緒方一家を支配するために利用したと指摘する。

〈平成9年（97年）4月ころ以降、緒方が、湯布院町に働きに行って、松永や緒方一家にも所在を明らかにしないでいる間に、松永は、緒方一家の者に対し、緒方が詐欺の他、殺人（祥子事件）まで犯していると思い込ませることに成功した。孝夫婦の親子の情や、世間体を気にする特性を巧みに利用し、自分が時効まで逃がしてやると誘って、信じ込ませ、すがりつかせた……〉

そのうえで、緒方による祥子さん殺害の可能性について、次のように述べた。

〈しかし、そもそも、祥子の死亡に関し、緒方の関与を裏付ける客観的な証拠は何ら存しないし、緒方も逮捕後祥子を殺害したと認めたことはない。警察においても、祥子が緒方の借金の連帯保証人になっていることから、緒方に関心を持っていたふしはあるが、緒方を正式に殺人事件の被疑者として扱った形跡はない。松永は、その犯行状況を緒方から聞いたと述べるが、その供述するところは具体性がないほか、緒方が、別府市において松永と同棲を始めようとする祥子に対し、嫉妬の余り同女を殺害したとする動機の点も、松永が述べているだけであって裏付けのないことである〉

そうしたことから、判決文は松永側の新たな主張に対し、以下の結論を出している。

〈したがって、祥子事件に緒方が関与したということは、松永において、緒方一家に多額の金銭的負担をさせるための虚構であったと考えられる。（中略）

そうすると、松永こそ、孝らから金を搾り取れなくなった時点において、偶々孝に対する傷害致死事件を引き起こすに至り、和美以下の緒方一家の存在は松永にとって負担となるばかりで、しかも自らの悪行を知っている緒方一家を殺害してその口を封じることに利益を感じる事情があり、緒方一家の各人を殺害する強い動機を持っていたと認められる〉

続いて判決文は、各事件について「事実誤認」と訴える松永側の主張について、個別に評価を下していく。そのうち一部を抜粋する。

●広田由紀夫さん事件について

〈鑑定結果は記録から認定できる事実に矛盾するところはなく、十分説得力を持つものであり、疑問を挟む余地はない。（中略）

（由紀夫に対する暴行、虐待の継続と由紀夫の状態に対する松永の認識状況）を総合すれば、少なくとも松永において未必的な殺意があったことは優に認められる。（中略）

松永が、倒れた由紀夫に対して、救命措置を講じた一事をもって、以上の認定を左右することはできない。したがって、原判決に所論（松永弁護団の主張）の事実誤認は認められない〉

●緒方和美さん事件について

〈松永が和美殺害について、緒方、隆也、智恵子に指示したことは、信用性のある緒方の供述によって認定できる。これは原判決が事実認定の補足説明で詳細に認定、説示するところでもある。（中略）

松永が和美殺害を決意していたことは明らかである。原判決に所論の事実誤認は認められない〉

●緒方佑介くん事件について

〈確かに、所論が指摘するように、緒方の供述（台所で、花奈と緒方がコードで首を絞めた。）とでは、本件犯行場所と具体的な態様について食い違いがある。（中略）

ところで、本件佑介事件及び花奈事件は、甲女自らが殺害行為に関わっている疑いがある点で、他の事件とは異なっている。そして、甲女は、いずれも、佑介と花奈が死んだような状態の時に、松永に命じられて関与させられたと述べている点でも共通しているが、佑介事件においては、甲女が関わった時点では、佑介も浴室に横たわっていたというのであり、首を絞めた際も佑介は身動きをしなかったと述べており、その時点で佑介は、死んでいた可能性が高いことになり、この点でいささか不自然さが残る。考えられることは、甲女は自分の関わった事件については、できるだけ自分の責任を軽いものにしようとして事実を曲げているのではないかということである。（中略）そうすると、甲女の両事件への関わりについては、間違いないとしても、具体的状況が、その述べる通りであると断定するには躊躇が感じられる。これに対して、緒方は、自らが関わって佑介及び花奈を殺害したことを一貫してかつ具体的に述べており、上記のように、緒方が幼い子供達に手を下して殺害する独自の動機があったとは考えにくいのであって、上記のような問題点のある甲女の供述よりは自然で信用性が高い。しかし、これにも裏付け証拠がないので、緒方の供述のみに基づいて事実認定をすることもできない。

そうすると、松永の命令の下に、緒方と花奈と甲女とが関わり、コードかひもを用いて佑介の首を絞めて殺害したことは認められるが、犯行場所や犯行態様については、上記のような供述の対立があり、甲女の供述を取るべきか緒方の供述を取るべきかはにわかに断定できず、結局択一的な認定をせざるを得ない。その意味で、甲女の供述に依拠して事実認定をしている原判決には誤りがあるが、これが判決に影響を及ぼすことが明らかな事実誤認とまでは解されない〉

●緒方花奈ちゃん事件について

〈花奈の絞頸《こうけい》に先立ち、簀の子に縛り付けた花奈に通電したか（※甲女証言）否か（※緒方証言）、片野マンションにおいて、松永が花奈の首を絞めるよう緒方らに対して指示したか（緒方）否か（甲女）及び絞頸に用いた道具は電気コードか（緒方）、ひも状のものか（甲女）等につき、緒方の供述と甲女の供述には食い違いがある（中略）

結局、緒方及び甲女の各供述の前記各相違点について、いずれの供述が信用できるのかについては、断定することができない。

しかしながら、いずれにせよ、花奈の死亡の事実は明らかであって、その死因は、松永と緒方が花奈に通電したことによる電撃死か、それとも、松永の命令により、緒方と甲女が花奈の首を絞めたことによる窒息死のいずれかであって、緒方一家事件の流れからみて、松永が主犯となって、緒方とともに花奈を殺害したことに変わりはない。したがって、原判決に所論の事実誤認は認められない〉

判決文は、松永側の主張に対して、このように締めくくる。

〈以上のとおりであって、原判決認定の各犯罪事実について事実誤認をいう松永弁護人らの主張は、いずれも採用できず、論旨は理由がない〉

法廷にいた私の取材ノートには、次のように記されていた。

「M　裁判長による理由朗読の間、しきりと顔を上下させ、手元のノートに何事かを書き込んでいく。O　ずっと正面を向き、微動だにしない」

続いて緒方側の主張についての、判断が下されることになる。

破棄された死刑判決

厳しい判決が予想される〝主文後回し〟で、判決理由が記された判決文の朗読が進むなか、松永側がしてきた主張は全面的に覆された。続いて、緒方側の主張についての検討結果が読み上げられる。

緒方側の主張は、一審判決は緒方自身も松永による長期に及ぶ虐待の被害者であるとの視点が欠落しており、それが個別事件の判断に影響しているというもの。緒方は各犯行について主体的な動機がなく、松永の〝道具〟として利用されたに過ぎず、実行行為性に欠けており、せいぜい幇助《ほうじょ》犯に該当するほどにもかかわらず、松永との共同正犯を認める事実誤認に繋がっている、と訴えていた。

しかし判決文は、犯行に及んだ緒方について、〈松永の指示に従い、同人が意図するところを察知して行動することを繰り返す過程で、各犯行に積極的に加担し、重要な役割を果たしたのである〉と前置きしたうえで、次のように論ずる。

〈緒方が、松永から長年にわたる激しい暴行による被害を受けて、松永の意向に逆らうことが困難になっていたという側面があることは否定できないし、被害者の域にとどまる限りは、社会がこのような立場の女性等に厚い保護を与えるべきことはいうまでもない。しかし、このような者が本件のような殺人等の重大犯罪において、加害者の共犯者という立場に立たされた場合においては、問題はそのように簡単ではなく、自己への暴力等への恐れを甘受しても、可能な限り重大犯罪へ加担することに抵抗することが求められると言わざるを得ない〉

はたしてそれが現実の場面において実行可能かどうか、という点では大いに疑問が残る。しかし、そう〈言わざるを得ない〉見地に立った表現であるということも、理解できなくはない。

それはこの次の〈個別の事件に関する主張について検討〉した事項でも同様だった。

〈緒方は、決して主体的であったとは言えないものの、松永の関係で有罪と認定した各犯罪について、上記のとおり、松永と一緒に生活して行くとの意思のもとに、その指示に従って構成要件該当の実行行為に関わっていたものであるから、緒方には、犯意、実行行為性に欠けるところはなく、共同正犯の責任があることは疑いない〉

そのため、ここから続く各事件への緒方の関与についての説明でも、所論（緒方弁護団の主張）は悉《ことごと》く否定される。以下、一部の事件についての評価の結論のみ抜粋する。

●広田由紀夫さん事件について

〈由紀夫が死亡する危険性につき、松永と同様に社会常識的な認識をし、これを認容していたと認め

られるから、そこに殺人の未必的故意及び実行行為性を失わせる事情は見出し難い。したがって、所論は理由がない〉

●緒方孝さん事件について

〈「人の枢要部に危険な通電をしてはならない」という規範に直面しながらも、最終的には自らの意思で規範を乗り越えて危険な行為に及んだものと認められる。よって、所論は採用できない〉

●緒方智恵子さん事件について

〈緒方が直接行使した有形力が、智恵子の足の指先を軽く押さえただけであったからといって、その共同正犯性に欠けるところはない。所論は採用できない〉

●緒方佑介くん事件について

〈自分の立場の範囲内で、松永が佑介殺害を思い留まるよう進言していること、（中略）また、約10日間程度の時間をかけて（※松永を）説得していることは、緒方が、なお、自らの意思（良心）や主体性を完全には失っていなかったことを表している（この点は、量刑上考慮すべきであると考える。）。したがって、所論は採用できない〉

●緒方花奈ちゃん事件について

〈緒方が、花奈殺害の共同正犯となることに疑いを容れる余地はない。

また、所論は、本件においても、前（※佑介くん事件）同様に、緒方は共同正犯にはならず、せいぜい幇助犯が成立するに過ぎない旨主張するが、この点については、既に説明したところと同様であり、所論は採用できない〉

このように緒方が各事件について共同正犯であったことは、一審判決同様に認定された。

続く〈その他の主張について〉の項目でも、緒方について〈客観的には、警察等に駆け込んで助けを求める機会はいくらでもあったのであるから、緊急避難や過剰避難が成立する余地はないし、また、適法行為の期待可能性がなかったとも言い難い。よって、所論が主張する、これらの法的主張も、これをそのまま採用することはできない〉と手厳しい。

ただし、ここから少し流れが変わる。判決文は緒方が松永と交際を始めた時期から暴行を受け続けてきたことに触れ、具体例を示してから次のように述べるのだ。

〈長年の暴行、虐待、あるいは、松永の指示の下、本件各犯行へ加担させられること自体により、その心理面に大きな影響を受けたことは十分考えられ、正常な判断力が影響を受けていた可能性は否定できないと考えられる（緒方一家のうち和美、隆也、智恵子が松永に取り込まれてその支配下に置かれるや、短期間の内にその指示に唯々諾々と従うようになったこと、とりわけ、元警察官で、精神的、肉体的に何ら問題がなく、律儀で、意思を貫く性格と言える隆也が義父の死体の解体作業、義母及び妻の殺害並びに各死体の解体作業にさしたる抵抗もせずに加担するなどしていることは、松永の人心操縦技術が巧妙であり、かつ、通電等の虐待が、被害者らの人格に少なからぬ影響を与えたと考えなければ到底理解できない。）。したがって、この点は、緒方の量刑を考えるにあたって、考慮すべき1つの要素となると考えられる〉

ここでわざわざ末尾の一文が加えられていることは、大きな変化の第一歩だった。

判決文はいよいよ〈量刑について〉触れる。「量刑不当」を訴えているのは緒方側のみだが、〈事案の重大性にかんがみ〉まずは松永の量刑について検討内容が説明された。ここでは前半の犯行内容についての説明は省き、結論部分のみを挙げておく。

〈本件の罪質、動機、態様は極めて悪質なものであり、その犯罪件数は多く、ことに殺害された被害者の数は殺人6名、傷害致死1名であり、被害者らから奪われた金銭は合計数千万円に及ぶ等の事案の重大悪質性、遺族の松永に対する被害感情は極めて強いこと、本件の社会的影響、被告人松永には真摯な反省が見られないことなど、本件に現れた諸事情に照らせば、本件の刑事責任は極めて重大であって、特に、主犯である被告人松永については、原判決のとおり、死刑が選択されるべきは当然である〉

続く緒方の〈量刑について〉は、一審の判断とは異なる、特筆すべき部分を抜粋する。

〈松永に対しては、強い恐怖心があって、その意向、指示には逆らえず、本件の各犯行に加担してしまった面も強く、これら虐待の影響により、あるいは、松永の指示の下、本件各犯行へ加担させられることにより、心理面に大きな影響を受け、正常な判断力がある程度低下していた可能性は否定できず、むしろ、次のような、緒方が置かれていた特殊事情の下においては、緒方について、適法行為の期待可能性は、相当程度限定的なものであったと考えられる〉

また〈松永への従属性について〉として、次のように指摘する。

〈本件一連の事件は、いずれも、第一には松永が発想したものであり、緒方としては、松永との間に子供もいたことから、事実上松永と同居して行くしか考えられない逃亡生活の中で、前記の松永への強い恐れもあって、これに追従したと認められる。（中略）

以上によれば、緒方の各事件への関わり方としては、あくまでも松永に追従的に行ったものと捉えるのが相当である〉

その後、〈緒方には、今後、再犯の危険性が高いとはいえない〉とした判決文は、以下の〈結論〉を下している。

〈本件各犯行は、緒方が、前記のとおり、特異な人格を持つ松永の主導の下、適法行為の期待可能性が相当限定された中で、松永に追従的に本件各犯行に関与したものであること、松永の存在抜きには、緒方が各犯罪を犯すことは考え難く、したがって、再犯の可能性も高くないと言い得ること、緒方は、逮捕後、しばらくは黙秘の態度をとっていたが、その後、自らの罪を清算する旨決意し、本件各犯行につき、自らの記憶の範囲で隠し立てすることなく自白するに至っており、この自白によって本件各犯行、特に犯行の経緯や具体的状況に関する証拠が極めて乏しい事件も含め、緒方一家殺人事件についても積極的に自白し、事案解明に寄与したこと、並びに自白に転じた後における緒方の真摯な反省状況及びその過程において、緒方が人間性を回復している様子がうかがえることその他、緒方のために酌むべき事情を総合考慮すると、緒方の情状は、松永のそれとは格段の差がある上、罪刑の均衡及び一般予防の見地等、客観的な事情を十分考慮しても、なお、極刑をもって臨むことは躊躇せざるを得ない。そこで、緒方に対しては、本件各犯行の罪質、結果及びこれまで検討してきた諸般の情状を総合すると、無期懲役に処し、終生、贖罪の生活を送らせるのが相当である。その限度で、緒方弁護人の論旨は理由がある〉

「無期懲役」との言葉が裁判長の口から出たところで、法廷内は息を呑む気配に包まれ、続いてかすかなざわめきが起きた。緒方自身も戸惑いの表情を浮かべ、松永は顔を紅潮させて怒りに顔を歪めるのが見てとれた。

最後に裁判長は主文を言い渡す。

〈主文

1　被告人松永太の控訴を棄却する。

2　原判決中被告人緒方純子に関する部分を破棄する。

被告人緒方純子を無期懲役に処する。

原審における未決勾留日数中３６０日を、その刑に算入する〉

かくして緒方は、控訴審で死刑から無期へと減刑されたのである。

松永との面会

松永太には一審判決通り死刑、緒方純子には一審判決を破棄して無期懲役――。

福岡高裁で上記の判決が下されると、松永は不当判決だとして、十月五日付で最高裁へ上告した。また、緒方が上告することはなかったが、福岡高検は最高検と協議したうえで、緒方の判決について「最高裁の死刑に関する判例に違反する」として、十月九日付で最高裁へ上告した。

なぜ自分がその時期に行動したのかは記憶がはっきりしないのだが、私は世間がこの事件について関心を失っている〇八年十月末頃に、福岡拘置所にいる松永へ向けて手紙を出した。想像するに、取材に力を注いでいたメディアの熱も冷めたことで、彼もそろそろ人恋しくなっているだろう、などと軽く考えたのだと思う。

そこで私が綴ったのは、事件からこれだけの時間が経ったいまだからこそ、〝松永さん〟も世間に訴えたいことがあるのではないか、といった内容だった。そのうえで、福岡拘置所に面会に行くので、一度私と会って判断していただき、もし信用できると感じたら、話を聞かせてもらえないかということだった。

福岡拘置所の待合室では、自分の持った番号札の番号が呼び出されるかどうかやきもきした。もし松永に面会の意思がない場合は、受付窓口に呼ばれ、「会わないそうです」と告げられて終わりとなる。

だが、やがて館内放送で私の札番号が呼ばれ、面会室の番号がそれに続いた。私は目の前をアクリル板で仕切られた面会室に入ると、立ったまま松永を待つ。

前方の扉が開くと、上下グレーのスウェットスーツ姿の松永が、分厚い書類の束を抱えて満面の笑顔で現れ、「こんにちは」と言うと、目の前の椅子に腰かけた。

「いやーっ、先生、わざわざ私のために東京から来ていただき、ありがとうございます。先生、いま私を取り巻く状況は、本当にひどい話ばかりなんですよ。とにかく聞いてくださいい……」

色白の歌舞伎役者のように整った顔立ち。直毛の髪の毛をきれいに切り揃えた松永は、こちらの目を見つめながら、大きな声で切り出すと、一気に話し始めた。

「もう私の裁判はですね、司法の暴走ですよ。私自身、なにも身に覚えのないことなのにね、私一人に罪を被せようとする陰謀が、あらかじめ出来上がっているんです。ほんと、裁判所という機関は、いまではもうほとんど、事実を発見する仕組みが機能しなくなっていると思います。感情的にならず、冷静に判断することをよしとされる裁判官が、マスコミや一部の作家のアジ（テーション）に乗っかった意味不明の判断を次々に実行しているんです。いわゆる魔女裁判のように裁こうとしているんです」

立て板に水のように話し続ける彼の姿を、私はしばし呆然と眺めた。松永は、拘置所にいる緒方と面会し、彼女が松永の支配下にあったと訴えている作家の故・佐木隆三氏のことを揶揄していた。彼はかつて法廷でも同じことを口にしており、佐木氏に対して敵意に近い感情を抱いているように見受けられた。

佐木氏はこれより五年前に出版した著書『少女監禁　「支配と服従」の密室で、いったい何が起きたのか』（青春出版社）のあとがきのなかで、次のように書いている。

〈たとえ共同正犯であっても、主犯と従犯の関係は浮かび上がってくる。（※佐木氏の著書『復讐するは我にあり』に登場した連続殺人事件の犯人）西口彰は単独正犯だったが、今回の事件についていえば、松永太が主犯であり、緒方純子は従犯ということだろう。いうまでもなく、知能犯と凶悪犯を兼ねた犯行は、松永がいたからこそ成り立った。この両者の関係において、緒方に犯行を思い止まることを、はたして期待できたであろうか。（中略）

（松永は）緒方純子の親族六人が死亡した事実についても、「あくまでも緒方家の問題で自分は関与していない」と言い張っている。こういう弁明が通用するかどうかは、これからの審理で明らかになるはずだが、「自分が殺害を指示したことはなく現場にもいなかった」と、緒方に押しつけるつもりらしい。オウム真理教による組織犯罪で、首謀者とされる麻原彰晃が、「すべて弟子たちが勝手にやったこと」と弁明する姿と、そっくり重なるかのようである〉

まだ福岡地裁で一審の審理が行われている最中に出版されたこの本を、松永も目にしていたことだろう。そして憤っていたに違いない。目の前の彼は言う。

「小野先生は、あの佐木とかいう思い込みだけでデタラメばかり言っている作家なんかとは違い、事実をきちんと検証していただける、きちんとした作家だと信じています。私については、証拠類をちゃんと見ていただければ、どう考えても無実であることは明らかです。それを小野先生の鋭い筆致で、世間に明らかにしてもらえないでしょうか」

私はこれまでの裁判を傍聴してきた流れから、佐木氏と同じく犯行のすべては松永が主導したと判断していた。また、どう考えても松永の有罪は覆されないだろうと確信していた。目の前で熱弁を繰り出す彼の姿に、胸の奥では、よくもまあ次から次へと心にもないことが言えるものだと、なかば呆れていたというのが実情だ。だが、この場でそれを口にしてしまうと、継続して彼の話を聞くことができなくなってしまう。私は言った。

「松永さんの言い分は十分にわかります。ただ、そのためには私自身も関連資料を精査する必要があります。それに、いまこの場で口頭でお伺いしている内容を、誤って取り上げることがあってはいけないと思いますので、まずは訴えたいことを手紙にしていただけないでしょうか」
録音が許されていないこの場でのやり取りでは、後にそれを言った、言わなかったという問題が起きてしまう可能性がある。これから彼自身の死刑が確定してしまうと、最後の悪あがきとして、名誉棄損などの民事訴訟を起こしてくる可能性への不安も、頭の片隅にあった。そこで、できる限りかたちに残るようにしておこうと考えたのである。

二十分ほどで背後の刑務官が面会時間の終わりを告げた。この日は、松永が面会に応じてくれるかどうかわからなかったため、私は他の仕事で福岡に出張した〝ついで〟の時間を使って、拘置所に出向いていた。

そこで、松永には仕事の関係で、どうしてもこれから東京に戻らなければならないことを伝え、手紙のやり取りをしてから、また改めて面会に来ることを伝えたのだった。

「はい、先生。なにとぞよろしくお願いいたします」

別れ際、松永は慇懃《いんぎん》に直立不動の姿勢をとって、頭を下げる。それはある種、滑稽なほどの丁寧さだったが、これまでの彼の犯行の詳細を知る者にとっては、なんとも薄気味悪い丁寧さでもあった。

〈私のような人間に面会していただいてありがとうございました――〉

面会から数日後、そのような書き出しの言葉で始まる、松永からの封書が私の自宅に届いた。自宅の住所については、面会後にそれを書き加えた名刺を差し入れており、彼からの手紙には〈名刺、落手しました〉との一文も添えられている。

松永からの手紙は続く。

〈小野さんは一般に先生といわれてるノンフィクション作家のようですが、証拠に基づく〈人証はともかく客観証拠のことです〉論証と主情主義に陥ることなく、この事件を考証されることをお願いします〉

松永は本人曰く〈純粋な証拠〉を、私が読んで、賢明な判断を下してほしいと繰り返す。さらに強調したいのだろう。下に赤線を引いて次のように私に訴えていた。

〈小野さんが、この事件をやられるならば、少なくとも、これまでのマスコミや訳の分からない裁判所の判断に拘泥されることなく、フラットな気持ちで、この事件を見てほしいと思います、私は証拠に基づかない主張はしません〉

そして松永は、これまでの報道や先に挙げた佐木氏への不満を明かす。

〈マスコミも一部のノンフィクション作家の人達も、証拠を見ずに、いわゆる私に取材することなく、勝手な想像をふりまわしているだけです。小野さんはどうかそのような作家になり下がらないで下さい〉

そのうえで、緒方や広田清美さんの調書を読んでもらえれば、これまで証拠とされてきたものが、証拠に足るものではないとわかると断言する。

〈変遷が多く、証拠として採用するのには、問題があるものばかりです。重要部分の変遷が水際立っています。昔のことだからなどでは説明不能です。一度読まれてみるといいと思います。裁判がいつも正しい証拠の判断をなさない場合があるのは、小野さんの知ってのとおりです〉

そして松永は手紙の後半部分で、次のように書く。

〈私の観点に視座したノンフィクションの作家が1人くらいこの広い日本にいてもいいのではないでしょうか?〉

さらに彼は手紙を一度書き終えた後で、新たに思いついたのだろう。これまで黒いボールペンで書いていたのだが、青いボールペンで付け足している。

〈おくれましたが、私は殺人の指示など一切しておりません。無実です。（中略）あくまでマスコミやプロパガンダに惑わされることなく（裁判官もこれにやられてしまう）ノンフィクション（作り物でない記録、報告となるようなもの?）で、この事件を解明してください（だまされないで下さい）。世間の木鐸《ぼくたく》としてのノンフィクションライターの責任があると思います〉

さて、これからどうしたものか――。

これが松永からの最初の便りを読んだ私の感想だった。

「一光さん、お待ちしてました」

○八年十一月、松永と最初の面会をし、その後すぐに彼からの手紙を受け取ったのだが、時を同じくして元厚生事務次官らへの連続殺傷事件が発生するなどして、私はその他の取材に忙殺されていた。

松永に対しては、彼からの手紙を確かに受け取ったこと、裁判資料を精査してこちらから改めて連絡を入れる旨を葉書で伝えてはいたが、追加の連絡や、実際に福岡拘置所を訪ねての面会には至らなかった。

そうしたところ、十二月中旬に業を煮やした松永から、表面にピンク色のマーカーで〈速達〉と三カ所に念押しされた封書が届いた。

〈乱文乱筆で失礼します！〉との書き出しで始まる文章には、〈前略、おはがきをいただいてご連絡を待っておりましたが、作家という仕事上、しめ切り等もあって筆が忙しくあられるものと推察した次第です〉と、苛立ちを押し殺した言葉が続く。

やはりここでも松永が訴えるのは、〈裁判上の認定（誤認）とは異なった事実を描出〉（※松永の表現）してくれというものだった。

松永によれば、控訴審を争っていた際に彼が事実関係を分析した原稿千枚以上を、東京の弁護人に預けており、さらには別に控訴審での陳述書も五百枚以上あるという。

〈裁判所という一種の機関は、今ではもうほとんど事実を発見するしくみを機能しなくなってると思います〉

〈裁判ではあおりを受けた感情がさかまくことがよしとされ、裁判官は、それらマスコミや一部の作家のアジに乗っかった意味不明の判断を次々にじっこうしてしまっています〉

〈これらは過去の世の大政翼賛的世の中の流れに乗ったものといってもいいと思います〉

〈いわゆる魔女裁判のようなものになっていくことでしょうし、日本はくずれの道を歩くことにつながると思います〉

こうした不平不満の言葉が続く。そしてここでもまた、「松永が主犯で緒方は従犯」であると主張していた作家の故・佐木隆三氏の存在を持ち出し、〈小野さんはそこにおちいらないでください〉と念を押すのだった。そのうえで松永は訴える。

〈私をぼろぼろにする論がありましたが、ちがった角度から、この事件を小野さんは見て下さい。それは《松永は無罪である》という視座で見てほしいのです。それが事実なのです〉

松永は下された判決に対して、彼自身が「そうじゃない」と反論しても、あまり意味がないとみずから言う。そのうえで〈ノンフィクションライターの小野さんが〉、彼の示す〝証拠〟に基づいて無罪を証明することで、〈10年後、20年後の人が、この訳の分からない事件を、唯一事実としてとらえたのが小野さんだと分かってもらえると思います〉との表現で、私を焚きつけるのだった。

　この手紙のなかで、松永は自分以外の（元）死刑囚の存在についても触れている。それは、彼と同じく福岡拘置所に収容されていて、約一カ月半前である〇八年十月二十八日に死刑が執行された、「飯塚事件」の久間《くま》三千年《みちとし》元死刑囚についてだった。九二年に小学一年生の女児二人が殺害されたこの事件は、犯行を裏付ける直接証拠がなく、状況証拠から有罪となった久間元死刑囚が、一貫して無罪を主張しているなかで死刑が執行された。

　その後の話になるが、この「飯塚事件」については、再審無罪となった「足利事件」と同じDNA型鑑定が問題視され、妻による再審請求が出されていたが、DNA型鑑定の証明力を否定しながらも、二一年に最高裁で棄却されている。しかし同年、新たな目撃証言があるとして、遺族によって二度目の再審請求が申し立てられ、現在に至る。松永はこの事件をみずからになぞらえたのだった。

〈あの久間さんが死刑になったでしょう？　あの人はどう見ても無罪な人でした。証拠上明らかでした。つまり、証拠なんかどうでも良く、裁判所に都合の悪い証拠は無視するやり方です〉

　そして松永は繰り返す。

〈どうか、私の主張（事実）の視座に立った（※ママ）事件を見つめて下さい。今さら嘘はつきません。私は殺人等の指示等しておりません〉

　久間元死刑囚についての話以外では目新しい内容はなく、彼がこれまでしていた主張を繰り返しているだけではあるが、そこはかとなく焦りが伝わってくる。さすがにこれは返事を出す必要があると考えた私は、年賀状の体裁をとって、来年こそ彼にとって〝有益〟な動きを目指すかのような、ほのかな期待を抱かせる返事を書いた。

　〇九年になり、松が明けた途端に、松永から新たな封書が届いた。

〈前略、年賀状ありがとうございました〉との言葉で始まる手紙のなかに、一点だけ、これまでとは違う、微妙な変化があった。以下、二カ所を抜粋する。

〈一光さん、神に誓って私は殺人の指示などはしていません。それらについては、控審（控訴審）の私の陳述書を読まれても、私が書き下ろした稿を読まれても、分かってもらえると思います〉

〈一光さんを信用していいのかどうか不明ですが、小野一光という人は信用出来るのではと思っています〉

当初、松永は面会時に私を「小野先生」と呼んでいた。だが、最初の手紙で〈小野さん〉となった。しかしこの三通目の手紙では〈一光さん〉となっているのだ。それはつまり、彼自身が私に対して親密さを強調するために、距離を縮める〝演出〟をしているのだろう。

そのことに気付いたとき、密かに〝怖い〟と思った。

朝、いつも通り目を覚ましたときに、自分の布団の中に何匹か蛇がいるような、そんな種類の怖さだった。

この手紙のなかで、松永は少しだけ裁判で争われたことについての、具体的な疑問点を記している。

〈緒方は甲女（広田清美さん）やA（緒方花奈ちゃん）やT（緒方孝さん）事件の時に、「片野マンション」にいたといってますが、いなかったと認めてるCS（公判調書）が存在しています。Y（緒方佑介くん）の実況見分なども、私の陳述書を見られれば、おかしいと一般人なら思います。思い込みが心証となってしまってるのが裁判なのですよ、きっと〉

ちなみに、それ以降も彼から手紙が来ているが、いつも〈証拠を見てもらえば明らか〉と繰り返すばかりで、具体的な内容に言及したのは、この一度限りである。

その後、やっと福岡に行く機会を作れて、松永と二度目の面会をした。

「一光さん、お待ちしてました。やっと来てくれましたね」

その日も松永は、にやにやと笑顔を浮かべて面会室に現れた。手元には前回と変わらず、分厚い資料が携えられている。

「どうです？　なにか私の無実を伝えるいい手段は見つかりましたか？」

挨拶もそこそこに、彼は成果がないかどうかを尋ねてくる。

「いや、まだ掲載してくれる雑誌を探している段階なんです。それが見つからないことには、私も動きが取れないもんで……。今回もじつは別の事件の取材で福岡に来られたから、立ち寄ったんです」

私がはっきりしない答えを口にすると、彼は不満を呑み込んだ顔を一瞬見せたが、笑顔を作り言う。

「いやまあ、そこはじっくりといきましょう。私自身が無実であることは間違いないんですから。おかしいのはこれまでの裁判ですよ。先入観を排除して証拠類をきちんと読めば、私が殺人の指示をしていないことは明らかなんですから」

頷きつつ、なにか話題を変えようと私は切り出した。

「そういえば飯塚事件の久間さんのこと、ご存じだったんですね？」

すると松永は、我が意を得たりとばかりに身を乗り出した。

「そうなんですよ。一光さんね、久間さんは私のすぐ近くで生活されていました。あの人はどう見ても無罪です。証拠上も明らかです。つまり証拠なんてどうでもよく、裁判所に都合の悪い証拠は無視するやり方です……」

彼は手紙に書いていたことと同じ内容を口にした。そして自分の話に移行する。

「一光さん、どうか私の弁護人の視座に立って、検証してみてください。そうすればいかに私の裁判がデタラメであるかわかるはずですから……」

それからはふたたび堂々巡りだった。自分が犯行に関わっていないにもかかわらず、主犯にされてしまったことへの恨み言が続く。

「あいつらは自分の身を守るために、平気で嘘をつくから……」

そう口にすると、緒方と清美さんを名指しにして批判した。この部分についてのメモを取っていないので、具体的な言葉は記憶にないのだが、とくに緒方に関しては、彼女が自ら犯行に及んだにもかかわらず、罪を逃れるためにすべてを自分（松永）のせいにしたのだと、悪態をついていた。

目の前の松永の様子を見ていると、彼自身は嘘をついているという自覚がなく、本心からそう思い込んでいるように思えてしかたなかった。

たしかに、これまでの裁判でも明らかになった通り、一連の殺人では、彼自身が直接手をかけたわけではなく、その手に首を絞めた感触が残っていないことは理解できる。だが、それにしてもここまで〝他人事〟でいられるのは尋常ではない。

とはいえ私は、その尋常ではない人物が目の前にいるのだという実感が湧かないことにも、困っていた。

なにしろ彼は屈託がなく、自信満々なのだ。

途絶えた交信と松永の友人

松永と面会や手紙のやり取りをするようになった私は、〇九年になっても、彼が願う〝無実〟を訴える活動を実現することはなかった。

その理由として、松永がメディアを選り好みしており、仮に彼が了承したメディアであったとしても、記事の内容を自身にとって望むかたちでしか出さないことを条件にしていた点が挙げられる。

同年三月に彼から届いた手紙には、その前の面会時に私が、「週刊誌であれば、私が〈企画を持ち込んで〉書ける場所があるから、そこで松永さんの主張を訴えてはどうか」と提案したことへの返答が書かれていた。

〈先ず第1に、いわゆる週刊誌の筆枠を（連載 or コーナー）一光さんは持っておられるとのことでしたが、私も気楽に考えていいのではと思ったのですが、やはり、この点はお断りすることにさせていただきます。週刊誌の中で私に取材にきた人は一人もいないのに、勝手に書きたいように書かれて、いわゆる「トラウマ」があり、嫌悪の情を払拭することが出来ないからです〉

さらに彼は次のようにも訴え、断言する。

〈いくら私が証拠上の真実を一光さんに弁護人を通して示したとしても、一光さんが色めがねでみられれば全く真実は人々には伝達されません。（＊）今のマスコミ、メディアライターは、真実は何か！という主題を無視して迎合主義と勝手な主観で論を張ってるようです。このことは日本のおおよその裁判所にもいえると思います〉

彼自身がこの文章を書き終え、読み直している際に思いついたのだろう。（＊）の場所に矢印を向け、それまでと色の違う青いボールペンで〈一光さんにはその勇気はあるのでしょうか？〉と加えられていた。

また、同じようにこの手紙の文末には、青いボールペンを使って、週刊誌への嫌悪の感情が書き足されている。

〈私の主張を（但し全て証拠にもとづいたもの、いちいち証拠を陳列します）そのまままとめてのせてくれる本は（週刊誌は×）どこかないのでしょうか？　勿論、論は、論陣は、小野一光さんがはっ

てもらっていいのですが、週刊実話や現代は、私をぼろくそにたたいた雑誌ですから、やはりいやなのです〉

さらに、その一週間後に彼から届いた封書には、記事内容についての注文が羅列されていた。以下、抜粋する。

〈小野一光さんが取材等で採取したことについて、私の方に訊いて、その事実があったのかどうか（但し事件のことで〔事件に関係しない↓〕プライバシー、プライベート〔↑元々私しか分からないからです〕は除外）は出来うる限り私に反論の機会（あるいは証拠上の反論の機会）を与えて下さい。それらを収蔵して下さい、お願いします〉

〈雑誌や本が出版される前に、どうかそのゲラを私に開示して（証拠と↓）真実と食い違わないようにして下さい〉

〈ちょうちん記事は書かないが（書く必要はありませんが）、証拠上反論取材の出来る記事については、その証拠反論（私が開示します）を（　）書きで収蔵して、それらを付書き（※ママ）して下さい。又、執拗に私をおとしめる（フィクション、ノンフィクションとわず）ような、三流文章（※ママ）のようなことはどうかしないで下さい〉

〈小野一光さんは少なくとも証拠（裁判上の）を集めて、その立脚の上にノンフィクションを考えられていますが、一般人は小野一光さんのようにではなく、下世話のこととして、この事件を考えられています。その点が一般にいえることだと思います。一般人の人達にとって、他人事なのだからとも思いますけど〉

〈アレルギーです。でっち上げ記事にはこれまで辟易《へきえき》してきました。小野一光さんは三流文士ではないノンフィクションの作家なのですから、裁判証拠の中を中心にどうか記事執筆をされることを、少なくともこの件についてはお願いします。あることないことたたかれたことのある人間ならきっと分かると思いますが、小野一光さんはその体験がないので分かってもらえないかもしれませんが、よろしくお願いします。小野一光さんも分かって下さっているとは思いますが、よろしくお願いします〉

こういった調子の松永からの注文は、この倍近くの量があった。かくして、松永の主張を誌面に掲載するという私の試みは、棚上げとなっていたのである。

時を同じくして、面会時には常に明るく虚勢を張っていた松永が、一瞬ではあるが〝弱気〟を見せる瞬間を目撃したことがあった。

その日、分厚い書類を手元に置き、いつも通りに己の無実を口にする彼だったが、なぜか途中からテンションが低くなったのだ。口調に張りが感じられないことから、私が、現在争っている上告審について話題を切り替え、「最高裁ではどう判断されると感じていますか?」と質問したところ、彼はやや投げ遣りな様子で口にしたのである。

「どうせ私の主張は無視されるんでしょうね……」

これまで自信満々の顔しか見せてこなかった彼が見せた〝諦念〟ともとれる表情に、素直に驚いた。つかみどころのない、それこそ得体の知れない悪魔だと思っていた存在のなかに、ほんの僅かながら、人間的な部分が垣間見えたのだ。

だがそれは、その一瞬だけのことだった。続いて私が、「最近は誰か面会に来てくれていますか?」と尋ねると、松永はすぐに、いつもの威勢のいい表情を取り戻した。

「昔からの友人が来てくれてますよ。彼はいつも『お前がそんなことをするはずないことはわかってる』と言ってくれてますね」

私はそれが精一杯の虚勢を張る彼の〝作り話〟に違いないと胸の奥で思いながら、その日の面会を終えた。

やがて五月になり、松永から次の手紙が封書で届いた。

〈5／15日が上告趣意書の期限となり延長されて、その後に「補充書」の作成に今、取り組んでいるところです。（中略）ご連絡がおくれましたが、申し訳ありませんでした。さらに小野先生には、私の上告趣意書の補充書（私の上告趣意書は品目だけでメインは補充書の方です）の方を読んでほしいのです。具体的な主張のまとめです。なにとぞよろしくお願い申し上げます。

取り急ぎご連絡まで
ノンフィクション作家小野一光先生へ
松永太〉

これを最後に、彼からの手紙はぷつりと途絶えた。また、それ以降、面会を申し込んでも応じることは一切なくなった。

当然ながら、その理由を知る術はない。きっと、のらりくらりと要請をかわし、一向に具体的な動きを見せない私に対して、彼は「使えない男」との烙印を押したのだろう。

一方、私は私で、彼とのかかわりが消えたことに対して、取材者失格であるという反省の思いよりも、目に見えない、しかし確実に存在した〝重し〟が外れたことに安堵する気持ちの方が大きかった。

それから十一年後の二〇年十月に、私は面会時に松永が語っていた〝友人〟の話について、その一部が〝作り話〟ではなかったと知ることになる。

松永の実家があり、彼がかつてワールドを経営していた柳川市のある筑後地方で、私はAさんという男性を取材した。彼は福岡拘置所に勾留されていた〝未決囚〟時代の松永と、一時期ではあるが手紙をやり取りし、現金などの差し入れを行っていたというのだ。

ただしAさんによれば、松永との面会は一度も行っておらず、あくまで手紙のやり取りだとのこと。松永の〝作り話〟のくだりで、「その一部が」と記したのは、それが理由である。

もちろん、他に〝友人〟がいた可能性はある。だが、周辺取材でそれらしき人物が浮かび上がることはなかった。また、後述するが、Aさんの語る拘置所での松永の経済事情から察するところ、その可能性は極めて低い。

Aさんと松永は同い年。その出会いは十代後半に遡る。当時、暴走族の一員で、地元では顔が売れていたAさんに、松永からすり寄ってきたというのが、知り合うきっかけだった。Aさんは語る。

「あの頃くさ、西鉄久留米（駅）の裏側にたまり場があって、俺らはようそこにおったと。そうするとあいつ（松永）が、どっかから俺ば見つけて寄って来てくさ、それこそヘコヘコしよったと。俺たちの仲間ち見られたいけん、調子よかったとよ」

松永自身は暴走族に所属していなかったが、強面《こわもて》のAさんと親しくなることで、〝虎の威を借る〟ことができると考えたのだろう。

「土曜日の夜やら、俺らはいつも佐賀駅の近くにある『赤玉』いうディスコに溜まりよったけんが、そこにもよう（よく）やってきよって会ったりとか、そんくらいの付き合いたい。まあ、二十三〜二十四くらいまでは知っとって、あいつが柳川で会社（ワールド）やらやりよったろうが。そこにも行ったことはある」

当時、会社を始めた松永から布団を買って欲しいと頼まれたAさんは、自身の家族のために百万円近い布団を購入したという。

「なんか布団についていろいろ説明してきてからくさ、『もういい、面倒やけん買うちゃるわ』って買ったと。まあ、あいつはあいつで、自分ところの会社の備品の交換やらを俺んところに頼みよったけんね。お互いさまたい」

私は共犯の緒方純子について記憶がないか尋ねた。

「いや、それがまったく記憶にないと。たしか松永の同級生の男が働きよったろうが。そいつがおったことは憶えとるばってんが、緒方についてはまったくわからんね」

若い頃のAさんと松永の関わりは、全部で六〜七年に過ぎないそうである。そうした関係も時間の経過とともに先細りとなり、松永が柳川から逃走したことで霧消した。Aさんが松永の起こした事件について知ったのは、それから約十年後となる〇二年に松永が逮捕されて間もなくのことだ。

「当時、俺は仕事で九州の別の県におったとやけど、そこにわざわざ刑事が来たもんね。なんかあいつについて知っとることなかですかって。もうびっくりしたね」

そんなAさんのもとに、ある日、福岡拘置所にいる松永からの手紙が届いたのである。

「彼女」と名指しされた女性

「それこそ突然来たけんね。まあ事件のことは知っとったから、うちの嫁がね、『怖かけん、（返事を出すのは）やめてくれ』って言うったい。けど、俺は昔も知っとうけんね……」

Aさんは私に、松永からの手紙は唐突に届いたのだと説明した。彼自身がその時期を記憶しておらず、手紙はすべて処分したため、正確な時期を知ることはできないが、福岡拘置所からの手紙だったことから、松永の控訴審が始まって以降だったものと推測される。Aさんは松永からの思いがけない手紙に対して、返事を出したそうだ。

「で、あいつから手紙が来始めたとやけど、その手紙の量がすごかやん。裁判について、もう、俺がこうこうで、俺の責任にされてしもうてやら……。それで法務大臣に手紙出しようとかね」

松永の手紙は、延々と自分がやっていない罪を着せられていると主張していた。さらには、その不当性を法務大臣にまで訴えているのだとAさんに伝えるものだった。かつての松永との手紙のやり取りで、彼が同じ内容を畳みかけるように書いてくることを経験していた私は、「（文面が）長いですよね」と同調した。

「長いし、もう、（内容が）おちゃらけとっと。それこそ、『昔のああいうこと憶えとるか？』とか。お前、こういうことば書いて、なんの反省もしとらんやんかて、俺もう、何回も書いたつよ」

みずからの無実を訴えるだけでなく、若い頃に暴走族だったAさんの威光を笠に着るためついて回っていた松永が、一緒に経験した思い出話をしきりと書き連ねていたと語る。これは想像するに、共有した思い出を列挙することで、親近感を強めるという彼なりの策なのだろう。

「そいでね、俺は元嫁さん（緒方純子）らがみんなこんなして認めとっとに、お前がなんで認めんとかって書き足したと。そしたら、それはそれであれやけんって、いろいろ理屈ば並べ立てるとよね」

このくだりは、これまでの裁判の流れや、松永から来た手紙によって既視感があった。たしかに彼は理屈を並べ立てる。

ここで私が「一回につき、手紙は何枚くらいだったんですか？」と質問したことで、思わぬ松永の経済状況が明らかになった。

「いや、（枚数は）それぞれ。あいつも当時はカネ持たんやったんやろうね。最初は（便箋が入った封筒ではなく、便箋一体型の）折り畳み式の封筒やった。で、そこでいろいろ、カネがなくて郵便とか出せんやら、切手がないとか言うけん、しょうがないけん、中で甘い物でも食べられるようにと思って……」

「おカネを送った?」

「そう」

逮捕からはかなりの時間が経っている時期のことである。その段階での経済事情からは、松永は差し入れを望める家族とは没交渉であり、同じく友人、知人なども来ていなかっただろうことが想像された。

「本とかも送ってやった。本とかも好いとうけんね。もちろん、新品やなくて俺が読んだ後のやつよ。それこそ、タオルとか下着とかも送ってやっちゃったと」

現金については、一回につき一万円だったそうだ。

「カネは年に二回だけ。季節の変わる頃に送ったと。全部で五回くらいやったろうか。まだ『未決』やったけんね」

そんなAさんだったが、ある忠告をきっかけに、松永との交流を打ち切ることになる。

「俺の中学の同級生で福岡拘置所やないけど、別のところで刑務官をしよる奴がおるったい。それがどっかで俺のことば耳にしたらしくて、『(松永と)付き合うのはやめとけ。おカネを入れたらいかん』っち言われたと。まあそれだけやなくて、うちの嫁さんも反対しとったから、それで俺も『これが最後ばい』って書いて、最後の手紙ば送ったと」

その手紙のなかでAさんは、松永に最後の忠告をしたそうだ。

「『おカネ送るのも最後やし、お前もいいかげん往生際くらい良くせろ』って書いたけん。『自分が(実行)しとらんち思うとったかもしれんばってん、もう、まわりが全部そげんやったってなっとるやんか』って。だけん、俺がそげん書いたら、もうそれから(松永からの手紙は)来んごとなった」

これが死刑確定前の松永と、〝友人〟であるAさんとのやり取りのおおまかな流れである。

そこまでの話を聞いて、Aさんのもとを辞そうとしたところ、彼は一つ思い出したのか、ふいにあることを口にした。

「そういえば、あれ（松永）が手紙に書いとったけど、なんか昔、俺の中学時代の同級生と付き合いよったらしくて、『B子ちゃんはどげんしよるやろうか？』って聞いてきたことがあったと……」

Aさんは B子さんの名前には記憶があったが、どういう女性だったかまでは憶えていなかったという。

「俺はその子のこと、よう憶えとらんとやけど、たしか『昔付き合いよったけん、いまB子ちゃんがどげんしようか調べて』って、頼まれたと。まあ、知らんけん、知らんっち答えたけどね」

Aさんの出身中学とB子さんという名前を頼りに、彼女について調べることにした。

「中学時代はおとなしくて、かわいい感じの子でしたよ」

B子さんと同級生だった女性の証言である。そんなB子さん本人と電話で連絡が取れたのは、二二年になってからのことだ。

「え？　なんで私の名前が出たんですか？」

それが彼女の第一声だった。私はB子さんに彼女の名前が出てきた経緯を説明。実際に松永と過去に交際した事実があるかを問うと、彼女は即座に否定した。

「いえいえ、友達って感じですね」

時期について尋ねると、彼女は答える。

「うーん、高校生で知り合って、卒業してからは、一回くらいは会ったかな？」

聞けば、B子さんは松永が最初に通っていた福岡県立M高校の同級生だった。松永は同校二年生のときに、家出中の女子中学生を自宅に泊めた不純異性交遊が原因で退学となり、三年からは私立のC

高校に編入している。

「なんか私、卒業後に一回会ったといっても、全然（交際とか）そんなんでもないし、まったく、薄い感じです」

　B子さんは戸惑いを隠せない口調で言う。私は彼女が知る高校時代の松永について、どういうタイプだったか質問した。

「うーん、元気よくて、まあ変わってるみたいな感じですかね。ただ、そんなに親しくないからよくわかんないんですよね」

「誰か松永さんと親しくしてた人とかっていましたか？」

「いや、学校で偶然顔を合わせるくらいのもんですし、とくに誰と親しかったというのも別に……。誰か同じ地元の人と遊んでるのかなっていうくらいです」

　自分の名前が松永から出たことについて、B子さんは唸る。

「いや、信じられないですね。同じクラスになったこともないし、私の名前が出るとか、もう不思議です。名前が出たことが、うーんっていう感じですね……」

　高校卒業後に布団訪問販売業をやっていた松永による、営業活動の一環だった可能性も考慮して、彼から布団の購入を持ちかけられなかったか尋ねた。

「いや、全然ないです」

　松永とM高校で同級生だったということは、緒方とも同級生だったことになる。そちらの繋がりはなかったか水を向けるも、そこでも「全然、知らないです」と答える。それは、知っていてなにかを隠す口調ではなく、まったく心当たりのない口調だった。

「（緒方について）おとなしい方だったよと、まわりは言ってるけど、私は全然知らないですもん」

いったいなぜ松永は彼女の名前を出したのだろうか。私が不思議がっていると、B子さんは言った。

「まあいろんな人の名前を言ってあったんでしょうけど、そのなかの一人みたいな感じなんでしょうね……。けどまあ、ほんとにビックリです」

私は最後に、卒業後に会ったときのことについて、どのようなきっかけで、どこで会ったのか聞く。

「どこやったかなあ……。筑後かなんかで、たまたま会って、なんかご飯かなんか食べた記憶があるんですけどね」

「どんな話を？」

「どうってことない昔話をして、なんか近況報告を。いまは北九州で仕事してるとか。私もちょっと憶えてないんですけど、そんな感じで普通の友達の会話をして、『じゃあ元気でね』みたいな感じですよ」

その後、松永からの連絡はなかったという。ここで北九州との地名が出てくるが、B子さんの記憶する時期は二十歳前後だったとのことで、彼が柳川市から逃走した時期よりもかなり前のことになる。そのことから、布団訪問販売業で北九州市に支店を出した時期なのかもしれないし、もしくは口から出まかせの地名だったのかもしれない。

私が当時、松永がいろんな女性を食いものにしていたことを口にすると、B子さんは思い出したように言った。

「そういえば、前から時々家に電話をかけてきてはいたんです。『久しぶりにどうしてるかと思って』って。で、さっき話した、一度だけ一緒に食事をしたときに、『僕はB子さんのファンだから』とは言われました。私がいやいやそんな、みたいに返すと、『いやなんか、嬉しかったから。ありがとう』みたいに言ってました。いま考えると怖いですね」

松永の嘘に嘘を重ねた処世術は、逮捕後に裁判が始まり、最高裁で死刑が確定する前の時期まで続いていたのである。

最高裁判事の反対意見

逮捕から九年九カ月を経た二〇一一年十二月十二日、最高裁第一小法廷で、松永と緒方についての上告をそれぞれ棄却するという、上告審判決が出された。

これで松永の死刑判決と緒方の無期懲役判決が確定することになる。

このなかで上告した松永側の主張については、棄却の理由として、そのすべてにおいて、〈いずれも刑訴法405条の上告理由に当たらない〉と退けられている。

刑事訴訟法第405条とは、最高裁に上告のできる判決や上告申立理由について記したもので、〈1．憲法の違反があること又は憲法の解釈に誤があること〉や〈2．最高裁判所の判例と相反する判断をしたこと〉といった、いわば憲法や判例に反する原判決（控訴審判決）があった場合でないと適用されない旨が示されている。

さらに同理由のなかでは、〈なお、所論（松永弁護団の主張）に鑑み記録を調査しても、刑訴法411条を適用すべきものとは認められない〉ともある。

刑事訴訟法第411条の条文は以下の通りだ。

〈上告裁判所は、第405条各号に規定する事由がない場合であつても、左の事由があつて原判決を破棄しなければ著しく正義に反すると認めるときは、判決で原判決を破棄することができる。

1．判決に影響を及ぼすべき法令の違反があること。

2. 刑の量定が甚しく不当であること。
3. 判決に影響を及ぼすべき重大な事実の誤認があること。
4. 再審の請求をすることができる場合にあたる事由があること。
5. 判決があつた後に刑の廃止若しくは変更又は大赦があつたこと。〉
つまり、これらにも松永側の主張は当てはまらないということだ。そのうえで、同理由は以下の表現を使って松永の犯行を断罪する。

〈殺意が未必的なものにとどまるとはいえ、その犯行態様は残虐である〉

〈各犯行後の行動も非道である。各遺族の処罰感情も厳しく、連続監禁殺人等事件として地域社会に与えた衝撃も大きい〉

〈各犯行を実行させたものであって、これら各犯行を首謀し、主導したものである〉

こうしたことから、五人の裁判官全員の一致した意見で、松永の上告は棄却されたのだった。

一方の緒方については、控訴審判決を不服とした検察側が上告する〝検察上告〟であったが、五人の裁判官のうち四人が原判決を支持し、一人が原判決の破棄を求める反対意見を出すという結果で、上告が棄却された。

ここではまず原判決を支持したA裁判官による、補足意見の一部を紹介する。

〈原判決は、緒方（原文は被告人、以下同）は、松永の強い支配及び影響を受けつつも自らの意思を全く失っていたとまでは認められないとしている。その上で、原判決は、緒方が松永から受けた虐待の経緯、取り分け緒方が二度にわたり逃亡を図った際における通電による激しい制裁をつぶさに認定し、家族も松永の口車に乗って緒方を責めるという特殊事情の下では、緒方については、適法行為の期待可能性は相当限度限定的なものであったと考えられるとし、緒方は長年にわたって松永の手足として汚れ役を強いられてきたものであると評価している。そして、原判決は、再犯の可能性が高くないこと、記憶に基づいて積極的に犯行を自白し事案解明に寄与したこと、真摯に反省しており、人間性を回復している様子がうかがわれること等を総合すると、松永とは情状に格段の差があり、罪刑の均衡・一般予防的見地等を考慮しても、極刑をもって臨むことにはなお躊躇せざるを得ないとして、終生、贖罪の生活を送らせるのが相当であるとした。緒方の罪責は誠に重大であり、本件は、緒方に対して死刑を選択することもあり得る事案ではあるが、原審が、審理を尽くし、精神医学の見地からの判断をも踏まえ重要な量刑事情をすべて考慮した上で下した上記判断を、私は尊重したいと思うのである〉

一方で、緒方の原判決の破棄を求めたB裁判官の反対意見は以下の通りである（抜粋）。

〈私は、本件事案取り分け冷酷・残虐極まりない一連のいわゆる孝一家事件をみるとき、緒方には極刑をもって臨むほかないものと思料する。以下、理由を述べる。

緒方の罪責が極めて重大であることは、多数意見が簡潔に摘示している事実のみをもってしても明白であるが、なお孝一家事件について、以下の点を特に指摘したい。

孝一家事件は、緒方が内縁の夫である松永と共謀の上、緒方の実妹夫婦及びその娘をも実行行為に加担させ、子が親を、夫が妻を、姉が弟を、狭いマンション内において次々殺害するなどの陰惨極まる態様により、僅か6か月半の間に、緒方の両親、実妹夫婦及び同夫婦の子2人の合計6人もの多数人を殺害するなどした、戦慄すべき事案である〉

ここでB裁判官は緒方の犯行動機や犯行の手段方法を挙げ、次のように断言する。

〈肉親に対する情愛の一片すらない利欲、打算、自己保身に満ちた犯行動機による残虐な犯行といわざるを得ず、酌量の余地はない〉

さらには、緒方が六人の殺害のうち、幼い佑介くんと花奈ちゃんについて、直接実行行為に及んだことに触れる。

〈わけても悲惨であるのは、幼い甥と姪の死である。両名の殺害は、この2人が、いつか各殺害事件について他人に告げ口をするのではないか、その両親殺害の復讐をしてくるのではないかとのいわれなき疑心によるものであった。しかも、その殺害状況をみると、当時僅か5歳の甥については、同人を、先に死亡（殺害）した母親（智恵子さん）に会えると思わせて台所の床に仰向けに寝かせて殺害し、姪についても、度々通電等の暴行、虐待を受けた上、両親を殺害され、さらには幼い弟の殺害に加担させられるなどし、もはや頼るべき者もない境遇にされた挙げ句、僅か10歳でその命を絶たれたのである。当時、緒方は既に2児の母親であった。しかも、甥と緒方の長男は同い年であった。緒方は、その甥にさえ手を掛けたのである。抵抗する力も言葉も持たないまま、これからの長い人生を閉ざされた幼い姉弟のことを思うと、冷酷、非情、無惨その他いかなる言葉をもってしても言い尽くせるものではない〉

こうしたことから、B裁判官は述べる。

〈以上述べたことのほか、一審判決が詳細に認定し、原判決もまた基本的にそれを是認する本件各犯行の経緯、動機、犯行及び犯行後の状況等に鑑みれば、緒方の刑事責任はこの上なく重く、極刑以外の選択はあり得ないものと思料する〉

また、原判決で〈――などの事情を考慮すると、緒方を極刑に処するほかないものとは断定し難いとする〉とされた事情についても、個別に検討している。

まずは緒方が松永により他者との交流を制約された生活の中で、通電等の異常な暴行、虐待を受けたことにより、正常な判断能力が低下し、その指示に従わないことが難しい心理状態にあったなかで、松永に追従して一連の犯行に加担したことについて。

〈多数意見の趣旨とするところは、端的にいえば、緒方は、松永から暴行、虐待を受けたいわゆるDVの被害者であり、そのことが緒方の本件各犯行に極めて大きく影響しているので、その点を刑の量定に当たって重視すべきであるというものと解される。

確かに、その回数、頻度、程度が緒方の供述するとおりであったかどうかはさておくとしても、緒方が松永から異常ともいうべき通電等の暴行、虐待を受けたことは事実と認められる。

しかし、そうであるからといって、暴行、虐待の苦痛を免れるために第三者の生命を奪った者の刑事責任が軽減されるとするのは、いかにも不当であるし、そもそも緒方が、松永と共に、孝一家を全滅させるまでの徹底した殺害等に及んだのは、松永から通電等の激しい暴行、虐待を受けることを恐れてやむなくその指示に従ったからではなく、孝一家の者たちを殺害することが、何よりも緒方自身及び松永の刑事責任を免れるという両名に共通の利益となるものであったからである〉

このように主張したうえで、〈緒方は、松永といわば運命共同体としての絆を一層強め合いながら、松永の意図を的確に読み取り、主体的に、各犯行に及んだのである〉とする。

また、緒方が松永に対して抱いていた〈断ち難い未練とでも呼ぶべき特別な感情〉についても指摘。彼女にとって二度目の逃走だった「門司駅事件」後にも、逃走や通報の機会があったにもかかわらず、そうしなかったことなどに触れ、〈緒方は、自らの意思で松永と共に生きる道を選択し、その継続のために障害となる肉親らの生命を次々と奪ったのである〉とまとめている。

B裁判官はさらに付け加える。

〈緒方が松永から繰り返し強度の暴行等を受けていたことは事実であるが、その一面のみを強調・重視する余り、他に類例を見ないほどの凄惨な犯行に及んだ者の刑事責任さえ軽減されるべきであるとする考え方には、大きな違和感を覚える。緒方はＤＶ被害者であるとして、これを過度に強調することは、事案の実態を外れることになろう。緒方は、松永との関係ではＤＶ被害者ということもできようが、孝一家事件を含む一連の殺人等事件においては、あくまでも加害者なのである〉

その他、緒方が自白したことによって事案解明に大きく寄与したこと、真摯な反省悔悟の情を示していること、前科がないことなどへの検討結果を列挙したうえで、Ｂ裁判官は以下の結論を下している。

〈以上の次第で、多数意見が緒方に有利な事情とする点には賛同し難い点が多く、仮に百歩譲って多数意見が挙示する諸事情をすべてそのまま受け容れて、最大限緒方に有利に斟酌《しんしゃく》するとしても、他に類例をみないほどの本件犯行の凶悪重大性に鑑みれば、なお被告人には極刑をもって臨むほかないと思料する。加えて、６人を殺害、１人を死に至らしめるという多数人殺害等事件の犯人の刑を無期懲役にとどめることは、それ自体罪刑の均衡を失するだけでなく、これまでの各死刑事件との均衡をも欠き、法の適用の平等の観点からも容認し難い。

以上のとおり、原判決の緒方に対する刑の量定は甚だしく不当であり、これを破棄しなければ著しく正義に反するので、原判決中緒方に関する部分を破棄し、事案に鑑み、緒方について死刑の選択を回避するに足りる特に酌量すべき事情があるかどうかにつき更に慎重な審理を尽くさせるため、本件を原裁判所に差し戻すべきであると考える〉

ごく少数ながら、このような厳しい意見もあったことを知るために、反対意見についてのみ、できる限り詳細を記すこととした。

とまれ、これにより松永と緒方への、司法における判断が確定したのである。

緒方と面会した新聞記者の思い

最高裁第一小法廷で松永と緒方についての上告を、それぞれ棄却する決定が出されたのは一一年十二月十二日であるが、それが公表されたのは、松永については同十二日、緒方については十四日だった。

その、緒方についての最高裁の決定が公表された翌日である十五日に、彼女と福岡拘置所で面会した記者がいる。

元毎日新聞記者の笠井光俊氏だ。

〇二年三月の事件発覚の際に、毎日新聞西部本社社会部の北九州市警担当キャップだった笠井氏は、その後も「北九州監禁連続殺人事件」の取材を続けており、福岡地裁小倉支部、福岡高裁で開かれたすべての公判を傍聴した、唯一の記者でもある。

そのため、公判が東京の最高裁に移ってからも、同事件のフォローを続け、最高裁判決後の面会に至っていた。

二〇年に毎日新聞社を退職し、現在は熊本県で学習塾を経営する笠井氏から、面会時の緒方の様子を中心に、当時の話を伺った。笠井氏は説明する。

「最高裁での判決後の緒方との面会は、この事件を取材していた作家の佐木隆三さんと、その秘書のAさんを含めた三人で行きました。佐木さんはこれまで緒方と七、八回面会していましたので、緒方とは顔見知り。面会に行くことを聞き、ご一緒しました」

当日は、朝一番の午前八時四十五分頃からの面会だったそうだ。

「面会室に緒方が入ってくると、佐木さんとAさんの顔を見た途端に感極まったのか、彼女は涙を流し、佐木さんもAさんも泣いているんです。僕までもらい泣きしてしまって。そんななかで、こちらからなにを聞くというのでもなく、向こうから語り始めました」

涙で始まる面会という予想もしない展開であり、その際の緒方の服装など細かいことは記憶していない。ただ、残されたメモによれば、緒方は涙ながらに次のように語っている。

「緒方は『決定は読みました。信じられないというか、実感は湧かないけれども、本当なんだなと思っています。裁判官の一人が反対意見を述べたことを含めて、大変ありがたく思いました。感謝しています』、と……」

また、被害者に対する気持ちについて、緒方は素直に「亡くなった人たちに対しては、申し訳ない思いしかありません。生き残っている人たちには、少しでも頑張って生きていってほしい。私は自分と向き合っていくだけ」と口にしたという。

緒方のこの発言について、笠井氏は緒方が二度目の逃走を図った「門司駅事件」の際に、彼女を連れ戻すなどしたことで、両者の間にわだかまりが残っていたと考えられる、広田清美さんの名前を挙げた。

「ここで『生き残っている人たち』と緒方が口にしたのは、二人の息子に限らず、清美ちゃんのことも気にかけたのだと思います」

面会中は主に佐木さんと緒方が会話を交わし、笠井氏は聞き役に回っている。

「緒方は佐木さんとの話のなかで、『今回、社会の方々が、この事件についていろいろと考えてくださり、理解してくださったと感じています』と言っていました。また今後のことについて聞かれ、『司法の判断は出たけれども、私のなかではなにも終わっていません。なにもかもがこれからです。今回が一つのスタートだと思っています。亡くなった方たちへの償いをどうやっていくか、向き合って考えていきたいと思っています』と、贖罪についても答えていました」

そこで佐木さんは、緒方に著書の執筆も勧めていたそうだ。

「佐木さんが緒方に、気持ちが落ち着いたら、この事件を自分で振り返って文章にしてみませんかと持ちかけたところ、彼女は『勘弁してください。なにかを書く力もありませんし、どういうスタンスで書けばいいのかもわかりません。そういう気持ちにはなりません。でも、いつかはなにか書いてみるかもしれませんから、そのときには読んでいただきたいので、先生には長生きしていただきたいです』との気遣いを見せていました」

残念ながら、佐木さんはその四年後の一五年十月に鬼籍に入ってしまったことから、緒方の言葉が実現されることはなかった。

この面会のなかで笠井氏は、松永との間にできた二人の子供に寄せる想いを尋ねている。

「僕が二人の子供に対してはなにかあるかと尋ねたところ、『事件のことは、多少はわかっているでしょう。自分の力で頑張って生きていってほしいです』と答えました。本当はもっと突っ込んで質問しても良かったんでしょうけど、みんな泣いているし、とてもそういう空気じゃなかったんですよね」

その日、拘置所で許された面会時間は十分余り。多くを話せないまま終わりを告げられたそうだ。

私は改めて笠井氏に、初めて緒方と面会をしたことについて、どのような感想を抱いたのか尋ねた。

「まあ、法廷でずっと見ていたから、べつに違和感はないし、ただまあ、泣いちゃったから参ったなあっていう……」

「どういう涙だと思いました？　いままで佐木さんが支援してくれていたから、そういう感謝の気持ちとかでしょうかねえ」

「当然それもあったと思いますが、やっぱり控訴審のときに、『(罪を償うには)死刑でなければいけないとの気持ちだったが、生きてできることがあるのではと変わった』と言っていましたから。無期を維持したことで、これで償えると思ったんじゃないでしょうか」

笠井氏はそこで思い出したのか、ふと口にした。

「そういえば、それから数日経ってから、緒方から佐木さんにお礼の手紙が送られてきました。佐木さんからこちらにまわってきたんですが、そこには僕の名前も挙げられていて、きれいな字で、面会と差し入れについてのお礼が書かれていました」

そこで私は、前々から疑問に思っていたことを尋ねた。

「笠井さんがずっとこの事件の取材に関わっていたことは、当然ながら知っているんですが、機会はあったはずなのに、どうして緒方ともっと前に面会しなかったんですか?」

すると笠井氏は苦笑いを浮かべる。

「僕は判決が確定してから会おうと決めていたから、(最高裁)判決前には会わないようにしていたんです。いや、会社からは何度も言われてたんですよ。お前が一番良く知ってるんだから、面会して記事にしろ、と。でも、『嫌です』って……」

「それはどうして?」

「とりあえず判決の記事を書くまでは、やっぱり情に流されないようにしようと思ってたんですね。差しで会っちゃうとわからないから。もうすでに前段階で、死刑はやめろっていう記事は書いていたし……。(緒方が死刑から無期懲役に転じた)控訴審判決を評価しますって記事を、平気で書いてましたから。これは会ったらまずいかなって……」

公平中立を保つために、緒方との面会を控えていたのだという。そこで、どういうことから控訴審判決を評価する、つまり緒方の死刑判決は適当ではない、という考えを抱いたのか質問した。

「一審のときからそれは思ってましたね。やっぱり（松永による）ＤＶということが大きい。事件の内容を知るにつれて、そう思うようになっていました」

「一審は死刑判決でしたけど、控訴審のときに、緒方の判決が無期に減刑されることは予想していましたか？」

「うーん、五分五分、いや、そこまで高くないですね。やっぱロクヨン（六対四）くらいで死刑だろう、と」

「やっぱりそこは永山基準（※ここでは殺人の被害者数が三人なら死刑、二人なら死刑か否かの境界線上との意）ってことですか？」

「まあそれもありますけど、松永のＤＶのことがあるから死刑はひどいと思いつつも、花奈ちゃんと佑介くんを殺していることを考えると、やっぱり死刑かな、と。僕のなかでは、子供二人に手をかけていることは、死刑が選択される要素だと思っていました。だから、ロクヨンかナナサン（七対三）くらいだったかもしれない……」

事件発覚直後から取材をし、一審から公判を〝通し〟で見てきた笠井氏に、どうしても聞いておきたいことがあった。私は切り出す。

「公判（殺人容疑での再逮捕前の第一回、二回公判）で最初に緒方を見たとき、彼女からは随分と強気で、ふてぶてしい印象を受けたんですね。ただ、その後は事件について真摯に反省した、粛々とした姿を見せています。緒方はどの段階で変化したと思いますか？」

「緒方は当初、取り調べでも攻撃的な物言いをしていたんですよ。けっこうずっとそうだった。で、最初に自供するってなったときがあったでしょ……」

緒方が黙秘から完全自供に転じたのは前記公判の後、孝さん事件で二件目の殺人容疑で再逮捕された直後の、〇二年十月のことだ。

「あのとき、『自供することにしました』と弁護団に告げてから、実際に話し始めるまでに二、三日の間が空いてるんですね。そこで様子を見ていたような部分があって、その間に、緒方の転向を知った松永が、弁護人を通じて緒方に手紙を渡してるんです。『死刑になりたくない。助けてくれ』って内容のものを。それが来て、緒方が完全に吹っ切れたんです。

ただ、松永を守るという呪縛が解けた緒方でしたけど、それからも事実と違うことについては、検察官に食ってかかるようなことはあったみたいですよ。とはいえ、あの自供に切り替わる部分が大きな変化だったことは間違いない。あとは、他にあるとすれば、清美ちゃんが法廷で証言したとき。それを聞いて、自分が正確なことを伝えなければいけないと強く自覚したと思う。緒方のターニングポイントといえば、その二カ所だと思います」

緒方はそこで自分の憶えていることをきちんと話そうという気になり、同時に悔悟の感情も生まれてきたのである。笠井氏は、もう一方の松永をどう見ていたのだろうか。

「詐欺師ですからねえ。基本、松永の話はほぼ嘘だと思ってるんで……」

笠井氏が松永との面会を試みなかったのも、そこに理由があるという。

「(面会は) 一回もするつもりはなかったです。聞いてもしょうがないから。百パーセント本当のことを言わないと思ったので。あと、面会をして『毎日新聞が面会に来た』というのを、なにかに使われるのも嫌だったというのもあります。それをネタに、なにかフェイクな話を作られる可能性があると思ったから。その二つが面会をしなかった理由ですね」

すでに事件発覚から二十年が経つ。だが、笠井氏のなかで当時の記憶はいまも鮮明に残っている。

それほどまでに、記者人生のなかでは特異な事件だったのだ。

緒方の弁護人の回想

最高裁第一小法廷は松永と緒方についての上告を、それぞれ棄却する決定を出した。これで控訴審における松永の死刑と、緒方の無期懲役の判決が確定する。

この知らせに胸を撫で下ろした人々がいた。控訴審の際に緒方の弁護団だった古賀美穂弁護士と吉村敏幸弁護士である。

福岡地裁小倉支部で開かれた一審で死刑判決を受けた緒方が、福岡高裁での二審で無期懲役に減刑されたのは〇七年九月二十六日のこと。七人（殺人六件、傷害致死一件）の被害者がいることから、多くの予想を覆す判決だった。先の二人はそれに直接関わった、いわば当事者である。

今回、私は同裁判で主任弁護人を務めた古賀氏と、弁護人を務めた吉村氏に集まっていただき、同時に話を伺う機会を得た。

年長の吉村氏が、最高裁が検察側の上告を棄却した際の心境を語る。

「それは安心しましたよ。せっかく控訴審でいい判決を書いてくれたのに、それが死刑になったら辛いですもんねぇ」

私が「上告審で判決が覆される可能性を危惧していたわけですか」と尋ねると、もちろんという顔で頷く。

「やっぱり（検察側による）検事上告ですからね。それはもう非常に、みんな心配してましたね。私たちはともに、こういう死刑事件の検事上告って初めてなんで、当初はそんなに大変なのって……。

控訴審の判決文がいいので、大丈夫だろうなと思っていたんですよ。そうしたら、いやそんなことはない、検事上告は厳しいんだって人から聞いて、ああそうなのかって。だから（最高裁で）判決が確定して、やっと安心できたんです」

横に並ぶ古賀氏も笑顔で頷いている。そこで、まずは緒方にとって運命の転換点となった控訴審についての話に触れることにした。

聞けば、そもそも緒方の控訴審における国選弁護人として声がかかったのは、吉村氏だったという。

「私には最初、これ特別案件できたんですね。特別案件とは死刑とか、残虐な事件。それで特別案件名簿というのがあって、それを回していくんです。特別案件で話がきたとき、北九（北九州監禁連続殺人事件）ですって言われて、北九どっちって聞いたんですよ。そしたら女性の方ですって……。通常の国選弁護って、福岡は東京と違って順番で回していくんです。国選登録してる弁護士にね」

すると古賀氏が口を挟んだ。

「私、名簿なんて全然載せてないんです」

「え？　ということは、吉村先生から声がかかったってことですか？」

私は驚いて尋ねる。

「そうなんです。あの、交差点を、信号を渡ってたんですよ。で、ちょうど雨が降り始めたんですね。そしたら私、傘を持ってなくて、パーッて走ってたら吉村先生がいて、『古賀さん、傘に入りなさいよ』って。それで、『あー、すいません』って入ったら、この事件を『一緒にやらない？』って言われたんです」

古賀氏はそのときのことを思い出したのか、笑い出す。私は吉村氏に、なぜ古賀氏を誘ったのか尋ねた。

「死刑事件の控訴審でしょ。で、たぶんそのまま（死刑判決が）維持されるだろうと。するとやっぱり、話し相手が男性じゃなくて、女性弁護士がいいだろうということで、女性弁護士さんを何人か当たったんですけど、みなさん断られる。それで男性でもいいかと、後輩などにも当たっていたんですけど、なかなかいない。たまたまそこで雨が降ってきて、たまたまそこに古賀先生がいたんです。それでまあ、話し相手、死刑執行までの……」

「先生は被告人が女性だから、女性弁護士を探してるって私に言いましたよ」

吉村氏の言葉に、古賀氏が苦笑しながら訂正を入れる。だが、この偶然が緒方の人生を大きく変えたことは明らかだ。もしも、の話をしても仕方ないが、もしもそうでなかったら、緒方の死刑判決が維持されていたことだって、十分にあり得たのである。私はそこに運命の存在を見てしまう。一方の、話を持ちかけられた側はどうだったのだろうか。

「古賀先生には躊躇はなかったんですか？」

「えーと、私はなんかあまりその事件のことは詳しくなかったし、どのくらい重大事件なのかってこともよくわかんなかったし、あと、弁護士になって一件目が死刑求刑の事件だったりしたんですよ。ただ、（当時は）他の弁護士と一緒に事務所をやっていたので、たぶんマスコミ対応もあるだろうから、『私一人で決めるわけにはいかないので、一回持ち帰ります』って話をしたんです」

そこで同じ事務所の弁護士に相談したところ……。

「なんかこう、売名行為とか、そういうふうに取られちゃうかもしれないよ、っていうような忠告は受けました。あとはまあ、文字通り大変なだけだよっていう話をされて。で、それでもいいならやってみればいい経験になるから、っていう話だったので……」

そのような流れで、古賀氏は弁護人になることを受諾したのである。ただ、それから彼女が主任弁護人になってしまうのには、もう一つのきっかけがあった。吉村氏が言う。

「私は事件について書かれた本を見て年表を作っていったんですけど、そのなかで五歳の男の子、佑介くんですね。その子を殺していく。そこで（殺害前の）説得として、『お母さんに会いたいだろう。じゃあ、会えるようにしてあげるよ』ってくだりがあった。私、これを読んで涙が出てきて、先へ進めなくなったんです。で、古賀先生に話したら、『先生、そんなことで主任弁護人務まらないよ』って。主任弁護人は当然自分が出すつもりだったんだけど……」

「いや、そんなこと言ってませんよ」

古賀氏は笑いながら否定する。吉村氏は構わず続けた。

「いやそれで、私が辛かった。ちょうど私の娘がそれくらいだったんで。そしたら彼女が『私がなってもいいよ』って言ってくれたんです。もう即、『ありがとう』って、ははは」

「いやーっ、違うと思うなあー」

当の古賀氏の否定もあって真偽は定かではないが、兎にも角にも、その結果として彼女が主任弁護人となったのである。

女性弁護士が緒方の主任弁護人となったことで、一審のときから緒方を支援してきた、セクハラ被害者を支援する民間団体『ぐるうぷ：NO！　セクシュアル・ハラスメント（NO！SH）』などとも連携がより強くなったそうだ。吉村氏がその〝効果〟を語る。

「NO！SHの人たちも、女性主任弁護人ということで、すごく信頼を寄せたんですね。それからはいろいろ打ち合わせをするなど、太いパイプができました。それでNO！SHの方たちが全国に訴えて、福岡高裁にはそういう女性の支援者たちの署名がいっぱい集まったんです。あとマスコミの論調も、DV事案であるということと、女性が主任弁護人ということで、バーッと広がって……」

NO!SHについては、その関係者が後の控訴審で法廷に証人として立つなど、松永による緒方へのDVと事件との繋がりを立証するうえで、大きな役割を果たしていた。

同時に、緒方弁護団は弁護方針として、松永によるDVによって心理的に支配され、「松永の〝道具〟となり殺害を実行した」ということに焦点を当てることになった。吉村氏が説明する。

「証拠類のうち、写真類がかなりあって、とりあえず写真を全部見たい、と。それで検察庁の一室に段ボールで十数箱ある証拠類を古賀先生と手分けして見ていると、写真が最後の最後で出てきたんですよ」

そこには松永に煙草の火で「太」と焼き印をつけられたり、同じく入れ墨をされるなど、虐待を受けた緒方の写真がいくつもあったという。吉村氏は続ける。

「一審のなかでは（緒方が）虐待とか暴力を受けたんだとかが認定されなかったんですよ。だけどあれだけの実際上の写真があれば、それは否定はできないだろうと思いましたね」

緒方弁護団は証拠探しと並行して、すぐに緒方とも面会している。そこには逮捕から四年近くを経てもなお、松永による呪縛から完全には解かれていない緒方がいた。これは古賀氏の言葉だ。

「私たちが初めて面会に行った際に、緒方さんはなにかの話になったとき『子供を松永に授けてもらった』って言ったんですね。それで、こんな目に遭っているのに、そういう言い方をするかなって。そのとき私はすごい違和感があって、で、やっぱりまだ松永の影響っていうのは持ってるんだな、と」

じつは一審の最中にもそのような兆候はあったそうだ。吉村氏が話題に加わる。

「控訴審はどうだったかわからないんですけど、一審の法廷でも（松永と）同席しますよね。横に刑務官を挟んで。あのときなんかも、彼女は松永がなんか物を落としたりとかすると、それでビクッとするとかですね。そんなことはあったみたいで、そういうことから、まだ支配から抜け出せていないんじゃないかと……。まあ、そうは言っても、彼女も言うことは言うんですね。でも、やっぱり怯えてる。時間をかけて、少しずつ、少しずつ脱していったんです」

〇六年四月以来、緒方弁護団は毎週金曜日に福岡拘置所で緒方と接見をするようになった。時間の経過による緒方の変化については、改めて触れる。

同弁護団は〇六年八月に控訴趣意書を提出。さらに、〇七年一月二十四日に始まる控訴審第一回公判の直前である〇七年一月中旬までに、補充趣意書を提出した。

だが、第一回公判が開かれる前には、予期せぬことも起きていた。

無期懲役となった緒方の反応

緒方弁護団が控訴審第一回公判の直前に提出した補充趣意書の作成作業が、いかに負担となったかを表すエピソードがある。吉村氏が明かす。

「書面を書くじゃないですか、書きづらいんですよ。事実がもう、沢山あるんです。何十個も事実がある。それを整理して書かなきゃいけない。しかも長々しくは書けない。だけど要領よくわかりやすくっていうのがいくつもあって、もうなかなか書けなくて、ビールとかウイスキーをたくさん飲んじゃったんですね。その結果、いつの間にか頭というか、胃をやられちゃったんです……」

体調を崩した吉村氏が、初公判の直前に入院してしまうのだ。

「（初公判の）二日か三日前に出血性胃潰瘍になってしまったんです」

「それで第一回公判は病院から来たんですよ。もう、勘弁してほしいですよね、ははは」

横で古賀氏が笑う。吉村氏も苦笑して言う。

「入院したけど、初公判を古賀先生一人だけにするわけにはいかないじゃないですか。なんとしても行かなきゃって、病院から裁判所に直行したんです」

とまれ、そんな予期せぬ出来事はあったが、開かれた控訴審初公判において、緒方弁護団は控訴趣意書の前文で次のように主張した。

〈……被告人緒方の考えを弁護人は検討し、捜査段階、原審における被告人緒方の供述内容を精査した結果、原判決が、被告人緒方について「松永の意図に完全に同調して、松永の指示を受けつつも、それなりに主体的で積極的な意思で、つまり、自己の犯罪を遂行する意思で、犯行に加担したものである。」と結論付けた点、そして、その結論に至る認定事実について、事実誤認として争うことにしました。（中略）

弁護人が着目したのは、概ね以下の点です。

1　たくさんの人が被告人緒方同様、被告人松永に取り込まれていったこと

2　異常な精神・心理状況になければ犯しえない事件であり、精神・心理についての専門家による分析なくして、本件の真相は明らかにしえないこと

3　被告人緒方も被告人松永の暴力・虐待の被害者としての面を有すること

4　被告人緒方と被告人松永が対等な立場で共謀をしたり、行為を共同したりすることはありえないこと

そうした点から、本件各事実について、被告人緒方が実際に関与した形態を精査し、主に被告人松永との共同正犯とされている点について、その成立を争うことにしました〉

この緒方弁護団による、緒方は松永に利用された「間接正犯」だとした無罪主張について、メディアは当時大きく報じた。そのことに私が触れると、古賀氏が明かす。

「そもそも私たちは、緒方さんは松永からマインドコントロールされて、手足のように動いてしまった、と。それを法律的に構成すると、間接正犯というかたちになるんですね。で、間接正犯ということを言葉に出してしまったものだから、新聞記者が無罪主張だって書いてしまったんです。だから、私たちは無罪だって言うつもりはなくて、手足として動いてしまったという主張をします、ということだけだったんです」

それを横から吉村氏が補う。

「無罪だと言ってるのはその通りだから。ただ、（犯行を）やってないということを言っているわけではなくて、法的主張としては無罪だということです」

そこで私が、松永によるDVやマインドコントロールによって、犯行時に緒方がどのような状態だったのか、本人はなんと話していたのか尋ねたところ、吉村氏が答える。

「事実として、自分が自分じゃないようなものを見てた、と。ただし、そこのとこになるとね、後からの記憶の喚起だからですね。まあそういうふうに、自分が嬉々として人を殺してるとか、そんな部分は全然ないわけですから。かといって、自分がそこで殺している姿を認容するかといえば、自分じゃないものがそこで殺している姿を見ていた。そういう表現を使っています」

「緒方さん本人からは、控訴審にどういう要望がありましたか？」

「死刑を回避するとか、そういう気持ちはまったくないですね。ただし、（松永と）車の両輪みたいにして、自分自身が自分の家族を殺していったということについては、どうしてももう、納得できない。だからそこの事実認定をですね、きちんと見てほしいと……」

つまり緒方家の親族が亡くなる状況について、松永との共同行為とする一審の認定に、緒方は納得していなかったということだ。吉村氏は続ける。

「その点については全然違うんだと。まあそこが、（松永による）マインドコントロールと、彼女がDVを受けて逃げられなかったのだ、という主張に繋がるんです」

控訴審の前、緒方弁護団が初めて緒方と接見した際には、緒方にはまだ、松永によるマインドコントロールが残っているように見えたとのことだったが、それは接見を重ねるうちに、どのように変化していったのか、吉村氏に質問した。

「少しずつ少しずつ自我を回復するっていうか、マインドコントロールから逃れていく。少しずつ取れていきましたね」

「その結果、松永に対する恨みの感情とか怒りの感情などを、彼女が口にすることはありませんでしたか？」

私の問いに、横の古賀氏が口を開く。

「それはあんまりないですね。わりと自分についても客観視するようになっていったし、それって、松永に対しても客観視するっていうか、（松永について）『ああ、そういうとこありますよね』とか、そういう感じでしたね」

さらに吉村氏が付け足す。

「そこは、（松永が）『自分がやったんじゃない、純子がやったんだ』という部分には、やっぱり反発しますよ。無理筋な彼の弁解については、『まだあういうこと言ってるんですよね』っていう言い方をしてました」

ここで私が、控訴審の判決について、「ところで、緒方さんが無期懲役になるということは、当日までお二人とも……」と切り出したところ、吉村氏が身を乗り出す。

「わかりませんよ。もちろんそれこそ判決についてては。あそこ（法廷）の弁護人席に座ってて、もうなんか、目頭がじわっとしてきましたね。たしか傍聴席でも新聞記者の方で、そういう感じの方がいました。彼女（緒方）も、それこそ、彼女もわからなかった。なんのことかって……」

「ということは、吉村先生も古賀先生も、無期という判決になったときは、まあ半信半疑というか、それこそ青天の霹靂《へきれき》というか……」

「まあ、裁判長がいろいろ聞いてくれたからですね……」

そう口にして、吉村氏は裁判長が、緒方を心理鑑定した中谷陽二・筑波大教授（精神医学。現・名誉教授）と、家庭内暴力の相談支援に当たっているNO！SHのカウンセラーの証人尋問を採用したことを挙げた。とくにカウンセラーの証人尋問について、次のように話す。

「これは普通だったら聞きませんもんね。ああいう、いわば被告の支援団体ですもんね。その人の意見を聞いてくれて。しかも一生懸命。DVにおける特性とか……」

吉村氏の言葉に、古賀氏も証人尋問後に起きた出来事を口にする。

「証人尋問のなかで、DV被害者を支援する団体がいっぱいあるって話が出たんですね。そうしたら、法廷が閉じた後に裁判長が私を呼んで、そうした支援団体のパンフレットとか、そういう事案を説明した、悩んでる人たちにっていうようなものがあるんだったら、それを裁判官室に届けてくださいって言われたんです」

二人はともに、裁判長がDV事案の特性について興味を抱いたこと、その結果、多くの尋問を採用したことが、判決に大きな影響を与えたことに言及した。古賀氏は振り返る。

「控訴審で実質審理をあそこまでやってくれるのは珍しいんですよ。ただ、（公判開始前の）審理計画を練るときに、裁判長が自分が異動する前までに結審するような形で（公判日程を）入れたんです。だから裁判長が（判決文を）書くつもりなんだなと思って、あ、これはけっこう、審理計画の立て方からして、わりとこの事件をもう一回きちっと見ようと思ってらっしゃるんだなって……」

「そういう意味で、無期判決は様々なことが重なった結果、ということなんでしょうね」

「そうですね。まあ、裁判官との相性でしょうねえ、最終的には」

この古賀氏の言葉を含め、緒方の無期懲役が、多くの偶然から生まれたことがわかる。そこで緒方本人の判決への反応を尋ねた。

「刑そのものっていうよりは、やっぱり自分の置かれた立場、まあ虐待を受けて、こういうふうになってしまったんだということを、控訴審判決がきちんと書いてくれたと。だからそれは、とてもほっとした、と。ただ、そのことで自分の死刑を回避したことが嬉しいとか、そういうことじゃないんですね。事実の流れをきちんとわかってくれた点は非常に良かったという、言い方でした」

そう語る古賀氏は現在も、〝その後〟の、緒方の贖罪の手伝いを続けている。

「緒方さんはずっと毎年、少ないながらも、刑務所での報奨金のなかから、被害弁償をされてます。逆に不愉快な思いをさせるといけないからってことで、お断りされたところには送っていませんけども、最初の段階で、それぞれの方に、こうやって被害弁償をしたいんだってことで……。それは、（最高裁で）判決が確定した後のことです。緒方さんが直接送ってもいいって方には彼女が直接送っています。直接受け取るのが嫌だっていう方々には、一旦私が受け取って、で、私がそれぞれにお送りしています」

いまも定期的に緒方と会っているという古賀氏に、その後の彼女の変化について聞く。

「事件のことについては、お互い話さないっていうか……。だからそういう被害弁償のこととか、親戚の方のこととか。あと、自分が死んだときにどういうふうにすればいいんだろうかとか……。彼女は言葉で悪いことをしたとか、取り返しのつかないことをしたとかは言わないけど、まあ、そういうところでね、自分ももう緒方家の墓に入れないからとか、（報奨金は自分のために遣えと言ってくれた親族の代表に）お線香代だけでも受け取ってもらってくれとか、なんかそういうところにやっぱり、自分はとんでもないことをしたんだっていう気持ちが出ているると思うんです」

そこで別の事件の例を挙げ、現在は無期懲役に対する刑期が長くなっているとの話を私がしたところ、古賀氏がぽつりと言った。

「出てくる気はないみたいですよ。あの、出られるとは思ってないみたいです」

その言葉に、吉村氏が感慨深い表情を浮かべる。

「そうか、今年で二十年か。やっと二十年。まあ出られないだろうねえ。出て、どうしようもないんだろうねえ……」

この取材の前日、緒方と面会したという古賀氏に、私は「彼女は元気でした？」と聞く。

「はい。元気ですよ」

すると吉村氏が柔らかい声で思いを寄せた。

「一番いい環境なんだろうね。本人にとって。会ってみると、非常にいい方なんですよ。そのいい方があなってしまうというね……」

「そこがマインドコントロールの怖い部分なんですね」

私の反応を聞き、古賀氏が声を上げる。

「いやあ、私だって松永に会うのは怖いです。なんかどうなっちゃうかわかんないな、とか思って。なんて言いくるめられるかわかんないとか思って、ははは」

目の前の二人の姿に、私は漠然と、しかし確信していた。緒方の不幸の連鎖を断ち切る大きなきっかけの一つは、この弁護団と出会えたことなのだろう、と。

被害者遺族はいま

その部屋を訪ねるのは、およそ一年半ぶりのことだ。前回は祭壇に手を合わせることを許された。今回はどうだろうか。そう思いながら玄関先のインターホンを押した。二二年三月某日のことである。

北九州市にあるマンションの一室。そこに広田由紀夫さんの両親が住む部屋がある。引っ越していなければ、由紀夫さんの実母である千代子さんと、再婚相手の古田吾郎さんがいるはずだ。

由紀夫さんの娘である広田清美さんが、松永太と緒方純子による監禁状態から逃げ出した際には、祖父母が逃走場所に迎えに行き、その後、「おじいちゃん」である吾郎さんが警察署に同行している。

「どちらさんですか？」

玄関の内側から男性の声がした。私は名乗り、前回やってきたことを告げると扉が開く。

「もう今年で事件から二十年になるんですよ」

私はそう切り出す。

「そうですよねえ」

吾郎さんは静かにそう答えると、私を室内に招き入れてくれた。

「今年でおいくつになられました？」

「ええ、九十です」

耳は遠いようだが、しっかりした声が返ってくる。

「お元気ですねえ」

「まあいまんところ、リウマチだけやね。病院に通いようけど、わりと元気です」

「おばあちゃんは?」

「もう九十二よ。認知症が出てねえ」

そう言うと、奥の部屋のベッドに目をやった。そこでは千代子さんが、きょとんとした顔でこちらを見ている。私が「こんにちは」と声をかけるが、反応はない。

まず由紀夫さんの写真が飾られている祭壇に線香を立て、手を合わせる。そして私は居間に戻ると、吾郎さんに尋ねた。

「たしか以前、緒方から詫びの手紙が来ていたと聞いているのですが、最近は手紙とか来ていますか?」

「いや、来ない。なんか無期懲役が決定してからは全然来てない」

「その前は来てたんですよね」

「そうそう。何通かはきた」

私が緒方からの手紙が残っていないか尋ねると、吾郎さんは「ちょっと待ってね」と口にして、奥の簞笥《たんす》を開けて手紙を探した。そして一通の封筒を持ってきて、「これしかないですねえ」と私に手渡した。

その白い封筒には、吾郎さんと千代子さんが連名で宛先として書かれていた。裏を見ると、緒方純子の名前の下に、〈2011年12月9日(発)〉と記されている。この日付の三日後である十二日に、松永と緒方のそれぞれの上告審の判決が最高裁で下されたはずだ。そのことから推測すると、これが緒方から来た最後の手紙である可能性が高い。

私は吾郎さんに断りを入れて、手紙を読ませてもらった。

〈拝啓　師走の候　気忙しい毎日ですが吾郎様、千代子様にはご清祥のこととお喜び申し上げます〉

との書き出しで始まる文章には、几帳面な性格であるとの印象を抱かせる、端正な文字が並ぶ。

計四枚の便箋の最初には、長い期間にわたって、お詫びらしいことができていないことを申し訳なく思う心情が綴られていた。さらに、判決日が由紀夫さんの誕生日と近く、緒方の父である緒方孝さんの命日の九日前であることに触れ、彼女自身、深い感慨を覚えていることが記されている。松永の判決については〈おそらく極刑である〉と想像しており、これで由紀夫さんの無念が晴れ、吾郎さん夫婦や清美さんの心痛、辛苦などが癒されることを望んでいること、また彼女自身の判決が確定していないことに対しても、申し訳なく、心苦しく思っているとあった。

この手紙のなかで、私はある箇所に目をとめた。それは、緒方が第二子を妊娠中のときのこと。この当時、由紀夫さんは松永によってすでに通電等による酷い虐待を受けていたという。そのさなかに、由紀夫さんが緒方に対して、「元気な赤ちゃんを産んで下さい」と声をかけたというのである。

緒方はそのことがいまでも忘れられないと書いていた。そしてその言葉を思い出しては、常々、生活の支えにしてきたということ、さらには、〈己の身勝手を悔悟し戒める言葉として〉今後も決して忘れることはない、と誓っている。

また緒方は、判決は一つの区切りでしかなく、自身の罪がそれで消えるわけではないことを自覚していることも明かしていた。そんな内容から、この手紙が当時の緒方なりの〝詫び状〟だったことがわかる。

私は手紙を撮影しながら、吾郎さんに「この手紙を見たときは、おばあちゃんはどういう反応でしたか？」と尋ねた。

「そうねえ、まあ、一番悪いのは松永ですからねえ……」

「たしかに。緒方もどこかで被害者の部分があるというか……」

「ええ。そうやねえ」

緒方が無期懲役の判決になったことについての感想を問うと、吾郎さんはさらりと言う。

「うーん、まあ、これはしかたないんやないかなと思いましたね」

「おばあちゃんも？」

「そうやねえ。松永に対しては怒っとったね。けどまあ、緒方についてはしかたない、と。まあ、緒方もいろいろ暴力を受けたりしよったからねえ……」

私が松永の死刑がいまだに執行されていないことを口にすると、吾郎さんは顔を歪めた。

「そうよねえ。もうねえ、家内が認知症になる前にね、もうあれして（執行して）もらいたかったけど、認知症になったらわからんくなっとうでしょう」

「やっぱり、そうなる前に執行してほしかったですか？」

「そうですねえ。それが一番残念ですわ」

「おばあちゃんも認知症になる前は、気にされてましたか？」

「ええ。なんかねえ、あの、浴室に行って、泣きよったですもんねえ」

「由紀夫さんのことを思い出して？」

「そうそう」

ここで私は、清美さんもその後、事件についてなにか語っていないかと質問した。

「なんか、思い出したくないって。忘れたいって……」

「そういう話はしないんですね」

「せんです。全然せん。こっちが言おうとしたら、怒るですもんね」

ここで過去の記憶が喚起されたのか、吾郎さんは清美さんが松永のもとから逃げ出した際の話をする。

「清美はお父さんが殺されとるいう話は、最初は全然してなかったんよ。一回目（の逃走時）はね。一回目は脱出したけど、松永らがうちに迎えに来て連れ帰ったでしょ。で、二回目のときに私がおかしいなあと思ってね、それで帰るときに小倉北警察署にまっすぐ行こうって私が言ったんです。で、小倉北警察署に行って駐車場で私が待っとったけど、清美がいろいろ『行ったらいかん』とかなんとか言って、で、『行かなわからんやろうが』っち言って。だけど、それなら帰ろうって、一旦帰ってきたんです。で、そこの（自宅前の）道で家内だけ下ろして、清美だけ一人乗せて、それで山の向こうの××（地名）の小学校のところまで行ったんですよ。そこで聞いたんです。『お前、お父さん、もう死んでおらんのやないか』っち。そうカマかけて言うてみた。そうしたら泣き出したですもんねえ。それでわかったんですよ」

「ああ、これはもう死んでいる、と？」

「そう。で、そこで、問い詰めてね、わかったから、ほんなら門司警察署行こうって。で、行ったんです」

「そのときは、お父さんが殺されたって、清美さんは口にしたんですか」

「そうそう」

「なんで殺されたと？」

「まだそんときは言ってないですね」

吾郎さんによれば、清美さんが父親の死を告白する前から、松永と緒方の存在に対して、怪しいという気持ちはあったそうだ。

「（松永に）完全に騙されてたわけやなくて、私はちょっとおかしいところがあるなあ、とは思いよったですね。やっぱり由紀夫の性質を知っとるからね。もう、（松永がすでに死亡している由紀夫さんについて）大阪に行ってどういう仕事をしとるとか嘘ばっかり。そういうことは信用してなかったですもんねえ」

「やっぱり亡くなっていることを、そんなふうに嘘をついて隠していたわけですね」

「そう。そして元気なときもね、うちに来てから、（由紀夫さん本人に）『どんな仕事しよるんか？』っち聞いたらね、なんか駐車違反の車を、レッカーで移動させる仕事をしよるって。そんな仕事あるかなあって、思うやないですか。そういうところがなんかおかしいなあっていうのはあったですね。あと、競馬やらをコンピューターで予想しとるとか言うもんやから、『お前、そんなこと誰がするんか？』っち言うてね。そうしたら、『自分がしちょる』とか言うて。もうなんか、嘘ってわかっとるんやけどね……」

「ただ由紀夫さん本人も認めなかった、と」

「そうそう」

　私は話題を、事件発覚から二十年ということに移した。

「今年で二十年ということで、記者の人とかは来なかったですか？」

「えーっとねえ、この前、新聞記者の人が一人来られたですねえ。それだけです」

「でも二十年前なんかは、すごい数の記者が来たでしょう？」

　吾郎さんは当時を思い出したのか、笑い声を上げた。

「そうそうそう。もう、マンションの人にも迷惑かけたねえ。エレベーターの前とかにも記者の人がいっぱいおるでしょ。だから、困ったなあと思ってねえ。そやけ、だいぶ逃げ回った。やけどあの人たちも商売やけねえ」

「いま振り返ると、この二十年というのはどんな日々でした？」

「そうやねえ、刑が決まってもね、その後がもどかしくてねえ……」

そこで私が「たとえ刑が決まっても、由紀夫さんが戻って来るわけじゃないですしね」と言葉をすくうと、吾郎さんは何度も頷いた。

「やっぱりお骨がないから、由紀夫さんのお墓は建てなかったんですか？」

「そうなんよ。そのことはやっぱり残念やねえ。家内もそれが辛いって言ってました」

そう呟くと、奥の部屋の千代子さんに目をやった。だがいまはもう、その感情を表す言葉すら彼女が口にすることはない。室内には、流しっぱなしの昼のテレビ番組の音声だけが、騒がしく響いていた。

打ち込まれた楔の深さ

北九州市にある広田由紀夫さんの実家を訪ねた私は、その翌日、久留米市へと向かった。

そこでまず目指したのは、緒方隆也さんの実家である西浦家だ。西浦家は松永と緒方の一審において、母のA子さん、兄のBさん、弟のCさんがそれぞれ、両被告の極刑を望む強い処罰感情を訴えていた。

玄関先でインターホンを鳴らした私に対応したのは、兄のBさんだった。母のA子さんに話を伺えないかと尋ねたところ、いまは体調を崩しており、取材を受けられる状態ではないという。

私はBさんに対して、二十年の歳月を経たことで、松永や緒方に対する処罰感情になにか変化は生じていないか質問した。

「いいえ、なにも変わってないですね」

簡潔な返答だった。そのことが却って、揺るぎない思いであることを強調する。

念のためそれはA子さんも同様であるか尋ねたところ、静かに「そうですね」と頷く。

それ以上の質問ができなかった私は、思い出したくないであろう記憶を喚起させてしまった非礼を詫びて、その場を辞した。

続いて訪ねたのは、緒方の父である孝さんの弟の家だ。西浦家のご遺族と同じく、先に緒方家親族Aと記し、被害者の兄弟でありながら、加害者である緒方の親族でもあるという、複雑な処罰感情を取り上げている。ここではAさんとさせていただく。

インターホンを鳴らすと、Aさん本人が玄関先に現れた。私が名乗り、事件の関係先を回っていることを告げると、申し訳なさそうに言う。

「ああ、その件だったらもう、お断りします。せっかくもう、長年経って、あれしよっとからですね。もう、思い出すようなことは……」

長い時間が経って、やっと落ち着いてきたので、静かにしておいてもらいたいとのニュアンスだった。

「純子さんから手紙とかは？」

「はい、もうまったく、なんもないです」

私は、「お騒がせしてすみませんでした」と口にすると、手にしていた自分の名刺を、これだけでも受け取っていただけないかと差し出した。Aさんは一歩前に出て名刺を受け取ると、「はい。きちんとやっとりますんで」と口にして、頭を下げる。

さすがにこれ以上はとどまることができない。私は深く頭を下げて、玄関の扉を閉めた。先のBさんもそうだが、対応していただけただけでも、ありがたいことだった。

最後に私が目指したのは、緒方和美さんの姉、山田サトミさんの住む家だ。

サトミさんは一審において、両被告への処罰感情に関して、松永については「死刑判決でも足りない」としながらも、姪である緒方については、松永と出会ったことが、彼女をここまで変えてしまったのだろうと述べ、「少しでも刑を軽くしてやって欲しい」と訴えていた。また、事前の知識として、彼女が拘置所にいる緒方と面会をしていたという情報があった。

自宅を訪ねたところ、サトミさん本人が玄関口に姿を現した。私はサトミさんに来意を告げたうえで、「最近は（緒方）純子さんからの手紙は来ていますか？」と質問すると、彼女は静かに言った。

「もうここ一、二年は来ません」

「そうですか。連絡はもう取ってないんでしょうか？」

「いやもうですね、私もけっこう歳をとってから、（面会に）行けそうにないしですね……」

「刑務所でも面会はしてたんですか？」

「四、五年前まではね。けど、もうぱったり。お互いにね……」

いまは手紙のやり取りも途絶えているという。私は緒方と面会をしたときに、謝罪の言葉はあったか尋ねた。

「それはいつもですね。もう……」

「とはいえ、元凶は松永ですよね」

「そうですね。騙された感じだったですから。みんな、（緒方家の）家族全部そんな感じになってましたからね」

サトミさんは妹である和美さんが殺害される前には、何度も顔を合わせている。そこでその際の和美さんの様子について、普段と違っていたかどうか聞く。

「いや、おかしいいっちゅう感じじゃなかったですけどね。とにかく自分たち（緒方の家族）は前からだいたいわかってたけど、周囲にわかるともう、親戚とかあっちこっちに迷惑をかけるけん、なるべくならね、自分たちだけでちゅう感じが……」

松永が持ち込んだトラブルを、できる限り緒方家のなかで解決しようとしていたのだという。サトミさんは嘆息する。

「もうわかっていて、けど、なんもかも、私たちにも知らしてなかったんですよ。それが後になって、わかったけどですねえ……」

「後になって知って、驚かれたと……」

「そうですね」

緒方とともに一度だけ松永がこの家にも来たことがあるそうだが、昔のことで、記憶が薄れていると話す。そこで私は、今年が事件から二十年だという話を持ち出し、「やっぱり二十年というのはあっという間でしたか?」と質問した。

「そうですねえ」

「サトミさんは今年でおいくつに?」

「満で八十七ですよ。それでもう、お互いにね、あそこの方（緒方家）との親戚関係をね、絶った方がよかろうちゅうことでですね、もう、それまでは行ったり来たりしよったですけど……」

ここに来る前に私が訪ねたAさんとの親戚付き合いが、二、三年前から途絶えてしまったことを口にする。

「そうすると、和美さんのご位牌はこちらに?」

「いやいや、もうお嫁に行っとるけん、向こうです。で、なんでも詳しいことは、後になって、ある程度進んでから、わかったわけで、うちなんかにもなるべく知らせんようにしてたから。自分たちではもう、孝さんと（彼の兄弟）二人の間では、だいたいのことはわかってたでしょうけど、そういうことが親戚とかに知れると、迷惑がかかるっちゅうことが、わかってたんじゃないですかね。なるべく知らせないようにしていたし……」

「じゃあやっぱり、和美さんもサトミさんに対しては、なにも知らせないようにしていたというか……」

私の言葉にサトミさんは黙って頷いた。

もともとこの事件が、松永という絶対悪の存在もさることながら、本家や分家といった濃密な親戚関係、さらには家の体面を保つことや、周囲に迷惑をかけるわけにはいかないといった、旧来の慣習によって、より傷が深くなっていったことを知っている身としては、納得のいく状況だった。

「これまで取材してきたなかで、純子さんが刑務所で働いて得た報奨金を、ご遺族に送っていると聞いたんですが、サトミさんのところには手紙とかは？」

「ああ、手紙はもうね、お詫びとか、そういう感じばっかです」

「あの、おカネとかは？」

「いや、それはないです」

「それはじゃあ、報奨金については、緒方家にとかでしょうかね」

「まあ、緒方家ともうちは、都合よくはね、いかんわけで……」

サトミさんは苦笑を浮かべる。

「ねえ。妹が（嫁に）行ってるから。まあ、緒方家にとってみれば、妹のためにこんなふうな、災難が来たっちいうような感じも多かったからですからね。そいけん（だから）、なるべくね、当たり障りないようにしてですね、もう……忘れたいとですよね」

後半は消え入るような声だった。私はなんと言葉を継いでよいかわからず、「ご挨拶が遅れまして」と、名刺を取り出して手渡した。サトミさんは続ける。

「もう、忘れたいとですよね。子供も孫もだんだん大きくなってね、もう、みんなが忘れる頃にまた思い出したりもしたくないし、母も亡くなって、もう十年からになります。私ももう、忘れることにしてます」

「あの事件が起きたときは、お母様はまだご存命だったんですね」

「はい」

「あの、純子さんはサトミさんに会ったときは、どのようにお詫びをされているんでしょうか？」

「言葉、より他にしようがないでしょう。手紙とかは時々ですね。年に一、二回は必ず。私は返事は全然書いてなかったけど……。手紙だけはもう、お詫びの手紙ですね」

「なんであんなことになったかということは、書かれてますか？」

「そういうことはね、ないですね」

「後悔してるということでしょうかねえ」

「そうですねえ」

私はここで改めて尋ねた。

「サトミさんのなかで、もう純子さんを赦す気持ちというのは？」

「もう過去のことにしております。自分の気持ちのなかで……。自分のとこで切ってしまって、子供たちやら周囲にもね、全然いかんように……。だって、もう母も亡くなったし、私がね、きれいに忘れてしまって、で、思いはあってもね、もう、ここで断ち切りたいっちゅう気持ちで……。お互いにそれぞれ、ほれ、家族とか親戚とかもね、新しくできてきてるからですね。そういうことを引っ張っていくと、みんなに迷惑かけるでしょう」

「ただやっぱり、松永に対して許せないという気持ちは……」

「そりゃそうですよねえ」

「あの男さえいなかったら、と」

「いや、いつも純子たちがしっかりしてさえおれば、こういうことはなかったですけどね。親もおってですね……」

最後に出てきたこの厳しい言葉に、私は事件というものが周囲に打ち込む楔《くさび》の深さを実感した。それは時間の経過では決して解消できない、対象者の芯の部分にまで到達しているものなのだ、と。

サトミさんのもとを辞して、レンタカーを運転しながら一人帰る道すがら、私は緒方の控訴審を担当した古賀弁護士が口にしていた、「出てくる気はないみたいですよ。あの、出られるとは思ってないみたいです」との言葉を思い返していた。それは、無期懲役判決を受けた緒方が、刑期を終えて出所する気がないことについて、言及したものだった。

緒方は自分の罪が他人や親族の命を奪っただけでなく、その周囲の人たちにまで、深く楔を打ち込んでしまったことを自覚しているのだ。

では一方の松永はどうなのだろうか。

死刑が確定して以降、彼の動向は知る術がない。それは仕方のないことなので、あらゆる想像を働かせてみる。ところが、まったく想像できないのだ。そしてそれは空白というよりも、真っ黒に塗りつぶされているかのような、想像のできなさ具合だった。


（終）

装　丁　関口聖司
DTP　明昌堂
写真提供　時事通信

〈北九州監禁連続殺人事件関連年表〉

＊松永太、緒方純子以外は仮名、敬称略

1961年	4月　松永太、北九州市小倉北区で出生
1962年	2月　緒方純子、久留米市で出生
1977年	4月　松永と緒方、福岡県立M高校進学
1979年	4月　松永、M高校2年時に退学処分、久留米市内の私立C高校へ編入
1980年	3月　松永、C高校卒業。緒方、M高校卒業
	4月　松永、父が経営する寝具販売店「パイロングコーポレーション」に就職。
	4月　緒方、福岡市の私立K女子短期大学進学
1981年	5月頃　松永、父の布団販売業を引き継ぎ「ワールド」を設立、経営
1982年	1月　松永、「ジュンコ」（※本名漢字、緒方純子とは別人）と結婚
	3月　緒方、私立K女子短期大学卒業
	4月　緒方、久留米市の「××幼稚園」で教諭になる
	10月　松永と緒方が交際を始める
1983年	2月　松永、妻「ジュンコ」との間に長男誕生
	5月　松永、柳川市内の自宅で「有限会社ワールド」設立
1984年	11月　松永、緒方に対して暴力を振るうようになる
	12月頃　松永、緒方の右胸に煙草の火で「太」と焼き印、右大腿部に「太」と入れ墨を入れる
1985年	2月13日　緒方、自宅で睡眠導入剤数錠を服用した上、左手首を切って自殺を図る
	2月28日　緒方、「××幼稚園」を退職
	4月22日　松永、柳川市内の自宅があった場所に3階建て事務所兼自宅を新築
1986年	5月頃　松永、「ワールド」従業員に通電の暴行を始める
	松永、緒方を「ワールド」事務員として働かせ、事務所兼自宅ビルに居住させる
1988年	5月頃　「ワールド」従業員が逃走を重ねた結果、事務所には松永と緒方、山形康介しかいなくなる
1989年	保護双子の母・田岡真由美が「人探しのため」探偵事務所に電話、「田代博幸（松永）」、「岡山ミチヨ（緒方）」と出会う

1992年

3月　松永、妻「ジュンコ」と調停離婚、長男は妻が引き取る

8月〜12月　松永、不渡り手形を連発

10月　松永と緒方が詐欺等の指名手配を逃れるため、ワールド従業員山形康介とともに石川県へ逃亡

10月10日　松永・緒方が石川県から福岡県に戻り、広田由紀夫の仲介で小倉北区の「熊谷アパート」を賃借

1993年

1月　緒方が松永との長男を出産

1月　松永、筑後地方に住む末松祥子に連絡を取り、接近する

4月6日　松永と緒方、末松祥子名義で借りた小倉北区の「東篠崎マンション」30×号室に暮らす

4月20日　松永に唆された末松祥子が子ども(三つ子)を連れて筑後地方から家出。小倉南区のマンションで暮らす

7月13日　末松祥子、別居中の夫と協議離婚

10月29日　末松祥子の次女・莉緒(2歳)が小倉南区のマンションで椅子から落ちて事故死

11月頃　松永と緒方、末松祥子に対し、同女の残る2子を久留米市内の託児所に預けさせたうえ、元夫に引き取らせる

1994年

松永、広田由紀夫の紹介で清美の伯母・橋田由美と会う

3月31日　末松祥子が大分県別府湾で水死

7月　広田由紀夫、小倉北区の「江南町マンション」80×号室に転居し、松永と緒方とともに「競馬予想会社」の事務所を設立

10月　広田清美、「江南町マンション」に転居して、父・由紀夫と同居を始める。転居に伴い門司区の小学校から小倉北区の小学校に転校

10月　橋田由美名義で小倉北区に借りた「片野マンション」30×号室にて長男と暮らす松永と緒方が、清美を預かることに。由紀夫には養育費名目でカネを要求

1995年

10月　原武裕子、北九州市八幡西区のホテルに就職

2月　広田由紀夫、「片野マンション」で松永らと同居することに。同時期、松永と緒方が、由紀夫と清美に通電での虐待を繰り返す。夏頃からは浴室で監禁

8月　松永、広田由紀夫に彼の高校時代の同級生である夫とその妻である原武裕子を紹介

させる。松永は氏名と経歴を詐称
1月19日　松永、原武裕子と八幡西区内をドライブ、「結婚してください。子どもさんの面倒は見ますから」と求婚

1996年

1月　「片野マンション」の浴室内に監禁された広田由紀夫の体調に変化
2月　原武裕子が夫と別居、3子を連れて北九州市内の実家に身を寄せる
2月26日　**広田由紀夫が浴室内で虐待死する**
3月　緒方純子が松永との次男を出産
4月26日　松永、原武裕子に夫との離婚届を提出させ、「(結婚が可能となる)半年過ぎたら入籍しよう」と口にする
5月　原武裕子が松永の子を妊娠。松永、堕胎を命令
7月30日〜8月1日　緒方、原武裕子に消費者金融から借金させ、現金計250万円を受け取る
9月24日　松永、原武裕子に命じて長女は前夫、長男は実家に預けさせる
10月22日　緒方、原武裕子が暮らす「曽根アパート」に長男と次男を連れて押しかけ、同居を始める。松永もやってきて共同生活を送ることに
10月下旬　松永、「曽根アパート」で、原武裕子に暴行、通電の虐待開始。松永、「片野マンション」にいた広田清美を同行して、「曽根アパート」の四畳半和室に原武裕子と次女を監禁。以降、連日のように通電の暴行を加える
12月29日　松永、原武裕子に命じ、勤務先に辞表を提出させ、彼女は同日に退職

1997年

3月16日　原武裕子、「曽根アパート」の窓から飛び降り脱出。腰椎骨折、肺挫傷など入院加療133日の負傷
3月17日　原武裕子の逃亡を知った松永と緒方、「片野マンション」に転居
3月26日　松永と緒方、原武裕子の次女を裕子の前夫宅付近の路上に放置
4月　広田清美、小倉北区の中学校に入学
4月7日　緒方、松永に無断で子どもを連れて出て、「湯布院事件」を起こす
4月15日　緒方、前日に大分県湯布院町から実家へかけた電話で松永が自殺したと聞かされ、「片野マンション」に戻る。それから数日間、松永による通電などの暴行を繰り返さ

れる
4月　緒方孝、和美および智恵子が久留米市の自宅から頻繁に北九州市の「片野マンション」に来るようになる
5月　緒方、山口県下関市からの帰りに逃亡を図る「門司駅事件」を起こす。その日以降、松永は親族の目の前でも緒方に通電を繰り返すことに
6月　緒方隆也も頻繁に北九州市の「片野マンション」に来るようになる
7月　緒方隆也が「片野マンション」に花奈と佑介を連れて来て、子供2人はそのまま同マンションでの生活を始める
8月　緒方孝が久留米市農協から増改築名目で3000万円を借金する
8月　緒方隆也が佑介の通う久留米市の保育園を訪れ、退園を申し出る
9月2日　緒方隆也が佐賀市役所を訪れ、家族4人の転入届を提出
9月17日　緒方隆也一家4人が、熊本県玉名市の賃貸アパートに入居（実際は時折訪ねる程度）。管理人には「佐賀から農産物を売りに来る拠点」と説明
9月29日　緒方花奈が玉名市の小学校に転入。12月中旬までの間に通学したのは8日
9月　緒方隆也一家が「片野マンション」で生活を始める
10月　緒方隆也が勤務先に退職届を提出。妻の智恵子が退職金の催促の電話
12月　緒方孝と和美夫婦も北九州市の「片野マンション」で生活を始める
12月下旬　緒方隆也に退職金三十数万円が振り込まれる
12月21日　**松永と緒方が緒方孝を殺害（判決は傷害致死）**

1998年

1月20日　**松永と緒方が緒方和美を殺害**
2月10日　**松永と緒方が緒方智恵子を殺害**
4月　**緒方隆也が死亡**
5月17日　**松永と緒方が緒方佑介を殺害**
6月7日　**松永と緒方が緒方花奈を殺害**

1999年

7月1日　松永と緒方、柳川署指名手配の詐欺罪の公訴時効完成
10月　緒方の実家が差し押さえ。返済滞る。競売開始決定

2000年

3月　広田清美、小倉北区の中学校を卒業。松永、伯母の橋田由美には福岡市内で美容師

見習いをして寮生活をしているように装えと命令

2001年

8月　保護双子の母、田岡真由美が双子を連れて家出、北九州市小倉北区へ

8月　松永と緒方、田岡真由美名義で借りた小倉北区の「泉台マンション」10×号室に広田清美を住ませ、松永らの長男と次男、田岡の双子の世話をするように命じる

2002年

1月23日　松永と緒方、清美を小倉北区の「東篠崎マンション」90×号室に呼び出し、「電話の対応が悪い」と顔面を激しく殴打。29日までの約6日間軟禁

1月29日　清美、軟禁から解放、「泉台マンション」に戻され、4児の世話

1月30日　清美、「泉台マンション」から逃げて門司区の祖父母方に保護

2月9日　清美、門司区の飲食店でアルバイト面接を受ける

2月14日　松永、事情を知らない伯母の橋田由美を連れ、門司区の祖父母宅に押しかける。松永は祖父母に「由紀夫から清美が18歳になるまで面倒を見るように頼まれている」と説得して、「東篠崎マンション」に連れ戻す

2月15日　松永、清美が父・由紀夫を殺したとして殺害を自白する「事実関係証明書」を作成させる。その後も正午過ぎまで延々と脅迫。緒方、清美のアルバイト先に採用断りの電話を入れる。その夜から松永が清美に翌日昼まで通電暴行を加える

2月19日　松永、清美にカッターで指を切らせて血判状を作成させる。その後、清美にラジオペンチを渡して「5分以内に爪を剝げ」と足の爪を剝がさせる

3月6日　清美、早朝に「東篠崎マンション」を脱出。祖父に電話を入れて迎えに来てもらう。その後、車中で祖父に「お父さんは殺された」と伝え、祖父とともに福岡県警門司署に被害を通報。その後、同県警小倉北署に被害申告

3月7日　福岡県警、門司区の祖父母方にて広田清美への監禁・傷害容疑で松永と緒方を身元不詳のまま緊急逮捕

3月7日　福岡県警、「泉台マンション」で松永と緒方の子供2人と田岡真由美の子供2人を保護

3月8日　福岡県警、松永と緒方の関係先4

カ所を家宅捜索
3月9日　福岡県警、松永と緒方を氏名不詳のまま福岡地検小倉支部に送検
3月10日　福岡県弁護士会北九州部会が弁護士2人を派遣、両容疑者に初接見
3月11日　小倉北署に捜査本部を設置、「北九州市小倉北区内における少女特異監禁事件」（98人体制）
3月13日　捜査本部、氏名不詳の男女について、「松永太」と「緒方純子」であると身元を特定。松永の実家など家宅捜索
3月14日　松永と緒方の弁護士が記者会見、「少女に自傷癖、虚言癖」と発表
3月14日　双子の母親・田岡真由美が子供たちと面会
3月15日　捜査本部、清美の父・由紀夫に対する殺人容疑で小倉北区の「片野マンション」などを家宅捜索
3月18日　北九州市児童相談所が会見「清美にはＰＴＳＤとして対応」
3月29日　福岡地検小倉支部、松永と緒方を広田清美に対する監禁致傷罪で起訴
4月4日　捜査本部、松永と緒方を原武裕子に対する監禁致傷容疑で逮捕
4月9日　捜査本部、保護された4男児のうち2人はＤＮＡ鑑定の結果から松永と緒方の子供であると断定
4月25日　福岡地検小倉支部、松永と緒方を原武裕子に対する監禁致傷罪で起訴
5月9日〜19日　捜査本部、緒方花奈殺害容疑で小倉北区の「片野マンション」を家宅捜索。浴室タイル、配管などを押収
5月16日　捜査本部、松永と緒方を原武裕子に対する詐欺・強盗容疑で逮捕
6月3日　福岡地裁小倉支部で松永と緒方の初公判。ともに罪状認否を留保
6月7日　福岡地検小倉支部、松永と緒方を原武裕子に対する詐欺・強盗罪で起訴
7月1日　小倉北署に勾留されていた松永と、門司署に勾留されていた緒方の身柄が、福岡拘置所小倉拘置支所に移される
7月下旬〜8月上旬　捜査本部、清美の証言に基づき、大分県国東半島沖合海底を捜索
7月31日　福岡地裁小倉支部で第2回公判。松永と緒方、3件の罪状認否を黙秘
9月18日　捜査本部、松永と緒方を緒方の姪・

花奈の殺人容疑で逮捕
9月18日　小倉北署の捜査本部の名称を「小倉北区のマンション内における監禁・殺人等事件捜査本部」に変更
9月23日　捜査本部、松永の姉の家を花奈殺人容疑で家宅捜索
10月8日　福岡地検小倉支部が、松永と緒方を緒方花奈に対する殺人罪で起訴
10月12日　捜査本部、松永と緒方を緒方の父・孝に対する殺人容疑で逮捕
10月23日　緒方の弁護団がコメントを発表「緒方容疑者より、自分の意思で『私の家族のこと、松永のことを考えて、事実をありのままにお話しする気持ちになりました』との申し出がありました」
10月24日　緒方、捜査本部に供述を始める。調書作成にも応じる
10月28日　松永と緒方の国選弁護団が、「2容疑者同時弁護困難」と、福岡県弁護士会北九州部会に打開策を要請、全員辞任へ
11月2日　福岡地検小倉支部が、松永と緒方を緒方孝に対する殺人罪で起訴
11月5日　福岡地裁小倉支部が、松永・緒方の後任弁護団を選任
11月8日　後任の松永弁護団が初の記者会見
12月6日　捜査本部、松永と緒方を緒方の母・和美に対する殺人容疑で逮捕
12月27日　福岡地検小倉支部、松永と緒方を緒方和美に対する殺人罪で起訴

2003年

1月11日　捜査本部、松永と緒方を緒方の甥・佑介に対する殺人容疑で逮捕
1月17日　緒方弁護団が初の会見
2月1日　福岡地検小倉支部、松永と緒方を緒方佑介に対する殺人罪で起訴
2月3日　捜査本部、松永と緒方を広田由紀夫に対する殺人容疑で逮捕
2月23日　福岡地検小倉支部、松永と緒方を広田由紀夫に対する殺人罪で起訴
2月25日　捜査本部、松永と緒方を緒方の妹・智恵子に対する殺人容疑で逮捕
3月18日　福岡地検小倉支部、松永と緒方を緒方智恵子に対する殺人罪で起訴
5月21日　福岡地裁小倉支部で松永と緒方の第3回公判。これまで起訴された6件の殺人事件について、初めて罪状認否と冒頭陳述が行われる

5月30日　捜査本部、松永と緒方を緒方の義弟・隆也に対する殺人容疑で逮捕

6月20日　福岡地検小倉支部、松永と緒方を緒方隆也に対する殺人罪で起訴。この起訴により、主要な捜査はすべて終結

7月13日　緒方家の葬儀が久留米市で執り行われる

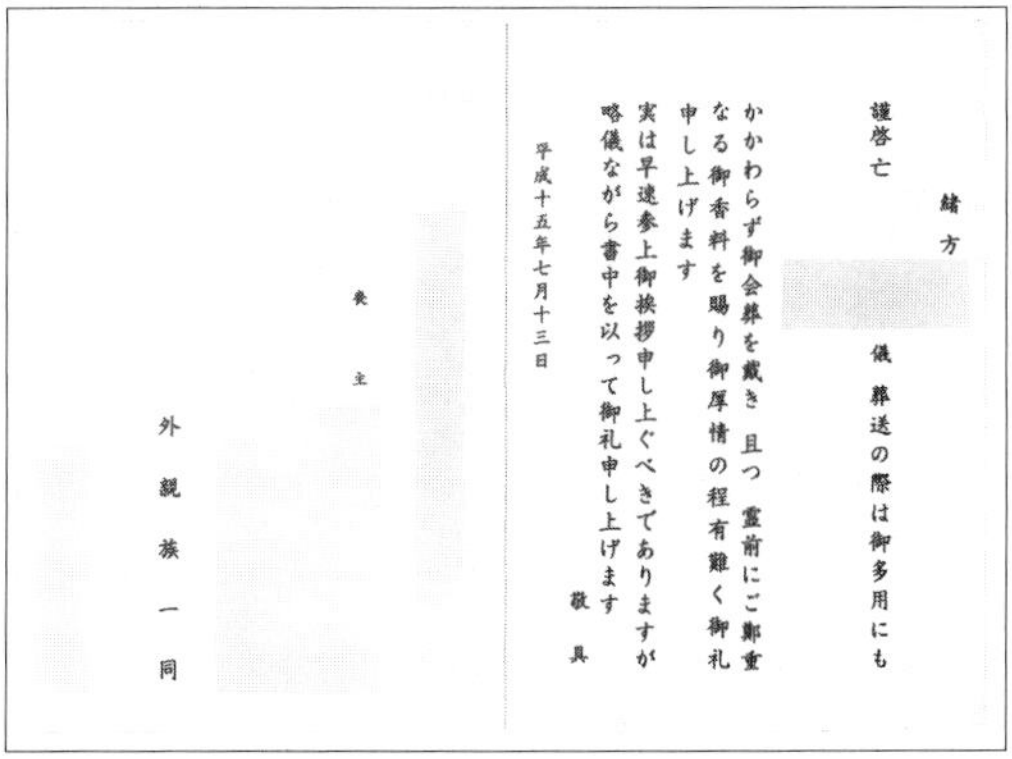
緒方

儀　葬送の際は御多用にも

謹啓亡

かかわらず御会葬を戴き　且つ　霊前にご鄭重なる御香料を賜り御厚情の程有難く御礼申し上げます

実は早速参上御挨拶申し上ぐべきでありますが略儀ながら書中を以って御礼申し上げます

敬具

平成十五年七月十三日

喪　主

外親族一同

緒方家6人の葬儀挨拶状

2005年

3月2日　福岡地裁小倉支部での論告求刑公判で、検察は松永と緒方に死刑を求刑

9月28日　福岡地裁小倉支部での判決公判で松永と緒方に死刑判決が下される

9月28日　松永が死刑判決を不服として福岡高裁に控訴

10月11日　緒方が弁護団の説得により福岡高裁に控訴

2007年

9月26日　福岡高裁で控訴審判決が言い渡され、松永の控訴を棄却して死刑判決、緒方の死刑判決を破棄して無期懲役判決を下す

10月5日　松永が最高裁に上告

10月9日　福岡高検が緒方の控訴審判決について最高裁に上告

2011年

12月12日　最高裁が松永の上告を棄却、緒方についての福岡高検の上告を棄却。松永の死刑と緒方の無期懲役が確定することに

小野一光（おの・いっこう）

1966年、福岡県北九州市生まれ。雑誌編集者、雑誌記者を経てフリーに。「戦場から風俗まで」をテーマに、国際紛争、殺人事件、風俗嬢インタビューなどを中心とした取材を行う。著書に『風俗ライター、戦場へ行く』『連続殺人犯』『震災風俗嬢』『新版　家族喰い――尼崎連続変死事件の真相』『冷酷――座間９人殺害事件』『昭和の凶悪殺人事件』など。

本書は、2020年4月～22年5月まで
文春オンラインで連載した記事を加筆修正したものです。

完全《かんぜん》ドキュメント
北九州《きたきゅうしゅう》監禁《かんきん》連続《れんぞく》殺人《さつじん》事件《じけん》

2023年2月10日　第1刷発行
2024年4月30日　第3刷発行

著　者　小《お》野《の》一《いっ》光《こう》

発行者　大松芳男

発行所　株式会社 文藝春秋
〒102-8008
東京都千代田区紀尾井町3-23
電話　03-3265-1211（代）

印刷所　大日本印刷

製本所　加藤製本

ISBN 978-4-16-391659-0
Printed in Japan
